KB042296

제2판

투자의 새내기를 위한
자산관리의 이론과 실무

서기수

박영사

프롤로그

    2020년과 2021년은 전 세계적으로 유례가 없었던 기간이었다. COVID-19로 불리는 바이러스의 확진으로 전 세계가 몸살을 앓았고 자산관리 시장에 있어서도 큰 혼란이 이어진 한 해였다.

    2022년 초 최근까지 이러한 분위기가 이어지면서 백신의 접종과 함께 사라져 줄 것이라는 기대와는 달리 델타 바이러스나 오미크론 등의 변이 바이러스가 새로이 나타나면서 혼란은 이어졌다. 이러한 경제나 금융 시장의 혼란을 돌파하기 위해서 각 나라들이 자국 통화가치의 하락을 통한 경기회복을 위해 양적완화 정책을 펼치며 전 세계적으로 통화량이 증가하고 부동산 시장의 폭등과 주식시장의 유동성 확대로 투자지표는 양호한 모습을 보였다.

    하지만 저금리의 장기화로 급격한 가계대출의 증가와 개인사업자나 자영업자의 COVID-19로 인한 거리두기 정책으로 인한 매출감소로 경제전망에 대한 지속적인 긍정적 예상은 일부 위험요소와 함께 존재한다고 볼 수 있다.

    즉, 100세 시대라고 흔히 얘기하는 고령사회에서 COVID-19라는 혼란기를 겪으면서 평소에 자산관리 포트폴리오에 대한 구축을 제대로 해 놓은 사람이나 가계와 그렇지 않은 경우의 양극화가 심화되고 있고 향후에 점점 이러한 차이는 커질 것이 명백하다. 따라서 본 도서는 COVID-19 이후에 개인이나 가계에서 준비해야 할 기본적인 자산관리의 이론과 실제 실천에 대한 다양한 투자종목과 방법에 대해서 일목요연하게 정리했으며 이러한 정리를 통해서 향후 어떠한 위기나 급변하는 상황에서도 최소한의 수익률을 유지할 수 있는 이론과 실무에 대한 지식적인 측면과 실천적인 측면을 모두 제시하고 있다.

    본 도서를 통해서 경제, 주식, 채권, 금융상품과 부동산 등 자산관리 종목에 대한 전체적인 그림을 그리고 상품이나 실천 방법에 대한 방향성을 하나하나 제시하고 스스로가 나만의 포트폴리오를 만들 수 있는 능력을 키우는 코칭을 해보려고 한다.

모쪼록 '영끌투자'라는 서글픈 용어가 쓰이지 않는 세상을 만들고 싶고 경제 기사를 흥얼거리며 읽으며 부부나 친구 및 가족 간에 자연스레 자산관리에 대한 대화를 생활 속에서 수시로 할 수 있는 분위기를 만드는 데 이 책이 작은 밑거름이 되었으면 하는 바람이다.

2023년 2월 새해 성북구 연구실에서

저자 서 기 수

목차

CHAPTER 01
재무설계와 자산관리의 필요성과 준비

(1) 재무설계의 개념과 의의 ··· 5

(2) 재무설계와 재테크의 차이와 범위 ····································· 7

(3) 재무설계의 범위와 내용 ··· 10

(4) 재무설계의 변수와 환경 ··· 12

(5) 재무설계의 효과 ·· 23

(6) 생애주기가설의 이해 ·· 26

CHAPTER 02
투자 초보자의 슬기로운 경제지식의 이해

(1) 거시경제의 이해 ·· 35

(2) 국민경제의 순환과정과 주체별 역할 ································· 38

(3) 국민소득의 이해와 종류 ··· 40

(4) GDP 디플레이터와 잠재 GDP ··· 44

(5) 경제 성장률과 저축률, 투자율 ··· 46

(6) 통화지표의 이해 ·· 49

(7) 금리의 이해와 종류 ·· 52

(8) 환율의 이해와 효과 ·· 57

(9) 경기(종합)지수와 통화정책 ··· 62

CHAPTER 03
머리에 쏙 들어오는 효율적인 투자와 위험관리

(1) 투자의 의의와 필요성 ·· 71

(2) 투자 고려사항과 수익률의 종류 ·· 74

(3) 투자의 위험과 투자자 유형 ·· 76

(4) 투자와 관련된 원칙 ·· 80

CHAPTER 04
금융 문맹 탈출!! 대한민국 금융상품 총정리

(1) 금융상품과 인생설계 ·· 93

(2) 단기 금융상품의 이해 ·· 96

(3) 절세 및 기능성 금융상품 ··· 102

(4) 예산과 자산주머니, 위험관리 ·· 116

CHAPTER 05
남들보다 높은 수익률을 위한 투자 상품 활용하기

(1) 투자의 종류와 펀드 개념 ······································ 125

(2) 액티브 펀드와 패시브 펀드 ·································· 129

(3) 펀드의 종류와 투자포인트 ·································· 134

(4) 펀드의 비용 정리 ··· 136

(5) 주가지수 연계형 상품 완전정복 ·························· 142

(6) 요즘 가장 HOT한 ETF투자전략 ························· 150

CHAPTER 06
주린이를 위한 주식투자의 이해와 투자가치 분석

(1) 주식투자 이건 알고 합시다 ································· 165

(2) 주식의 상장과 발행 ··· 168

(3) 기업공시제도의 이해와 투자활용 ························· 171

(4) 주식의 매매방법 ··· 180

(5) 경제와 주식투자의 관계 ····································· 184

(6) 기본적 분석 완전정복 ·· 189

(7) 기술적 분석 핵심 정리 ······································· 211

(8) 주식투자의 호재뉴스 악재뉴스 ···························· 225

CHAPTER 07
채권투자의 이해와 활용전략

(1) 채권의 의의와 주식과의 차이 ·· 233

(2) 채권의 특징 ·· 235

(3) 채권의 종류 ·· 235

(4) 채권 관련 용어와 투자환경 ··· 237

(5) 자산관리를 위한 채권의 종류 ·· 242

CHAPTER 08
행복한 미래를 위한 연금의 세계

(1) 3층 보장제도의 이해 ··· 253

(2) 국민연금의 이해와 종류 ·· 255

(3) 퇴직연금의 개념과 활용전략 ·· 264

(4) 개인연금의 이해와 세제혜택 ·· 270

(5) 떠오르는 노후준비 주택연금 ·· 273

CHAPTER 09
보험의 위험과 개념

(1) 위험의 개념과 종류 ································· 283

(2) 보험의 개념과 기능 ································· 286

(3) 보험의 분류 ···································· 287

(4) 보험의 기본원리와 원칙 ···························· 292

(5) 보험의 계약 관계자와 계약의 이해 ······················ 293

(6) 보험과 세금 ··································· 298

(7) 주요 보험상품 종류 ······························ 304

(8) 제3보험의 이해 ································· 311

CHAPTER 10
부동산 자산운용 총론

(1) 부동산 자산운용의 중요성 ·························· 323

(2) 부동산의 개념과 특징 ···························· 325

(3) 자산관리 수단의 부동산 ···························· 330

(4) 부동산 기초 상식 I (토지의 용도와 이용) ················· 334

(5) 부동산 기초 상식 II (주택의 면적과 용적률, 건폐율) ············ 347

(6) 부동산 기초 상식 III (주택의 종류) ···················· 354

(7) 부동산 공부서류의 종류와 내용 ······················ 358

(8) 주택(아파트) 위주의 부동산 투자가치 분석 ·· 360

(9) 수익형 부동산의 이해와 종류 및 투자전략 ··· 365

(10) 부동산 간접투자 상품의 이해 ·· 368

APPENDIX
유형별 생애주기 은퇴설계

(1) 사회초년생 ··· 381

(2) 40대 직장인 ··· 387

(3) 퇴직 전과 후 ·· 388

(4) 배우자 사망 후 ··· 392

(5) 자영업자의 은퇴설계 ·· 398

제2판

투자의 새내기를 위한
자산관리의 이론과 실무

CHAPTER

01

재무설계와 자산관리의
필요성과 준비

1. 자산관리와 재무설계의 개념과 방법을 이해한다.
2. 재테크와 재무설계의 차이점을 알고 재무목표에 따른 전략을
   수립할 수 있다.
3. 재무설계의 효과와 6단계 프로세스를 설명할 수 있다.
4. 재무설계와 자산관리 시장의 환경에 대해서 이해하고 향후 전
   망을 이해한다.

자산관리의/ 이론과/ 실무
ASSET MANAGEMENT

CHAPTER
01

재무설계와 자산관리의 필요성과 준비

(1) 재무설계의 개념과 의의

평균수명 100세 시대라는 말이 자연스레 사용될 정도로 고령화시대로 접어들고 저금리시대가 장기화되면서 은퇴나 노후준비에 대한 중요성이 부각되고 있다.

예전에는 나이가 60세만 되면 일을 놓고 여행을 하거나 쉬면서 남은 인생의 마무리를 준비하는 것이 상식화되어 있었지만 이제는 60세가 되어도 +20년 이상의 시간이 새로이 생겼다는 개념이라 재무적인 부분 외에도 여가시간이나 제2의 직업 및 배우자나 가족과의 관계도 중요한 요소로 자리잡고 있다.

이러한 측면에서 과거 단순히 투자나 재테크라는 표현으로 특정 시점의 상황에 따른 자산의 운용이 아닌 단기, 중기, 장기 재무적인 이벤트와 목표를 고려한 계획과 실천이 점점 중요시되고 있다. 이러한 부분을 강조해서 사용되기 시작한 표현이 '재무설계'이다.

재무설계(financial planning)란 본인의 재무적인 목표를 달성하거나 노후준비를 위해 준비하는 과정에서 필요자금을 사전에 항목별로 준비하는 일련의 과정이라고 할 수 있다. 개인의 자산이나 부채, 수입, 지출과 허용가능 위험 정도 및 가치관과 재무적, 비재무적 정보를 수집, 분석한 후 재무목표를 달성할 수 있도록 재무설계 안을 마련하고, 계획 및 실행, 점검하는 모든 과정을 재무설계라고 할 수 있다. 이지윤, 김민정, 최현자(2018)는 '가계 재무목표 설정의 적절성에 관한 연구'라는 논문에서 가계는 재무목표를 달성하기 위하여 다양한 재무행동을 수행하고 각기 다른 포트폴리오를 보유한다고 주장하며 재무목표의 중요성을 강조했다.

본 논문에서 정리한 재무목표의 구분은 아래의 표와 같다.

▌재무 목표의 구분

	연구자	구분
재무 목표	범수인, 문숙재 (1992)	가족생활주기 전반기 – 주택 마련, 중반기 – 자녀교육 및 결혼자금, 후반기 – 노후대비
	Garman & Forgue(1995)	소득과 부의 극대화, 효율적 소비의 실천, 재무적 생활만족의 발견, 재무적 안정감, 노후대비
	박근주, 이기춘 (2002)	생애주기 축적기(초기) – 주택 마련, 자녀교육 및 비상금 마련을 위한 자금축적, 확대기(중기) – 보다 안정화된 재무자원을 기반으로 투자수 익을 올리는 시기, 자산 보존기(후반기) – 은퇴 이후를 준비하는 단계
	최현자, 김정현, 김민정(2008)	대비목적, 자산증식목적, 기타, 재무목표 없음(저축 안 함)
	조혜진, 최현자, 김민정(2013)	저축, 투자, 지출관리, 은퇴관리
재정 목표	안승철, 김년희 (1999)	주택 마련, 자녀교육, 위험대비, 노후대비, 큰돈 지출, 자산증식
	Dilworth et al. (2000)	필수재구매, 재정적 안정, 재정적 안락 및 삶을 즐기기, 저축(은퇴, 투자, 비상시를 위한 저축), 부채상황, 자선 베풀기
	백은영, 문숙재 (2005)	결혼자금 마련, 자녀 관련 비용(출산, 양육, 교육, 학자금, 자녀결 혼), 주택 마련, 대출금상환, 사업자금 마련, 은퇴이후 생활자금 등
저축 (투자) 목적	조희금(1984)	자녀교육비 마련, 자녀결혼자금 마련, 주택 마련, 사업자금 마련, 장 래의 생활향상, 노후의 생활안정
	Xiao & Noring(1994)	생활비 저축, 교육, 결혼과 여행 등의 구매 계획을 위한 저축, 비상 자금을 위한 저축, 은퇴를 위한 저축, 자녀(또는 손자)를 위한 저축, 삶의 질이나 생활수준의 향상 등을 위한 저축
	김정숙 (1996)	준비적 동기(예측할 수 없는 비상상황이나 노후, 자녀교육 등), 안정 /향상 동기(장래 생활수준 향상 및 재무안정), 독립/투자 동기(독립 된 생활이나 사업 운영자금 마련), 유산/인색 동기(재산을 물려주거 나 돈을 쓰지 않기 위한 목적)

연구자	구분
Kennickell et al. (1997)	은퇴 후 삶, 교육비 마련, 주택 마련, 내구재 구입, 휴가 계획, 예비적 동기 등
조혜진, 최재경 (2015)	자산증식(사업자금 포함), 부동산 자금(주택 마련 확장/부동산 자산 포함), 노후/은퇴 대비, 자녀 관련 자금(교육/결혼/상속 포함), 생활비, 기타

위에서 정리한 다양한 재무목표에 대한 연구를 토대로 가계 재무설계의 준비와 실천에서 중요한 요소인 '재무목표'에 대한 내용은 크게 세 가지로 정리할 수 있다.

첫 번째로 주택 마련이나 결혼자금 등을 위한 자산증식을 들 수 있고 두 번째로는 자녀 양육과 교육비 마련으로 정리할 수 있는 자녀에 대한 부분, 세 번째로는 은퇴 이후의 노후생활비 마련에 대한 부분이다. 물론 두 번째와 세 번째 모두 자산 증식을 통해서 가능하겠지만 자산 배분에 있어서 각 항목별로 뚜렷한 목표가 있어야 하기 때문에 조금 더 세분화해서 목표를 정리해 보았다.

결론적으로 '재무설계'의 의미는 미래에 발생 예상되는 다양한 재무적인 이벤트를 위해서 사전에 단기, 중기, 장기로 기간을 구분해서 계획을 세우고 실천하는 일련의 과정을 의미하는 것이고 가장 중요한 요소가 '재무목표'이고 재무목표를 달성하기 위한 핵심 전략이 '포트폴리오 구성'이라고 정리할 수 있다.

(2) 재무설계와 재테크의 차이와 범위

우리가 기본적으로 근로소득이건 기타, 사업, 임대 소득이건 수입을 발생시키고 운용을 통해서 자산을 증대시킨다는 개념으로 여러 가지 표현을 사용한다.

우선 '저축(saving)'이라는 표현을 사용하는데 위키백과사전(ko.wikipedia.org)에서 '저축'을 검색하면 소득 중에서 소비로 지출되지 않은 부분으로 저축의 방법에는 은행에 돈을 맡기거나 연금 저축에 돈을 넣는 것 등이 있다고 설명한다. 저축의 범위에 대해서는 논쟁이 존재하는데 예를 들어 담보대출 상환에 소비된 소득의 일부분의 경우 현재 소비에 사용되지 않으므로, 저축에 해당되나 미국에서 국내총생산을 측정할 때, 개인의 이자 지급은 '저축'에 포함시키지 않는다.

두 번째로 사용하는 표현이 '투자(investment)'인데 백과사전에서는 특정한 이득을 얻기 위하여 시간을 투입하거나, 자본을 제공하는 것을 말하고 특히 미래의 이익을 기대하며 돈(때로는 시간과 자원)을 할당하는 것으로 설명한다. 금융 분야에서는 투자 이익을 수익이라고 해서 배당, 이자, 임대소득 등을 포함한 자본이득(capital gains) 또는 투자소득(investment income)으로 구성할 수 있다. 예상 경제수익은 미래수익의 적절한 할인된 가치이고 수익은 일정 기간 동안의 실제 자본이득(혹은 손실) 또는 소득으로 구성된다. 흔히 '저축'과 '투자'의 차이점으로 '위험(Risk)'의 존재로 구분하는데 '저축'의 경우에는 위험이 없는 즉, 원금손실 발생확률이 제로(0)인 경우(risk free asset)라고 할 수 있고 '투자'의 경우에는 그 정도의 차이가 있지만 어느 정도 위험이 존재하는 즉, 원금손실 발생확률이 존재하는 자산의 운용이라고 정의할 수 있다.

하지만 안전하기만 한 '저축'에는 치명적인 단점이 있다. 하나는 투자보다 기대 수익률이 현저하게 낮다는 것이고 또 하나는 장기적인 저금리 시대가 이어지면서 물가 상승(인플레이션)보다 낮은 이자율로 인한 간접적인 원금손실 효과가 있다는 것이다. 따라서 가장 이상적인 자산운용의 방법은 '저축'과 '투자'를 절묘하게 분산해서 포트폴리오를 구성하는 것이라고 할 수 있다. 이러한 첫 번째 개념에서 나아가 두 번째 대안으로 자주 사용하는 표현이 바로 '재테크(財-tech)와 '재무설계(financial planning)'이다.

재테크(財-tech 또는 financial technology)는 사전적인 의미로는 기업 또는 개인이 금융수익을 얻기 위해서 벌이는 재무활동으로 잉여자금으로 증권시장, 외환시장에 참여하여 이자, 배당금, 유가증권 매매수익, 외환차익 등으로 기업수익을 올리는 활동이라고 설명된다. 어원으로는 보유 자금을 효율적으로 운용하여 최대이익을 창출하는 방법이고 한자 '재무(財務)'와 영어 '기술(technology)'의 합성어이고 원래 기업에서 주로 사용하다가 IMF 외환위기 이후 경제와 자산에 대해서 관심이 늘어나며 현재 개인이나 가계에서 가장 많이 사용되고 있는 표현이다.

재무설계(financial planning)는 위에서 설명한 개념과 함께 시티은행의 홈페이지에서는 그 의미를 개인의 재정 자원을 가장 효율적으로 활용하여 목표를 달성할 수 있도록 전문가로부터 자문을 받는 하나의 과정이라고 설명하고 있고, 한국FP협회에서는 자신이 바라는 삶을 실현시키기 위해 현재의 재무 상태를 체계적으로 분석하고 생애 단계별 목표를 수립하여 소득, 지출, 저축, 투자, 보험 등에 대한 실행계획을 지속적으로 관리해 나가는 과정이라고 설명하고 있다. 결론적으로 재테크와 재무설계의 차이점은 하나의 점(point)과 선(line)이라는 표현으로 정의할 수 있는데 재테크는 특정 시점의 시장상황을 고려해서 매수와 매도 시점을 정해서 매매를 통한 가격상승 효과를 노리는 행위라고 볼 수 있고 목표는 오직 수익률 관점이다.

반면 재무설계는 일정 기간 동안 다양한 재무목표(결혼자금, 자녀양육 및 교육자금, 내 집 마련 자금, 은퇴이후 노후자금 등)의 실현을 위한 다양한 금융상품과 종목별 포트폴리오의 구성과 실행과정이라고 할 수 있다.

▌재테크와 재무설계의 차이점

구 분	재테크	재무설계
목 적	부자가 되는 기술(수익률)	삶의 목표와 가치 추구
선택 동기	투자기회 중심	인생목표
기 간	투자 건별, 단기적	전 생애주기, 장기적
자산 증식	고수익 추구	안정적 + 수익률 관리
심리 상태	불안감	안정감 지속
위험 관리	위험관리 없이, 재산증식 초점	인생주기 목표에 따라 체계적 위험관리 과정
결 과	가정경제 몰락 가능성	건전한 가정경제 증진

(3) 재무설계의 범위와 내용

재무설계의 범위는 재테크보다는 훨씬 광범위하다고 볼 수 있다. 특정 시점의 국내외 경제상황이나 시장의 흐름에서 매수나 매도 타이밍을 잡는 투자나 재테크의 개념에서 장기간의 인생계획(life plan)을 세우고 이러한 인생계획에 맞춰서 중장기적인 계획과 전략이 필요하기 때문이다. 따라서 재무설계를 입체적, 장기적, 포괄적인 의미로 보면 될 것이고 분야도 크게 6가지로 나눠서 구분할 수 있다.

각 분야별로 상호 연계되고 한 분야만 떼어서 볼 수 없기 때문에 개인이나 한 가정의 자산관리와 미래에 대한 준비에 있어서 필수적인 준비 요소들이다.

재무설계 분야에서 가장 먼저 고려해야 할 분야로 '현금흐름과 부채관리'가 있다. 현금흐름표는 기업의 재무제표에도 중요한 양식인데 개인이나 가계 재무설계에 있어서도 중요한 요소이고 우선적으로 확인해야 할 사항들이다. '현금흐름 및 부채관리'의 의미는 일정 기간 동안의 개인이나 가계의 현금의 유입과 유출을 통해서 매월, 분기, 반기, 연간 잉여자금을 산출하고 해당 잉여자금의 효율적인 설계를 통해서 재무설계의 목적을 이룰 수 있다. 이 흐름을 통해서 현금 유입의 내용과 유입 대비해서 유출의 규모를 파악하고 수입과 지출관리를 통해서 바람직한 개인이나 가계의 자산관리 운영방향을 정하게 된다. 부채관리는 부채를 단기부채, 장기부채, 고정부채, 유동부채, 소비 관련 부채, 주거 관련 부채 등으로 구분해서 부채의 이자나 원금 상환 날짜순으로 혹은 잔액 크기별로 정리해 놓으면 효율적으로 부채상환을 통한 개인 및 가계 재무건전성을 도모할 수 있다.

두 번째 재무설계 분야로는 '세금설계'가 있는데 종합소득세나 양도소득세, 금융관련 세금 및 부동산 관련 기타 세금과 상속증여와 은퇴 관련 세금에 대한 준비와 전략을 수립하는 것이다. 죽음과 함께 피할 수 없는 것이 세금이라는 말이 있듯이 어차피 피할 수 없다면 그 규모를 줄이는 사전 준비가 필요하겠고 최고 50%까지 납부해야 하는 상속 증여세의 경우 은퇴 및 노후 설계 분야와 연결해서 시간을 두고 절세전략을 수립해야 한다.

세 번째 분야는 부동산 설계인데 주거용이나 투자용(자본소득, 임대소득) 부동산의 투자가치 판단을 통한 매수전략과 보유 및 매도 시기 조율 등에 대한 설계가 필요하고 우리나라 가정의 가장 큰 비중을 차지하는 자산이 부동산인 만큼 자녀들에 대한 효율적인 자산배분과 절세 설계까지 함께 고려해야 하는 자산관리에 있어서 가장 비중이 큰 분야라고 할 수 있다. 네 번째 분야인 투자설계는 장기적인 저금리 시대가 이어지면서 물가상승률을 고려한 실질 수익률이 마이너스 시대인 요즘에 가장 수익률을 극대화할 수 있는 분야이고 펀드나 ELS(주가지수연계증권), ETF(상장지수 펀드)¹⁾ 및 DLS(파생결합증권) 등의 간접상품과 주식과 채권에 대한 직접투자까지 포함한 분야이다.

다섯 번째 분야인 은퇴 및 노후설계는 100세 시대인 요즘에 은퇴 이후에도 거의 20년 이상 노후생활을 보내기 때문에 별도의 수입이 없고 의료비 등의 추가 고정 비용이 발생되는 점을 고려해서 사전에 준비를 해야 하겠고 퇴직연금 활용이나 재취업 및 상속 증여 설계와 연결된 중요한 분야라고 할 수 있다. 마지막으로 고려해야 할 재무설계 분야는 상속증여 설계로 예상치 못한 상속개시 상황의 도래나 형제간의 불화 등 다양한 사례가 주변에서 많이 발생하기 때문에 사전에 어느 정도 증여를 통해서 자산의 이전이 필요하고 상속까지 고려한 중장기 계획이 필요한 분야이다.

지금까지 재무설계의 6가지 분야에 대해서 알아보았는데 누구나 인정하는 '100세 시대'라는 시대적인 상황과 명예퇴직 등 조기퇴직이 일반화되고 취업이나 이직이 어려워진 상황에서 개인들의 소득창출기간은 짧아지고 있고 노후생활이라고 하는 소비지출기간은 늘어나면서 6가지의 재무설계 분야별 준비와 실천이 점점 많은 개인들과 가계에 절실한 과제로 다가오고 있다. 항상 '단기적인 고수익의 실현'과 '장기적인 재무목표의 달성'이라는 두 가지 길에서 고민하고 있다면 눈앞에 보이는 수익도 중요하지만 분야별로 목표와 달성 채널을 다양화하는 포트폴리오를 구성해서 미리미리 조금씩이라도 실천하는 전략이 훨씬 중요하고 의미가 있지 않을까 싶다.

---

1) ETF(상장지수 펀드)는 주식시장에 상장된 펀드라는 의미이고 지수나 특정업종, 원자재나 통화, 채권 등의 대부분 자산관리 종목을 자유롭게 투자할 수 있는 투자종목이라고 할 수 있다.

▼ 개인 재무설계 분야

(4) 재무설계의 변수와 환경

한 사람이 태어나서 사망할 때까지 몇 번의 자산관리 혹은 재무설계의 전환점이나 기로에 서게 된다. 일단은 자산관리나 재무설계 모두 돈(money)과 관련된 행위이기 때문에 학생 신분일 때에는 별로 의미나 중요성에 대해서 생각해 보지 않을 것이고 회사에 취업을 하거나 창업을 하면서부터 서서히 삶에 대해서 그리고 돈에 대해서 생각을 하게 된다. 이때가 첫 번째 재무설계의 전환점이라고 할 수 있다. 이때 얼마나 현실적이고 실현 가능한 재무설계 목표를 정하느냐 따라서 향후 모든 부분의 진행 방향과 위험감수 정도가 달라지게 된다.

다음으로는 결혼을 하면서부터 두 사람의 재무설계에 대한 진행상황과 목표가 합해지면서 새로운 재무설계의 전환점이 되고 자녀를 출산하면서 양육비와 교육비나 의료비 항목이 추가되면서 세 번째의 재무설계 전환점을 맞이한다. 이어서 퇴직과 은퇴생활을 시작하면서 지금까지 이루어 놓은 자산에 대한 재설정과 구성을 고민하게 되고 마지막으로 사망 전에 상속에 대한 고민으로 재무설계의 마무리를 진행하게 된다.

　이처럼 한 사람이 태어나서 사망 시까지 여러 번의 재무설계와 자산관리의 전환점을 맞이하고 진행하게 되는데 매번 다른 상황과 환경의 변화로 새로이 설정해야 하는 부분도 발생하게 된다. 바로 재무설계와 자산관리의 주요 변수라고 할 수 있는데 크게 아래의 세 가지로 나누어 볼 수 있다.

▼ 재무설계 주요 변수

재무목표
및
인생목표

위험관리
방안

자금
축적방안과
투자방안

　재무설계의 주요 변수로 우선 '재무목표 및 인생목표'가 있다. 개인이나 각 가계마다 추구하는 재무목표가 다를 것이다. 혹은 궁극적인 목표는 돈 많이 벌고 모으고 풍요로운 미래를 준비하자는 것이라고 할 수 있겠지만 시기별로 결혼준비나 혹은 내 집 마련, 창업 준비 및 거주 이전 등 다양한 목표가 있고 자산규모가 있을 것이다. 특히 결혼을 통해서 두 사람이 하나의 가정을 이룰 때 기존 목표의 수정이 필요하기 때문에 변수라고 할 수 있다. 두 번째는 '위험관리 방안'인데 2019년부터 시작된 COVID－19처럼 예상치 못한 국내외 경제나 금융시장의 위험(risk)상황 발생 시 어떻게 대처하고 나름의 재무목표 달성을 위해 포트폴리오 수정 등을 진행해야 하는지 준비가 되어 있어야 한다. 재무위험(financial risk)의 정의는 어떤 투자안이나 포트폴리오 진행으로부터 얻게 되는 수익률 등에 대한 결과에 대해 불확실성이 공존하기 때문에 발생하는 변동성이라고 볼 수 있다. 일반적으로 기업이나 개인 투자자의 투자의사 결정에 있어서 해당 시점의 국내외 경제상황이나 금리, 환율 등 지표의 변화와 함께 다양한 요소를 고려해야 하는데 이러한 고려사항들의 부정적인 예측이 바로 재무위험이라고 할 수 있다.

　세 번째의 변수는 '자금 축적방안과 투자방안'인데 재무설계의 궁극적인 목표가 자산의 규모를 확대시키는 것이라고 한다면 어떻게 잉여자금 및 대출 등의 레버리지를 활용한 자산의 운용과 투자를 하느냐가 관건이라고 볼 수 있다.

　기존 변수인 재무목표와 위험관리 방안을 충분히 고려한 목표 수익률을 정하고 그 목표수익률의 달성 가능 기간 등을 고려한 자산운용과 투자가 이루어져야 하겠고 그러한 진행에 있어서 현재와 미래의 환경의 변화도 반영해야 하겠다.

📖 관련지식 탐구생활

〈위험의 종류〉

1. 체계적 위험(systematic risk): 주식과 채권 등의 모든 증권에 공통으로 적용되는 위험으로 분산투자로 제거할 수 없는 위험을 분산 불능위험이라고 한다. covid－19, 정부의 인플레이션, 경기침체, 이자율 등 시장 전체에 영향을 주는 경제와 금융환경 변화 등이 있고 체계적 위험은 시장 전체 위험으로 굳이 피하려면 선물옵션이나 공매도 등의 헷징(hedging), 금이나 달러나 채권 등의 안전자산 편입 등이 있다.
2. 비체계적 위험(unsystematic risk): 어느 특정 종목(기업)만이 가지는 사건이나 상황의 변동으로 발생하는 위험으로 분산투자로 제거 가능 위험이라고 한다. 경영진의 교체, 파업, 법적 소송 등의 요인이 있고 상관관계(correlation)가 작은 자산으로의 분산투자 예를 들어 주식에 투자를 하더라도 전혀 영향이 없는 업종이나 다워서 분산하는 방법이 있다.

재무설계의 환경

　지금까지 우리는 재무설계에 대한 의미와 분야 및 고려해야 하는 변수 등에 대해서 알아봤다. 이제는 재무설계를 왜 해야만 하는지 환경적인 부분과 시장의 상황에 대해서 알아보도록 하자.

　재무설계에 대한 환경에서 첫 번째로 고려해야 하는 점은 바로 '저출산 고령화 시대'의 변화이다. 본 교재를 통하지 않더라도 수많은 뉴스나 정보에서 다루었던 부분이기 때문에 누구나 인지하고 있고 그 심각성을 알고 있을 것이다. 하지만 실제로 인지 후에 이를 대비한 충분한 노력을 하지 못한 것이 우리의 모습이기 때문에 반복적이긴 하지만 강조를 하지 않을 수 없다.

한국이 세계 1위인 부분이 몇몇 있는데, 그중 월등히 세계 1위를 달리고 있는 분야가 바로 저출산 고령화 속도이다.

매년 5월은 어린이날과 어버이날 및 부부의 날 등 가족 기념일이 많아 '가정의 달'이라고 한다. 하지만 어느 순간 행복한 5월이 쓸쓸하고 우울한 5월이 되고 있다. 우리나라 이혼율이 높아져만 가고 합계출산율은 1명 이하로 떨어진 지 오래다. 1인 가구는 전체 가구의 30.2%(2019년 기준)를 차지하고 있고 가족은 이제 그 의미가 점점 축소되어 1인 가구를 위한 산업이 새로 생기게 될 지경에 이르렀다. 2020년 전국 합계출산율(가임 여성 1명당 출생아 수)은 0.840명으로 집계되었는데 1.239명이었던 지난 2015년에 비해 5년 새 무려 32% 감소했다고 한다. 이러한 저출산에 대한 주요 원인으로는 문화적 요인, 경제적 요인, 가치관의 변화, 인구 구조적 요인으로 구분할 수 있다.[2]

문화적 요인으로는 다양한 가족에 대한 낮은 수용성이 보편화된 가치관으로 자리잡고 있고 여성의 사회활동 증가도 요인으로 꼽히고 있다. 자녀 양육에 대한 정부의 다양한 지원책에도 아직까지 자녀 양육과 사회활동을 병행하기가 만만치 않은 게 사실이다. 경제적 요인으로는 주택 마련비용 증가와 저금리의 장기화 및 고용의 불안정성이 심화되는 과정에서 발생하는 재무적인 어려움이다.

자녀를 한 명 낳아서 양육하고 대학교까지 교육을 시키는 데 드는 비용이 상당한 부담으로 작용하고 있다. 오죽하면 명예퇴직금을 많이 준다고 해도 퇴사할 때까지 학자금이 고정적으로 나오니 그것 때문에 퇴사를 못한다는 말까지 나오고 있다.

저출산의 원인 중에서 가치관의 변화도 한 몫 하는데 위에 언급한 내용들로 인해서 사람들의 생각이 바뀌는 것이 원인으로 꼽히고 있다. 즉 결혼과 자녀에 대한 가치관의 변화로 인한 저출산 문제가 향후 지속되리라는 전망이다.

고령화 시대에 대한 문제점도 점점 커지고 있어서 통계청 장래인구추계에 따르면, 우리나라가 2025년에 전체 인구에서 65세 이상 인구가 20% 이상이 되는 초고령 사회가 된다고 한다. 이는 미국이나 일본 등의 나라보다도 훨씬 빠른 속도이고 전 세계적으로 유래를 찾아보기 어려운 고령화 속도라고 한다. 종전에

---

2) 이삼식(2010) '저출산 원인과 파급효과 및 정책방안' 보건사회 연구원 자료 인용

언급한 저출산 문제와 맞물려서 고령화 시대의 도래는 생산가능인구의 감소와 함께 노인 부양에 대한 정부와 사회의 부담이 점점 커지게 되어 결국 가정 재무의 파탄에 이르는 환경이 조성된다고 볼 수 있다.

> **고령화 사회의 문제점**
>
> • 노동력 상실 및 노후생활 준비 부족으로 인한 노인 빈곤층 양산
> • 노인 부양에 따른 정부와 청년층의 세금 등의 재정부담 가중
> • 청년층의 일자리 문제와 노인들의 은퇴시기 연장과 맞물린 일자리 감소문제
> • 독거노인과 노인 자살의 증가
> • 의료 및 사회 전반적인 복지정책의 노인위주편성에 대한 고민

▼ 저출산 · 고령화 시대 도래

전체 인구 중 고령인구(65세 이상) 비중

(단위: %)

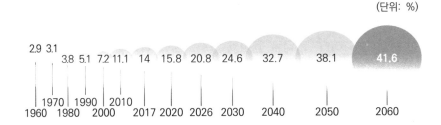

생산가능인구(15~64세)

(단위: 명)

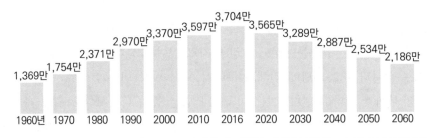

(자료: 통계청)

▼ 저출산 · 고령화 시대 도래

고령화 사회(7%)에서 초고령 사회(20%)로의 진입 기간

26년 만에 고령화 사회에서 초고령 사회로 진입함

구분	고령화 사회	고령 사회	초고령 사회
65세 인구 비중	7% 이상	14% 이상	20% 이상

우리나라 노후준비의 현실

저출산 고령화의 현황과 문제점에 대해서 알아보고 이제는 좀 더 현실적으로 자산관리의 이론과 실무에 적용할 플랜과 실천을 함에 있어서 좀 더 피부에와 닿는 우리나라 국민들의 노후준비 현실에 대해서 알아보고 본격적으로 자산관리 전략으로 들어가 보자. 노후준비에 대한 부실한 상황을 언급할 때 가장 자주 언급되는 용어가 바로 '연금의 소득대체율'이다. 연금의 소득대체율은 전체 국민연금 가입자의 평균 소득 수준인 자가 40년간 보험료를 납부한 경우 전체 가입기간의 평균소득 대비 연금액 수준을 의미한다. 국민연금 급여액은 보험료를 납부한 가입기간에 비례하며, 국민연금 소득대체율은 40년 가입기간을 기준으로 산정되고 있다.

2018년 금융감독원의 '고령화 진전에 따른 금융부문의 역할'이라는 자료를 참

고로 살펴보면 우리나라 국민의 연금 소득대체율은 39.3%로 미국의 71.3%, 일본의 57.7%, 독일의 50.9%보다 현저히 낮은 걸로 나온다. 그만큼 공적연금의 노후준비 기능이 미약하다고 할 수 있는데 최근 관련 기사에 따른 보건복지부의 보도 자료에 따르면 우리나라의 국민연금액은 가입기간에 비례하여 산정되므로 제도가 도입된 기간이 짧아(1988년 도입) 연금액이 낮은 것으로, 가입기간이 증가할수록 급여액도 증가해서, 외국의 사례보다 크게 낮지는 않다는 주장도 있다.

하지만 직장생활을 평생 하면서 꾸준하게 납입하는 국민연금의 기능으로서 평균 수입의 50%로 안 된다는 부분은 불안한 노후에 대한 마음을 지울 수는 없겠다.

노후에 대한 현실을 살펴보는데 우리나라 국민들의 사적연금 가입률도 현저하게 낮은 것으로 나온다. 사적연금 가입률이 24% 정도밖에 안 되어서 미국의 47.1%, 일본 35.8%, 영국 43%, 독일의 70.4%에 비해서 역시 현저하게 낮다. 또한 퇴직연금의 일시금 수령도 97%가 넘어서 안정적인 노후생활자금 마련용이 아닌 부동산 투자나 긴급 사업자금 및 부채상환용으로 이용되고 있다고 볼 수 있다.

가장 우려가 되는 노인 빈곤율에서는 우리나라가 45.7%로 OECD 평균인 12.5%의 3.6배나 많은 것으로 산출되었고 60세 이상 국민 1인당 월평균 병원 진료비가 254,000원이 나와서 전체 국민 평균의 2.3배나 되는 것으로 역시 노후에 가장 중요한 생활비가 의료비라는 것을 증빙했다.

이처럼 다양한 재무설계의 환경과 위험이 공존하는 상황에서 경제와 금융환경의 변화와 과학기술의 변화까지 더해지면서 점점 개인이나 가계의 재무설계 여건은 필요하지만 쉽지 않은 시대가 도래되고 있다.

경제나 금융환경의 변화에서는 저성장, 저금리 시대의 지속과 다양한 투자상품과 금융상품 가입채널의 확대, 정부의 자주 변화하는 세금과 부동산 정책, 물가상승과 소득의 양극화 문제 등이 있고 과학기술의 변화에서는 인터넷과 모바일 뱅킹의 확대, SNS서비스의 보편화, 로보어드바이저(Robo-Adviser) 등 자동투자자문 서비스의 확대와 시스템 트레이딩과 인공지능 금융상품 등이 있다.

🖉 신문기사 탐구생활

저출산 예산 40조라는데, 30대 부부 "돈 없어 육아휴직 부담"

중소기업 과장 선주호(32) 씨는 두 살배기 아들을 키운다. 아내(30)는 중소기업 사무직으로 일하다 아이를 가지면서 퇴직했다. 중소기업에서 육아휴직은 꿈도 못 꾸는 상황이어서 회사를 그만뒀다.

선 씨는 가정양육수당 15만 원과 아동수당 10만 원을 매달 받는다. 내년 1월 가정양육수당이 10만 원으로 준다. 선 씨는 "살림살이가 지금 수입에 딱 맞게 짜여져 있는데 5만 원 빠지면 어디를 줄여야 할지 고민 중"이라고 말한다.

OECD 주요 회원국 합계출산율

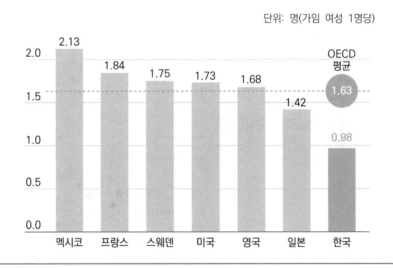

단위: 명(가임 여성 1명당)

자료: OECD(2018)

선 씨 본인도 육아휴직은 그림의 떡이다. 선 씨는 결혼할 때 3억 원을 대출받았고 원리금 상환에 부담이 크다. 육아휴직을 하면 수입이 줄어 포기했다. 선 씨는 "아내가 아이 1명은 외롭다고 2명은 있어야 한다고 의지를 보이지만 미룬 상태"라며 "최소 아이 당 월 50만 원 정도 수당이 나오면 둘째를 고려해 볼 것 같다"고 말했다.

정부가 2006년 저출산 대책을 시행하면서 수백조 원을 썼다는데 왜 선 씨 같은 젊

은 부부에게 지원이 가지 않은 걸까? 올해 저출산 대책에 40조 1,906억 원이 들어
간다. 이 돈이 다 어디 가고 선 씨에게 가는 지원금이 최소 희망선의 절반에도 못
미칠까?

중앙일보는 저출산 고령사회위원회 홈페이지에 공개된 연도별 시행계획 등을 분석
해 따져 봤다.

"저출산 대책, 민원 들어주는 정책 변질"

우선 지난해 저출산 대책(예산은 40조 1,906억 원)의 상당수가 '엉뚱한' 것들이다.
가령 자살 유가족 원스톱서비스이다. 사실상 경제협력개발기구(OECD) 자살률 1위
오명에서 벗어나려면 이 사업이 절실하지만 이게 저출산 대책으로 볼 수 있는지
의문이다. 비슷한 것들이 채용 성차별 및 유리천장 해소, 경력단절 예방, 다문화,
탈북 학생 멘토링 지원, 다문화 교육지원, 청년 주거지원, 신혼부부 주거지원, 남성
육아 참여 확대 관련 대중매체 모니터링, 아동안전교육 강화, 임금격차 개선, 생활
시간조사 등 무수히 많다.

지난해 저출산 예산의 절반이 넘는 21조 원이 이런 것들이다. 약간이라도 관련 있
을 것 같은 예산을 긁어모아 부풀렸다는 의심을 살 만하다.

▼ 합계출산율과 가족분야 공공사회지출

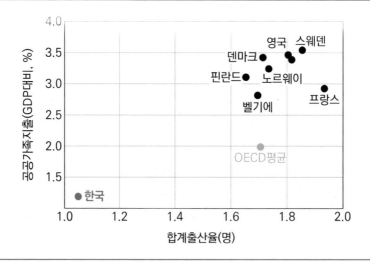

자료: OECD(2017)

저출산 고령사회위원회는 카드뉴스에서 "저출산 예산의 절반을 차지하는 청년 신혼부부 주택 구입자금, 전세자금 대출은 다시 돌려받는 돈"이라고 지적했다.

이상림 한국보건사회연구원 연구위원은 "저출산 대책이 청년을 도와주려는 게 아니라 어느 순간부터 좋은 사회정책으로 변했다. 눈앞의 민원을 들어주는 정책으로 간다"고 말했다.

양육, 아동 수당, 출산휴가, 육아휴직급여, 보육료 지원, 어린이집 확충, 임신, 출산 지원 등이 제대로 된 저출산 대책이다. 이런 직접 지원 사업에 쓰인 돈이 전체 예산 40조 원 중 19조 원에 불과하다.

OECD는 이 같은 가족 지원 지출을 저출산 예산으로 본다. 지난해 국내총생산(GDP)의 1.48%(결산 예산 기준)이다. OECD 회원국 평균(2.4%)에 비해 크게 낮다. 프랑스(3.7%), 영국(3.8%)은 훨씬 높다.

저출산 직접지원 예산 기이는 보육

▼ 공공가족지출 OECD 국가 간 비교

단위: %

자료: OECD(2015)

그나마 얼마 안 되는 예산도 보육이 71%를 차지한다. 이삼식 한양대 정책학과 교수는 "유럽은 30~40%인데, 우리는 저출산에 쓰이는 직접 예산이 많지 않다 보니 비중이 높다"고 지적한다. 저출산 고령사회위원회는 팩트 체크 카드뉴스에서 "어린이집, 유치원 지원, 고교 무상교육 등은 자녀가 있는 가족의 부담을 줄이기 위한 것이며 나중에 저출산 문제가 해결되더라도 어차피 써야 할 당연 지출"이라고 지적했다.

회사원 윤일우(35·서울 광진구) 씨는 세 살짜리 아들을 두고 있다. 아이한테 나오는 지원금은 아동수당 10만 원이다. 둘째를 낳으려 했지만 생각을 바꿨다. 전세 살던 집을 매입하면서 돈이 많이 들어가서이다. 공무원인 아내도 육아휴직을 1년만 하고 복직했다. 공무원은 2년 더 무급으로 쓸 수 있다.

윤 씨는 "아이가 클수록 돈이 더 들어가는데 반대로 줄어드는 느낌"이라며 "최소 아이 1명당 40만 원 정도 수당이 있다면 체감할 수 있을 것 같다"고 말했다. 그는 남성 육아휴직 보장, 육아휴직 수당 보장, 국공립 어린이집 보장 등이 충족되면 둘째를 고려할 수 있을 것 같다고 한다.

경기도 부천시 이현희(32) 씨는 임신 3개월이다. 육아휴직을 3~6개월 쓰기로 했다. 남편은 안 쓴다. 이유는 돈 때문이다. 이씨는 "월급이 300만 원 정도인데, 육아휴직을 하면 150만 원 준다고 하니 아파트 중도금 대기가 힘들어질 것 같다"고 말했다. 실제로는 육아휴직 초기 석 달만 150만 원까지 나오고, 이후에는 120만 원까지만 나온다. 게다가 25%는 직장 복귀 6개월 후 주기 때문에 휴직기간 수령액은 더 적다.

한국의 육아휴직 소득대체율(남성)은 13.4%에 불과해 육아휴직 이용률이 극히 저조하다. 노르웨이는 97.9%, 오스트리아 80%, 스웨덴 77.6%에 달한다. 이삼식 교수는 보여 주기식 정책을 비판한다.

이 교수는 "아동수당만 해도 외국에서는 16세까지 주는데 우리는 7세 미만에 준다. 아이가 클수록 돈이 더 들어간다"며 "수당액도 외국은 20만~30만 원인데 우리는 10만 원이라 체감도가 낮을 수밖에 없어 제대로 도움이 되게 해야 한다"고 말했다.

(2020년 11월 25일 중앙일보 기사 발췌)

(5) 재무설계의 효과

우리가 재테크를 하지 않고 재무설계를 하는 이유는 두 가지 개념의 특징에서 잘 나타나고 있다. 특정 시점에서의 경제 환경과 미래 예측을 통한 가치상승 종목이나 자산에 오직 수익률 극대화의 목표를 달성하기 위해서 잉여자산을 투입하는 재테크와 달리 재무설계는 단기, 중기, 장기 목표를 설정하고 기간별, 목표 주제별로 달성하기 위한 계획을 세우고 실천하는 것이기 때문이다. 이러한 기본적인 개념 차이를 근거로 재무설계의 효과를 알아보면 아래와 같다.

① 3년, 5년, 10년 등 기간별로 구체적인 재무목표와 실천방안을 세우기 때문에 예측 가능한 미래준비 가능
② 현재 및 미래의 재무적인 위험발생을 예측하고, 사전에 예방할 수 있도록 준비 가능
③ 과도한 수익률 추구의 투자나 자산관리가 아닌, 목표별로 효율적인 분산 투자를 가능하게 해서 최소한의 수익률 확보 및 안정성을 기할 수 있음
④ 시장의 상황에 따른 대처 능력이 키워지고, 다양한 준비에 대한 대책 수립으로 심리적으로 안정감을 가질 수 있음
⑤ 무리한 대출로 과다한 이자비용 발생을 사전 방지하는 등 효율적인 지출 관리 가능

최현자 등(2008)은 '재무설계의 유용성: 은퇴에의 적용' 연구논문에서 성공적인 은퇴생활을 위한 재무설계의 효용성에 대해서 발표했는데 재무설계는 은퇴자가 건전한 자산상태를 유지하고 저축하는 데 유용한 기능을 하고 있었고 부분적인 재무설계는 재무설계를 전혀 하지 않는 경우와 큰 차이가 없어 전 단계에 걸친 재무설계를 수행하는 것이 바람직한 것으로 주장했다. 또한 재무설계는 은퇴대비나 은퇴자들의 주관적인 재정적 복지를 증진시키는 데 기여하는 바가 크고 은퇴 관련 이슈 중 재무설계가 은퇴대비에 큰 영향을 미치므로 재무설계 훈련을 통해 은퇴대비 가능성을 증진시킬 수 있을 것이라고 했다.

한국 투자자보호 재단에서 재무설계 대해서 일반인들을 대상으로 조사한 희망 상담 분야를 살펴보면 20.5%가 노후설계방법에 대해서 상담받기를 희망했고 18.3%가 목돈마련을 위한 저축방안, 14.8%가 주택 마련 및 부동산 투자 상담, 12.2%가 주식 및 채권투자에 대한 직접문의로 나타났다. 그 외로는 펀드 등에 대한 상담과 절세, 소득 및 생활비 관리, 대출 상환 및 개인 신용관리, 사업자금 마련 및 운용방법 등에 대한 주제가 이어졌다. 결론적으로 일반인들이 생각하는 재무설계의 기능과 목적에서도 노후준비라는 커다란 목표이자 과제를 해결할 수단으로 재무설계를 생각하고 있다는 것을 알 수 있다. 하지만 단기간의 수익률을 극대화하고자 하는 목표로 다양한 투자나 재테크를 진행하고 있고 수익률에 대한 목표달성을 모든 재무목표에 적용하려고 하다 보니 자칫 수익률이 목표 대비 저조하거나 원금손실이라도 발생하면 전체 재무목표가 실패해 버리는 결과를 초래하고 있는 것이다. 이러한 결과가 결국 단기적인 높은 수익률보다는 꾸준한 납입이나 저축이 필요한 연금 등의 은퇴설계나 장기적인 준비와 실천이 필요한 절세 등의 세금설계까지 달성하지 못하는 경우를 많이 보게 되었다.

결국 재무설계 → 은퇴설계 → 체계적인 기간별 목표설정과 실천 → 정기적인 피드백과 수정이라는 큰 맥락에서의 순서로 정리할 수 있겠다.

생애주기별 특징 및 재무목표

흔히 재무설계는 평생에 걸쳐서 진행해야 한다고 한다. 생애주기별 재무설계가 필요한 이유는 생애주기(life−cycle)는 한 사람이 태어나서 교육을 받고 회사에 취업하고 결혼하여 자녀를 출산, 양육, 교육하고, 자녀를 독립시키고, 부부만의 은퇴 및 노후를 준비하고 효율적인 잉여자산의 증여와 상속 준비와 실천까지의 과정에서 각 단계별로 체계적인 계획이 필요하기 때문이다.

재무설계에서 생애주기를 감안하고 반영해야 하는 이유는 생애주기 각 단계에 따라 개인과 가계의 니즈와 목표가 다르고, 수입과 지출 및 보유 자산이나 물려받는 자산의 규모가 다르기 때문이다. 일반적으로 신혼기에는 주택 마련, 자녀양육 등이 주요 재무 목표이고, 나이가 들수록 자녀교육이나 노후준비를 주요 재무목표로 정하게 된다.

▌ 생애주기별 특징과 관심사, 투자성향

생애주기	특징	관심사	투자성향
축적기 (20~30대)	독신기, 가족 형성기, 자산 축적기	결혼준비, 자녀양육, 전세자금 및 주택 마련, 비상자금	안전자산, 현금성 자산, 저위험 및 기능성 자산
절정기 (40~50대)	자녀 성숙기, 소득 절정기, 재산 증식기	자녀 교육과 결혼자금, 노후생활자금	중위험 또는 고위험
유지기 (60~70대)	가족 축소기, 은퇴시기	생활비 유지, 건강관리	현금흐름 중심의 안전자산 선호, 저위험
100세 시대 (80대 이후)	가족 이별기	의료(건강), 상속 증여 및 유언	연금소득 중심

이처럼 생애주기별로 재무목표를 설정하고 달성을 위해서 현재의 재무적인 상황파악을 해야 하는데 아래의 표를 작성하면 도움이 될 것이다.

간단한 양식이지만 현재의 월평균 수입을 적어 보고 지출과 저축으로 구분해서 지출도 고정지출과 변동지출, 저축도 기간별로 위험 예측별로 목표별로 구분해서 적어 보도록 하자.

대략적으로라도 현재의 재무상황에 대한 파악이 가능하고 가장 중요한 '잉여자금'에 대한 산출과 잉여자금을 재무목표별로 구분해서 저축과 투자를 통한 재무목표 달성을 이룰 수 있을 것이다.

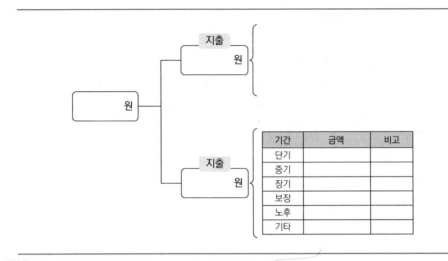

기간	금액	비고
단기		
중기		
장기		
보장		
노후		
기타		

(6) 생애주기가설의 이해

생애주기가설(life-cycle income hypothesis)은 모딜리아니(F. Modigliani)와 블 룸버그, 앤도(A. Ando) 등에 의해서 주장된 이론으로 사람들은 대체로 남은 평 생을 염두에 두고 현재의 소비를 결정하는 것으로 이는 소비자의 인생에 걸친 소득과 소비의 변화 패턴에 주안점을 둔다고 볼 수 있다.

사람은 태어나서 유년기부터 소비를 시작해서 일생에 걸쳐서 소비를 하게 된 다. 하지만 취업을 해서 소득이 발생하기 전인 아동기와 청소년기에는 소득이 없고 경제활동이 가장 왕성한 시기인 중년기에 진입해서야 비로소 어느 정도 자 산과 소비를 웃도는 소득을 올리게 된다. 은퇴 후 노년기에는 소득이 소비를 웃 도는 시기에 저축하고 쌓아 둔 자산을 가지고 생활하게 된다. 따라서 전 생애를 고려해 소득을 적절하게 배분하여 지출을 하지 않으면 안 된다. 이러한 일반적 인 삶 속의 소득과 소비를 경제모형으로 풀어 낸 것이 생애주기가설이다.

1950년대 모딜리아니와 앤도는 가계가 현재의 소득뿐 아니라 장래에 예상되 는 소득에 따라 소비수준을 결정한다는 생애주기가설을 주장했고 생애주기가설은 소득이 급감하는 은퇴 이후의 소비까지 논의에 포함하여 생애주기에 따른 사람들의 저축 동기를 설명하는 데 초점을 두었다. 생애주기 가설의 이론적인 내용을 정리해 보도록 하자.

① 청소년기: 현재 소득이 없거나 작지만 미래에 소득이 커질 것을 예상하고 소득보다 더 높은 소비수준을 유지하여 소득 이상의 소비지출을 하게 된다. 제로(0) 혹은 낮은 소득수준과 음(−)의 저축으로 평균소비성향이 높게 나타난다.
② 중장년기: 소득이 높아지면 이를 모두 소비하는 것이 아니라 은퇴 후를 대비해서 일부를 저축하게 된다. 높은 소득수준과 양(+)의 저축으로 평균소비성향이 낮게 나타난다.
③ 노년기: 직장에서 은퇴 후 중장년기에 모아둔 자산으로 기존 생활과 비슷한 소비수준을 유지하게 된다. 낮은 소득수준과 음(−)의 저축으로 평균소비성향이 높게 나타난다.

▼ 생애주기가설(life-cycle income hypothesis)의 소득, 소비 변화

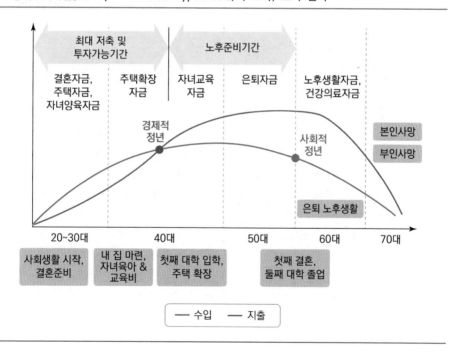

✏️ 신문기사 탐구생활

[도전과 응전의 경제학]

프랑코 모딜리아니, 생애소득가설로 '재정지출 효과' 뒷받침

코로나19 사태가 막바지에 다다른 가운데 재난 지원금 지급 논의가 뜨겁다. 그 기반에는 '정부가 재정을 지출하여 가계에 일자리를 제공하고 소득을 늘려 주면, 가계는 늘어난 소득 중 상당수를 소비에 사용하기 때문에 경제 내 수요가 직접 지출한 것보다 더 많이 늘어난다'는 존 메이너드 케인스의 소비함수와 승수효과 논리가 기본 전제로 깔려 있다. 이것은 경기 침체 시 정부가 재정지출을 늘릴 근거를 제시해 주었지만, 곧 학자들 사이의 거센 논쟁을 불러일으키게 된다. 그 중심에는 밀턴 프리드먼과 이탈리아 출신의 프랑코 모딜리아니가 있었다.

Q 케인스의 소비함수는 어떤 한계가 있었나요?

A 케인스는 가계가 얼마나 소비지출에 돈을 쓸지를 아주 간단한 함수를 이용해 설명하였다. 우선 가계가 소득수준에 상관없이 항상 지출하는 부분이 있다. 매번 일정하게 지출하는 주거비나 식재료 구매비용이 이에 해당할 것이다. 반면 소득이 커질수록 지출이 늘어나는 부분도 있다. 월급이 늘어나면 옷을 여러 벌 사거나 전자제품, 자동차 등을 더 고급으로 구매하게 마련이다. 월급이 1원 증가할 때 소비가 늘어나는 비율을 한계소비성향(marginal propensity to consume)이라 하는데, 이것이 클수록 정부지출이 국내총생산(GDP)을 증가시키는 효과가 강해진다. 케인스는 한계소비성향이 0과 1 사이라고 보았다. 이러한 케인스의 '절대소득가설'에 따르면 가구소득이 증가할수록 소비는 그것보다 적게 늘어나기 때문에 평균소비성향(전체 소득 대비 소비지출의 비율)은 감소해야 한다. 그러나 통계자료를 살펴보면 오히려 소득 대비 지출 비율은 일정하게 나타나면서 케인스의 소비이론이 현실적이지 못하다는 비판이 제기되었다.

Q 모딜리아니의 생애소득가설이란 무엇인가요?

A 모딜리아니는 1918년 이탈리아에서 태어났다. 그는 독일어로 된 경제학 논문을 번역하는 아르바이트를 했는데, 이 과정에서 경제학에 흥미를 느껴 진로를 결정하게 되었다. 그러나 당시 유럽은 2차 대전의 전운이 감돌고 있었으며, 이탈리아에 파시즘(국가주의 사상) 정권이 들어서자 모딜리아니는 가족들과 미국으로 이주하였고, 그곳에서 케인스 경제학을 접하게 되었다.
그는 케인스의 이론을 보완하기 위해 여러 가지 연구를 수행하였는데, 생애소득가설(life-cycle hypothesis)이 그중 하나였다.

모딜리아니는 가계에서 소득이 인생에서 일정 기간(15~65세)에만 발생하는 반면, 소비는 매번 비슷한 수준으로 하고자 함을 지적했다. 사람들은 한번 늘어난 소비수준을 줄이는 데 큰 고통을 느끼기 때문에 여윳돈이 있더라도 그때 다 써버리지 않고 소비 수준을 일정하게 유지하려는 성향을 보인다.

은퇴 후 소득이 없어질 것을 대비해 가계는 저축을 하게 되는데, 평생에 걸쳐 모으게 되는 재산을 인생에 걸쳐 골고루 나누어 소비하는 것이 합리적이다. 이에 따라 가계의 소비함수를 다시 설정하면 1)축적한 재산을 일생 동안 분할하여 사용하는 부분과 2)재직 기간(약 40년) 동안 벌게 될 소득을 생존 기간(약 70년)에 맞춰 분할하여 사용하는 부분으로 구성된다. 이럴 경우 한계소비성향은 케인스와 유사하게 나타나면서도 소득이 증가할수록 축적하는 재산이 함께 늘어나기 때문에 평균소비성향은 일정하게 나타날 수 있다.

Q 프리드먼의 항상소득가설이란 무엇인가요?

A 그러나 케인스학파와 대립 관계에 있었던 프리드먼은 모딜리아니와 유사한 아이디어에서 정반대 결론을 도출했다. 프리드먼은 가계의 소득이 항상소득(permanent income)과 일시적 소득(transitory income)으로 구분할 수 있다고 보았다. 항상소득은 개인이 일생 동안 확고하게 얻는 부분으로, 임금소득이 이에 해당한다고 볼 수 있다. 만약 고학력자이거나 전문직 종사자는 항상소득이 높다고 볼 수 있다. 반면 일시적 소득은 회사에서 호실적에 따른 상여금처럼 일시적이고 불확실하게 받게 되는 것을 말한다.
프리드먼은 개인들이 소비할 때 항상소득에 비례하여 소비를 계획한다고 지적하였다. 일시적으로 소득이 늘어나도 그것은 인생 전체에 걸쳐 벌어들일

소득에서 미미한 수준이기 때문이다. 뜻밖의 소득이 생기거나 손실이 발생할 경우 가계는 소득을 변화시키기보다는 저축이나 대출로 이것을 해결하는 게 합리적이다. 프리드먼은 이상의 논리에 따라서 가계의 한계소비성향은 0에 가깝다고 결론 내렸다. 정부가 지출을 증대해도 승수효과는 발생하지 않는다는 것이다. 소비지출에 영향을 주고 싶다면, 일시적인 정책이 아닌 항구적인 변화(세율의 인하 등)를 주어야 한다.

과연 누구의 이론이 맞았을까? 두 모형에서 가정하는 상황이 현실하고 조금씩 차이가 있었기 때문에 한 이론이 항상 맞는 것은 아니었다. 그러나 프리드먼과 모딜리아니의 연구를 통해 재정정책의 효과에 대한 이해를 넓혀 주었다. 모딜리아니는 소비이론 외에도 기업 재무이론에 혁신적 공로를 한 기여를 인정받아 노벨상을 수상하였다.

(매일경제신문 2021년 6월 30일 기사 발췌)

투자 초보자의 슬기로운
경제지식의 이해

1. 국내외 경제의 트렌드를 이해하고 개인 자산관리와의 연관성을 파악한다.
2. 거시경제의 이해를 위해서 다양한 경제지표에 대해서 이해한다.
3. 통화지표와 금리, 환율의 이해를 통해서 자산관리 실무에 접목하는 기술을 익힌다.
4. 개인 자산관리의 최적 포트폴리오 관리 및 투자전략과 투자성과평가에 대해서 이해한다.

자산관리의/ 이론과/ 실무
ASSET MANAGEMENT

CHAPTER
02

투자 초보자의 슬기로운
경제지식의 이해

(1) 거시경제의 이해

과거 경제학은 경영학과 더불어 대학교의 인문 사회 분야에서 중요한 전공 중에 하나였다. 수학전공 과정에 버금갈 정도로 각종 산식과 그래프, 도표가 많고 어떤 이론에 대해서는 다양한 견해와 예상이 도출되면서 만만치 않은 과목이기도 했다.

하지만 최근에 경제학은 일상생활에서도 적용되어 하나의 학문이자 일반인들도 누구나 기본적인 이론을 알아야 자산관리와 투자 등을 할 수 있는 시대가되었다.

예를 들어 전 세계 주요 국가들의 다양한 경제지표나 통화정책 및 분쟁이 남의 얘기가 아니라 당장 나의 자산관리에 영향을 미치기 때문에 향후 동향을 살펴봐야 하는 시대이고 미국과 중국의 무역 분쟁이나 독일의 다음 총리가 누가되는지, 중국의 은행 지급준비율의 의미가 어떻게 되고 우리나라의 경제나 금융시장에 어떤 영향을 미치는지에 대한 예상이 가능해야 한다는 것이다.

경제학은 크게 거시경제학(macroeconomics)과 미시경제학(microeconomics)으로 나누고 여기에 계량경제학 정도가 조금 더 세분화된 분류로 추가로 사용되었다. 하지만 최근에는 국내외 경제가 실시간 상호 영향을 받으면서 국가 간의 경제관계를 다룬 국제경제학(international economics)의 개념이 많이 사용되고 있다. 국제경제학(international economics)은 국가 사이의 경제 활동을 분석 대상으로 하는 경제학이며, 서로 다른 나라의 사람들 사이에서 일어나는 거래와 상호작용, 교역, 투자, 이민 등의 유형과 결과를 설명한다.

미시경제학(microeconomics)은 각 경제주체(가계, 기업)가 어떻게 소비하고 공급활동을 하는지, 즉 경제행위에 대해 왜 그렇게 하는지를 입증하는 학문이라고 할 수 있다. 가계는 어떻게 효용을 극대화하고 기업은 어떻게 하면 이윤을 극대화하는지 등을 연구하는 학문이다. 가계와 기업들이 경제시장에서 진행하는 선택과 행동들의 원인을 분석하고 결과를 예측하며 기업의 입장에서는 상품과 서비스의 공급을 어떻게 할지와 가격 결정이나 이윤을 어떻게 재투자와 활용을 통해서 새로운 이윤창출에 기여하는가를 연구하고 있다.

거시경제학(macroeconomics)은 합계라는 개념을 미시경제에 대입해서 각 주체를 넘어서 전체적인 관점에서 경제활동을 분석하는 것을 의미한다. 경제학의 목적 자체가 경기변동을 최소화하고 실업(unemployment)과 물가상승(inflation)을 해결하는 데 있기 때문에 GDP 등의 총 경제지표 개념을 통해 이에 대한 대책 등을 연구하는 학문이다. 따라서 거시경제학은 한 나라의 경제상황과 다른 나라 간의 영향이나 향후 전망을 다루기 때문에 주로 GDP, GNP, 물가, 환율 등의 경제지표를 통한 분석을 수행하고 있다. 2020년 COVID−19 이후 나라와 나라 간의 이동이 제한되며 어려움을 겪은 경우가 있었지만 인류 역사에서 국가 간의 사람과 물류의 이동과 인터넷 등 통신의 발달은 이제 '지구촌'이라는 말에서 더 나아가 '지구마을'이라는 표현이 나올 정도로 하루 생활권이 되어 버렸고 국내경제를 주로 다루는 미시경제학의 중요성에 점점 거시경제학에 대한 관심과 중요성이 커지고 있는 현실이다.

2021년 한 해를 뜨겁게 달구었던 미국의 '테이퍼링'[1]이나 금리인상 및 중국

---

1) 테이퍼링(tapering)은 정부가 경제 위기에 대처하기 위해 취했던 양적완화의 규모를 경제에 미치는 부작용을 최소화하면서 점진적으로 축소해 나가는 전략을 말한다. 출구 전략의 일종이다. 사전적 의미에서 테이퍼링(tapering)은 "점점 가늘어지다", "끝이 뾰족해지다"라는 뜻이다.
  테이퍼링이라는 용어는 2013년 5월 23일 벤 버냉키 미국 연방준비제도 의장이 의회 증언 도중에 언급하면서 유명한 말이 되었다. 정부는 경제 위기에 대처하기 위해 이자율을 낮추고 채권을 매입하는 등의 방법으로 시장에 통화량을 증가시키는 정책을 취한다. 이러한 양적완화 정책이 어느 정도 효과를 달성하여 경제가 회복되기 시작할 때, 정부는 출구 전략의

의 헝다 그룹 사태와 전력난, 중국과 대만이나 호주와의 불안한 관계 진행, 유럽 국가의 재정난과 브렉시트에 이은 영국과 주변국과의 새로운 관계정립, 남미 베네수엘라의 재정위기, 미군 철수에 이은 탈레반의 아프가니스탄 재진입과 폭압 정치, 미얀마의 군부 쿠데타 등 한 해에도 너무나 많은 국내외 정세의 변화가 금융시장과 요소들에 영향을 미쳐서 시장이 요동을 치고 있다

본 장에서 이러한 경제지표에 대한 내용을 함께 다루고 지표 간의 상관관계나 향후 전망을 예상할 수 있는 능력을 키워 보도록 하자.

' 관련지식 탐구생활

〈미시 경제학의 주요 이론〉

1. 수요와 공급(supply and demand): 경쟁 시장 상황에서 수요와 공급이 일정 수준에서 일치함으로써 시장 가격과 거래량이 결정된다.
2. 소비자 선택이론(theory of consumer's choice): 주어진 소득으로 만족을 극대화하고자 하는 소비자의 선택에 대한 분석을 다루고 있고 소비자의 행동을 분석함으로써 수요의 법칙을 밝혀내는데 가격이나 소득의 변화가 수요에 어떠한 영향을 미치는지에 대해 분석한다.
3. 게임이론(game theory): 게임 속 사람들이 어떻게 자신의 입장을 결정하는지를 설명하는 이론으로 자신의 이익을 극대화하기 위해서 게임의 참가자 서로 의존적인 의사결정을 한다는 것으로 다른 사람이 어떻게 행동할지에 대해 예상하고 그에 따라 자신의 입장을 정하게 된다는 이론.

〈거시경제학의 주요 이론〉

1. 경기 변동론: 거시경제의 단기적 측면. 경제 전체의 충격이나 변화에 대해 개별 경제주체들이 반응하는 과정에서 나타나는 현상 연구.

일환으로서 그동안 매입하던 채권의 규모를 점진적으로 축소하는 정책을 취하는데, 이것이 테이퍼링이다.

그런 점에서 테이퍼링은 '양적완화 축소'라고 해석할 수 있다. 테이퍼링은 출구 전략의 일종이지만 출구 전략과 동일한 의미는 아니다. 정부는 출구 전략을 시행하기 위해 채권 매입 규모를 축소하는 테이퍼링 정책 이외에도 은행 이자율을 올리는 등 다른 방법으로도 통화량을 축소할 수 있다.(위키 대백과 설명 발췌)

2. 경제 성장론: 경제의 성장이란, 실질 시장가치로 측정한 재화와 서비스의 생산량
이 증가하는 것을 의미하는데 실질 국민소득의 증가 즉, 경제 성장론은 어떻게
이런 증가를 이끌어 낼 수 있는가를 연구.

(2) 국민경제의 순환과정과 주체별 역할

우리가 자산관리의 이론을 정립하기 위해서는 거시와 미시경제학적인 측면
에서의 국민경제의 순환과 규모 등을 알아야 하는데 그 이유로 물가나 금리 및
정부의 통화정책 등의 참고사항이 되기 때문이다.

국민경제의 3가지 주체로 우리는 흔히 가계와 기업, 정부를 언급한다. 가계
는 일반적으로 '소비'라는 경제행위를 대표하는데 생산요소시장에서 생산요소인
노동과 자본을 공급하고 노동을 공급한 대가로 '임금'이라는 소득을 얻는다. 또
한 생산물 시장에서 생산자가 생산한 재화의 구매를 통해서 생산의 주체인 기업
에게 자본을 매출이라는 형태로 공급한다.

공급의 주체인 기업은 생산요소시장에서 생산요소인 노동과 자본을 조달받
아 재화와 서비스를 생산한다. 생산된 재화와 서비스를 생산물시장을 통해서 소
비의 주체인 '가계' 등에게 공급하고 이익(매출)을 획득한다.

국민경제의 또 하나의 주체인 정부는 생산요소시장과 생산물시장에서 조정
자의 역할을 규제와 관리 등을 통해서 수행하고 생산요소시장과 생산물시장에
서 소비와 공급의 주체가 되기도 한다. 이러한 3대 경제주체의 역할에 도움을
주는 보조적인 역할을 금융기관이 수행하는데 자본시장을 통해서 기업이 필요
로 하는 자본을 가계 등으로부터 조달해서 공급하고 가계의 잉여자금을 금융상
품의 형태로 납입받아 대출이나 기타 방법으로 기업에게 제공하기도 한다.

▼ 국민경제 주체별 역할과 자금&실물 흐름

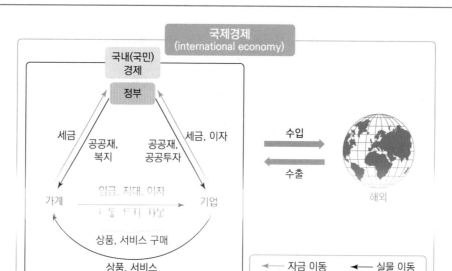

아울러 국가의 재정정책의 주요한 방법 중에 하나인 지급준비율제도[2])에 의해 중앙은행의 지시에 따라 지급준비율을 올리거나 내려서 시중의 통화량을 줄이거나 늘리는 기능을 수행하기도 한다.

한 나라의 국내(국민)경제에는 이처럼 주요한 기능을 수행하는 요소들이 서로 조화롭게 각자의 역할수행을 통해서 운영이 된다. 개인들은 이러한 국내(국민)경제의 요소 중에 때로는 가계의 일원으로, 때로는 정부의 기업의 일원으로 노동 공급의 대상이자 상품과 서비스 생산의 주체로 역할을 수행하고 있다.

---

2) 지급준비율제도란 금융기관으로 하여금 지급준비금 적립대상 채무의 일정비율(지급준비율)에 해당하는 금액을 중앙은행에 지급준비금으로 예치하도록 의무화하는 제도이다. 중앙은행은 지급준비율을 조정하여 금융기관의 자금사정을 변화시킴으로써 시중 유동성을 조절하고 금융안정을 도모할 수 있다.
예를 들어 지급준비율을 올리면 은행들은 더 많은 자금을 지급준비금으로 예치해야 하기 때문에 대출 취급이나 유가증권 매입 여력이 축소되고 결국 시중에 유통되는 돈의 양이 줄어들게 된다. 이에 따라 시중 유동성이 줄어들게 되고, 과도한 대출 증가로 인한 금융불안 가능성도 방지할 수 있게 된다.

(3) 국민소득의 이해와 종류

2021년 9월 2일 국내 모 경제신문기사의 내용 중에 아래와 같은 기사가 있었다.

NEWS

민간소비 힘입어 2분기 성장률 0.8%…실질 국민소득은 0.1% 증가 그쳐

2분기 국내총생산(GDP)이 1분기에 비해 0.8% 증가했는데 민간소비와 설비투자 등이 예상보다 큰 폭으로 늘면서 지난 7월 발표된 속보치보다 0.1%포인트 상향 조정됐다. 한국은행은 올해 4%대 경제성장률 달성에 한 걸음 더 다가간 것으로 평가했다. 하지만 2분기 유가 상승 등의 영향으로 국민총소득(GNI)은 제자리걸음했다.

한은은 올 2분기 실질 국내총생산이 476조 2,446억 원으로 잠정 집계됐다고 2일 발표했다. 전 분기 대비 0.8% 증가했다. 지난해 3분기 2.2% 성장 이후 4분기 1.1%, 올해 1분기 1.7%에 이어 4개 분기 연속 성장세가 이어졌다. 지난 7월 말 발표된 속보치(0.7%)에 비해선 0.1%포인트 상향됐다.

부문별로 보면 민간소비 회복이 두드러졌다. 민간소비는 3.6% 증가해 2009년 2분기(3.6%) 후 12년 만에 최고 증가율을 나타냈다. 속보치 3.5%보다 0.1%포인트 높다. 신승철 한은 국민계정부장은 "2분기 사회적 거리두기가 완화되면서 그동안 코로나19 확산에 직접적으로 타격을 받은 음식점, 문화, 오락 등 대면 서비스 부문 소비가 증가세로 반전한 영향"이라며 "그동안 억눌렸던 펜트업 소비(지연소비, 보복소비)도 어느 정도 작용한 것으로 보인다"고 설명했다.

(2021년 9월 2일 한국경제신문 기사 발췌)

또한 2021년 11월 11일 국내 모 신문사의 창사 20주년으로 '10년 후 한국'이라는 주제로 포럼이 진행되었다. 이 포럼에서 '5만 불의 꿈'을 주제로 전문가들의 다양한 기조연설과 주제발표가 이어졌는데 당시 홍남기 부총리는 축사를 통해 "10년 후에는 어떤 모습일지 단순히 예측하는 것은 쉽지 않으나 미래를 예측하는 가장 좋은 방법은 미래를 만드는 것"이라며 "10년 후 1인당 국민소득 '5만 불의 꿈'은 단순한 희망이 아니라 모두가 함께 노력해서 반드시 달성해야 하는 목표"라 강조했다.

이처럼 우리가 흔히 보거나 들을 수 있는 뉴스와 기사에 국민소득이라는 단어를 비롯한 경제 지표에 대한 표현이 많다. 하지만 국가 경제에 대한 지표이고 너무나 금액이 커서 피부에와 닿지 않는 것도 사실이다. 따라서 본 장에서는 국민소득을 비롯한 몇 가지 우리가 알아야 하는 경제 지표에 대해서 알아보도록 하자.

우선 국민소득의 개념은 한 나라의 가계, 기업, 정부 등 모든 경제주체가 일정 기간 동안 새롭게 생산한 재화와 서비스의 가치를 시장가격으로 평가하여 합산한 것을 의미한다. 국가 경제력을 나타내는 국민소득은 국내총생산(GDP, Gross Domestic Product)과 국민총소득(GNI, Gross National Income) 두 가지가 있다. 국내총생산은 한 나라 국경 안에서 발생한 소득이고 국민총소득은 한 나라 국민이 벌어들인 소득이라고 할 수 있다.

GDP는 그 나라의 경제규모를, GNI는 국민 전체 경제력을 보여 주는데 1인당 GNI는 국민 개인의 생활수준을 나타내기도 한다.

국민소득은 세 가지로 구분할 수 있는데 생산, 지출, 분배로 구분된다.

생산 국민소득은 다양한 재화와 용역이 생산되는 산업 또는 원천을 의미하는데 일반적으로 경제가 발달할수록 농림어업과 같은 1차 산업에서 제조업을 포함한 2차 산업이나 서비스업 등 3차 산업으로 생산의 비중이 확대되고 이러한 현상은 산업이 발전할수록 점점 격차가 커지게 된다. 지출 국민소득은 생산된 생산물의 지출 용도를 의미하는 것으로 여기서 최종 소비지출이란 옷이나 음식과 같이 소비되어 버리는 것이며 고정자본 형성은 기계나 공장설비와 같이 구입된 생산물이 향후 다른 생산 활동을 지속적으로 지원하는 역할을 수행한다. 특히 고정자본 형성은 투자라는 측면에서 파악되는데 이는 그 이전에 저축이 있어야 가능하므로 자본 형성 즉, 향후 경제의 생산능력 증대는 개인이나 가계의 저축이 밑거름이 된다는 것을 알 수 있다. 분배 국민소득은 노동을 제공한 대가로 가계에 지급되는 급료와 임금 등의 피용자 보수와 생산 활동을 주관한 경제주체의 몫인 영업 잉여로 구분된다.

이러한 국민소득에서 추가로 '1인당 국민소득'의 개념이 나온다.

국민총소득(GNI)의 1인당 금액을 의미하는데 당해연도 GNI를 당해연도 총인구로 나누어 산출하고 있다. GNI는 한 나라의 국민이 일정 기간 동안 생산 활동에 참가하여 받은 소득의 합계이고 국내총생산(GDP)에 자국민(거주자)이 국외로부터 받은 소득(국외수취요소소득)은 포함하고 외국인(비거주자)에게 지급한 소득(국외지급요소소득)은 제외하여 산출한다. 즉, 국민총소득(GNI)은 국민이 벌어들인 총소득으로서 한 국가 국민의 소비와 후생에 절대적인 영향을 미친다는 점에서 국민의 전체적인 생활수준과 경제적 기초를 포괄적으로 보여 주는 지표이고 GNI를 총인구로 나눈 1인당 GNI는 국민의 평균적인 소득수준을 나타내며 국가별 국민들의 생활 및 소득수준의 비교에 활용된다.

물가상승을 감안한 구매력 기준의 1인당 실질 GNI는 2000년 1,972만 원에서 2020년 3,523만 원으로 78.7% 증가하였고, 이 기간 중 연평균 2.9% 증가하였다. 1인당 명목 GNI는 같은 기간 연평균 5.2% 성장하였다.

한국의 1인당 GNI는 2000년과 2019년 사이 미국 대비 50.1%에서 65.3%로 증가하였고, 2019년 OECD 평균 대비 98.4% 수준에 와 있다.

▌1인당 국민총소득과 증가율　　　　　　　　　　　　　　　　　단위: 1만 원, %

	2010	2011	2012	2013	2014	2015	2016	2017	2018	2019	2020	2021
1인당 실질 국민총소득 (만 원)	2,808	2,832	2,900	2,998	3,083	3,260	3,391	3,493	3,532	3,532	3,530	3,656
전년 대비 증가율(%)	6.7	0.8	2.4	3.4	2.8	5.8	4.0	3.0	1.1	0.0	−0.1	3.6
1인당 명목 국민총소득 (만 원)	2,673	2,799	2,899	2,995	3,095	3,260	3,411	3,589	3,693	3,754	3,777	4,048
전년 대비 증가율(%)	9.5	4.7	3.6	3.3	3.3	5.3	4.6	5.2	2.9	1.6	0.6	72

주: 1) 1인당 실질(명목) 국민총소득=국민총득÷총인구
　　2) 명목 국민총소득은 명목 GDP에 명목 국외순수취요소소득을 더하여 산출함
　　3) 2015년 기준년 개편 국민계정 자료임
　　4) 2021년은 잠정치임
출처: 한국은행, 「국민계정」, 각 연도, 통계청, 「장래인구추계(2022년 기준)」

국민소득은 또한 명목 국민소득과 실질 국민소득으로도 구분할 수 있다. 명목 국민소득은 특정한 해의 생산물에 그 해의 가격(당해년 가격)을 곱하여 산출하는데 수량이 늘지 않더라도 물가가 오르면 그만큼 상승하게 된다. 실질 국민소득은 생산수량으로 나타낸 소득이라고 볼 수 있는데 특정한 해의 생산물에 특정 기준시점의 가격(기준연도 가격)을 매년 똑같이 곱하여 산출한다. 즉, 수량이 늘지 않고 물가가 올라도 물가 상승분이 반영되지 않기 때문에 상승하지 않는다.

📖 관련지식 탐구생활

10,000원짜리 지폐가 1,000원과 크기나 모양은 비슷한데 10배 높은 가치를 갖는다고 의아해 하는 사람은 없을 것이다. 또한 지폐 등과 같은 명목화폐가 금이나 은과 달리 그 자체의 실제 가치와는 상관없이 표시된 가격으로 사용된다는 점도 알고 있다. 그러나 지폐에 적혀 있는 숫자만을 고려해 살기에 세상은 너무 복잡해졌다. 예컨대 근로자가 올해 임금이 10% 상승했다 하더라도 마냥 좋아할 수 없다. 올해 물가가 작년에 비해 15% 증가했다면 오히려 실질 임금은 하락한 것이기 때문이다.

명목과 실질로 구분해서 살펴봐야 하는 지표 중에 국내총생산(GDP)이 있다. GDP는 일정 기간(보통 1년) 동안에 한 국가 내에서 경제주체가 생산한 최종생산물의 시장가치총액을 말한다. 한 나라 안에서 생산된 것만 포함하기 때문에 미국에서 생산, 판매하는 우리나라 기업의 매출은 제외되나, 우리나라에서 생산, 판매하는 미국 기업의 매출은 포함된다. 또한 GDP는 중간생산물을 제외한 최종 사용자에게 구매된 생산물만을 포함하며, 최종 재화와 서비스의 양에 이들의 시장가격을 곱한 값을 모두 더하여 측정된다.

만약 2012년 A국에서 고구마 50박스와 두유 10박스 두 가지 최종 재화만 생산되었다고 해 보자. 고구마 1박스의 가격은 3만 원, 두유 1박스의 가격은 2만 원이라고 가정한다면 2012년 A국의 GDP는 170만 원(=(50박스×3만 원)+(10박스×2만 원))이 된다.

떼 수 없는 명목 GDP와 실질 GDP

┃〈표〉 A국의 명목 GDP와 실질 GDP 계산

최종 재화 및 서비스	2005(기준 연도)		2012년	
	수량	가격	수량	가격
고구마	45박스	2만 원	50박스	3만 원
두유	8박스	1만 원	10박스	2만 원
명목 GDP	(45×2) + (8×1) = 98만 원		(50×3) + (10×2) = 170만 원	
실질 GDP	(45×2) + (8×1) = 98만 원		(50×2) + (10×1) = 110만 원	

그런데 2012년 GDP의 크기를 다른 연도와 비교하고 싶다면 어떻게 해야 할까? 물
가수준이 변화하기 때문에 단순히 연도별 GDP의 값을 비교하기는 어렵다. 이때
등장하는 것이 실질 GDP(real GDP)다. 실질 GDP는 '특정 연도'의 GDP를 '기준
연도'의 시장가격으로 측정한다. 앞서 계산해 본 것처럼 '특정 연도'의 GDP를 '당
해연도'의 시장가격으로 측정했다면 명목 GDP(nominal GDP)가 된다.
〈표〉와 같이 2005년과 2012년 A국의 재화의 양과 가격 자료가 주어졌고, 기준
연도가 2005년이라고 가정해 보자. 당연히 기준 연도인 2005년의 명목 GDP와 실
질 GDP의 값은 같다. 명목 GDP를 보면 2005년 98만 원에서 2012년 170만 원으
로 72만 원 증가했다. 실질 GDP는 2005년 98만 원에서 2012년 110만 원으로 12만
원밖에 증가하지 않았다. 왜 이런 결과가 나타났을까? 이는 2012년 명목 GDP에
2005년에서 2012년 사이의 가격변동이 반영됐기 때문이다. 이런 연유로 서로 다른
시기의 GDP를 비교할 때 명목 GDP가 아닌 실질 GDP를 사용한다.
<KDI 경제정보센터 Click 경제교육 콘텐츠 발췌>

(4) GDP 디플레이터와 잠재 GDP

2021년 11월 15일 연합인포맥스의 기사 중에 일본의 경제성장 관련 기사가
있었다. 그 내용을 살펴보면 아래와 같다.

NEWS

일본의 경제성장률이 신종 코로나바이러스 감염증(코로나19) 영향으로 다시 마이너스로 돌아섰다. 15일 니혼게이자이 신문에 따르면 일본 내각부는 올해 7~9월 실질 국내총생산(GDP) 속보치가 전기 대비 0.8% 감소했다고 발표했다. 시장 예상치인 0.2% 감소보다 폭이 크다. 연율 환산으로는 3% 감소했다.

지난 1~3월 마이너스 성장을 기록했던 일본 경제는 4~6월 플러스 성장을 나타냈으나 다시 감소세로 돌아섰다.

(중략 ...)

설비투자와 주택투자, 공공투자도 모두 3.8%, 2.6%, 1.5% 감소했다. 수출은 자동차 수출 감소로 2.1% 줄었다. 수입은 백신 등 의약품 수입에도 일본 경기 정체로 2.7% 감소했다. 명목 GDP는 전기 대비 0.6% 감소했다. 연율 환산으로는 2.5% 감소다. 종합적인 물가 움직임을 보여 주는 GDP 디플레이터는 전년 동기 대비 1.1% 낮아졌다.

이 기사에 눈에 띄는 용어가 하나 보인다. 바로 'GDP 디플레이터'인데 기사에서는 앞에 간단히 의미를 종합적인 물가 움직임을 보여 준다고 설명하고 있다. 이처럼 GDP 디플레이터는 국내에서 생산되는 모든 재화와 서비스 가격을 반영하는 물가지수라고 할 수 있다. 즉, 국내총생산(GDP)에서 가격변동지수(deflator)를 더해 준다고 할 수 있고 명목 GDP를 실질 GDP로 나누어 사후적으로 계산하는 값이다.

공식으로는

GDP 디플레이터 = (명목 GDP/실질 GDP) × 100)

인데 즉 당해연도 물가에서 당해연도 생산량을 곱한 숫자에 기준연도 물가에서 당해연도 생산량을 곱해준 값을 나누면 된다.

GDP 추계 시에는 생산자물가지수(PPI)나 소비자물가지수(CPI)뿐만 아니라 수출입물가지수, 임금, 환율 등 각종 가격지수가 종합적으로 이용되고 있기 때문에 GDP 디플레이터는 국민소득에 영향을 주는 모든 물가요인을 포괄하는 종합적인 물가지수이므로 생산자물가지수나 소비자물가지수와 함께 국민경제 전체의 물가수준을 나타내는 지표로 사용되기도 한다.

GDP 관련 용어에는 '잠재 GDP'라는 표현이 있다. 잠재 GDP는 실제 GDP에 대응되는 개념으로 노동과 자본 등의 생산요소를 완전히 고용하거나 활용해서 달성할 수 있는 최대 GDP 또는 자연실업률 상태, 추가적인 인플레이션 압력을 유발하지 않고 달성할 수 있는 GDP라고 할 수 있다. 실제 GDP와 잠재 GDP의 차이를 'GDP갭(gap)'이라고 하는데 경기 침체기에는 생산 활동이 저조해져 인플레이션율이 낮아져 GDP갭이 음(−)이 되는데 한 나라의 경제가 최대한 생산할 수 있는 수준 이하에서 조업하고 있다는 해석이 가능하다. 반면 경기 호황기에는 생산 활동이 활발해져 인플레이션율이 높아지면서 GDP갭은 양(+)이 되어 경기과열이 인플레이션을 가속화할 수 있기 때문에 총수요를 억제할 필요가 있다.

이처럼 잠재 GDP는 단독으로 사용되지 않고 한 국가의 경제 상황에 따라서 실제 GDP를 조절할 때 기준이 되는 지표로 사용되고 있다. 또한 GDP갭의 부호는 GDP의 실제치와 장기 추세치의 차이로도 파악할 수 있다. 실제 GDP가 장기 추세치보다 크면 GDP갭이 양(+)이 되고 반대로 실제 GDP가 장기 추세치보다 작으면 GDP갭은 음(−)이 된다. 흔히 잠재력을 가졌다는 의미는 현재보다 훨씬 높은 성과를 올릴 수 있는 능력과 재능을 가졌다고 할 수 있는데 잠재 GDP도 충분히 더 달성할 수 있는 가능성이 있다는 것이고 경제 호황기의 인플레이션 발생, 불황기의 실업률이 올라가고 GDP가 하락하는 움직임의 기준점이 되어 실제 GDP 조절의 도우미가 되고 있다.

(5) 경제 성장률과 저축률, 투자율

지난 2020년과 2021년은 전 세계 모든 국가들에게는 큰 시련의 한 해라고 할 수 있다. 코로나 바이러스(COVID−19)라는 큰 장애를 만났기 때문에 여행업과 서비스업 등 대부분의 산업에서 성장률이 멈췄고 오히려 마이너스 성장률을 보였던 업종이 대부분이었다.

　국가별 경제 성장률도 대부분이 코로나 바이러스 충격으로 역성장했지만 우리나라는 비교적 양호한 −1.0%의 성장률을 기록한 것으로 나타났다. 경제협력개발기구(OECD) 통계를 보면 한국의 실질 성장률은 −1.0%로, 관련 자료가 발표된 15개 주요국 가운데 중국(2.3%)과 노르웨이(−0.8%)에 이어 세 번째로 양호한 모습을 보였는데 인도네시아(−2.1%), 스웨덴(−2.8%), 미국(−3.5%), 일본(−4.8%), 독일(−5.0%), 프랑스(−8.2%) 등의 마이너스 성장보다는 선방했다고 볼 수 있다.

2020년 주요국 실질 경제성장률

(단위: %, 23일 기준, 자료: OECD 통계)

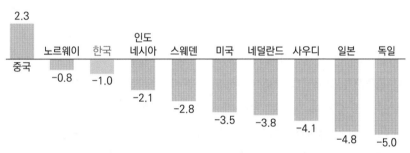

　이처럼 한 나라의 경제에 대한 한 해의 성과를 나타내는 지표로 자주 사용하는 것이 바로 경제 성장률이다. 경제 성장률은 각 경제활동 부문이 만들어 낸 부가가치로 국민경제 수준이 일정 기간 동안 얼마나 증가했는가를 보기 위해서 이용하는데 물가, 실업률, 국제수지 등과 함께 경제정책의 수립이나 평가과정에 반영하고 있다.

GDP 성장률(%) = {(금년도 실질 GDP − 전년도 실질 GDP)
/전년도 실질 GDP} × 100

한 나라 경제의 건전성이나 국민들의 저축 수준을 나타내는 지표로 '총저축'이라는 것이 있다. 총저축을 구하는 공식은 민간저축과 정부저축의 합이다. 민간저축(private saving)은 가처분소득에서 소비 지출한 뒤 남은 금액을 의미하고 가처분소득은 가계소득에서 세금을 빼서 산출한다. 정부저축(public saving)은 정부가 국민들이 납부해서 받은 조세 수입에서 정부 지출을 뺀 금액이다. 조세 수입보다 정부 지출이 적으면 재정이 흑자가 되는데 이 흑자가 정부저축이다.

반대로 정부가 세금으로 거둬들인 돈보다 많은 금액을 지출하면 재정적자가 발생하고 정부저축은 마이너스가 된다. 이러한 총저축의 의미를 다른 관점에서 살펴보면 국민경제가 처분할 수 있는 소득인 국민 총처분가능소득(GNDI)[3]에서 소비지출을 제외한 나머지라고 할 수 있다. 이어서 '저축성향'이라는 개념이 나오는데 이는 총저축에서 국민 총처분가능소득(GNDI)를 나누어서 산출하게 된다. 이처럼 한 나라 전체를 하나의 경제의 주체로 본다면 수입과 지출 및 투자의 적용이 가능한데 총자본재 구입은 고정투자와 재고투자를 더하여 산출한다고 할 수 있고 이를 총자본 형성, 국내 총투자라고 할 수 있다.

국내 총투자율(Gross Domestic Investment Ratio)은 국민경제가 구매한 재화 중에서 자산의 증가로 산출된 부분이 국민 총처분가능소득(GNDI)에서 차지하는 비율을 의미한다. 국민경제에서 자산을 증가시키는 데 쓰인 모든 재화는 고정자산과 재고자산으로 구분되는데 전자를 국내 총고정자본형성 또는 고정투자, 후자를 재고 증감 또는 재고투자라고 하고 이 두개를 합하여 총자본형성 또는 국내 총투자라고 부르고 있다.

따라서 국내 총투자율은 국민 총처분가능소득에 대한 총자본형성의 비율이라고 할 수 있다.

---

3) 국민총처분가능소득(GNDI, Gross National Disposable Income)은 소비나 저축으로 자유로이 처분할 수 있는 총소득을 말하며, 소비율, 투자율, 저축률 등을 산정하는 데 이용되는 지표다. 국민총소득(GNI)에서 해외에 무상 송금한 금액을 빼고 무상으로 받은 금액을 더하여 산출된다.

(6) 통화지표의 이해

일반적으로 한국은행이 시중은행을 통해서 공급하는 돈을 본원통화(monetary base, high-powered money)라고 한다. 조폐공사에서 돈을 찍어 내어 일단 한국은행으로 입고된 새 돈은 통화량이라고 할 수 있다. 한국은행에서 시중은행으로 공급한 돈들이 비로소 통화로 잡히고 지금까지 언급한 본원통화는 일상생활에서 우리가 흔히 사용하는 지폐나 동전 같은 현금을 의미한다고 보면 된다. 본원통화는 장기적으로는 서서히 증가하는 모습을 보이고 있다. 각국의 중앙은행이 화폐를 찍어 공급하고 이를 조절하면서 금리와 물가를 조절하기 때문이고 일정한 부분의 회수도 있기 때문이다.

파생통화는 본원통화가 예금/대출, 예금/대출을 반복하는 신용창조 과정을 통해 증가한 부분을 의미하고 최초 한국은행이 찍어서 공급한 화폐인 본원통화를 제외한 부분을 일컫는다. 그리고 경제의 흐름에 있어서는 본원통화보다 중요하고 의미 있는 것이 바로 파생통화라고 할 수 있다. 한 나라의 경제를 움직이는 사람으로 따지면 혈액 같은 역할을 하기 때문이다. 이러한 파생통화의 나라별 규모를 알 수 있는 지표가 바로 통화지표이다

통화지표는 크게 네 가지로 구분할 수 있는데 첫 번째가 바로 '협의통화(M1)'이다.

협의통화(M1)는 지급수단으로서 화폐의 기능을 중시한 지표를 의미하고 언제든지 은행에 가서 현금으로 교환이 가능하고 수표를 발행하여 지급할 수 있는 통화를 의미한다. 즉, 그 잔고를 현금처럼 거래대금의 결제나 현금 인출이 언제든지 가능한 요구불예금과 수시입출금식 저축성예금을 모두 결제성예금이라고 하는데 이러한 현금과 금융기관의 결제성예금 잔고를 합한 통화지표를 협의통화(M1)라고 한다.

위에 언급한 협의통화(M1)는 이자의 수입을 목적으로 하는 상품이 아니고 결제를 위해서 금융기관에 맡겨 놓은 화폐라고 할 수 있는데 정기예금과 정기적금 등은 당장 결제의 용도보다는 이자의 수입을 겨냥한 수익성 자산으로 결제가 필요하면 이자 수익만 포기하고 언제든지 대금결제나 인출이 가능한 특징을 가지고 있는데 이러한 통화를 광의통화(M2)라고 한다. 즉, 협의통화(M1)에 만기 2년

	통화지표		유동성지표	
	M1(협의통화)	M2(광의통화)	Lf(금융기관 유동성)	L(광의 유동성)
현금통화	●	●	●	●
요구불예금	●	●	●	●
수시입출식 저축성예금	●	●	●	●
MMF		●	●	●
2년 미만 정기예적금		●	●	●
수익증권		●	●	●
시장형상품1)		●	●	●
2년 미만 금융채		●	●	●
2년 미만 금전식탁		●	●	●
기타 통화성 금융상품2)		●	●	●
2년 이상 장기금융상품			●	●
생명보험계약 준비금 등3)			●	●
기타금융기관 상품4)			●	
국채, 지방채				●
회사채, CP5)				●

주: 1) CD, RP 표지어음
    2) CMA, 2년 미만 외화예수금, 종합금융회사 발행어음, 신탁형 증권저축
    3) 증권금융 예수금 포함
    4) 손해보험회사 장기저축성보험계약 준비금, 증권사 RP, 예금보험공사채, 여신전문기관 발행채 등
    5) 전자단기사채 포함

(한국은행 설명자료 발췌)

미만의 정기예금, 수익증권, 양도성예금증서(CD, Certificate Of Deposit), 환매조건부채권(RP, Repurchase Agreement), CMA 등의 유동성이 높은 수익성 금융상품을 포함한 개념이라고 할 수 있다.

    금융기관 유동성(Lf)은 모든 금융기관의 유동성까지 포함한 통화로 광의통화

(M2)에 유동성이 상대적으로 낮은 금융자산까지 포함한 개념으로 만기 2년 이상의 정기예금과 적금 및 금융채, 증권회사의 예수금, 생명보험회사의 보험계약 준비금 등을 모두 더한 것이라고 할 수 있다. 금융기관 유동성(Lf)에 정부를 포함한 비금융기관들이 발행한 금융상품까지 포함시킨 개념이 광의 유동성(L)이라고 한다. 광의 유동성(L)은 나라 안의 총통화량으로 상호저축은행, 증권회사, 보험회사 등이 발행한 유동성 금융상품 및 국채, 지방채, 기업어음(CP, Commercial Paper), 회사채 등도 모두 광의 유동성에 포함된다. 결론적으로 한 나라의 모든 통화량을 합친 것이다.

우리나라는 협의통화(M1)을 중심으로 통화정책을 펼치고 관리를 하다가 1972년부터 광의통화(M2) 중심으로 변경되었고 점점 경제규모가 커지고 시중의 통화량이 늘어나면서 금융기관 유동성(Lf)과 광의 유동성(L)으로까지 활용하고 있다.

참고 자료

2022 6월 중 통화 및 유동성 동향*

* 계절조정계열 기준(단, 전년동월대비 증가율은 원계열 기준)

• 2022년 6월 M1(협의통화, 평잔)은 전월대비 0.1% 증가[전년동월대비 +7.8%]

• M2(광의통화, 평잔)는 전월대비 0.3% 증가[전년동월대비 +8.8%]

 - (금융상품별) 정기예적금(전월대비 +22.5조 원) 등이 증가한 반면, MMF(-10.2조원), 수시입출식저축성예금(-2.7조원) 등이 감소

 - (경제주체별) 가계 및 비영리단체(+14.7조원), 기타(+6.4조원)는 증가하였으나, 기타금융기관(-16.9조원), 기업(-2.1조원)은 감소

• Lf(금융기관유동성, 평잔)는 전월대비 0.3% 증가[전년동월대비 +7.7%]

• L(광의유동성, 말잔)은 전월말대비 0.2% 감소[전년동월말대비 +7.5%]

통화 및 유동성 지표 추이(계절조정계열 기준)

(평잔, 조 원)

	2020	2020	2022			
	연간	연간	3월	4월	5월	6월ᵖ
M1 (협의통화)	1,059.0 (20.8)	1,281.6 (21.0)	1,358.9 (0.4)	1,367.2 (0.6)	1,373.9 (0.5)	1,375.6 (0.1)
M2 (광의통화)	3,070.8 (9.3)	3,430.4 (11.7)	3,658.5 (-0.1)	3,667.1 (0.2)	3,697.4 (0.8)	3,709.3 (0.3)
Lf (금융기관유동성)	4,311.1 (8.3)	4,733.3 (9.8)	5,006.7 (-0.0)	5,017.1 (0.2)	5,055.1 (0.8)	5,072.3 (0.3)
L (광의유동성)[1]	5,651.8 (8.5)	6,254.2 (10.7)	6,336.9 (0.2)	6,369.1 (0.5)	6,435.6 (1.0)	6,425.3 (-0.2)

주: 1) L(광의유동성)은 말잔 기준 잔액 및 증감률
　　2) (　)안은 계절조정계열 전기대비 증감률(%)

('2022년 6월 중 통화 및 유동성' 한국은행 보도자료 발췌)

(7) 금리의 이해와 종류

"가산금리 3% 돌파… 서민은 이자 공포, 은행들만 신났다

대출금리 급등에 정부는 수수방관

예금금리는 굼벵이… 3개월간 0.2%p 올려"

　　2021년 11월 18일 모 일간 신문의 기사 제목이다. 코로나 바이러스로 인한 경기침체로 계속 달러를 공급했던(양적완화정책) 미국이 서서히 경기가 회복되면서 테이퍼링(양적완화 축소) 정책에 이어서 금리인상 카드를 만지작거리기 시작하자 달러 자산의 이탈을 막기 위해서 선재적으로 한국은행에서 기준금리를 올리기 시작한 시점에 나온 기사이다. 아울러 가계부채의 심각성으로 인해서 은행

들의 대출규제가 시작되자 은행들은 대출 금리는 빠르게 올리지만 예금 금리를 올리는 데는 신중한 태도(?)를 보였기 때문에 서민들의 불만이 가속화되었다. 이 당시 예금 금리(1년 만기 정기예금)는 최고 연 1.5%에 불과했고 이는 직전 3개월 간 0.2%포인트 정도 상승하는 데 그쳤다. 이에 따라 은행의 가계 대출 금리와 예금 금리 간 격차는 약 11년 만에 최대치로 벌어지면서 금융 당국이 이 같은 상황을 방치하고 있다는 지적이 쏟아졌고 은행들의 실적만 올리고 있다는 비판 이 쏟아졌다.

이처럼 금리는 우리의 생활과 밀접한 관계가 있고 상승과 하락에 따라서 울고 웃는 사람들이 속출할 정도로 중요한 관심사가 되어 버렸다. 흔히 '금리'를 화폐의 시간가치라고 한다. 돈을 빌린 사람들은 빌린 대가로 지불하는 가격이라고 할 수 있고 돈을 맡긴 사람들은 맡긴 기간에 따라서 대가로 받는 이익이라고 할 수 있다.

▼ 한국은행의 기준금리 추이

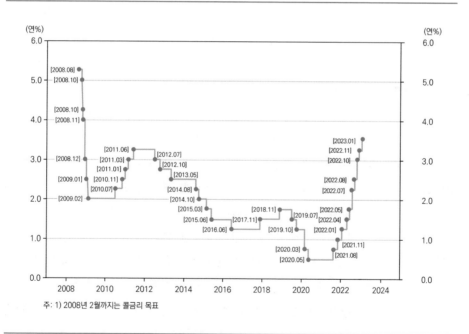

주: 1) 2008년 2월까지는 콜금리 목표

(2023년 1월 기준)

우리가 금리를 이해하려면 '이자(interest)'의 개념에 대해서도 알아야 한다. 이자는 금융시장에서 거래되는 화폐의 가격을 일컫는 말로, 금리라는 개념은 화폐의 수요자(사용자)가 공급자(대여자)에게 지급하는 이자액 자체를 가리키는 경우도 있으나, 원금에 대한 이자의 비율을 의미하는 것이 일반적이다. 이자는 일반적으로 정부의 통제여하에 따라 두 가지로 구분할 수 있는 데 자금의 수요, 공급에 의해 결정되는 시장이자와 자금의 초과수요가 항상 존재하는 국가에서 적정금리를 유지하고자 인위적으로 통제된 통제이자가 있다.

금리의 종류

일반적으로 금리에는 여러 가지 종류가 있는데 알아보기 전에 장기금리와 단기금리의 차이에 대해서 살펴보자. 말 그대로 장기금리는 화폐(돈)를 빌려 주고 빌려 받는 기간이 긴 경우에 주고받는 금리이고 단기금리는 짧을 때 주고받는 금리라고 보면 된다. 여기서 장기와 단기의 기간 구분은 흔히 1년을 기준으로 삼고 있고 장기금리에 국공채 금리와 회사채 금리를 적용할 수 있고 단기금리로는 콜 금리나 양도성예금증서(CD) 금리, 기업어음(CP) 금리 등이 있다. 장기금리가 단기금리에 비해서 높게 산정이 되는데 그 이유로는 기간이 길다 보니 원금상환에 대한 불안감과 중간에 회수를 해야 하는 경우가 발생할 수도 있는 유동성 리스크, 장기기간에 따른 인플레이션 리스크 등이 있다. 하지만 당장 갚아야 하는 상황에 대한 어려움으로 단기금리가 장기금리를 역전하는 경우도 가끔 발생하게 된다. 대부분 경제가 어렵거나 위기일 경우였는데 1998년 외환위기 때나 1990년 미국의 대부조합 사태, 2000년 초 IT버블 붕괴나 2008년도 글로벌 금융위기 당시에도 금리 역전현상이 발생했다.

본격적으로 금리의 종류에 대해서 알아보자면 우선 '기준금리'가 있다. 경제의 상황에 따라서 물가를 안정시키거나 소비를 활성화시키는 등의 목적으로 중앙은행이 결정하게 되는데 모든 금리의 산정 시 기준이 되는 금리라고 할 수 있다. 한국은 한국은행의 금융통화위원회에서 결정하는데 미국의 경우에는 연방준비제도(Fed)에서 정책금리를 결정하고 전 세계의 초미의 관심사가 되고 있다.

미국의 정책금리의 향방에 따라서 엄청난 달러 자산의 이동이 있기 때문이다. 또 다른 금리의 종류로는 금융기관의 예금과 대출금리가 있는데 개인들이 은행에 돈을 맡길 때 즉, 예금이나 적금 등의 금융상품을 가입할 때 적용하는 금리를 수신금리, 반대로 금융기관이 개인이나 기업에 돈을 빌려줄 때 받는 금리를 여신금리라고 한다. 이 수신금리와 여신금리의 차이가 바로 은행의 주요 수입이 되는 것이다.[4]

기준금리 못지않게 중요한 금리가 바로 '콜금리(call rate)'이다. 금융기관 간 단기간 자금을 빌리고 빌려줄 때 적용하는 금리가 콜 금리인데 최장만기는 30일이나 실물거래에 있어서는 1일물이 대부분을 차지하고 있다. 그러므로 통상 콜 금리는 1일물 금리를 의미하여 단기 자금의 수요와 공급에 의하여 결정된다. 일시적으로 자금이 부족한 금융기관이, 자금의 여유가 있는 다른 금융기관의 잉여자금을 빌려 달라고 요청하는 것을 콜(call)이라고 하며 이처럼 금융기관 간에 발생한 과부족(過不足) 자금을 거래하는 시장이 콜 시장이다. 자금의 여유가 있는 금융기관이 콜 론(call loan)을 내놓으면 자금이 부족한 금융기관이 콜 머니(call money)를 빌리는데 이때 적용되는 금리를 콜 금리라고 한다. 콜 금리는 정부의 재정자금의 상황이나 개인, 기업의 현금수요 등을 고려해서 변동하는 것이 원칙이지만, 때로는 정부의 재정 정책의 수단으로 활용되기도 한다. 즉, 경기과열로 물가가 상승할 가능성이 있으면 콜 금리를 높여 시중 자금을 흡수하고 경기가 너무 위축될 것 같으면 콜 금리를 낮추어 시중에 돈을 풀어 경기를 활성화시키는 방안을 세우는 등 매달 정부의 통화정책 방향을 결정하고, 통화안정증권이나 국채를 시중은행과 사고 파는 방식으로 시중의 자금량을 조절해 오고 있다.

또 다른 금리로는 'CD(양도성예금증서) 금리'가 있는데 은행이 자금의 조달용으로 투자자들에게 양도성예금증서(CD) 발행 시 적용하는 이자율을 의미하고 시장조달금리의 단기 기준금리로 이용된다. CD란 은행이 단기 자금 조달을 위해

---

4) '예대마진'이라고 하는데 금융회사의 대출 이자 수익에서 소비자에게 지급한 예금 이자를 뺀 것으로 수익성을 나타내는 지표이다. 대출금리가 높고 예금금리가 낮을수록 예대마진이 커지고 금융회사의 수입은 그만큼 늘어나게 된다. NIM(Net Interest Margin)은 순이자마진으로 예대마진과 함께 채권 등 유가증권에서 발생한 이자, 충당금 적립률 등을 반영한 수치다. (한경 경제용어사전)

발행하는 무기명 정기예금증서라고 할 수 있는데 고시된 CD금리는 시장금리 연동 대출은 물론 은행 간 자금 이전이나 금리 스와프 거래의 기준으로 활용되기도 한다. 최근에 가장 많이 회자되는 금리가 바로 '코픽스(COFIX)금리'인데 은행들이 제공한 자금조달 관련 정보를 기초로 하여 산출되는 자금조달비용지수이다. 콜 금리에 이어 2010년 2월에 도입된 새로운 대출 기준금리로 '코픽스'는 1개월마다 자본을 조달하는 것이 목적인 상품들인 CD, 금융채, 환매조건부채권. 표지어음, 정기예금 등의 비용을 모두 고려하여 은행들이 결정하고 있다. 즉, 은행들의 가중평균 조달금리라고 보면 되는데 우리가 신용대출이나 주택담보대출의 금리를 산정할 때 기준 값으로 많이 활용하고 있다. 마지막으로 '리보(LIBOR)금리'라는 표현도 가끔 신문지상에서 보게 되는데 이 금리는 런던의 주요 은행 사이에서 단기자금을 조달하는 이자율로 국제금융시장의 주요한 기준금리로 활용되고 있다.

이처럼 다양한 금리가 우리 일상생활과 밀접하게 활용되기 때문에 여러 가지 상황에 따른 적용 금리와 그 흐름을 이해하고 있는 것이 중요하겠다. 금리의 종류 외에 다른 분류로 '명목금리'와 '실질금리'라는 표현을 사용하고 있다. '명목금리'는 돈의 가치변동을 고려하지 않고 외부로 표현된 숫자상의 금리라고 할 수 있는데 물가상승률을 반영하지 않은 금리라고 보면 된다. 주요 시중은행의 금리는 명목금리로 표시되고 물가상승이 아무리 높아도 적용되는 이자율로 금리가 산정되기 때문에 물가상승률의 영향으로 실질적으로 손해를 보는 경우가 발생하게 된다. '실질금리'는 명목금리에 기대 인플레이션을 차감한 금리로 물가상승률을 반영한 금리라는 의미이다. 아울러 '표면금리'라는 표현도 있는데 이는 실제 겉으로 드러난 금리이고 '실효금리'는 실제로 지급하거나 부담하는 금리라고 할 수 있다. 금리의 변동성에 따른 분류로 '고정금리'는 금융상품이나 대출의 가입, 보유기간 동안 시중 금리의 변동에 상관없이 상품의 이자율이 변하지 않는다는 의미이고 변동금리는 시중금리와 연동해서 3개월, 6개월 단위로 상품의 이자율이 변동된다는 의미이고 대출금리가 주로 변동금리이고 예금이나 적금 금리가 고정금리로 적용된다.

(8) 환율의 이해와 효과

예전에 환율에 대한 사람들의 인식은 몇몇 해외여행을 자주 다니는 사람들이나 자녀들이 해외에 유학을 가 있는 일부 부모님들만 관심을 가지고 챙기는 것으로 생각하고 있었다. 하지만 1997년 IMF 외환위기 전인 1997년 연초 원/달러 환율은 1달러에 842원이었으나 1997년 한때 1,964원(최고점)을 기록하면서 연중 1,122원이나 급등하는 급변동세를 보이면서 사람들에게 환율은 해외여행을 자주 가지 않아도 자녀가 해외에 유학을 가 있지 않아도 우리의 생활에 밀접한 관계가 있는 것으로 바뀌기 시작했다.

필자도 이 당시 모 은행에서 근무하고 있었는데 자녀의 미국 유학을 준비하고 있던 부모님이 환율이 급등하면서 예상했던 유학자금이 3배 이상 늘어나면서 유학을 포기하는 모습을 가까이서 지켜본 적이 있을 정도로 이 당시 환율 급등과 금리인상은 지금까지 겪어 보지 못한 초유의 상황으로 아직까지도 금융이나 투자시장을 언급할 때 회자되곤 한다.

이처럼 환율에 대한 개념이 학문적인 어려운 이론이 아니라 누구나 관심을 갖고 챙겨야 하는 것이고 투자에 있어서도 언제든지 달러 통화나 달러자산에 대한 관심은 이제 일상적인 현상이 되어 버렸다. 특히 최근에 자산관리에 있어서 환율의 중요성이 커지고 있기 때문에 본 장에서는 환율에 대한 개념과 상승과 하락시의 영향에 대해서 알아보도록 하자.

환율이란 나라와 나라 사이에 적용되는 화폐의 교환 비율을 말한다. 따라서 환율은 다른 나라 화폐에 대한 우리나라 화폐의 가치라고 할 수 있고 일반적으로 외화에 대한 수요와 공급에 의해 좌우된다. 각종 재화와 서비스 등의 수출로 벌어들인 달러가 수입에 필요한 달러에 비해 부족하다고 한다면 당연히 달러에 대한 수요가 공급에 비해 크기 때문에 원화 가치가 떨어지고 환율이 오르게 된다.

또한 환율은 나라와 나라 사이의 물가 차이를 반영한 구매력에 따라 환율이 결정된다(구매력 평가설). 한국 물가가 미국에 비해 많이 올라 원화 가치가 떨어지면, 원화로 살 수 있는 상품의 가치가 달러화보다 상대적으로 줄어든다. 따라서 원 달러 환율이 오르게 되는 것이고 달리 표현해 구매력이 높은 달러화에 대한 수요가 늘어서 원 달러 환율이 오른다고 할 수도 있다. 또한 최근에는 환율이 두 나라의 채권/채무 관계나 정치나 경제적인 상황이나 리스크 등의 심리적 요인들이 작용해서 결정된다는 주장도 나오고 있다

📖 **관련지식 탐구생활**

환율에 대한 구매력 평가설(PPP, Purchasing Power Parity)
환율의 결정이론 중 하나로, 국가 간 환율은 해당 국가들의 구매력에 따라 결정된다는 가설이다. 구매력 평가설을 이해하기 위해서는 우선 '일물일가의 법칙'을 알아야 한다. 동일한 재화의 가격은 어느 시장에서나 같다는 것으로 이를 국제무역에 적용시키면 어느 나라에서나 동일한 재화는 동일한 가격에 판매되어야 한다. 예를 들어 한국에서 1,000원에 판매되는 물건이 미국에서 1달러에 판매된다면, 환율은 1,000원/1달러가 된다.
두 번째로 '절대적 구매력 평가설(absolute PPP)'이 있다.
일물일가의 법칙이 하나의 재화에 대한 것이었다면, 구매력 평가설(PPP)은 이를 모든 재화에 대하여 확장한 것이다. 이는 하나의 재화만 가지고 환율을 결정할 수는 없기 때문에 한 국가 내에서 소비되는 재화 전체에 대하여 다른 국가와 비교함으로써 환율을 도출하는 것이다. 즉 자국 화폐의 구매력과 외국 화폐의 구매력을 비교함으로써 환율을 도출한다.

자국과 외국의 소비바스켓[5]이 동일하고, 모든 재화에 대하여 일물일가의 법칙이 성립한다면 일물일가의 법칙에서 재화의 가격은 구매력 평가설에서 물가 수준으로 확장된다. 예를 들어 한국에서 1,000원을 가지고 살 수 있는 물건들을 미국에서 1달러를 가지고 살 수 있다면, 환율은 1,000원/1달러가 된다. 한편 구매력 평가설은 환율의 결정이론이기는 하지만, 그 자체로는 물가가 환율을 결정하는지 환율이 물가를 결정하는지가 불분명하다는 점이 한계로 지적되고 있다.
또한 현실에서는 당연히 완전히 동일한 재화가 존재하기 어려우므로 일물일

---

5) 국가 내에서 소비되는 모든 재화의 총집합을 의미한다.

가의 법칙이 성립하기가 어렵다. 또한 그러한 재화가 존재한다고 하더라도 무역 과정에서 수송비 등 비용이 발생하므로 일물일가의 법칙이 성립하지 않게 된다. 또한 존재하는 모든 재화가 무역이 이루어지는 것은 아니기 때문에 역시 일물일 가의 법칙이 성립하지 않게 된다.[6] 따라서 일물일가의 법칙을 바탕으로 하고 있 는 구매력 평가설은 현실에서 성립하기 어렵게 된다. 즉 구매력 평가설에 따라 도출한 환율과 실제 환율 간에 괴리가 발생한다.

또한 환율은 무역뿐만 아니라 자본의 이동 등 다양한 변수의 영향을 받기 때 문에 이러한 변수를 간과하였다는 문제도 있다.

세 번째로 '상대적 구매력 평가설(relative PPP)'이 있다.

절대적 구매력 평가설은 일물일가의 법칙을 바탕으로 하기 때문에 양국 간에 가격의 차이, 즉 물가의 차이가 있다면 성립하기 어렵다. 상대적 구매력 평가설 은 이러한 문제에 대하여 물가 대신 물가상승률을, 환율 대신 환율변화율을 변 수로 사용하여 문제를 해결하려는 시도이다. 즉 물가가 동일하지는 않더라도 양 국 간의 물가상승률과 환율 변동률 간에는 안정적인 관계가 성립한다는 것이다. 예를 들어 한국에서 1,000원인 물건이 1,200원이 되었을 때 미국에서 1달러인 동일한 물건이 1.1달러가 되었다면, 환율은 1,000원/1달러에서 1,200원/1.1달러, 즉 1,100원/1달러가 된 것이므로 한국의 물가상승률 20%에서 미국의 물가상승 률 10%을 빼면 환율변화율은 10%가 된 것을 알 수 있다.[7] 한편 상대적 구매력 평가설은 절대적 구매력 평가설에 비해 상당히 현실에 부합하는 것으로 받아들 여지고 있다.

〈나무 위키 설명 내용 재활용〉

---

6) 일물일가의 법칙이 성립하려면 재화의 국가 간 이동이 자유로워야 한다. 이는 특정 지역에 서 동일한 재화가 더 싸게 팔리고 있을 때 이를 구매하여 비싼 지역에 팔면 차익을 남길 수 있고, 그러한 차익의 조정 과정에서 가격의 수렴이 발생하기 때문이다. 무역이 이루어지지 않아 이러한 조정이 불가능하다면 여전히 더 비싼 지역과 더 싼 지역의 가격이 각각 유지되 므로 일물일가의 법칙이 성립하지 않는다.

7) 엄밀히 말하면 한국의 물가상승률은 21%이지만, 변화율을 계산하는 과정에서 약간의 오차 를 버리기 때문에 위와 같은 결과가 나온다.

만약에 원 달러 환율이 1달러에 1,000원에서 1,100원으로 바뀌었다면 어떻게 표현해야 할까? 우선 당연히 원 달러 환율이 상승했다고 할 수 있고 다른 표현으로는 원화가치 달러 대비 하락, 달러가치 원화 대비 상승, 원화가치 절하, 달러가치 절상 등의 표현으로 사용된다. 이처럼 환율은 하나의 변화에 다양하게 표현되기 때문에 완벽하게 숙지하고 있는 것이 좋겠다.

일반적으로 원 달러 환율이 상승하게 되면 전 세계에서 달러로 표시되는 국내 수출상품 가격이 하락하면서 가격경쟁력이 높아지게 된다. 미국의 백화점에 진열되어 있는 한국산 가전제품의 가격이 환율 상승으로 인해서 가격이 하락하고 수출기업들의 실적이 좋아지게 된다. 반대로 원 달러 환율이 하락하게 된다면 달러 표시 상품이나 서비스 가격이 상승하면서 가격경쟁력을 잃게 된다. 투자시장에서도 이러한 이유로 환율 상승기에는 수출기업, 환율 하락기에는 수입기업 주식에 투자자들이 몰리게 된다. 또한 환율이 상승하면 수입 원자재 가격이 상승해서 국내 물가가 올라갈 가능성이 높고 외부부채가 많은 기업들은 갚아야 할 이자와 원금이 늘어나 악재로 작용하게 된다. 하지만 국내에 배낭여행을 온 외국 관광객들이나 달러자산에 투자한 투자자들에게는 투자의 호재라고 볼 수 있다.

반대로 환율이 하락하면 외화 부채가 많은 기업들에게는 호재이고 자녀들이 해외에 유학을 가 있는 부모님들의 학자금 등의 원화 지출금액이 줄어들기 때문에 긍정적 현상이 된다.

금리와 주가의 상관관계를 살펴보면 보통 금리와 주가는 반비례 관계에 있다. 즉, 금리가 상승하면 주가는 하락하고, 금리가 하락하면 주가는 상승한다는 것으로 금리가 올라가면 일단 일반인들이 주식보다는 은행 등 금융기관의 확정금리형 상품에 가입을 많이 한다고 보면 된다. 반대로 금리가 하락하면 예금 등의 안전자산을 선호하던 사람들도 투자 상품이나 주식에 대한 투자에 관심을 갖게 된다. 1~2%대의 예금금리로는 물가상승률조차 따라가지 못하므로 위험을 감수하더라도 주식에 투자를 하려고 한다. 이렇게 주식시장으로 시중의 자금이 몰리게 되고 주가는 상승하게 된다. 기업의 가치로 살펴보면 기업은 은행에서 대출의 방법으로 자금을 조달하여 경영을 하는데 금리가 상승하게 되면 기업의 이자 부담이 커지게 된다. 이자비용이 증가하면 기업의 이익이 줄어들고 필요한

| 환율 변화에 대한 영향

구 분	환율 하락(=원화 절상)	환율 상승(=원화 절하)
수 출	수출상품 가격 상승 (수출감소)	수출상품 가격 하락 (수출증가)
수 입	수입상품 가격 하락 (수입증가)	수입상품 가격 상승 (수입감소)
국내물가	수입원자재 가격 하락 (물가안정)	수입원자재 가격 상승 (물가상승)
외자도입기업	원화 환산 외채 감소 (원금상환부담 경감)	원화 환산 외채 증가 (원금상환부담 증가)

투자도 할 수 없게 되어 기업의 가치는 떨어져서 주가는 하락하게 된다. 반대로 금리가 하락하면 이자비용 부담이 축소되면서 기업의 이익이 확대되는데, 이 이익금으로 주주배당을 하기도 하고, 매출 증대를 위한 마케팅이나 설비에 투자를 함으로써 기업의 가치가 상승하게 된다. 기업의 가치 상승은 곧 주식시장에 반영되어 주가가 오르는 원인이 된다.

금리와 환율도 반대로 움직이는 경향이 있다. 환율은 원화와 외국통화의 상대적 가치를 의미한다고 위에서 언급을 했는데 국내 금리가 다른 나라보다 높다면 환율은 하락한다. 채권이나 예금에 투자하는 외국투자자들의 투자자본은 금리가 높은 나라로 이동을 하게 되는데 국내로 유입된 달러는 원화로 환전되어 예금이나 채권을 사들이게 되고 달러의 공급이 증가함에 따라 가치가 하락하게 된다. 반대로 금리가 하락하면 외화는 이자를 더 주는 국가로 이동하려 할 것이므로 환율은 오르게 된다.

환율과 주가는 기간이나 수출기업이나 수입기업의 상황에 따라서 달리 볼 수 있는데 단기적 측면에서 환율과 주가는 반대 방향으로 움직이는 경향이 있다. 외국인 투자 비율이 높은 우리나라의 경우 특히 환율과 주가는 영향을 많이 받는 요소라고 볼 수 있다. 원화로 환전하여 국내 주식에 투자하고 있는 해외 자본은 환율이 오르게 되면 같은 금액으로 바꿀 수 있는 달러가 줄어들게 되어 국내 주식에 투자한 금액을 처분하여 주식시장을 떠나려 한다. 주식으로 수익이

났다 하더라도 환율이 올랐다면 그 수익을 상쇄시킬 뿐 아니라 손실이 발생할 수도 있기 때문이다. 반대로 환율이 하락하면 주가가 상승하게 되는데 환율이 하락한다는 것은 달러의 가치가 떨어졌다는 의미이므로 같은 금액의 원화로 더 많은 달러를 교환할 수 있기 때문이다. 하지만 장기적으로 보면 환율이 상승하면 주가도 동반 상승하는 모습을 발견할 수 있는데 수출 의존도가 높은 우리나라는 환율이 상승하면 국내 수출기업들의 가격경쟁력이 높아지기 때문이다. 이는 이미 위에서 언급을 했기 때문에 참고하면 되겠다.

이처럼 환율과 금리, 주가의 관계는 서로 복잡하게 연결되어 있고 최근에는 추가로 국가 간의 정치, 경제적인 미묘한 상황과 외교 방향성에 따라서 다양한 변수가 존재하기 때문에 명확하게 하나의 요소의 움직임에 따라서 어떻게 움직인다고 단정하기 어려운 상황이다. 무엇보다도 자산관리에 있어서 기본적인 관련 요소들의 상호 움직임에 대한 정립을 해놓고 추가로 시기적인 이슈와 다양한 변수를 감안한 운용이 중요하겠고 습관적으로 매일매일의 주가흐름과 환율 및 정부의 금리관련 정책의 방향성 등을 확인하고 향후 전략을 수립하는 것이 중요하겠다.

(9) 경기(종합)지수와 통화정책

우리가 자산관리를 실천함에 있어서 참고해야 하는 여러 가지 요소 중에 거시적인 관점에서 경기(종합)지수가 있다. 최근에는 개별 종목에 투자하는 전략과 더불어 시장(지수)에 투자하는 방법도 많은 관심을 받고 있다. 인덱스 펀드나 ETF(상장지수 펀드)를 활용한 투자가 가능한데 이러한 시장(지수)에 투자 시에 챙겨야 할 요소 중에 하나가 바로 경기(종합)지수가 있다.

경기종합지수(composite economic indexes)는 경제의 순환적인 동향파악과 기업의 투자결정에 중요한 지표역할을 하고 있는데 통계청의 정의를 살펴보면 경기변동의 국면, 전환점과 속도, 진폭을 측정할 수 있도록 고안된 경기지표의 일종으로, 국민경제의 각 부문을 대표하고 경기를 잘 반영하는 경제지표들을 선정한 후 이를 가공, 종합하여 작성한다. 우리나라의 경기종합지수는 선행종합지수, 동행종합지수, 후행종합지수 3개가 작성되고 있으며, 기준년도 수치가 100 (예, 2015＝100)이 되도록 하여 산출하고 있다.

매월 통계청에서 19개(선행 7개, 동행 7개, 후행 5개) 구성지표의 자료를 수집하고 이를 가공, 종합하여 작성, 공표하고 있다.

선행종합지수는 건설수주, 재고순환, 경제심리지수 등의 지표처럼 실제 경기순환에 앞서 변동하는 개별지표를 가공, 종합하여 만든 지수로 향후 경기변동의 단기 예측에 이용된다. 선행종합지수 구성지표로는 1. 재고순환지표 2. 경제심리지수 3. 건설수주액(실질) 4. 기계류 내수 출하지수(선박제외) 5. 수출입물가비율 6. 코스피 7. 장단기금리차 등이 있다.

동행종합지수는 공급측면의 광공업생산지수, 서비스업생산지수 등과 수요측면의 내수출하지수 등과 같이 실제 경기순환과 함께 변동하는 개별지표를 가공, 종합하여 만든 지수로 현재 경기상황의 판단에 이용된다. 동행종합지수 구성지표로는 1. 광공업생산지수 2. 서비스업생산지수(도소매업 제외) 3. 소매판매액지수 4. 내수출하지수 5. 건설기성액(실질) 6. 수입액(실질) 7. 비농림 어업취업자수 등이 있다. 후행종합지수는 재고, 취업자수 등 실제 경기순환에 후행하여 변동하는 개별지표를 가공, 종합하여 만든 지표로 현재 경기의 사후 확인에 이용된다. 후행종합지수 구성지표로는 1. 생산자제품재고지수 2. 소비자물가지수변화율(서비스) 3. 소비재수입액(실질) 4. 취업자수 5. CP유통수익률이 있다.

통화정책의 이해

2021년 11월 25일 각 일간신문에서는 한국은행의 기준금리 인상에 대한 기사가 줄을 이었다. 이날 한국은행이 기준금리를 연 1%로 인상했는데 물가 상승 압력이 높아진 데다 집값이 뛰고 가계부채가 눈덩이처럼 불어나는 등 금융불균형이 심화된 상황을 고려해 금리 인상을 단행한 것으로 분석되었다. 이날 기준금리 인상으로 2020년 3월부터 시작된 '제로(0)' 금리 시대가 막을 내리게 됐다.

위의 기사처럼 한 나라에서 화폐(법정화폐 및 본원통화)의 독점적 발행권을 지닌 중앙은행이 경제 내에 유통되는 화폐(통화, 본원통화 및 파생통화)의 양이나 가격(금리)에 영향을 미치고 이를 통해 화폐의 가치, 즉 물가를 안정시키고 지속가능한 경제성장을 이루어 나가려는 일련의 정책을 '통화정책'이라고 한다. 통화정책을 개념을 쉽게 정의하자면 기업의 투자나 가계의 소비가 이자율에 따라 변동되는 특성 때문에 중앙은행이 돈의 양을 늘리거나 줄임으로써 경제활동의 수준을 조절하는 것으로 보면 된다.

▼ 통화정책

독점적 발권력을 지닌 중앙은행이 금리나 통화량에 영향을 미쳐 물가안정, 금융안정 등을 달성함으로써 경제가 지속가능한 성장을 이룰 수 있도록 하는 정책

(한국은행 교육자료 발췌)

통화정책의 방법 중에 가장 많이 활용되는 수단이 바로 기준금리인데 기준금리를 변경해서 통화량을 조절하면 금융시장에서 콜 금리, 채권금리, 은행예금 및 대출금리 등 변동이 이어서 발생하게 된다.

기준금리의 활용과 더불어 중앙은행이 진행하는 통화정책의 종류에는 '공개시장조작(운영)'이 있다. 공개시장운영이란 한국은행이 금융시장에서 금융기관을 상대로 국채 등 증권을 사고 팔아 시중에 유통되는 화폐의 양이나 금리 수준에 영향을 미치려는 가장 대표적인 통화정책 수단이다. 미국이 2020년부터 경제에 대한 불안감을 극복하고 내수소비를 살려 기업들의 실적을 높이기 위해서 사용한 정책이 바로 공개시장운영으로 매월 국채와 MBS[8]의 매수를 통해서 시중에

---

8) 주택저당증권(MBS, Mortgage Backed Securities) MBS는 금융기관이 주택을 담보로 만기 20년 또는 30년짜리 장기대출을 해준 주택 저당채권을 대상자산으로 하여 발행한 증권으로

1,200억 달러의 통화량을 증가시키는 효과를 본 적이 있다. 이후 테이퍼링(양적 완화 정책의 축소)을 통해서 매월 150억 달러를 줄이는 정책으로 변경되었다.

한국은행의 공개시장운영은 증권매매, 통화안정증권 발행, 환매, 통화안정계정 예수 등 세 가지 대표적인 형태로 이루어진다. 증권매매는 국공채 등을 매매하여 자금을 공급하거나 회수하는 것을 의미하는데 한국은행이 금융시장에서 증권을 매입하면 이에 상응하는 유동성(본원통화)이 시중에 공급되며, 반대로 보유 증권을 매각하면 이에 상응하는 유동성(본원통화)이 환수된다. 한국은행의 매매대상 증권은 공개시장운영의 효율성과 대상증권의 신용 리스크를 감안하여 국채, 정부보증채, 금융통화위원회가 정하는 기타 유가증권으로 제한되어 있다. 증권매매의 종류에는 단순매매(Outright Sales and Purchases)와 일정 기간 이후 증권을 다시 매수하거나 매도하는 조건으로 발행되는 환매조건부매매(RP, Repurchase Agreements)가 있다. 단순매매는 유동성이 영구적으로 공급 또는 환수되어 장기 시장금리에 직접적인 영향을 줄 수 있기 때문에 제한적으로 활용되며, 증권매매는 RP 거래(통상 7일물)를 중심으로 이루어지고 있다. 통화안정증권은 한국은행이 발행하는 채무증서로서 채권을 발행하면 시중 유동성(본원통화)이 흡수되는데, 증권의 만기가 비교적 길기 때문에 그 기간 동안 정책효과가 지속되는 기조적인 유동성 조절 수단으로 활용된다.

공개시장운영과 더불어 한국은행에서 활용하는 통화정책에는 '지급준비율 정책'이 있다. 지급준비제도란 금융기관으로 하여금 지급준비금 적립대상 채무의 일정비율(지급준비율)에 해당하는 금액을 중앙은행에 지급준비금으로 예치하도록 의무화하는 제도이다. 중앙은행은 지급준비율을 조정하여 금융기관의 자금사정을 변화시킴으로써 시중 유동성을 조절하고 금융안정을 도모할 수 있다. 중국이 많이 활용하는 정책으로 예를 들어 지급준비율을 올리면 은행들은 더 많은 자금을 지급준비금으로 예치해야 하기 때문에 대출 취급이나 유가증권 매입 여력이 축소되고 결국 시중에 유통되는 돈의 양이 줄어들게 된다. 이에 따라 시중 유동성이 줄어들게 되고, 과도한 대출 증가로 인한 금융불안 가능성도 방지할 수 있게 된다. 지급준비제도는 1980년대 이후 전 세계적으로 통화정책이 통화량 중심

자산담보부증권(ABS)의 일종이다. '주택저당채권 담보부증권'이라고도 한다.

에서 금리 중심으로 전환됨에 따라 그 활용도가 과거에 비해 저하된 것은 사실이지만 우리나라를 비롯한 주요국에서 여전히 중요한 통화정책 수단으로 활용되고 있다.

현재 우리나라의 지급준비제도 적용대상 금융기관에는 일반은행 및 특수은행이 있는데 이들 금융기관은 예금종류에 따라 현재 0~7%로 차등화되어 있는 지급준비율에 해당하는 금액을 지급준비금으로 보유하여야 한다.

한국은행의 통화정책에 '재할인 정책'도 있는데 이는 중앙은행이 금융기관에 빌려주는 자금의 양이나 금리를 조절하여 시중 통화량을 늘리거나 줄이는 정책을 의미한다.

중앙은행의 여수신제도라고 표현하기도 하는데 중앙은행이 개별 금융기관(한국은행법상 금융기관은 은행금융기관으로 한정됨)을 상대로 대출을 해주거나 예금을 받는 정책수단을 활용하는 것이다. 전통적으로 중앙은행의 통화정책 수단은 공개시장운영, 지급준비제도와 함께 대출제도를 의미하였다. 그러나 최근 들어 많은 중앙은행들이 개별 금융기관을 상대로 한 일시적 부족자금 대출과 함께 일시적 여유자금을 예수(豫受)할 수 있는 대기성 여수신제도(standing facility)를 도입하면서 중앙은행의 대출제도는 여수신제도로 발전되었다. 중앙은행의 판단으로 시중에 자금이 필요 이상으로 풀렸다고 판단될 경우에는 여신금리를 높이거나 한도를 줄여서 금융기관의 중앙은행 차입규모를 줄이도록 유도해서 시중에 공급되는 통화량의 규모를 줄이는 정책을 사용하고 시중에 자금이 필요 이하로 풀렸다고 판단되면 반대로 여신금리를 낮추거나 대출한도를 높여서 금융기관이 시중에 공급하는 자금규모를 늘리도록 유도함으로써 시중의 자금규모 즉, 통화량을 늘리도록 하는 방법을 사용한다.

머리에 쏙 들어오는
효율적인 투자와 위험관리

1. 투자의 의의와 수익률의 개념을 알고 계산방법을 적용할 수 있다.
2. 다양한 투자의 법칙들에 대해 설명할 수 있다.
3. 투자의 위험을 알고 안전한 투자를 위한 준비사항에 대해서 숙
   지한다.

자산관리의/ 이론과/ 실무
ASSET MANAGEMENT

CHAPTER
03

머리에 쏙 들어오는
효율적인 투자와 위험관리

(1) 투자의 의의와 필요성

'저축의 시대에서 투자의 시대로'라는 금융기관의 현수막을 과거에 본 기억이 있다. 1990년대까지는 돈을 모은다는 개념으로 '저축'이라는 표현으로 묵묵히 매월 수입액의 일정액을 은행의 예금이나 적금 등의 안정성 상품에 납입을 하는 것이 가장 일반적인 수입관리의 원칙이었다. 하지만 2000년대 들어서면서 '투자'라는 표현으로 바뀌면서 어느 정도 원금손실이 발생할 수 있더라도 나름의 높은 수익률을 기대하는 분위기로 바뀌기 시작했다. '돈을 모은다'는 개념에서 '자산을 부풀린다', '자산을 늘린다'라는 공격적인 표현도 여기저기서 눈에 띄고 이제는 '투자'가 일반적인 의미로 받아들여지고 있다. 이렇게 '투자'가 보편적인 개념으로 자리잡게 된 원인에는 장기간 이어진 저금리 기조가 첫 번째 원인으로 물가상승률을 감안한 실질 수익률 마이너스 시대가 오랫동안 진행되었기 때문이다. 또한 은행이나 증권회사들의 예대마진(예금과 대출 이자차이에서 발생하는 수익)의 대폭 축소로 비이자 수익 증대라는 경영목표를 달성하기 위해서 펀드나 ELS 등의 다양한 투자상품의 판매가 한 몫을 하기도 했다. 아울러 대표적인 부동산 간접투자상품인 리츠(REITs)나 원자재, 달러 등 다양한 투자방법이 나오고 전 세계 주식시장의 중장기 상승세도 투자 분위기에 불을 지피는 계기가 되었다.

투자자들의 입장에서도 부동산 시장의 가격 상승이나 고용의 불안정, 100세 시대의 도래로 인한 노후 불안 등 다양한 원인으로 자산 늘리기에 많은 관심을 갖게 되면서 공급과 수요의 니즈가 일치하면서 투자상품과 투자에 대한 열풍은 당분간 이어질 것으로 보여진다.

투자의 일반적인 개념은 투자대상이 무엇이든 미래의 이익을 얻기 위한 현재의 경제적인 희생이라고 할 수 있다. 현재의 경제적인 희생은 현재의 재화나 서비스의 구매 등의 소비를 유보하면서 일정한 수익을 겨냥해서 자산을 투입하는 것이다. 즉, 불확실한 미래의 이득 또는 보상을 예상하고 현재의 확실한 소비를 희생하여 이에 대한 보상으로 불확실한 미래의 이득을 추구하는 행위라고도 할 수 있다.

일반적으로 투자에 대한 반대급부로 얻어지는 투자수익은 일정한 시간적 (time) 틀 안에서 얻어지고 투자가 이루어질 때 미래의 투자수익은 불확실한 위험을 가지고 있다.

위에서 언급했지만 '저축'의 시대가 아닌 '투자'의 시대로 바뀐 이유로는 아래와 같은 경제, 사회적인 변화로 인해서이다.

① 지속적인 저금리시대(물가를 감안한 실질금리 마이너스)
② 100세 시대의 도래로 노후생활비에 대한 불안감
③ 포트폴리오 다양성에 대한 투자자들의 니즈 증가
④ 전 세계적인 저성장 기조의 정착
⑤ 금융기관의 예대마진이 아닌 새로운 비이자수익에 대한 고민으로 인한 다양한 투자상품 개발 및 마케팅

저축, 도박, 투기와의 구분

사람들이 목돈이 생기거나 자산의 규모가 커지면 다양한 운용방법을 고민하게 된다. 그러한 고민에서 무조건 높은 수익률을 추구하거나 짧은 기간 내에 일정한 수익률을 원할 때 무리를 해서 운용하다 보면 자칫 큰 낭패를 보는 경우가 많다. 더군다나 최근에는 '주식투자방'이나 '일임', '투자자문'을 빌미로 SNS나 모바일 문자로 다양한 홍보성 내용이 무작위로 오기 때문에 버튼 한번 잘못 눌렀

다가 소중한 재산을 날려 버리는 경우가 많이 생기고 있다. 저축(saving)의 개념은 현재 가지고 있는 자산을 은행 등 금융기관에 맡겨 미래에 이자를 붙여서 받는 극히 단순한 투자의 일종이고 안정적, 확정적이기 때문에 미래의 기대수익률이 낮다. 아울러 불확실성에 대한 보상은 없다. 저축에서 좀 공격적인 운용이 '투자'인데 위에서 정의 등 언급했기 때문에 좀 더 공격적인 자산의 운용인 도박(gamble)의 개념을 살펴보면 합리적인 의사결정의 기준이 없이 단지 결과를 운에 맡기는 행위이고 높은 위험 수준하에서도 실현수익이 음(-)이 되거나 전체자산을 잃는 경우도 많다. 투기(speculation)는 넓은 의미로는 투자에 속한다고 할 수도 있지만 상대적으로 단기간에 시장평균 이상의 수익을 목적으로 큰 위험을 부담하는 행위를 말하고 투자보다는 훨씬 위험이 크고 독점적 정보에 입각해서 진행되는 특징이 있다.

투자의 대상

투자의 대상으로 우선 실물자산(real asset)이 있는데 기계 및 설비, 건물이나 주택 등의 부동산, 귀금속, 농산물, 철광석이나 골동품 등과 같이 재화와 서비스를 생산하는 데 필요한 자산을 의미하고 그 자체가 경제적 가치를 창출하고 미래이익 발생능력이 있는 자산으로 정의할 수 있다. 주로 유형자산이 많지만 이익능력이 있는 인적 자원이나 기술, 지식 등 무형자산을 포함하는 개념으로 쓰인다. 투자규모가 크고 분할투자가 불가능하다는 특징도 있지만 최근에는 다양한 금융상품의 개발로 소액으로도 투자가 가능하고 적립식 등 다양한 방법으로 운용이 가능하다.

금융자산(financial asset)은 주식, 채권, 펀드, 보험 등과 같이 그 자체에는 이익 발생능력이 없고 실물자산이 창출해 낼 미래의 현금흐름이나 자산에 대하여 청구권을 행사할 수 있는 자산을 의미한다. 아울러 은행 등의 금융기관을 중개자로 두어 자금의 공급자에게 자금의 수요자로 자금이전의 수단을 제공하고 경제나 금융이 발전할수록 실물투자보다는 금융자산에 대한 투자가 훨씬 활성화된다.

(2) 투자 고려사항과 수익률의 종류

어느 정도 수익률을 기대하고 자산을 운용하는 투자의 경우 그만큼 원금손실이라는 위험도 감안을 해야 하는데 시간에 대한 보상도 생각할 수 있겠다. 만약 현재 100만 원의 소비를 1년 후 103만 원의 소비와 교환하기를 바란다면 물가가 동일할 경우 3%의 순수익률(실질 무이자 수익률)을 기대할 수 있겠고 물가가 투자기간 중에 3%가 오를 경우에는 투자자가 106만 원(물가상승률 3% 추가)을 요구할 수 있다. 이러한 상황에서 투자대상에게 1년 후에 110만 원의 회수를 요구할 경우에는 추가로 4만 원(4%)이라는 위험보상(risk premium)이 따르게 된다.

이처럼 투자를 결정할 때 물가상승(inflation)에 대한 보상과 함께 미래에 받게 되는 결과물에 대한 '불확실성'이라는 위험(risk)에 대한 보상도 고려해야 한다.

이처럼 투자를 함에 있어서 시간과 물가상승이라는 인플레이션, 수익에 대한 불확실성이라는 원금손실에 대한 위험 등을 고려하여 투자 종료(만기)시에 원금에 추가로 받기를 희망하는 수익률을 '요구수익률'이라고 한다.

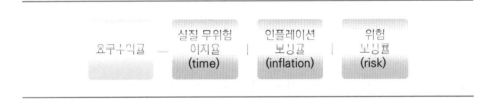

즉, 투자자가 어느 특정 투자대상에 투자를 할 때 기대되는 최소한의 요건을 만족할 수 있는 수익률을 의미하고 투자가치의 평가기준이 되는 수익률이라고 할 수 있다.

투자나 수익률에 대해서 언급할 때 '기대수익률'이라는 표현을 자주 사용하는데 그 의미는 특정한 사건이 일어날 확률과 그 사건이 일어날 경우 예상되는 수익률을 곱하고 모든 경우의 수를 합하여 산출하는 수익률이라고 할 수 있는데 '투자가치 = 기대수익 + 위험'이라고 정의할 수 있다. 이는 미래 투자수익률의 확률분포로 알아볼 수 있고

> 기대수익률 = 상황이 발생할 확률 × 상황 발생 시 수익률

의 식으로 구성할 수 있다.

경제상황	확률	주식A 예상수익률	주식B 예상수익률	주식C 예상수익률
호황	30%	100%	40%	10%
정상	40%	15%	15%	12%
불황	30%	-70%	-10%	14%

• 주식 A 기대수익률 = (0.3×100%) + (0.4×15%) + (0.3×-70%) = 15%
• 주식 B 기대수익률 = (0.3×40%) + (0.4×15%) + (0.3×-10%) =
• 주식 C 기대수익률 = (0.3×10%) + (0.4×12%) + (0.3×14%) = 12%
※ 기대수익률은 각 상황의 기대되는 수익률의 평균수익률임

수익률의 종류에는 '보유기간 수익률(holding period yield)'이라는 개념도 있다. 보유기간 수익률은 투자자산을 보유한 기간 동안 몇 %의 수익률을 올렸는지 측정하여 나타내는 수익률로 아래의 산식으로 계산한다.

> 보유기간 수익률 = (회수시점 투자자산/최초 투자 투자자산) - 1

예를 들어 1만 원에 주식을 매수하고 1만 500원에 매도할 경우 보유기간 수익률은 5%라고 할 수 있다. 투자금액 규모의 차이를 감안하여 산출하지만 투자기간이 다를 수 있기 때문에 보통은 연평균 보유기간 수익률(annual holding period yield)로 비교하는 것이 바람직하다. 가중평균 수익률은 투자자산이 하나가 아닌 주식이나 채권, 부동산, 원자재 등 여러 가지 자산으로 구성되어 있는 경우에 사용하는 수익률로 투자 포트폴리오의 전체 수익률을 나타낼 때 사용되는 수익률이다. 개별자산의 수익률을 기초 포트폴리오의 총 시장가치에서 개별자산의 시장가치가 차지하는 비율로 가중하여 합한 값으로 구한다.

만약 홍길동 씨가 총 1억 원의 투자 포트폴리오를 가지고 있는데 1년 뒤 아래와 같이 투자 원금이 변했다면 가중평균 수익률을 구할 수 있다.

	현재		1년 뒤
주식 펀드	4,000만 원	➡	5,000만 원
채권 펀드	4,000만 원	➡	4,200만 원
부동산 투자신탁	2,000만 원	➡	2,200만 원

투자대상	기초투자금액	투자비중	기말투자금액	연간수익률	가중수익률
주식 펀드	4,000만 원	0.4	5,000만 원	25%	10%
채권 펀드	4,000만 원	0.4	4,200만 원	5%	2%
부동산 투자신탁	2,000만 원	0.2	2,200만 원	10%	2%
합계	1억 원	1.0	1억 1,4000만 원	14%	–

※ 가중평균 수익률=투자비중x연간수익률

(출처: AFPK교재 '투자설계')

(3) 투자의 위험과 투자자 유형

투자의 의미는 미래의 목표 수익률을 달성하기 위해서 현재의 소비를 포기하면서 감당할 수 있는 위험을 인식하면서 자산을 투입하는 절차를 의미한다. 어기서 감당할 수 없을 정도의 위험을 감수하는 것이 '투기'라고 할 수 있다. 이처럼 투자에는 다양한 위험이 있는데 궁극적으로 어떠한 위험이 발생하더라도 결국 원금손실이라는 결과가 나올 수 있다. 투자에 대한 위험의 개념은 미래 투자수익의 불확실성과 기대된 투자수익이 실현되지 않을 가능성, 실제 결과가 기대수익률과 다를 가능성 등으로 정의할 수 있다.

앞에 투자상식에서도 언급했는데 투자의 위험은 크게 두 가지로 구분하고 체계적 위험(systematic risk)과 비체계적 위험(unsystematic risk)으로 나뉜다. 우선 체계적 위험은 시장 전체의 불확실성 때문에 어쩔 수 없이 발생하는 위험이라고 할 수 있는데 투자자의 입장에서는 분산투자를 통해서 피할 수 없는, 분산이 불가능한 위험이기 때문에 다른 표현으로 분산불가능 위험(non-diversifiable risk)

이라고도 한다. 체계적 위험은 한 국가의 모든 기업들에게 영향을 미치는 경기
변동, 물가상승, 정부정책, 이자율 등과 같은 요인에 의해 나타나는 위험이다.
이러한 요인들은 거의 모든 기업에 동시적이면서도 약간의 차이는 있지만 비
슷한 영향을 미치면서 주가의 변동이나 투자가치의 변동을 유발한다. 이와 같
이 체계적 위험은 시장 전체와 개별종목 변화율의 관계를 나타내는 회귀방정
식의 기울기로 측정할 수 있어 투자이론에서는 베타(β)라고 불리기도 한다.

┃ 체계적 위험의 종류

구 분	내 용
이자율 위험 (interest rate risk)	기간 투자자들의 자산구성과 자산가치에 영향을 미치는 위험
구매력 위험 (purchasing power risk)	미래의 인플레이션으로 인해서 투자자로부터 현금흐름의 구매력이 감소될 위험
국가 위험 (country risk)	한 나라의 정치 및 경제상황의 변화에 따라 발생하는 위험 (국내투자) → 해외투자는 '비체계적 위험'으로 구분
재투자 위험 (reinvestment rate risk)	이자율 하락으로 투자원금이나 이자가 낮은 이자율에 재투자됨으로 써 투자의 현금흐름이 감소할 위험
시장 위험 (market risk)	시장의 전반적인 변화로 특정 회사나 증권의 시장가치가 변하는 위험

  비체계적 위험은 시장과는 무관한 개별 기업 고유의 요인 때문에 발생하는
위험이며 분산투자를 통해서 위험의 대부분을 줄일 수 있는 분산가능 위험이다.
흔히 분산투자로 제거할 수 있다고 해서 분산가능 위험(diversifiable risk)이라고
한다. 비체계적 위험은 특정기업에만 영향을 미치는 요인인 매출이나 영업이익
등의 경영성과, 재무구조, R & D 투자, 다양한 소송발생, CEO, 조업상태, 관리
능력, 노사문제, 특허이용, 광고캠페인, 소비자의 반응, 대정부관계, 기업이미지,
경영자 등과 같은 요인에 의해서 발생하는 위험이다. 이러한 요인에 의해서 발
생하는 위험은 개별 기업들에게만 제한적으로 영향을 미치면서 종목별로 서로
다른 주가 변동을 발생시키는 요인으로 작용한다. 비체계적 위험은 전체 주가변
화에서 체계적 위험에 따른 주가변화를 차감하여 측정할 수 있다. 체계적 위험

은 모든 기업에 공통적으로 영향을 미치는 요인에 의해 발생하기 때문에 제거할 수 없지만 비체계적 위험은 특정 기업에만 영향을 미치는 요인에 의해 발생하기 때문에 위험과 수익을 고려한 적당한 분산투자를 통해 제거할 수 있다.

▌비체계적 위험의 종류

구 분	내 용
재무위험 (financial risk)	증권발행 주체들이 약속한 원금과 이익을 주지 못하는 위험
유동성 위험 (liquidity risk)	이미 발행된 증권을 유통시장에서 현금화하려고 할 때 발생하는 위험
사업 위험 (business risk)	사업의 본질과 관련된 위험으로, 동일 산업의 모든 사업은 비슷한 종류이 사업위험을 보유함

▼ 위험과 구성 자산 수의 관계

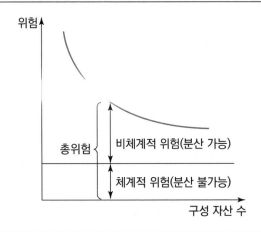

위험에 따른 투자자 유형

지금까지 우리는 투자의 개념과 위험의 종류에 대해서 살펴봤다. 이제는 같은 종목에 대한 투자의 행위라도 투자자들의 위험에 대한 성향이나 태도에 따라서 환매시점이나 재투자 등의 전략이 달라지기 때문에 투자의 결과도 바뀐다는 점을 감안해 투자자들의 투자 유형에 대해서 알아보고 무엇보다 본인의 투자성향을 파악해서 효율적인 투자전략을 수립하도록 하자.

위험에 대한 태도에 따른 투자자의 유형에 첫 번째 유형은 위험 회피형 투자자(risk averter)이다. 이 유형은 위험에 대한 보상이 없는 경우 투자를 하지 않는 투자 유형으로 안전한 투자를 선호하는 이상적인 투자자 유형이며 위험만큼의 수익률 증가 시 투자를 고려할 수 있다. 위험 회피형 투자자가 만약 아래와 같은 동전 던지기 게임을 한다면 투자를 하지 않을 것이다.

동전 던지기
게임

1,500원의 비용을 지불하고

동전의 앞면이 나오면 2,000원을 받게 되고,

동전의 뒷면이 나오면 1,000원을 받게 되는 규칙이라면….

게임의 기대수익 = (2,000원 × 1/2) + (1,000원 × 1/2) = 1,500원

상기 계산처럼 기대수익과 비용은 동일하지만 게임을 하기 위해서 지불하는 참가비용 1,500원은 확실한 비용이고 기대수익 1,500원은 불확실성을 수반한 확률적 기대 값이므로 참가하지 않는 것이다.

위험에 대한 투자유형 두 번째는 위험 중립형 투자자(risk neutral)이다. 이 성향의 투자자는 위험에 상관없이 기대수익률만 약간 높아도 투자에 참여하는 투자유형이다.

세 번째 유형은 위험 선호형 투자자(risk taker)로 위험이 있는 투자를 선호하는 투자유형이다. 당연히 그에 상응하는 목표 수익률도 높은 편이다.

이 유형은 따라서 위의 동전 던지기 게임에 2,000원의 기대수익을 기대하고 기꺼이 참가하게 된다.

효용함수의 이해

수익과 위험에 대해서 언급할 때 자주 등장하는 용어가 바로 '효용함수'이다. 효용함수는 투자자산들의 기대수익률과 위험이 주어졌을 때 위험 회피도의 정도에 따라 달라지는 만족의 정도를 지수 또는 점수로 나타낸 것을 의미하고 가로축에 기대수익을, 세로축에 효용을 주로 표시한다. 위에서 언급한 위험 회피형 투자자는 기대수익의 효용함수가 위로 볼록한 곡선의 형태를 띠게 되고 위험 중립형 투자자는 기대수익이 증가할수록 효용도 같이 증가하고 위험 선호형 투자자는 기대수익이 증가함에 따라 위험이 증가하고, 효용이 체증하는 모습을 보인다.

▼ 기대수익의 효용함수

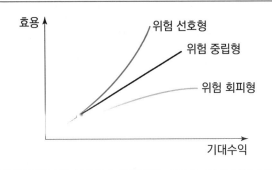

여기서 기대수익이 증가함에 따라 추가적으로 효용이 증가하는 효용의 크기를 한계효용(marginal utility)이라고 한다.

(4) 투자와 관련된 원칙

주식이나 금융상품, 채권 및 부동산 등에 투자를 함에 있어서 다양한 투자의 방법이나 기술이 다양한 매체를 통해서 알려지고 있다. 하지만 이러한 원칙과 기술을 활용해서 투자의 성공만 된다면 누가 투자를 못하겠는가? 그래도 이러한 원칙조차 지키지 않고 주변 지인의 얘기나 허황된 수익률로 현혹하는 다양한 유혹에 넘어가서 소중한 자산을 잃게 되는 경우가 많기 때문에 일단 바닥에 지지대를 놓듯이 투자의 기본적인 방향성이나 최소한 지켜야 하는 규칙으로 삼으면 좋을 듯싶다. 투자와 관련된 수많은 정설이나 원칙이 있지만 나름 핵심적인 몇 가지를 아래에 소개하니 참고하도록 하자.

72의 법칙

재무설계나 투자에 있어서 가장 많이 회자되는 원칙이 바로 '72의 법칙(rule of 72)'이다. 내용은 어떠한 자산을 운용함에 있어서 자산이 2배로 늘어나는 데 걸리는 시간을 계산하는 공식으로 특정한 자산을 2배로 늘리는 기간을 산출하고 싶으면 72에서 예상 이자율을 나눠 주면 되고 만약에 운용 기간이 정해졌으면 72에서 해당 운용기간을 나눠 주면 이자율이 산출된다는 것이다.

72/이자율 = 기간 or 72/기간 = 이자율

만약에 연 4%의 금융상품에 가입했다고 하면 72/4 = 18이므로 투자된 자산이 2배가 되는 기간은 18년이 걸린다는 것이다.

10년 안에 자산을 2배로 늘리고 싶을 경우에는 72/10 = 7.2이므로 연 7.2%의 수익률(이자율)이면 해당 자산이 2배가 된다는 의미이다. 이러한 계산은 이자율 계산에서 단리가 아닌 복리의 개념이 적용된다. 6%에서 4%로 하락할 때와 4%에서 2%로 하락했을 경우 똑같이 2%가 하락한 것이지만 투자자산을 2배로 늘리는 데 걸리는 시간의 차이가 발생하는 이유는 무엇일까?

금리가 6%에서 4%로 하락한 것을 일반적으로 2% 하락했다고 할 수 있지만 따지고 보면 2%가 떨어진 것이 아니라 2/6가 떨어진 것이므로 33.3%(2/6 × 100)가 하락한 것이다. 4%에서 2%로 하락한 것은 절반이 하락한 것이니 50%가 하락한 것이라고 볼 수 있다.

📖 관련지식 탐구생활

복리의 마법

맨해튼은 세계 금융계의 중심이자 자본주의의 상징인 월가(Wall Street)가 있어 훨씬 유명해졌고 전 세계에서 땅값이 가장 비싸기로도 유명하다. 맨해튼의 역사에 재미있는 일화가 있어 소개한다. 맨해튼은 본래 인디언 말로 '돌 섬'이라고 불리웠는데 1600년대 유럽 강대국들이 식민지 확보 경쟁을 벌이면서 맨해튼에도 네덜란드계 이민자들이 진출하게 되었다. 1626년 네덜란드는 본국에서 건너온 이민자들이 거주할 땅을 마련하기 위해 땅 소유주인 인디언들과 계약을 통해 맨해튼에 대한 소유권을 넘겨받게 된다. 그리고 이 지역에 자기나라 수도 이름을 딴 도시 '뉴 암스테르담(New Amsterdam)'을 세웠다. 후에 이 도시를 차지하게 된 영국의 찰스(Charles)왕은 도시 이름을 그의 동생 '요크(York)공'의 이름을 붙여 'New York'이라고 부르게 된다.

그럼 맨해튼을 인디언들에게 얼마에 구매했을까? 1626년 당시 네덜란드인들이 인디언에게 맨해튼을 통째로 넘기는 대가로 지급한 돈은 고작 60길더(24달러), 그것도 현금이 아닌 장신구와 구슬로 대신했다고 한다. 누가 보더라도 인디언들이 '바보짓'을 했다고 할 것이다. 월가 역사상 사장 뛰어난 투자자 중 한 사람으로 꼽히는 존 템플턴은 인디언들이 땅값으로 받은 물건을 현금으로 바꾼 다음 연리 8%의 복리로 이자를 주는 채권을 샀다면 맨해튼을 두 번 사고 자투리 돈으로 LA까지 살 수 있었다고 말했다. 그러니까 24달러에 대해 매년 이자가 지급되고 그 다음해에는 불어난 이자에 대해서도 이자를 지급하는 복리로 계산하면 380년이 지난 2006년 기준으로 원금 '24달러'는 '약 120조 달러'라는 천문학적 금액으로 불어나 있을 것이라는 것이다.

하지만 원금에만 이자를 지급하는 단리로 계산하면 8%일 때 9,771달러, 10% 일 때는 9,952달러에 불과하다. 이처럼 복리는 기간이 길어질수록 단리와 엄청난 차이를 보인다.

100-나이의 법칙

투자 성공의 가장 기본적인 전략은 얼마나 자산배분을 잘 하느냐가 관건이다. 수익성 자산과 안정성 자산을 잘 배분해서 향후 다가올 위험에 대비하는 것이 중요하고 시장의 상황이 변함에 따라 각각의 비율을 조정해서 위험을 회피하거나 적극 활용하는 전략구사가 필요하다. 그러한 측면에서 '100−나이의 법칙'은 자산배분의 중요성을 여실히 보여 주는 원칙이라고 할 수 있다.

이 법칙은 100에서 자신의 나이를 빼서 나온 값만큼은 수익성 위주의 투자자산에 투자하고 나머지는 안정성 위주의 자산에 배분하는 것을 말한다. 나이가 젊을수록 시간이 많고 원금손실 등의 위험이 발생해도 회복될 수 있는 가능성이 높기 때문에 어느 정도 위험을 감수한 자산비중을 더 가져가는 것이다.

만약에 나이가 20세인 사람이 100만 원의 잉여자산을 운용한다고 하면 20%는 안정성 자산으로 저축을 하고 나머지 80%는 수익성을 고려한 투자를 하게 되고 나이가 60세인 사람이 100만 원을 운용한다면 100에서 60의 나이를 빼서 60%는 안정적인 저축, 40%는 투자를 하게 된다. 나이가 많아 질수록 원금손실 등의 손해가 발생하면 복구시간이 부족해서 안정적으로 운용해야 한다는 전제를 가지고 있다.

부자지수

자산관리의 원칙 중에 '부자지수'라는 것이 있는데 현재가 아닌, 앞으로 부자가 될 가능성의 여부를 알아보는 지수이고 현재의 나이와 소득수준에서 제대로 자산관리를 하고 있는지를 판단하는 기준이 된다. 일단 부자가 되려면 총자산에서 총부채를 차감한 순자산금액이 많아야 하겠고 이 순자산금액을 늘리는 것이 가장 우선적인 목표가 되어야 한다. 부자지수의 공식은 아래와 같다.

부자지수 = (순자산액 × 10) / (나이 × 총소득)

┃ 부자지수 결과 해설

부자 지수	내 용
50% 이하	• 현재 자산관리 문제가 있음 • 지출이 많고 관리가 미흡함
100% 이하	• 노력이 필요하고 평균 수준으로 볼 수 있음
150% 이하	• 자산관리를 잘 하는 편이고 무난한 소득관리임
200% 이상	• 지출이 적고 소득관리를 잘하고 있고 현재 상황 유지 요망

▼ 부자지수의 계산 사례

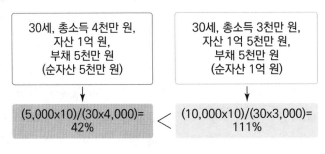

자산은 늘리고, 부채는 줄여라!

-50 = +100의 법칙

우리가 투자를 함에 있어서 수익만을 생각하지만 손실이 발생하지 않게 자산을 운용하는 것도 중요한 전략이라고 할 수 있다. 한번 손실을 보게 되면 다시 회복하기 위해서는 손실률보다 더 높은 수익을 올려야 하기 때문이다. 그러한 관점에서 중요한 자산관리의 원칙이 바로 '−50 = +100의 법칙'이다.

만약에 투자자산의 절반을 잃는다면 다시 원금으로 회복하기 위해서는 두 배의 수익률을 올려야만 같아진다는 법칙이다. 리스크 관리가 그만큼 중요한 것이고 투자의 대표적인 멘토인 미국의 워런 버핏의 교훈 중에 투자에 성공하는 두 가지 원칙이 있다. '첫 번째가 돈을 잃지 마라. 두 번째가 위의 원칙을 잃지 마라'이다. 그만큼 수익도 중요하지만 손실 없는 자산운용을 강조한 말이 아닐까 싶다.

우리가 만약에 1,000만 원을 운용하는데 부득이 50%의 손실을 봐서 원금이 500만 원으로 줄었다고 가정하면 다시 원금인 1,000만 원을 만들기 위해서는 −50%의 손실의 반대인 +50%가 아니라 다시 +100%의 수익을 내야 한다는 것이다. 누구나 아는 것이라고 할 수도 있지만 실제로 아래의 그림으로 보게 되면 원금손실이 그만큼 중요하고 원금회복하기가 어려운 것이라는 것을 더 절실히 알게 될 것이다.

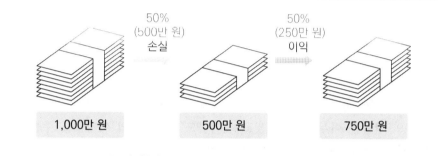

500만 원의 100% 이익이어야 원금 회복 가능

위에 언급한 여러 가지 투자와 자산관리의 원칙 외에도 이탈리아의 경제학자인 빌프레도 파레토(Vilfredo Pareto)가 제시한 법칙으로 '80/20의 법칙'이 있는데 이는 80%의 수익은 20%의 종목에서 발생하고 80%의 손실은 20%의 종목에서 발생하며 80%의 수익은 20%의 투자기간에 이루어진다는 의미이다.

투자나 자산관리의 80%의 투자수익은 전체 투자기간 중 20% 단기간에 발생하고 종목에 대해서는 상관관계가 작은 종목들로 분산투자에 얼마나 신경을 써야 할지 알게 해주는 법칙이라고 할 수 있다. 아울러 적당한 은퇴 후의 노후자금에 대한 산출을 위한 공식으로 현재 월 생활비의 230배의 은퇴자금이 필요하다는 공식이 있다.

가장 직관적인 은퇴설계 법칙으로 대략적인 은퇴자금을 간단히 산출할 수 있는데 은퇴가 다가왔다고 하면 현재 월 생활비의 230배 정도의 은퇴자금을 보유하고 있으면 현재 생활수준을 유지하는 은퇴생활이 가능하다는 것이다. 은퇴준비를 해야 하는 직장인 등의 일반인들이 만약 최소 한달 생활비를 200만 원으로 생각하고 있다면 은퇴 전에 마련해야 하는 자금은 '200만 원 × 230'으로 계산해서 총 4억 6,000만 원이 필요하다고 보면 된다.

따라서 최소 은퇴 전까지 현금으로 4억 6,000만 원을 만들어야 한다는 개념인데 이는 100세 시대의 장수시대가 도래되고 있고 물가수준이 높아가면서 점점 기준금액을 늘려야 한다는 의견도 있지만 최소한의 노후자금에 대한 산술적인 금액 산출에 의미를 두면 되겠다.

성공적인 투자를 위한 준비

저금리 시대가 장기간 이어지면서 연 3% 이상의 수익률을 목표로 하더라도 이제는 '투자'를 해야 하는 시대를 살고 있다. 은행이나 저축은행 및 새마을금고, 신협 등의 상품을 아무리 눈을 씻고 찾아봐도 2% 이상의 이자율을 주는 곳은 없다. 설사 특판형 정기예금이나 상품을 찾는다고 해도 15.4%(지방세 포함)의 이자소득세를 납부하면 실제 손에 쥐는 원금과 이자는 많지가 않은 것이 현실이다. 특히 최근 몇 년간 비트코인을 중심으로 한 가상화폐나 NFT(대체불가자산(토큰))[1] 등의 새로운 투자종목이 큰 관심을 받으면서 투자의 보편화를 앞당겼지만 반대로 손실을 보는 투자자도 크게 늘어났다. 이처럼 안 할 수는 없지만 그만큼 위험도 많은 자산관리의 핵심인 투자에 있어서 우리가 준비하고 갖춰야 하는 투자의 성공수칙 및 투자마인드를 알아보도록 하자.

---

1) 대체 불가능한 토큰(NFT, Non-Fungible Token)은 블록체인에 저장된 데이터 단위로, 고유하면서 상호 교환할 수 없는 토큰을 뜻한다. NFT는 사진, 비디오, 오디오 및 기타 유형의 디지털 파일을 나타내는 데 사용할 수 있다. 사본은 인정되지 않는다. 이러한 디지털 항목의 사본은 누구나 얻을 수 있지만 NFT는 블록체인에서 추적되어 소유자에게 저작권과 소유권 증명을 해야 한다. 2021년에는 NFT 사용이 높아졌다. Ethereum, Flow 등의 가상화폐는 자체 표준을 가지고 있지만, 각각은 표시된 디지털 항목이 진정으로 독보적인지 위해 노력한다. NFT는 인기 있는 엔터테인먼트에서 디지털 자산을 상업화하는 데 사용한다. 대부분의 NFT는 이더리움 블록 체인의 일부이다. 그러나 다른 블록 체인은 자체 버전의 NFT를 구현할 수 있다. NFT 시장가치는 2020년에 3배로 증가하여 2억 5,000만 달러 이상에 도달했다. (위키백과)

우선은 수익을 보기 전에 위험을 봐야 한다. 은행이나 증권회사 등에서 투자 관련 금융상품을 권할 때 당연히 위험보다는 예상수익이나 과거 투자 성공 사례를 우선적으로 어필하면서 가입을 유도한다. 당연히 그 상품을 판매하는 것이 그들의 업무이자 주요 수익원이지만 투자자들은 가끔 그것을 망각할 때가 있다. 가끔 시사프로그램에서 투자상품의 부실판매나 사기성 행위를 주제로 방송하는 경우가 있는데 그 내용 중에는 투자자들이 본인들의 손실에 대해서 해당 금융기관을 규탄하는 집회나 1인 시위를 하는 모습을 보게 된다. 이때 투자자들의 항변 중에 가장 많이 나오는 인터뷰 내용이 '원금손실이 없는 상품인 줄 알았다'거나 'XX수익률이 보장되는 줄 알았다'거나 '해당 금융기관에서 손실을 보장해준다고 했다' 식의 얘기들이다. 물론 금융기관에서 고의적으로 담당자가 실적부담에 무리하게 판매를 하면서 원금보장이나 기대수익률을 부풀려서 언급한 경우가 있고 징계도 받고 하지만 과연 투자자들에게는 정말 단 1%의 잘못도 없었을까?

필자가 금융기관을 대변하는 것이 아니라 적어도 최근의 경제나 금융시장의 상황을 조금이라도 알고 있었다면 위에서 언급한 기대는 어렵다는 정도는 알아야 하고 설사 그렇게 알고 가입을 했다고 하더라도 스스로가 실제 위험 정도와 수익률의 달성 가능성 정도를 개인적으로 확인하고 판단하는 능력을 키워야 하지 않을까? 하는 아쉬움이 많다.

따라서 어떤 투자 관련 금융상품이나 투자를 진행함에 있어서 목표나 기대수익률에 너무 포커스를 두는 것보다는 발생가능한 위험 요소와 손실 규모나 가능성을 먼저 확인하는 자세가 더 중요하겠다.

투자의 성공수칙 두 번째는 과도한 기대를 버리자는 것이다. 모든 사람들이 알고 있는 투자의 원칙에 'High Risk High Return!!'이란 말이 있다. 너무 많은 사람들이 사용해서 반드시 투자가 아니라 인생을 살아가면서 하나의 지침으로 되어 버린 표현인데 아무리 공부를 하고 찾아봐도 안정성과 수익성을 모두 겸비한 투자방법이나 종목은 없다. 높은 수익성을 기대한다면 그만큼 위험도 따른다는 이치를 왜 모르는가?

현재의 시장 상황에 맞는 적정선을 예상 수익률로 잡고 그 수익률에 더불어 발생 가능한 위험을 살펴보고 최종 투자 여부를 결정해야 한다. 세 번째 주변에 투자와 관련된 의견을 나눌 전문가 혹은 지인을 만들도록 하자. 이는 두 번 이상 상담하라는 표현으로도 바꿀 수 있는데 혼자만의 생각과 투자 판단은 아무래도 객관성이 떨어질 수 있다. 어떤 금융기관 혹은 금융기관 영업 종사자에게 조언을 들었다고 하면 그 자리에서 만큼 그 직원의 얘기가 다 맞는 것 같고 지금 투자를 하지 않으면 좋은 기회를 놓치는 것 같은 느낌을 갖게 된다. 하지만 조금이라도 고개가 갸우뚱 해지거나 발생 가능한 위험이 높다면 반드시 같은 상품에 대해서 다른 전문가나 주변 지인에게 상의를 하는 것이 좋다. 최대한 내가 투자하려고 하는 상품이나 종목에 객관성을 부여하자는 것이다.

▼2021년 3월 24일 조선biz 기사 '[펀드사고 잔혹사]

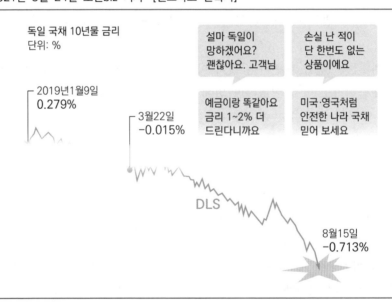

중위험상품 탈 쓴 '독성폐기물'의 역사' 발췌 이미지

▌절대 지켜야 하는 투자 피해예방 수칙

예방 수칙	내 용
홍보성 화법 조심	'저와 저희 가족도 했어요', '이 상품에 투자해서 아직 손실 난 사람은 없어요' 식의 단정적인 정보와 말이나 당장 가입해야 한다는 식의 강요성 멘트
반드시 비교	여러 금융회사를 방문해서 비슷한 상품에 대해서 어떻게 다르게 설명하는지 비교 후에 판단
객관적 자료 요구	투자설명서에 없는 내용이나 개인적인 생각이나 판단을 언급하면 반드시 그것에 대한 객관적인 자료나 데이터 요구
여러 번 살펴보고 신중하게 '서명'	투자설명서나 기타 자료를 꼼꼼하게 살펴보고 모르는 단어나 이해불가 표현은 반드시 충분한 설명을 요구하고 이해해야 함

금융 문맹 탈출!!
대한민국 금융상품 총정리

1. 은행과 비은행 금융기관의 구분과 특징을 설명할 수 있다.
2. 입출금 자유로운 상품과 적립식 금융상품에 대해서 이해한다.
3. 목돈 운용 거치식 상품과 효율적인 포트폴리오 구축에 대해서
   실행할 수 있다.
4. 예금자 보호 대상 상품과 절세 관련 상품에 대해서 숙지한다.

자산관리의/ 이론과/ 실무
ASSET MANAGEMENT

금융 문맹 탈출!!
대한민국 금융상품 총정리

(1) 금융상품과 인생설계

자산관리를 진행함에 있어서 가장 중요하게 고려해야 할 사항은 바로 명확한 재무적인 목표가 있어야 한다는 점이다. 30대 초반의 미혼 직장인 A씨가 있다고 가정해 보자.

만약에 A씨에게 앞으로의 목표가 무엇이냐고 물어봤을 때 막연하게 큰 돈을 모으는 것이나 5년 내에 결혼, 풍요로운 노후준비 식으로 답변한다면 1년에 얼마를 모아야 하고 매월 어느 정도의 돈을 저축을 해야 하고 그것이 달성되려면 한 달에 지출은 또 얼마 이하로 써야 하는 식의 구체적인 계획을 세울 수가 없다. 차라리 A씨가 5년 내에 2억 원의 종잣돈 및 결혼준비자금을 마련하고 싶다고 구체적으로 답변한다면 1년에 평균 4,000만 원을 모아야 하고 매월 수익률이나 이자율 감안 300만 원 정도를 저축이나 투자해야 하는 결론이 나온다. 만약에 A씨의 지금 연봉이 7,000만 원이라면 매월 300만 원 이상 고정적인 저축이나 투자를 통해서 연 5% 이상의 수익률을 기대하는 포트폴리오를 구성할 수 준비전략과 실행계획이 나오는 것이다.

이처럼 재무적인 계획은 구체적이어야 하고 현재의 수입과 지출에 대한 명확한 분석과 상황파악이 되어 있어야 가능하다. 사람이 태어나서 20대까지 학교생활을 하고 취업을 하고 직장생활을 하다가 55세~60세 전후로 은퇴를 하고 80세 전후로 사망한다고 가정하면 직장생활을 하는 기간에는 수입이 지출보다 많은 기간이 되겠고 경제적인 은퇴를 하는 시점 이후에는 지출이 수입보다 많은 시기이기 때문에 앞의 기간에 최대한 잉여자금을 모아서 인생의 2막이 시작되는 은퇴 이후의 시기에 효율적인 지출관리를 통해서 노후생활을 보내면 된다. 이러한 계획과 실천의 과정에서 예상되는 목돈 지출 항목인 결혼자금과 내 집 마련자금 및 자녀의 출생과 교육, 결혼 자금 등에 대한 계획은 별도로 세워서 본인과 배우자의 노후준비와 은퇴생활비 마련에 영향을 미치면 안 된다.

▼ 장기생활 설계

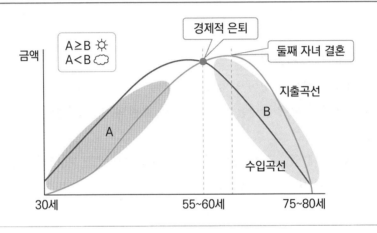

이러한 일련의 과정에서 가장 중요하고 활용도가 높은 수단이 바로 금융상품이고 금융상품의 종류와 특징 및 기능에 대해서 완벽하게 숙지하고 있어야 제대로 된 계획 수립과 실천이 가능하다. 이러한 일련의 과정을 장기 생활설계를 통한 자산관리의 과정이라고 하는데 위에서 언급했듯이 가장 중요한 첫 번째 과정은 자신의 현재 위치를 파악하는 것이다. '순자산 = 자산 – 부채'의 공식을 활용해서 현재 순자산 규모를 파악하도록 하자. 여기서 자산은 가치가 올라가거나 수익을 낼 수 있는 금융 및 실물자산을 의미하는데 예금, 채권, 주식, 연금 등의 보험상품 및 부동산 자산 등이 있다. 부채의 의미는 주택담보대출금이나 자동차 할부금이나 신용카드 결제액 등 일정한 기간별로 상환해야 하는 금액을 의미한다.

다음 과정은 자산 늘리기 목표를 설정하는 것이다. 일단 단기 목표로 예를 들어 1년 안에 자동차 할부금 전액 상환하기, 2년 내에 부모님 환갑 여행 자금

1,000만 원 따로 모으기 등의 계획이 있겠고 장기적인 목표로는 5년 내에 주택담보대출 상환자금 1억 원 마련, 10년 동안 자녀 대학 등록금과 결혼준비자금 지원액으로 1억 원 모으기, 25년간 은퇴 후 노후생활자금 3억 모으기 식으로 별도의 통장을 만들어서 체계적으로 준비하는 것이 좋다. 높은 산처럼 목돈을 뚜렷한 목표 구분 없이 모으기만 한다면 비정기적으로 발생하는 지출에 대해서 야금야금 빼내면서 정작 본인과 배우자의 노후준비가 전혀 되어 있지 않은 경우를 많이 봤다. 따라서 체계적인 자산 늘리기 목표를 항목별로 구체적으로 세워서 진행하는 것이 좋다. 노후생활자금의 계산 사례를 한국은행에서 발행한『금융생활 길라잡이』도서의 내용을 참고로 살펴보면 현재 35세의 동갑내기 부부가 있다고 해보자. 은퇴 예상시기는 60세로 지금부터 25년 후가 되겠고 은퇴 후에 부부가 최소한 20년 이상 생활을 해야 하며, 남편 사후 배우자 단독 생활은 약 7년 이상으로 가정해 보자. 이때 현재가치로 부부 공동생활 기간에 월 200만 원의 생활비가 필요하고 배우자 단독생활 기간에 약 150만 원의 생활비가 필요하다고 한다면 은퇴시점에서 본 총 노후 자금은 약 6억 600만 원이 필요하다. 여기에 동기간 중에 국민연금 예상 수령액이 3억 5,000만 원이라고 하면 이 차액인 2억 5,600만 원이 이 부부가 은퇴 전까지 당장 준비해야 할 노후자금이라고 할 수 있다.

▼ 노후생활자금 계산(사례)

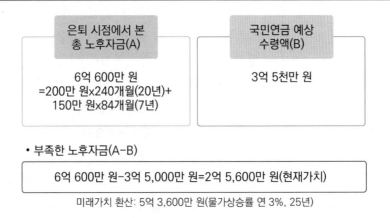

은퇴 시점에서 본 총 노후자금(A)	국민연금 예상 수령액(B)
6억 600만 원 =200만 원x240개월(20년)+ 150만 원x84개월(7년)	3억 5천만 원

• 부족한 노후자금(A-B)

6억 600만 원-3억 5,000만 원=2억 5,600만 원(현재가치)

미래가치 환산: 5억 3,600만 원(물가상승률 연 3%, 25년)

(출처: 한국은행 금융생활 길라잡이)

하지만 이 도서가 발간된 지 꽤 오랜 시간이 지났고 현재의 물가수준이나 생활비 규모를 감안하자면 이 금액보다 훨씬 큰 금액이 필요하다고 생각된다. 물론 자녀의 결혼자금이나 평균 노인인구 지출액의 20% 이상을 육박하는 병원비 등의 지출을 고려하지 않은 대략적인 기본 생활비만 계산했는데도 말이다. 따라서 이러한 인생설계와 금융상품의 활용 및 투자 전략수립과 실천의 중요성을 인지하고 빨리 부부가 머리를 마주하고 현재의 상황파악과 미래 필요자금 산정 및 준비 과정을 실천하지 않으면 큰 후회를 할 수 있다고 생각된다. 금융을 활용한 은퇴 및 생활설계의 시작은 현재의 상황파악과 이어서 '장단기 목표 설정'이라고 할 수 있다. 그러한 목표를 수립하고 목적, 기간, 세금, 금리 등을 고려하여 금융상품 선택의 포트폴리오를 구성하는 데 안정성, 수익성, 유동성의 금융과 투자의 3요소를 적절히 배분하도록 하자.

(2) 단기 금융상품의 이해

지금까지 금융과 인생설계에 필요한 준비절차와 목표설정 등에 대해서 알아봤다. 이제부터는 본격적으로 실천에 필요한 금융상품에 대해서 알아보도록 하자. 모든 자산의 운용에 있어서 가장 중요한 부분이자 투자에 있어서 절대 잃지 않는 방법이라고 할 수 있는 것은 바로 분산투자이다. 효율적인 자산배분이라는 이름으로 너무나 많은 채널을 통해서 강조하고 부각되었던 사항이지만 실제 이를 제대로 실천하는 경우를 많이 보지 못했다. 분산투자를 언급하면 의레 안정적인 상품과 공격적인 상품을 떠올리는데 이러한 구분 외에도 시간에 대한 분산도 중요한 의미로 다가온다. 특히 최근에는 경제와 금융부분의 변화가 하루가 다르게 발생하기 때문에 오히려 단기 자금의 운용이 중요한 투자전술이나 자산운용의 기술이 되어 버렸다. 단기금융상품의 대표주자는 역시 'CMA(어음(자산)관리계좌)'라 할 수 있다. CMA(Cash Management Account)란 CMA 통장에 돈을 넣고 국공채, 어음 등 단기금융상품에 매일매일 투자가 된다. 그리고 그 수익을 고객에게 나눠 주는 고금리 자유입출금 상품이라고 할 수 있다. 즉, 고객이 맡긴 예금을 어음이나 채권에 투자하여 그 수익을 고객에게 돌려주는 실적배당형 상품이다. CMA는 유가증권에 투자하고 남는 자금을 단기 고수익상품에 투자하여 운용하는 경우가 많고 보통의 은행 예금과 같이 수시 입출금이 가능하고 자동이체와 급여이체 등도 가능하다. 단기간 예치해도 이자가 거의 없는 일반 보통예금보다 높은 이자율을 적용받을 수 있기 때문에 단기 여유자금과 수시 입출금 기능이 필요한 자영업자나 개인사업자 등에게 꼭 필요한 상품이라고 보면 된다.

CMA통장을 개설하는 방법은 크게 세 가지로 첫 번째로는 증권사에 직접 방문해서 개설을 할 수가 있는데 신분증만 지참하면 된다. 신청서에 작성을 하고 도장 대신 사인만하면 되기 때문에 도장을 따로 필요가 없다. 두 번째로는 증권사에 가지 않고 pc 혹은 모바일로 가입을 할 수가 있다. 최근에는 각 금융기관이 비대면으로 계좌개설을 하기 때문에 편리하게 개설할 수 있다. 모바일로 가입을 하면 더 편리한데 증권사 홈페이지에 가서 계좌를 개설할 수 있는 애플리케이션을 다운로드하고 계좌개설 진행을 하면 되는데 신분증은 사진을 찍어서 업로드할 수 있는 방식이다. 세 번째는 은행에서 가입을 하는 것인데 은행들이 금융지주회사로 전환되면서 증권사를 함께 운영하기 때문에 은행과 증권사의 업무제휴로 가능하다.

▮ CMA의 종류

종류	RP 형	종금형	MMF형	MMW형
투자방식	국공채, 우량 회사채 등에 투자하여 약정 수익률에 따라 이자 지급	금융회사가 영업자금 조달을 위해 자기신용으로 융통어음발행 후 투자자들에게 매출	운용사가 단기국공채, 기업어음(CP), 양도성예금증서(CD) 등에 투자	고객과 증권사가 랩(WRAP) 계약을 체결하고 AAA 이상인 우량 금융기관의 단기상품 투자
특징	약정된 수익률을 기간별로 차등지급	유일하게 예금자보호법 적용(5,000만 원까지 보호 가능)	운용성과에 따라 손익 변동이 있어서 안정성보다는 수익성에 중점	일일 정산 후 원금과 이자를 재투자해서 복리효과 가능, 장기자금 예치에 활용
수익률 형태	확정금리형	실적배당	실적배당	실적배당

단기상품으로 전통적으로 많이 활용하는 것에 MMF(Money Market Fund)가 있다. MMF는 자산운용사가 고객들의 자금을 모아 펀드를 구성한 다음 금리가 높은 만기 1년 이내의 콜 론(Call Loan), 기업어음(CP), 양도성예금증서(CD)와 같은 단기금융시장에 집중 투자하여 얻은 수익을 고객에게 돌려주는 초단기 금융상품이다. CMA처럼 수시 입출금이 가능하고 하루만 돈을 예치해도 운용실적에 따른 이익금을 받을 수 있기 때문에 단기자금을 운용하는 데 적합하다. MMF의 금리가 유동적이라는 말은 수익률이 마이너스를 기록할 수도 있어 엄밀히 말하면 투자 상품이기 때문에 원금 비보장에 대한 위험성은 있다. 금리 상승이 지속될 경우 MMF에 운용되는 채권의 가치 하락으로 인한 손실의 위험이 있기 때문이다. MMF는 수시 입출금 통장에 저축하여 단기 여유 자금을 6개월 이내의 비교적 단기간에 안정적으로 자금을 운용하면서 은행 이자보다는 조금 더 높은 수익을 기대하는 투자자들에게 적합하다. 아울러 투자 상품이기 때문에 예금자보호법에 보호를 받지 않는다. 따라서 이왕 가입하려고 한다면 운용자산의 내용이나 향후 시장의 방향성을 고려해서 가입하는 것이 좋다. 어떤 상품이건 나에게 맞는 상품인지 먼저 파악을 해야 하고, 상품내용과 자산운용사의 정보도 잘 파악해야 한다.

▮ 주요 MMF 상품 현황

순서	펀드명	운용사명	6개월 수익률	1년 수익률	3년 수익률
1	우리큰만족신종MMF6	우리자산운용	1.65	2.65	5.28
2	삼성베스트MMF법인 1	삼성자산운용	1.66	2.64	5.24
3	키움프런티어신종법인용 MMF 1	키움투자자산운용	1.61	2.59	5.14
4	Plus신종개인용MMF2	플러스자산운용	1.53	2.52	5.19
5	KB법인용MMF I-1(운용)	케이비자산운용	1.68	2.46	4.59
6	유진챔피언HIT신종H-2MMF	유진자산운용	1.53	2.46	4.84
7	하나UBS신종MMF S-29	하나유비에스자산운용	1.52	2.46	4.86
8	삼성MMF법인 1	삼성자산운용	1.53	2.43	4.84
9	한국투자신종법인용MMF 15	한국투자신탁운용	1.48	2.41	4.8
10	현대클린개인MMF 1	현대자산운용	1.51	2.4	4.93
11	우리큰만족신종MMF3	우리자산운용	1.46	2.38	4.69

순서	펀드명	운용사명	6개월 수익률	1년 수익률	3년 수익률
12	Plus신종법인용MMF 1	플러스자산운용	1.46	2.35	4.63
13	NH-Amundi개인신종MMF 1	엔에이치아문디자산운용	1.46	2.34	4.69
14	BNK튼튼개인MMF 1	비엔케이자산운용	1.46	2.32	4.58
15	키움법인MMF 1	키움투자자산운용	1.47	2.3	4.45
16	NH-Amundi법인MMF 5	엔에이치아문디자산운용	1.49	2.28	4.46
17	신한BEST신종법인용MMFGS-2(종류)	신한자산운용	1.46	2.28	4.62
18	교보악사개인용MMF 1(운용)	교보악사자산운용	1.42	2.27	4.44
19	우리큰만족신종MMF 1	우리자산운용	1.4	2.26	4.45
20	삼성신종MMF종류형D 2	삼성자산운용	1.39	2.23	4.46
21	삼성헤리티지MMF 1	삼성자산운용	1.39	2.22	4.41
22	하이똑똑개인MMF 1	하이자산운용	1.37	2.21	4.31
23	한화스마트법인MMF 1	한화자산운용	1.4	2.2	4.46
24	DBNEW해오름신종MMF 3운용	디비자산운용	1.37	2.2	4.43
25	한국투자신종개인용MMF3	한국투자신탁운용	1.38	2.19	4.43
26	삼성신종MMF 151	삼성자산운용	1.39	2.19	4.43
27	미래에셋법인전용MMF A-4	미래에셋자산운용	1.38	2.17	4.44
28	KB개인용MMF P-1(운용)	케이비자산운용	1.41	2.16	4.18
29	한국투자신종개인용MMF 5	한국투자신탁운용	1.36	2.16	4.36
30	파인만신우량개인MMF3	파인만자산운용	1.43	2.15	4.02
31	한국투자신종개인용MMF 10	한국투자신탁운용	1.35	2.15	4.32
32	브이아이신종개인MMF1	브이아이자산운용	1.33	2.15	4.18
33	한국투자신종법인용MMF 1	한국투자신탁운용	1.35	2.14	4.38
34	신영신종법인용MMF4-26(운용)	신영자산운용	1.35	2.13	3.92
35	우리뉴스타개인MMF 1(국공채)	우리자산운용	1.33	2.13	4.07
36	브이아이신종개인MMF18	브이아이자산운용	1.33	2.12	4.13
37	우리다같이법인MMF 1(국공채)	우리자산운용	1.32	2.11	
38	신영신종MMF4-35(운용)	신영자산운용	1.34	2.11	3.84
39	신한개인용MMF 2	신한자산운용	1.32	2.11	4.34
40	신한BEST개인용MMF 1(종류)	신한자산운용	1.31	2.1	4.28
41	신한신종개인용MMF	신한자산운용	1.31	2.1	4.21
42	하나UBS클래스원신종MMF K-5	하나유비에스자산운용	1.33	2.08	3.99
43	IBK그랑프리국공채MMF법인투자신탁 1[국공채]	아이비케이자산운용	1.34	2.07	3.98
44	유진챔피언HITMMF(국공채)	유진자산운용	1.33	2.07	

순서	펀드명	운용사명	6개월 수익률	1년 수익률	3년 수익률
45	BNK법인MMF 1(국공채)	비엔케이자산운용	1.29	2.05	3.91
46	삼성스마트MMF법인 1	삼성자산운용	1.32	2.05	3.96
47	DB클린법인MMF 4운용	디비자산운용	1.3	2.05	3.93
48	교보악사프라임법인MMF J- 1(운용)	교보악사자산운용	1.3	2.04	3.98
49	키움프런티어법인용MMF 3[국공채]	키움투자자산운용	1.3	2.04	3.91
50	KB법인용MMF I-2(국공채)(운용)	케이비자산운용	1.32	2.03	3.93

(금융투자협회 공시자료 발췌 [2022년 12월 24일 기준])

MMF와 더불어 또 하나의 단기 금융상품으로 MMT(Money Market Trust)가 있다. 이 상품은 단기자금운용을 목적으로 하는 상품으로 시가와의 차이가 0.5% 이상 벌어지면 시가평가로 전환되어 수익률에 큰 변동이 생길 수도 있는 MMF의 단점을 보완한 상품이다. 수익증권이 아닌 특정금전신탁의 형태이지만 기존 MMF의 특성을 그대로 유지하고 있어서 입출금이 자유롭고 당일 환매가 가능하다는 특징이 있지만 예금자보호는 받지 못하다는 단점도 있다. MMT는 입출금이 자유롭고 시장실세금리 이상을 주기 때문에 마땅한 투자처가 없는 여유자금을 넣어두기에 적합한 상품이고 MMT는 신탁으로 투자자가 원하는 투자방식으로 운용할 수 있으나, MMF는 자금으로 펀드를 구성해 수익을 내기 때문에 차이가 발생한다.

단기금융상품의 또 하나의 종류로 양도성예금증서(CD)가 있다.

은행이 발행한 정기예금증서에 양도성을 부여한 상품으로 은행은 자금 수요에 따라 CD의 발행규모를 조절하며 자금을 운용하고 다른 사람에게 양도가 가능한 단기금융상품이다. CD는 무기명의 예금증서가 발행되어 자유롭게 양도 및 양수를 할 수 있다.

CD의 장점으로는 은행 금리보다 금리가 높고 무기명으로 발행되기 때문에 익명이 보장되고 금액의 상한선 제한이 없고 만기일에 예금증서만 있으면 누구나 예금인출이 가능하며 언제나 제삼자에게 양도가 가능하다. CD의 단점으로는 무기명으로 거래되며 양도가 가능하기 때문에 간혹 음성적인 용도로 사용되고 단기자금으로 운용되지만 중도에 해지가 불가능하기 때문에 필요할 때 바로 현금화가 안 되는 부분이 있다.

이외에도 일정 기간 후에 일정한 가격으로 재매입을 하거나 재매도를 하는 조건으로 발행되는 환매조건부채권(RP)이 있다. RP는 발행자가 일정 기간이 지난 뒤 되사는 조건으로 발행하는 채권이다. 채권의 의미가 자금이 필요한 사람이 채권자에게 자금을 빌리면서 발행해 주는 일종의 '채무증서'(debt instrument)인데 상환만기도 미리 정하고, 정기적으로 이자도 주기로 약속하고 발행이 된다.

채권은 누가 갖고 있든 상관없이 만기가 되면 발행자 즉, 채무자로부터 약속된 금액을 상환받을 수 있다. 또한 발행일로부터 만기일까지는 시간 차이를 근거로 유동성이 높아져서 불특정 다수 투자자들 사이에 매매되면서 수시로 가격이 변하므로 매매 차익을 노린 투자 수단으로 널리 유통된다. RP는 만기가 되면 해당 RP를 고객에게 판매했던 은행이나 증권사가 고객에게서 재매입하면서 약속한 이자를 내주므로 고객 입장에서는 RP 매입이 사실상 확정이자를 주는 정기예금에 드는 것과 마찬가지라고 보면 된다.

RP는 금리가 정해져 있고 만기가 되면 판매사(은행, 증권사)가 재매입을 하기 때문에 안정성이 보장된다. 단기 금융상품 치고는 수익률도 괜찮은 편이어서 금융기관에 단기 여유 자금을 맡겨 수익을 얻으려는 투자자들에게 인기가 있지만 RP를 판매한 은행이나 증권사 등 금융기관이 파산하면 '예금자보호'를 받지 못한다. 하지만 RP의 기초채권이 어떤 것들로 구성되어 있는지, 우량한지의 여부를 증권사나 은행 창구에서 '거래 기초채권 내역'을 조회해서 살펴보면 안정성에 대한 사전확인이 가능하다.

단기 운용상품의 마지막으로 CP가 있다. 이 상품은 기업이 단기자금조달을 위해 발행한 약속어음을 증권사가 할인 매입하고 다시 고객에게 대출하거나 직접 판매하는 방식의 상품인데 2개 이상의 신용평가기관으로부터 B등급 이상을 받은 우량기업만이 발행이 가능하다. 즉 기업이 필요한 자금을 모으기 위해 발행하는 어음 형식의 단기 채권을 의미하는데 회사채와는 유통과정에서 차이가 있다. CP는 보통 단기 자금을 조달하기 위해 만기 1년 이내로 발행하고 자본시장통합법의 적용을 받는 증권이나 채권과 달리 어음법의 구속을 받기 때문에 발행 절차가 간소하다. 이사회 결의 없이 기업 대표의 직권으로 발행이 가능하고,

증권신고서를 제출할 필요도 없다. 하지만 회사채는 좀 더 규제가 많아 회사채를 발행하려면 증권사들이 주요 소비자인 기관들을 대상으로 수요 예측을 하고 구매자와 금리가 대략적으로 결정된다.

(3) 절세 및 기능성 금융상품

금융상품과 세금

우리가 자산관리를 실천함에 있어서 수익률에서 항상 감안하는 비용이 바로 세금에 대한 부분이다. 물가상승률을 고려해서 실질 수익률을 구하기도 하지만 물가상승률은 매년 바뀌는 지표이고 당장 발생한 이자나 수익에서 차감되는 금액이 아니기 때문에 자산관리의 측면에서 투자자가 직접 아낄 수 있는 부분이 바로 세금이라고 할 수 있다. 2021년부터 전 세계적으로 코로나 바이러스(COVID-19)

▌금융상품 보유 및 양도 시 과세 체계

구 분	보 유	양도 or 환매
예금	• 이자소득 과세	–
채권	• 이자소득 과세: 채권보유 이자(가격상승분 비과세)	• 양도소득세 비과세
주식	• 배당소득 과세: 주식보유 이자(가격상승분 비과세)	• 양도소득세 과세(다만, 상장주식 소액주주 양도차익은 비과세 및 별도 증권거래세 과세)
펀드	• 배당소득 과세: 펀드가격 상승 분. 단 상장주식 등 매매 및 평가차익 과세제외	• 배당소득 과세: 상장주식 등 매매, 평가차익 과세제외
파생결합증권	• 가격상승분 비과세	• 환매차익: 배당소득 과세
파생상품	–	• 일부 파생상품만 양도소득세 과세: 주가지수관련 국내장내파생상품, 해외장내파생상품, 주가지수관련 장외파생상품

(조세금융신문 발간 『금융상품과 세금』 김용민 외 250p 발췌)

이후 지속적인 양적완화정책으로 인한 인플레이션에 대한 부담감으로 각국이 금리를 인상하고 있어서 2021년 12월 기준 우리나라의 한국은행 기준금리도 1% 까지 올랐다고는 하지만 아직까지 저금리시대라는 인식에는 변함이 없고 오히려 대출금리가 급격하게 상승해서 은행들이 정부로부터 지적을 당하기까지 했다. 따라서 금융상품을 가입하고 운용함에 있어서 투자상품을 통한 수익률 극대화에 좀 더 신경을 써야겠지만 안정적인 금융상품 중에서 이왕이면 세금을 아낄 수 있는 상품을 활용하는 전략이 바람직하겠다.

2020년에 정부가 '금융세제 선진화 방안'이라는 제목으로 공개한 금융투자소 득 과세 방안은 현재 금융상품이나 자산의 종류에 따라 여러 가지로 나뉘어 있 는 금융 관련 세금을   과 '금융투자소득'의 두 가지로 구분해서 정리했 는데 이번 개편의 중심에는 비과세 금융상품과 일부 배당소득 항목을 통합해 산 정한 금융투자소득이라는 항목에 대한 세금이다. 이자, 배당소득이 종합소득에 합산되는 것과 달리, 금융투자소득세는 별도로 금융소득 3억 원 이하 구간에는 20%, 3억 원 초과 구간에는 25% 세율이 적용된다. 특히 지금까지는 손해를 입 은 투자자에게도 과세구간에서 수익이 발생하면 소득세를 납부하도록 해 논란 이 되었던 펀드(집합투자기구) 투자도 전면 변경된다.

주식양도소득에 대한 과세 확대 방침에 따라 펀드를 통해 투자한 주식의 이 익, 손실도 손익 통합 계산에 포함되는데 예를 들어 현행 제도는 펀드가 채권 투자로 1,000만 원 수익을 내고 주식투자로 2,000만 원 손실을 입었다면 1,000 만 원 수익에 대한 과세만 되었지만 2022년부터는 이런 상황에서 총 1,000만 원 손실로 집계돼 소득세를 납부할 필요가 없게 된다. 아울러 정부는 여러 펀드 의 손익을 통합해 과세할 예정인데 예를 들어 A펀드에서 2,000만 원 수익을 거 두고 B펀드에서 1,800만 원 손실을 입었다면 현행 제도에서는 손실액을 인정받 지 못해 2,000만 원 수익에 대한 소득세를 고스란히 납부해야 했다. 개편 후에 는 2,000만 원 수익에 1,800만 원 손실까지 합산해 200만 원 수익에 대한 세금 만 부담하면 된다.

원래 계획으로 금융투자소득세는 2020년 12월에 관련법을 통과해 2023년 1 월에 시행 예정이었으나 정부가 국내외 시장 상황을 고려해서 도입시점을 2025

년으로 2년 더 연장하는 2022년 세제개편안을 국회에 제출했다. 하지만 여당은 아예 이 세금에 대해서 근본적으로 재검토하자는 입장이기 때문에 향후 투자상품 및 금융투자소득세에 대한 시행 여부는 지켜봐야 하겠다.

　다만 본 도서를 통해서 이러한 기획과 시도가 있었다는 부분을 알고 있고 투자상품에 대한 과세방침 및 제도의 변화에 계속적으로 관심을 갖도록 하자.

절세 금융상품의 종류

　일반적으로 절세금융 상품의 의미는 이자와 배당 등 금융상품과 관련된 행위에 대한 수익이 발생했을 경우 일정한 비율의 세금을 부담하는데 저축의 장려와 저소득층의 부담 감소, 기타 사회 특정 계층의 재산형성과 증대에 기여하기 위해서 정부가 세제혜택을 주어 세율을 감면하거나 우대하는 기능이 있는 상품을 의미한다.

　절세상품의 종류를 파악해서 본인에게 가입이 가능한 조건이라면 적극 가입해서 세제혜택을 활용하는 것이 저금리 시대의 금융상품 활용전략의 최우선 목표라고 할 수 있다.

비과세 금융상품

　절세상품의 종류에서 세금을 아예 징수하지 않는 비과세 상품에 대해서 먼저 알아보도록 하자. 비과세 상품 중에 우선 '비과세 종합저축'이 있다. 이 상품은 기존 생계형 저축과 세금우대 종합저축이 통합되어 2015년부터 시행된 상품이다. 가입자격은 만 65세 이상 거주자이거나 장애우, 독립유공자와 유족 및 가족, 국가유공상이자, 국민기초 생활수급자, 고엽제후유증환자, 5.18광주 민주화운동 부상자가 있고 2020년 1월 1일 이후 가입자는 직전 3개 연도 내 1회 이상 금융소득종합과세 대상자가 아니어야 한다. 저축한도는 5,000만 원으로 저축기간은 제한이 없다. 가입가능 기간은 금융기관과 6대 법정 공제회[1]이며 가입하는 금융상품의 제한도 없다. 가입가능 기간은 2022년 12월 31일까지[2]이고 기타 유의사항으로는 조세특례제한법 등에 의거 2014년 12월 31일까지 가입한 생계형 저축에 대해서는 가입기간에 관계없이 비과세 혜택이 적용되나, 2015년 1월 1일 이후 비과세종합저축에 가입하거나 또는 생계형 저축의 만기를 연장한 경우에는 만기일까지 발생된 이자 및 배당소득에 대해서만 비과세 하며, 만기일 이후 발생하는 이자 및 배당소득에 대하여는 일반과세(15.4%(주민세포함))된다.

비과세 상품으로 '장기저축성보험'도 있다. 일단 보험상품을 활용한 절세혜택이 많다. 금융소득 비과세 혜택과 세액공제와 소득공제, 그리고 증여세까지도 절세가 가능하기 때문에 보험상품에 대해서 별도로 숙지해 놓는 것이 좋다. 저축성보험 보험차익 비과세가 일반적으로 가장 많이 활용하는 혜택이다. 저축성보험에서 발생하는 보험차익은 이자소득으로 봐서 15.4%(지방소득세 포함)가 부과되는데, 세법에서 정하는 비과세요건을 충족하면 보험차익에 대해 비과세혜택을 받을 수 있다.

장기저축성보험의 비과세 요건으로 소득세법에서는 보험 유지 기간이 10년 이상이고, 일시납 보험계약의 경우 1억 원 이하의 보험계약, 월납 보험계약의 경우 보험료 납입기간이 5년 이상에 매월 납입보험료(=기본보험료+추가납입보험료)가 150만 원 이하여야 한다. 보장성보험의 경우에는 가입의 목적이 자산증대보다는 위험에 대한 보장 목적이고 보험차익(이자소득)이 발생하지 않도록 만들어졌기 때문에 소득세 과세대상에서 제외된다. 보장성보험은 만기나 중도해지 시에 지급받는 보험금이 납입한 보험료를 초과하지 않기 때문에 소득이 없으므로 소득세가 과세되지 않는다. 또한 신체상의 상해 및 자산의 손실 등으로 지급받는 보험금은 보상금 성격이기 때문에 납입한 보험료 및 지급받는 보험금의 과다여부에 상관없이 소득세 과세대상이 되지 않는다.

보험상품이 비과세와 더불어 세액공제혜택도 있는데 연금저축보험 세액공제는 납입보험료의 최대 16.5%까지 가능하다. 세제적격연금인 연금저축도 보험으

---

1) 6대 법정공제회에는 군인공제회, 한국교직원 공제회, 행정공제회, 경찰공제회, 대한소방공제회, 과학 기술인 공제회가 있다.

2) 기존 일몰기한은 2020년 12월 31일이었지만 세법개정으로 2022년 12월 31일로 변경되었다.
   *일몰기한: 법률이나 각종 규제의 효력이 일정기간이 지나면 자동으로 없어지게 하는 제도.

로 가입할 수 있어서 종합소득금액 4,000만 원 이하 또는 근로소득 총 5,500만 원 이하의 경우 최대 400만 원까지 16.5%의 세액공제를 받을 수 있고, 기준소득을 초과할 경우 최대 300만 원까지 13.2%의 세액공제혜택을 받을 수 있다. 세액 공제 혜택이 있는 세제적격 연금보험과 비과세 혜택이 있는 세제비적격 연금보험은 서로 다른 세제혜택이 적용되기 때문에 연금저축을 보험으로 가입했다고 해서 세액공제도 받고 비과세도 받는 이중 혜택은 어렵다. 보장성보험의 세액공제는 납입보험료의 13.2%가 가능한데 연간 최대 100만 원 한도 내에서 세액공제혜택을 받을 수 있으며, 근로소득자에 한해 적용받을 수 있다. 장애인 전용 보장성보험의 세액공제도 있는데 기본공제 대상자 중 장애인을 피보험자 또는 수익자로 지정해 장애인 전용보험을 가입한 경우 연간 100만 원 한도 내에서 16.5%(지방소득세 포함) 세액공제 혜택을 받을 수 있다. 이 혜택은 기존 보장성보험과 별개로 각각 세액공제를 적용받을 수 있다. 위의 혜택에 추가로 장애가 있는 자녀가 있다면 보험을 활용하면 연간 4,000만 원까지 증여세 없이 장애인 자녀에게 증여할 수 있다. 증여세 비과세 요건을 충족하려면 보험의 수익자가 장애인 자녀만 하며, 꼭 보험금의 형태로 지급돼야 한다.

다양한 활용이 가능한 보험은 저축성보험에 한해서만 세금혜택이 있는 것이 아닌 연금저축보험, 보장성보험, 사회보험 중에도 세금혜택이 있다는 점을 잊지 말고 활용해야 할 것이고 법인의 경우에는 이와 같은 혜택에서 모두 제외된다.

관련 법령

상속세 및 증여세법

제3절 증여세 과세 가액 <개정 2010. 1. 1.>
제46조(비과세되는 증여재산) 다음 각 호의 어느 하나에 해당하는 금액에 대해서는 증여세를 부과하지 아니한다. <개정 2010. 6. 8., 2015. 12. 15., 2016. 12. 20.>
　1. 국가나 지방자치단체로부터 증여받은 재산의 가액
　2. 내국법인의 종업원으로서 대통령령으로 정하는 요건을 갖춘 종업원단체(이하 "우리사주 조합"이라 한다)에 가입한 자가 해당 법인의 주식을 우리사주조합을

통하여 취득한 경우로서 그 조합원이 대통령령으로 정하는 소액주주의 기준에 해당하는 경우 그 주식의 취득가액과 시가의 차액으로 인하여 받은 이익에 상당하는 가액

3. 「정당법」에 따른 정당이 증여받은 재산의 가액

4. 「근로복지기본법」에 따른 사내근로복지기금이나 그 밖에 이와 유사한 것으로서 대통령령으로 정하는 단체가 증여받은 재산의 가액

5. 사회통념상 인정되는 이재구호금품, 치료비, 피부양자의 생활비, 교육비, 그 밖에 이와 유사한 것으로서 대통령령으로 정하는 것

6. 「신용보증기금법」에 따라 설립된 신용보증기금이나 그 밖에 이와 유사한 것으로서 대통령령으로 정하는 단체가 증여받은 재산의 가액

7. 국가, 지방자치단체 또는 공공단체가 증여받은 재산의 가액

8. 장애인을 보험금 수령인으로 하는 보험으로서 대통령령으로 정하는 보험의 보험금

9. 「국가유공자 등 예우 및 지원에 관한 법률」에 따른 국가유공자의 유족이나 「의사상자 등 예우 및 지원에 관한 법률」에 따른 의사자(義死者)의 유족이 증여받은 성금 및 물품 등 재산의 가액

10. 비영리법인의 설립근거가 되는 법령의 변경으로 비영리법인이 해산되거나 업무가 변경됨에 따라 해당 비영리법인의 재산과 권리, 의무를 다른 비영리법인이 승계받은 경우 승계받은 해당 재산의 가액[전문개정 2010. 1. 1.]

비과세 금융상품으로 저소득 무주택 청년의 주택구매 및 임차자금 마련 지원을 위해서 재형기능을 강화한 청약통장으로 '청년우대형 청약통장'이 있다. 주요 지원내용으로는 신규 가입일로부터 2년 이상인 경우 납입원금 5,000만 원 한도 내(단, 전환 신규한 경우 전환원금은 제외)에서 최대 10년간 우대금리 1.5%p를 적용하고 이자소득 비과세가 있다. 조건은 가입기간 2년 이상이고 이자소득 합계액 500만 원, 원금 연 600만 원 한도로 비과세 혜택이 적용되는데 추가로 현 주택청약종합저축과 동일(무주택세대주에 대해 연 240만 원 한도로 40%까지)하게 소득공제도 가능하다. 가입 대상은 만 19세 이상~만 34세 이하(단, 병역기간 최대 6년 인정)이고 우대금리 조건은 소득이 있는 자로 직전 년도 소득이 3,600만 원[3] 이하인 자(근로소득, 사업소득 및 기타소득 인정)와 무주택인 세대주, 무주택이며 3년

---

3) 2021년 6월 28일 국토교통부가 발표한 '하반기 경제정책 방향'에서 연 소득 3,000만 원에서 3,600만 원으로 대상이 확대되었고 일몰시한도 2023년 말까지 연장되었다.

▌보험 상품별 절세 내용

절세 항목	보험상품	적용 요건	비고
금융소득 비과세	저축성보험	비과세요건 충족 시 (1억, 5년납 140만 원, 종신연금)	보험차익 비과세
	보장성보험	보험사고로 인한 보험 수령 시	보험차익 비과세
세액공제	연금저축보험	연간 최대 400만 원 한도 (기준소득 초과시 연 300만 원)	최대 16.5% (소득초과시 13.2%)
	보장성보험	연간 100만 원 한도	13.2%
	장애인전용 보장성보험	연간 100만 원 한도	16.5%
소득공제	4대보험	납입금액 전액	소득공제
증여세비과세	보험의 보험금	연간 4,000만 원 한도 (보험금으로 지급, 수익자 장애인)	증여세 비과세

(2020년 6월 19일 영남일보 기사 중 발췌)

내 세대주 예정자, 무주택세대의 세대 원 중 하나에 해당하는 자(단, 세대주의 경우 3개월 이상 연속하여 유지하여야 함)가 가능하다. 비과세 혜택에 대한 조건은 소득이 직전 년도 소득이 3,000만 원 이하인 근로소득자/종합소득금액이 2,000만 원 이하인 사업소득자와 무주택세대의 세대주[세대는 주민등록표상 본인, 본인의 직계 존·비속, 본인의 형제·자매, 배우자(세대 분리된 경우 포함), 배우자(세대 분리된 경우 포함)의 직계 존·비속]이다.

지난 2020년 세법개정안에서 기획재정부는 일몰 도래하는 몇 가지 금융상품에 대해서 일몰시한을 연장한다고 밝혔다. 이 개정으로 농어가 목돈마련저축 이자소득, 조합 예탁금(3,000만 원 한도) 이자소득 및 출자금(1,000만 원 한도) 배당소득에 대한 소득세 비과세 혜택이 2022년 말까지 2년 연장된다. 비과세 금융상품으로 '농어가 목돈마련 저축'을 알아보도록 하자. 농어가 목돈마련 저축은 일정 규모 이하의 농어민(농업인, 어업인, 임업인)의 재산형성 및 안정된 생활기반의 조성을 위하여 마련된 제도로 가입자격은 농어민(2ha 이하 농지소유, 20t 이하 어선소유, 젖소 20마리나 소 30마리, 돼지 150마리, 가금류 1만 마리 이하 양축하거나 산림과 토지를 합하여 10ha 이하 소유 또는 임차인)이 대상이고 연간 240만 원까지(저소득

농어민은 120만 원) 저축이 가능하고 기간은 3년과 5년 두 가지이다. 가입금융기관은 지역별 농업협동조합과 수산업협동조합, 산림조합이 있고 월납 5,000원 이상 적립식으로 가능하다. 저축계약기간 만료 시, 가입일로부터 1년 이후 농어민의 사망이나 해외이주, 천재지변 또는 농어민이 노동력을 상실한 경우와 5년 만기 저축을 3년 이상 납입한 경우에 이자소득과 저축 장려금에 대해서 세금이 면제된다.

위에서 언급했듯이 2020년 세법개정에서 일몰기한이 연기된 상품으로 '조합 등 출자금과 조합 등 예탁금'이 있다. 협동조합 등의 신용협동기구는 상부상조를 목적으로 상호출자에 따라 설립이 되어 구성원 및 이용자들의 권익보호와 금융혜택을 주기위해 비과세 상품을 만들었다. 가입자격은 출자금은 조합원, 준조합원, 계원, 준계원, 회원이 가능하고 예탁금은 20세 이상으로 상기 대상자들이 자격이 있다. 저축한도는 출자금은 1,000만 원, 예탁금은 3,000만 원까지이고 기간은 제한 없다. 출자금은 농어촌 특별세까지 면제되고 예탁금은 감면세액의 10%가 발생한다. 대신 지방소득세 등은 완전 면제이다.

일반 직장인들이 가장 많이 활용하는 비과세 상품으로는 'ISA(개인종합자산관리계좌)'가 있다. ISA(Individual Savings Account)는 저금리, 저성장 시대에 개인의 종합적 자산관리를 통한 재산형성을 지원하려는 취지로 도입한 절세계좌라고 할 수 있다. 하나의 계좌로 다양한 금융상품을 운영하면서 본인의 투자전략에 맞게 포트폴리오를 운영하는 것을 의미하고 적금, 예금, 펀드 등 본인이 가지고 있는 금융상품을 한 계좌로 통합하여 운영하면서 그 수익금에 대해서 비과세 혜택을 받을 수 있는 것이다. 주요 특징을 정리하면 한 계좌에 다양한 금융상품을 담아 운용하고 일정 기간 경과 후 여러 금융상품 운용 결과로 발생한 이익과 손실을 통산한 후 순이익을 기준으로 세제혜택을 부여하는 것이고 납입한도는 연간 2,000만 원, 총 1억 원으로 소득수준과 무관하게 가입이 가능하다, 가입대상은 거주자로 당해연도 또는 직전 3개 연도 중 과세대상 소득이 발생한 근로, 사업소득자, 농어민이 해당된다. 하지만 전년도 금융소득종합과세 대상자는 제외된다. 지금까지는 기존의 ISA에 대한 내용이었는데 2020년 말에 몇 가지 변경사항이 있다.

원래 ISA계좌의 가입기한 즉 일몰기한이 2021년 12월 31일이었지만 2021년 1월1일 이후부터 정부에서는 절세형 금융상품을 통해 국민의 재산 증식을 돕고자 세금 혜택 기간 연장과 가입 조건 등을 변경하여 가입자들에게 많은 혜택을 주게 되었다. ISA의 종류 중에 서민형은 만기 3년으로 운용되는 상품으로 일반형은 예치기간 5년을 채워야 정상적인 세금 혜택을 받을 수 있다. ISA는 예금이나 적금, 펀드, ETF, ELS, 리츠 등 다양한 금융 상품에 투자할 수 있으며, 만기시 통산손익을 계산해서 200만~400만 원까지 비과세(초과분은 9.9% 분리과세) 혜택을 제공하는 것이 우리가 알아야 하는 핵심 사항이다. 2020년 말에 변경된 ISA 가입조건을 살펴보면 가입기한이 당초 2021년 12월 31일까지였으나, 이 가입 일몰을 삭제하여 앞으로는 ISA계좌를 언제든지 가입해도 발생이자에 대해서는 이자액 한도 200만 원(서민형은 400만 원)까지 전액 비과세 혜택을 주고 가입대상도 직장인과 농어촌 거주자, 주부가 가입대상이었으나, 앞으로는 19세 이상 거주자는 모두 가입하여 세금 혜택을 받을 수 있다. 계약기간도 종전에는 3년, 5년의 만기가 2종류였으나 앞으로는 3년 이상 단일한 조건으로 변경됐다. 또 기존에는 만기 후에는 재가입이 불가했으나 향후에는 장기간 재가입하여 계속적으로 세금 혜택을 받을 수 있는 절세 상품으로 기능이 보완되었다. 이렇게 변경된 조건으로 기존에는 ISA계좌를 활용하여 장기 투자상품으로 이용할 수 없었으나 앞으로는 주식투자와 ETF투자 등 장기투자도 가능하게 됐다.

계속 진화하는 ISA

ISA계좌가 비과세 절세 상품으로 변경되어 은퇴자들이 세금 혜택을 계속 받으면서 노후보장 자산 관리 계좌로 활용할 수 있다. ISA만기 자금을 연금 계좌(연금저축, IRP)에 재예치하여 연금계좌로 활용할 경우 연말 정산 시 이체한 금액의 10% 이내에서 최대 300만 원까지 추가로 세액공제 혜택을 받을 수 있게 되었다. 기존에 연금 가입자의 경우 연금계좌와 IRP(개인형퇴직연금)을 합해서 세액공제 대상 한도는 연간 최대 700만 원이었다. 여기에 ISA 만기자금 전환 이체하면 최대 1,000만 원의 세액공제를 받을 수 있다. 총 급여 5,500만 원(종합소득

4,000만 원)이하 근로자의 경우 IRP 이체금액에 대해 16.5%를 적용하여 최대 49만 5,000원을 환급받게 된다. 총 급여 5,500만 원 초과 근로자의 경우는 세액공제율 13.2%를 적용하여 최대 39만 6,000원을 추가 공제받을 수 있다. 또한 연금계좌의 납입 한도도 기존 연간 1,800만 원＋ISA계좌 만기 시 연금 계좌 전환금액 만큼 추가로 늘어나게 된다. 연말정산에서 받는 세액공제 혜택 외에도 ISA 만기자금을 연금계좌로 이체하면, 연금을 수령할 때 과세 이연·저율 과세·분리과세 등 연금계좌 세제혜택 등을 받으며 노후보장 자산을 충실하게 늘려갈 수 있다.

ISA와 비과세종합저축 가입소건 면성사항

구 분	ISA	비과세종합저축
가입기간(만기)	3~5년	1일~무한
가입시한(일몰)	없음	2022년 말
가입자격	10세 이상 거주자	65세 이상, 장애인, 수급자 등
납입한도	연간 2,000만 원	5,000만 원(전 금융기관 합산)
세제혜택	비과세(200만~400만 원) ＋9.9% 분리과세	전액 비과세(한도 없음)
운용상품	예적금, 펀드, ELS, ETF, RP,주식	예적금, 펀드, ELS, ETF, RP
운용단위	1계좌에 여러 상품	여러 계좌, 여러 상품
가입 금융회사	1 금융사	다수 금융사
계좌 수	1 계좌	다수 계좌

(자료: 금융감독원)

개인종합자산관리계좌라고 불리는 ISA는 2016년 3월 도입되어 은행에서 주로 가입하는 신탁형과 증권사에서만 가입할 수 있는 중개형으로 구분되었다. 은행 신탁형 ISA 가입자들은 예금과 적금으로 운용하고 증권사 중개형 ISA에서는 국내 상장 주식투자가 가능해 많은 투자자들이 자산관리의 또 하나의 채널로 ISA로 주식 거래를 한다. ETF도 신탁형에서는 실시간 매매가 어렵지만, 중개형에서는 주식처럼 실시간 매매가 가능해 투자자들의 활용도가 높다. 일반적인 펀드 가입은 신탁형, 중개형 차이가 없다.

금융위원회	**보 도 참 고 자 료**			내 삶을 바꾸는 **규제혁신** 대한민국 대전환 **한국판뉴딜**
	보도	'21.7.26.(월) 15:30	배포	'21.7.23.(금) 15:00
책 임 자	금융위원회 자산운용과장 고 상 범(02-2100-2660)	**담 당 자**		홍 상 준 사무관 (02-2100-2661)

제 목 : 개인종합자산관리계좌(ISA) 세제개편 및 기대효과

※ '21.7.26일 발표 '21년 세법개정안 중 ISA제도 관련(조특법§91의18) 참고자료

◆ '23.1.1일부터 ISA계좌에서 상장주식과 공모 주식형 펀드에 투자하여 발생한 수익은 비과세됩니다.

◆ ISA계좌를 통한 국민재산형성과 자본시장 장기투자 문화 정착 에도 큰 기여를 할 것으로 예상됩니다.

1. ISA 현황

☐ (개요) ISA는 다양한 금융상품(예금, 펀드, 주식 등)에 투자하고

(2021년 7월 26일 금융위원회 보도자료 중)

지금까지 ISA의 가장 큰 혜택은 계좌에서 발생한 손익을 다 계산(손익통산)해 순이익의 200만 원(서민/농어민형은 400만 원)까지 과세하지 않는 것이고 비과세 한도 초과 순이익에 대해서는 9.9%의 저율 분리과세 혜택이 제공되는 것이다. 현재에도 국내 주식과 국내 주식형 펀드에 투자해 발생한 소득(매매차익)은 대주 주(한 종목당 10억 원 이상 보유)가 아니라면 비과세 혜택이 있기 때문에 ISA로 투 자하거나 일반 주식계좌로 투자하거나 같은 효과를 보고 있다. 주식투자로 손실 이 발생하고 펀드로 이익이 났을 때 ISA의 손익통산 효과가 발생한다. 또 배당 금에 대해서는 일반 주식계좌에서는 15.4%의 세금이 부과되지만 ISA에서는 손 익통산 적용을 받는다는 점은 큰 장점이 아닐 수 없다.

◈ 손익통산

금융상품 소득(이자/배당소득)
-손실(주식 양도차손 포함)
-보수/수수료
────────────────
=순소득

⟹ 순소득에 대해서만 과세

※ 주식 및 주식형펀드의 매매차익은 통산 대상에서 제외

◈ 손소득 → 비과세 + 9.9% 분리과세

비과세한도	일반형	서민형	비과세한도	9.9%
	200만원	400만원	초과분	분리과세

• 서민형: 학생, 주부 등 무소득자, 근로소득 5천만원 이하, 종합소득 3.5천만원 이하, 농어민
• 일반형: 서민형 미해당자 전부

◈ 중개형 ISA의 탁월한 절세효과

◈ 연금계좌 이전을 통한 추가 세액공제

• 최소 3년 만기 이후 언제든지 연금계좌(연금저축, IRP)로 이전 가능(만기 후 60일 이내)

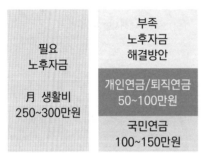

ISA 만기자금

필요
노후자금

月 생활비
250~300만원

부족
노후자금
해결방안

개인연금/퇴직연금
50~100만원

국민연금
100~150만원

• 기본 세액공제(연금저축 400만원, IRP 700만원)
 + 이전 납입액 10%(300만원 한도) 추가 세액공제

• 세액공제 받은 금액을 연금수령 시 연령별로 3.3~
 5.5% 저율과세
 (연간 연금수령한도 이내 인출 시)

• 세액공제 초과금은 연금수령 시 비과세
 (일부금액 과세 필요성 검토 중이나 현재 미확정)

(하이투자증권 홈페이지 안내 발췌)

기타 절세상품활용 자산관리

지금까지 비과세 금융상품과 2023년부터 시행되는 금융투자소득세관련 내용을 알아봤는데 기타 절세 관련 금융상품과 내용에 대해서 알아보도록 하자. 2021년 세법개정에서 정부는 국민의 장기저축을 지원하고 국채 수요를 늘리기 위해 개인투자용 국채에 대한 이자소득 분리과세 특례를 신설한다고 발표했다. 개인투자용 국채를 만기까지 보유하면 이자소득에 대해 9% 분리과세 혜택을 받을 수 있다. 기존 이자와 배당소득세가 14%(지방세 포함 15.4%)에 비해서는 그래도 세제혜택을 부여한 것이다. 적용 대상은 금융소득종합과세 대상자를 제외한 거주자로 1인당 한도는 매입액 기준 연 5,000만 원, 총 2억 원이다.개인투자용 국채는 10년·20년물로 설계되며, 세제혜택 외에 가산금리를 지급하는 방안도 논의되고 있다.

세금을 완전 면제해주는 비과세 상품 외에 세액공제나 소득공제 상품이 있는데 연금계좌 세액공제가 그중 하나이다. 국가의 사회보장기능을 민간에서 보완하여 국민의 노후대비를 지원하기 위해 종합소득이 있는 거주자에 한하여 연금계좌 납입액의 일정한도 내에서 세액공제 해주는 상품으로 세제 혜택이 종합소득이 4,000만 원 이하이거나 총급여액이 5,500만 원 이하이며 50세 미만인 경우 연금계좌 납입한도 400만 원(퇴직연금 합산 시 700만 원), 50세 이상인 경우 600만 원(퇴직연금 합산 시 900만 원) 한도 내에서 16.5% 세액공제를 해준다. 또한 종합소득 1억 원 이하이거나 총급여액이 1억 2,000만 원 이하이며 50세 미만인 경우 연금계좌 납입한도 400만 원(퇴직연금 합산 시 700만 원), 50세 이상인 경우 600만 원(퇴직연금 합산 시 900만 원) 한도 내에서 13.2% 세액공제를 해주고 있다. 종합소득 1억 원 초과이거나 총급여액이 1억 2,000만 원 초과인 경우 연금계좌 납입한도 300만 원(퇴직연금 합산 시 700만 원) 한도 내에서 13.2% 세액공제가 가능하다. 여기에 ISA계좌 만기 시 연금계좌 추가납입액의 10%까지 세액공제도 가능하다(300만 원 한도).

가입 대상에 제한은 없으나, 세제혜택은 종합소득이 있는 거주자에게만 적용되고 가입 한도는 연금계좌 납입한도는 연 1,800만 원+ISA계좌 만기 시 연금계좌 전환금액이 된다. 참고로 연금계좌에서 연금수령요건을 미충족(해지 또는 연금 형태로 지급받는 경우 포함)하여 수령한 금액은 연금소득이 아닌 기타소득으로 보아 15%의 세율(지방소득세 별도)을 적용하여 분리과세가 된다.

주택청약종합저축도 이 통장은 소득공제 혜택이 있는데 국민주택 및 민영주택 분양 시 청약권이 주어지는 저축상품으로 과거 청약저축·청약예금·청약부금의 기능을 한데 묶어 놓은 상품이다. 세제 혜택은 해당 과세연도 납부금액의 40%를 소득공제 해주는데 납부금액 한도가 240만 원이므로 소득공제금액은 최대 96만 원까지이다. 가입 대상은 제한이 없고 총급여액 7,000만 원 이하 근로자인 무주택세대주에 한해 연말정산 시 소득공제가 가능하다. 가입 한도도 제한이 없다(단, 총 1,500만 원 납입후에는 월 50만 원으로 제한).

소득공제 요건은 과세연도 12월 31일까지 가입은행에 '무주택확인서'를 제출한 가입자이며 중도해지 또는 요건 충족이 안 되면[4] 세금이 부과됨에 유의해야 한다.

---

4) 1. 가입일로부터 5년이내 해지 시(단, 해외이주, 85㎡ 이하 당첨해지 등은 제외)
   2. 국민주택규모(85㎡)를 초과하는 주택에 당첨된 자
   - 세금추징금액은 무주택확인서를 제출한 과세연도부터 이후에 납입한 금액(연간 240만 원 한도) 누계액의 6%

(4) 예산과 자산주머니, 위험관리

예산(豫算, 영어: budget)을 사전적인 의미로 검색해 보면 "일회계연도(一會計年度)에 있어서 국가의 세입, 세출의 예정계획을 그 내용으로 하고, 국회의 의결로 성립하는 법규범의 일종이다…"라고 되어 있다.

이것을 개인이나 가계의 관점에서 살펴보면 예산은 수입에 기초해서 지출할 자금 사용에 대한 세부계획이나 설계라고 할 수 있다. 흔히 재무설계라고 해서 현재의 상황파악과 재무목표 설정 및 세부 계획과 실천, 사후관리 등의 절차는 알고 있지만 개인 예산편성에 대한 의미는 생소할 수도 있다. 하지만 재무설계나 투자 모두 일단은 수입이 들어오고 수입을 어떤 종목과 방법으로 운용하는지 고민하는 과정이라고 한다면 예산은 투자 외에 실제 지출한 항목에 대한 내용파악과 평가, 지출축소계획이 재무설계나 투자에 있어서 수익률과 자산유지와 증대에 큰 영향을 미치기 때문에 중요하다고 할 수 있다. 일반적인 예산편성 과정은 모든 실행에 있어서 공통적인 목표를 수립하고 예산을 편성하고 항목별로 조직화하는 절차가 필요하다. 다음으로 현재까지 계획되고 진행될 예정에 대한 의사결정과 실행이 진행되고 지출된 예산의 통제와 단속과 함께 평가가 이루어진다. 이러한 과정을 거치면서 전체적인 개인이나 가계의 수입과 지출의 균형과

▼ 인생에 필요한 3가지 주머니

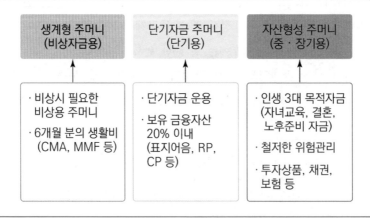

생계형 주머니 (비상자금용)	단기자금 주머니 (단기용)	자산형성 주머니 (중·장기용)
·비상시 필요한 비상용 주머니 ·6개월 분의 생활비 (CMA, MMF 등)	·단기자금 운용 ·보유 금융자산 20% 이내 (표지어음, RP, CP 등)	·인생 3대 목적자금 (자녀교육, 결혼, 노후준비 자금) ·철저한 위험관리 ·투자상품, 채권, 보험 등

자산관리에 있어서의 유지 및 증대를 위한 초석으로 삼아야 한다.

예산을 정확하게 산정하고 효율적인 자산관리를 하기 위해서는 운용자산에 대한 정확한 배분과 비율 유지가 필요하다. 커다란 빙산을 쌓아 올리기보다는 중간크기의 빙산을 여러 개 쌓아 놓는 것이 나중에 한번에 무너지는 위험을 피할 수 있고 은퇴 이후에는 낮아진 빙산을 다른 빙산에서 옮겨와 수평을 유지하는 즉, 자산 간 이동을 통한 재배분도 수월하기 때문이다. 이처럼 자산관리에 있어서 가지고 있어야 할 빙산을 주머니라고 표현해서 '인생에 필요한 3가지 주머니'라 표현한다. 첫 번째 주머니는 생계형 주머니라고 해서 비상자금 주머니이다. 최소한 우리가 생활하면서 필요하고 보유하고 있어야 하는 자금 범위 내에서 주머니를 채워야 하는데 비상시에 필요한 예비자금이나 평균 매월 생활비의 6개월치 정도를 의미하는데 주로 수시 입출금이 가능한 CMA나 MMF로 운용하게 된다. 6개월이란 기간이 반드시 정해진 것은 아니기 때문에 대략 3개월 정도로 보는 의견도 많지만 개인사업자나 자영업자 및 학원 강사 등 고정 수입이 아닌 직업군들에게 필요한 목표치이고 일반 직장인들은 3개월로 해도 무방하지만 일단 목표는 평균 월 생활비의 6개월치를 산정해서 생계형 주머니를 만들어 보도록 하자.

두 번째 주머니는 단기 자금 운용 주머니로 보통 1년 이내의 기간을 운용하는 자산관리 주머니이다. 보통 단기로 운용해야 하는 자금인 전세금 준비자금이나 창업자금, 대학원 등록금이나 아파트 중도금, 잔금 등의 자금을 넣어 두는 주머니로 전체 운용 금융자산의 20% 이내에서 표지어음이나 RP(환매조건부 채권매도)나 CP(기업어음), CD(양도성예금증서) 등으로 운용된다. 보통 이 주머니의 자산 특성은 운용하기 애매한 기간의 자산을 운용하게 되고 수시입출금식 금융상품의 수익률보다는 높지만 3년 이상 중장기 운용되는 금융상품보다는 낮은 목표 수익률을 산정하고 있다. 세 번째 주머니는 '자산형성 주머니'로 중장기로 자산을 운용할 때 담는 주머니이다 특히 사람의 인생에 있어서 3가지 중요 이벤트이자 지출의 대상인 자녀양육과 교육, 결혼, 노후준비자금에 대한 사전 준비를 하는 주머니로 그 기능으로는 3가지 주머니 중에 가장 중요하고 의미 있는 주머니라고 할 수 있다. 하지만 중장기로 운용되기 때문에 철저한 위험관리와 주머니 내에서도 다양한 재배분과 수정이 수시로 필요하겠고 주로 운용되는 금융상품으로는 펀드나 ELS, DLS 등의 투자상품과 채권, 보험 등의 장기성 상품이 해당된다.

굳이 이렇게 주머니라는 표현까지 하면서 자산배분에 대해서 강조하는 것은 위에서도 언급했지만 하나의 커다란 주머니를 만들어서 그때그때 필요에 따라 자산을 야금야금 빼서 먹다 보면 나중에 정작 필요한 지출이 발생했을 때 자산을 제때에 빼지 못하는 경우를 방지하기 위함이다.

자산관리와 위험관리

우리가 일상생활을 함에 있어서 다양한 물리적, 신체적 위험이 도사리고 있듯이 자산관리에 있어서도 다양한 위험이 발생할 수 있다. 본 장에서는 자산관리와 관련된 위험에 대해서 알아보고 어떻게 위험을 회피하면 좋을지에 대해서 알아보도록 하자.

위험(危險)에 관한 정의는 여러 가지가 있지만, 일반적으로 손해의 가능성을 의미하는 개념으로 어떤 물건이나 유무형 자산의 가치를 잃거나 얻을 수 있는 잠재성을 의미하기도 하는데 일반적으로 리스크(risk)라고도 한다. Rothkopf(1975)는 위험을 "the risk is the possibility of loss, injury, disadvantage, or destruction"라 정의했는데 기대한 것을 얻지 못할 가능성, 기대와 현실 사이의 격차, 불확실성 자체 또는 그 불확실성의 결과라고 볼 수 있다. 위험의 유사개념으로 손인(損因, peril), 위태(危殆, hazard)가 있는데 그 개념과 내용을 정리해 보자.

손인의 개념은 직접적인 원인으로 예를 들어서 홍수, 도난, 질병, 사고, 지진, 낙뢰 등을 들 수 있다. 종류에는 자연적 손인(인간의 통제 밖의 원인), 인적 손인(인간의 통제하에 있는 손실의 원인), 경제적 손인(인간의 통제하에 있지만 경제 전체에 미치는 영향이 큰 손실의 원인) 등이 있다. 위태의 의미는 손실의 발생 가능성이나 손실의 규모(severity)를 증가시키는 제반조건의 의미하고 그 종류에는 물리적 위태(물리적 조건[결빙, 부실관리, 작업장의 어두운 조명 등]), 도덕적 위태(손실발생 가능성을 고의적으로 증대시키는 개인적 특성이나 태도), 정신적 위태(고의성은 없지만 부주의나 무관심으로 손실발생 가능성을 증대시킬 수 있는 개인의 정신적 태도) 등이 있다.

이러한 위험 중에서 특히 자산관리와 관련된 위험인 재무적 위험(financial risk)에 대해서 알아보도록 하자. 재무적 위험은 쉽게 표현해서 돈(금전)으로 환산할 수 있는 위험을 의미한다. 반대의 개념인 비재무적인 위험은 금전적 손실은 없으므로 금전적으로 계산할 수는 없으나 정신적, 심리적 손실을 입거나 가족이나 친지가 겪는 고통이나 상심의 위험이라고 할 수 있다.

그렇다면 재무적인 관점에서 위험이란 무엇일까? 자산관리를 함에 있어서 어떤 자산관리나 투자의 계획으로부터 얻어지게 될 결과에 대해 불확실성이 존재함으로써 발생하는 변동성으로 정의된다. 개인이나 가계의 자산관리와 투자의사 결정에는 그에 따른 결과 사이에는 항상 일정한 시차가 존재하며, 여기서 계속 변화하는 경제 환경의 특성 때문에 결과에 대한 불확실성이 항상 따르게 된다. 특히 최근에는 지구촌이라는 말이 나올 정도로 해외에서 발생한 어떠한 이슈나 시장의 변화에 영향을 줄 만한 원인이 거의 실시간으로 반영되기 때문에 이런 불확실성에서 자연적으로 발생하는 것이 위험이다. 정리하자면 투자를 고려할 때 기대수익률을 고려할 것이다. 이 기대수익률에서 어느 정도 벗어날 가능성이 큰가? 이것이 얼마나 위험이 큰가? 이것과 같은 말인 것이다. 꼭 기대수익률이 아니더라도 미래의 금리, 환율이나 이자율이나 수익률을 예상했을 때도 같은 개념이다.

위험의 분류에는 여러 가지가 있는데 우선 정태적 위험(static risk)와 동태적 위험(dynamic risk)5)로 구분할 수 있다. 정태적 위험은 사회, 경제, 정치 등 주변 환경의 변화와 관계없이 발생하는 위험이고 동태적 위험은 사회, 경제, 환경의 변화로 인하여 발생하는 위험이다. 또한 체계적 위험과 비체계적 위험으로도 구분한다. 체계적 위험은 주식과 채권 등의 모든 증권에 공통된 증권위험의 일부로서 분산투자에 의해 제거될 수 없는 위험을 말하고 비체계적 위험은 체계적 위험

---

5) 정태적 리스크는 리스크의 성격이나 발생의 정도가 시간의 흐름에 따라 크게 변하지 않는 리스크로 화산폭발이나 지진, 각종 사고 등이 있고 동태적 리스크는 리스크의 성격이나 발생의 정도가 시간의 흐름에 따라 변하기 때문에 예측하기 어려운 리스크라고 할 수 있으며 소비자 니즈의 변화, 가격변동성, 기술의 변화 등이 있다.

과는 반대로 파업, 경영실패, 신제품 발명, 소비자 기호의 변화, 소송 등과 같이 전체적인 경기동향과는 관계없이 하나 또는 몇 개의 기업에 개별적으로 영향을 주는 위험요인을 말한다. 또한 투기적 위험과 순수 위험으로 구분되어 금융상품이나 부동산 투자와 같이 투자수익 창출을 위한 반대급부로 발생하는 위험(투기적 위험)과 위험에 노출되더라도 손실을 입게 되거나, 최선의 경우에 기껏해야 손실을 입지 않는 위험인 인적 위험, 재산 위험, 배상책임 위험(이상 순수 위험)으로 구분된다.

위험의 종류 마지막으로 특정 위험(specific risk)과 근원적 위험(fundamental risk)의 구분도 있다. 특정 위험은 사고 당사자에게만 국한되는 위험으로 제한된 범위의 손실을 초래하고 보통 민간보험에서 활용되고 있고 근원적 위험은 다수 또는 사회 전체에 영향을 주는 위험으로 재무적 위험의 체계적 위험과 유사한 개념으로 보면 된다. 일반적으로 사회보험이나 정부보장에 의해서 대비가 가능하다. 이처럼 자산관리에 있어서 여러 가지 위험의 존재를 알아봤는데 이러한 위험을 어떻게 관리하고 계획단계에서 사전에 위험을 감안한 계획을 세우느냐가 자산관리의 성패를 좌우한다고 보면 된다.

그렇다면 위에서 언급한 위험에 어떻게 대처하느냐 살펴보도록 하자.

자산관리의 위험의 관리방법에는 위험통제(risk control)와 위험재무(risk financing)가 있다. 위험 통제는 위험회피와 손실통제로 구분하고 위험재무는 위험이전과 위험보유로 구분할 수 있다. 위험회피는 우리가 물 근처에 가지 않으면 익사사고 등 사고가 발생하지 않겠고 아예 자동차가 없으면 자동차 보유와 활용에 따른 다양한 교통사고에 대한 위험은 없을 것이다. 이처럼 위험회피는 위험처리를 진행하는 데에는 어려움이 많으나 자산관리의 계획단계에서 아예 위험을 피하는 방법으로 위험 회피는 동일한 기대 값이라면 불확실한 상황(확률적인 상황)보다는 확실한 상황을 더 선호한다는 의미이다. 예를 들어, 어떠한 내기가 있는데, 50%의 확률로 5,000원을 얻을 수도 있고 50%의 확률로 5,000원을 잃을 수도 있다. 이 경우 기대 값은 0이지만 50%의 확률이 있지만 불확실한 상황이다. 이때 내기를 하지 않으면 똑같이 기대 값은 0이지만 불확실한 상황을 피할 수 있다. 따라서 위험회피적인 사람은 이 내기에 참여하지 않을 것이다. 위와 같이 사람들의 위험회피적인 성향은 보험 상품 가입인데 미래의 불확실한 상황을 일정 금액을 지불함으로써 피하는 것이다. 손실통제(loss control)는 손실의 발생 횟수, 규모를 줄이는 기법, 도구 전략을 의미한다. 손실 통제의 방법으로는 손실 자체의 축소에 초점을 둔 손실예방(loss prevention)활동과 손실 규모의 축소에 초점을 둔 손실감소(loss reduction)로 구분된다. 손실예방의 사례는 홍수에 대비한 댐 건설, 음주 운전을 방지하기 위한 음주단속, 방화벽 설치 등이 있고 손실 감소의 방법은 자동차의 에어백과 안전띠 착용이 있겠다. 위험이전은 말 그대로 위험을 다른 기관이나 개인에게 전가하는 것으로 가장 대표적인 방법이 보험이 되겠다. 위험보유(부담)는 자산관리나 운용에 있어서 예상되는 손실의 일부나 전부를 자기의 재산하에 직접 보유하여 사고가 발생하는 경우 자기의 부담으로 처리하는 것을 말한다. 이는 예상되는 위험의 크기가 크지 않고 오히려 발생 수익에 대한 기대감이 크거나 전체적인 자산관리의 규모에서 비중이 크지 않은 경우에 주로 활용된다.

CHAPTER

05

남들보다 높은 수익률을
위한 투자 상품 활용하기

1. 펀드투자의 기본적인 사항과 각각의 형태 및 선택방법을 이해한다.
2. ELS, ELD, ELF 등 주가지수연계형 상품의 개념과 종류, 특징을 이해한다.
3. ETF의 의미와 활용방법을 숙지해서 실전투자에 활용한다.

자산관리의/ 이론과/ 실무
ASSET MANAGEMENT

CHAPTER 05

남들보다 높은 수익률을
위한 투자 상품 활용하기

(1) 두자의 종류와 핀드 개념

앞에서 언급했듯이 이제는 '저축'의 시대가 아니라 명확한 '투자'의 시대이다. 아무리 정부가 금리를 인상한다고 하더라도 과거처럼 은행의 정기예금이나 적금의 금리가 10% 이상 오르는 것은 쉽지가 않다. 대부분의 자산관리의 목표 수익률을 은행 확정금리 상품의 2~3배 정도로 하더라도 4~6%를 언급하는 사람들이 많다. 그만큼 금리 불황기에 우리가 살고 있다는 증거이다. 따라서 확정금리의 금융상품은 정말 원금손실이 있어서는 안 되는 목적자금의 활용에 가입하고 나머지 자산은 투자를 통해서 수익률을 추구해야 하겠다. 이러한 자산관리 실천이 가능한 이유는 투자상품이라고 해서 모두 큰 위험이 있는 것이 아니고 그 방법 안에서도 조금 더 위험한, 그리고 조금 덜 위험한, 거의 위험하지 않은 방법들이 있기 때문이다. 본 장에서는 투자의 종류와 가장 대표적인 투자상품인 펀드(fund)상품에 대한 기본적이 내용과 투자전략을 알아보기로 하자.

투자의 대상 혹은 종류로는 가장 기본적으로 주식이 있겠고 채권, 부동산, 원자재 등의 대안투자, 현금자산으로 구분할 수 있다. 이러한 투자의 대상을 금융상품의 형태로 직간접적으로 운용하는 것을 일반적으로 투자라고 하는데 보통은 자산운용사에서 운용하는 상품을 판매회사인 은행이나 증권회사 등을 통해서 가입하고 일정한 수수료(운용, 판매, 기타사무 등)를 부담하게 된다. 아무래도 일반 투자자들보다는 정보력이나 경험, 노하우가 많기 때문에 투자 수익률이 좋

지만 실제 그렇지 못한 경우도 있기 때문에 반드시 자산관리를 결정하는 본인의
투자 방향성이나 기본적인 지식이 있어야 하겠다.

▌투자 대상의 다양한 분류

1차 분류 (운용자산)	2차 분류(자산군)		3차 분류 (상품(예))
	투자대상별 분류	지역별 분류	
채권	• 국공채(잔존만기별) • 회사채(신용등급, 잔존만기별) • 하이일드 채권(잔존만기별) • 옵션부채권	• 국내 • 해외(미국, 중국, 유럽, 이머징마켓 등)	• 장기(초)우량 채권 펀드 • 장기하이일드 펀드 • 국제채권 펀드 • 이머징마켓 채권 펀드
주식	• 규모별(대형, 중형, 소형주) • 가치특성별(가치주, 성장주) • 투자전략별(액티브, 인덱스 등)	• 국내 • 해외(미국, 중국, 유럽, 이머징마켓 등)	• 대형가치주 펀드 • 중소형 성장주 펀드 • 인덱스 주식 펀드 • 해외분산 주식 펀드 • 이머징마켓 주식 펀드
부동산	• 토지/건물 • 거주용/업무용 • 부동산 금융상품	• 국내 • 해외	• REITs • 부동산 펀드 • 부동산 실물 • 부동산 유동화증권 (MBS, ABS 등)
대안투자	• 원자재 • 실물 • 파생상품	• 국내 • 해외	• DLS • 선박, 인프라 펀드 • 금이나 원유 펀드 • 파생상품 펀드
현금자산	–	–	• MMF • CMA • CD, RP, CP 등 • 은행 요구불 예금

위와 같이 대략적인 투자의 분류에 대해서 알아봤는데 상기 표를 제시한 이
유는 이것만 알면 된다는 의미보다는 이렇게 다양한 자산관리 방법이 있다는
것과 함께 본 도서의 궁극적인 목적인 전체적인 자산관리의 시야를 갖게 해주
기 위해서이다. 상기 대부분의 투자자산의 분류에서 전체적으로 모두 가능한

방법으로 ETF(상장지수 펀드)가 있어서 별도로 다루기 위해서 표에 포함시키지는 않았다.

아울러 최근에는 가상자산(가상화폐나 NFT) 등의 다양한 투자방법과 투자채널이 만들어지기 때문에 이 부분은 별도의 책을 통해서 안내해야 할 정도로 정보가 방대하기 때문에 본 도서에서는 전통적이고 자산관리를 위해서 최소한 알아야 하는 방법과 종목 위주로 언급하도록 하겠다. 또한 위의 표에서 제시한 모든 투자방법은 직접투자와 간접투자가 가능하며 3차 분류에서는 주로 간접투자 위주로 몇 가지 사례로 나열하였다.

투자자들이 자신의 분석과 투자결정에 의하여 각종 유가증권(주식)이나 자산을 직접 매매하는 것을   라고 하고 자산운용회사, 증권사, 은행, 보험과 같은 전문적인 금융기관들이 운용하는 투자상품에 가입하여 일정한 수수료를 부담하고 그들의 정보력과 노하우를 활용하는 방법을 간접투자라고 한다. 이러한 간접투자의 대표적인 상품이 바로 펀드(투자신탁)이다. 판매회사인 은행이나 증권회사는 많은 투자자 고객으로부터 자금을 모아 제휴 운용사의 펀드에 편입시키고 일정한 수수료나 보수를 제외한 수익을 투자자들에게 배분하는 역할을 진행한다. 펀드는 개인투자자들이 직접 투자에 나섰을 때의 투자판단과 환매 및 운용에 대한 정보력의 부재와 운용 스킬의 약점을 해소할 수 있는 장점이 있다.

펀드에는 여러 이해관계자가 존재하는데 우선 펀드 재산의 운용을 담당하는 집합투자업자(자산운용사)가 있고 은행이나 증권회사 같은 펀드 재산의 판매업무를 담당하는 투자중개업자(판매회사), 자산의 보관을 담당하는 '수탁회사'가 있다. 집합투자업자(자산운용사)는 신탁업자와 투자신탁계약을 체결해야 펀드(투자신탁)를 설정할 수 있다. 아울러 펀드의 판매를 위해 투자매매업자나 투자중개업자와 제휴계약을 체결하고 신탁재산의 평가를 위해 일반 사무수탁회사와 업무위탁계약을 체결하고 채권평가사로부터 채권과 같은 자산의 가격을 제공받는다. 일반적으로 수익증권을 발행하여 수탁회사에 보관하고 투자자들에게는 통장이라는 증거증권을 제공하는 방식이 일반적인 최근의 펀드이고 과거 뮤추얼펀드라고 했던 회사형 펀드는 가상의 투자대행만을 목적으로 회사를 설립하여 투자가 이루어지는 형태를 의미한다. 투자신탁(펀드)의 이해관계자는 아래와 같다.

투자신탁(펀드) 이해관계자 현황

① 집합투자업자

- 신탁업자와 투자신탁 계약 체결
- 신탁계약 변경(중요사항은 수익자 총회 개최)
- 투자신탁재산의 운용 및 운용지시
- 투자신탁재산의 평가

② 신탁업자

- 투자신탁재산 운용 및 운용지시의 이행
- 투자신탁재산의 보관, 관리
- 투자신탁재산 운용 및 운용지시에 대한 감시

③ 수익자 총회

- 전체 수익자로 구성된 투자신탁의 관
- 신탁 계약 중 중요사항(보수인상, 신탁업자 변경 등) 의결
- 펀드합병, 환매연기에 관한 사항 등 의결

④ 투자매매, 투자중개업자

- 수익증권(계약형 펀드)의 판매 및 환매
- 투자매매업자는 집합투자업자와 수익증권 판매계약 체결
- 투자중개업자는 집합투자업자와 수익증권 위탁판매계약 체결

▌투자신탁의 구분

투자신탁(계약형 펀드)	구 분	투자회사(회사형 펀드)
신탁계약	설립형태	집합투자기구(펀드) 자체가 주식회사
수익증권	발행증권	주식
수익자	투자자의 지위	주주
신탁법, 자본시장법	관련법	상법, 자본시장법
• 채권 50% 이상 운용(이자소득) • 주식 50% 이상 운용(배당소득) • 주식매매 등 비과세	원천지수	• 운용대상에 관계없이 배당소득 • 주식매매 등 비과세

투자신탁(계약형 펀드)	구 분	투자회사(회사형 펀드)
• 중도상환가능 (환매수수료 징구)	중도환매 방법	• 주식매각을 통해 현금화 가능 (환매금지형) • 환매가능(개방형)
• 운용: 집합투자업자(자산운용사) • 판매: 은행, 증권회사 등	취급기관	• 운용: 집합투자업자(자산운용사) • 판매: 은행, 증권회사 등

❙ 투자대상에 따른 구분

구 분	투자대상	특징
주식형 펀드	주식에 60% 이상	고위험 대비 고수익 추구
	주식 또는 채권에 50% 이상	안정성, 수익성 동시추구
채권형 펀드	채권에 60% 이상	안정적인 수익 추구
MMF	CD, CP 등 단기금융상품	수시 입출금이 가능한 펀드
파생상품 펀드	선물, 옵션 등 파생상품	구조화된 수익 추구
부동산 & 실물펀드	부동산(PF, 임대형, 경매형) 선박, 원유, 금 등 실물자산	고위험 대비 고수익 추구
재간접 펀드	기존 다른 펀드에 재투자	다양한 펀드편입 가능

(2) 액티브 펀드와 패시브 펀드

은행이나 저축은행의 금리가 워낙 낮아서 펀드 같은 투자상품을 활용해야 한다고 생각은 들지만 너무나 많은 펀드의 종류에 과연 어떤 상품을 가입해야 하는지 막막해 하는 투자자들이 많다. 아직도 펀드에 가입했는데 막연하게 주식형 펀드 정도로만 알고 있고 같은 주식형 펀드 중에서도 자신이 가입한 펀드가 어떤 종류인지 제대로 파악하고 있는 경우는 많지 않기 때문이다. 이러한 투자자들을 위해서 본 장에서는 펀드의 종류와 그 특징 및 투자포인트에 대해서 알아보도록 하자. 일반적으로 펀드라고 하면 주식형 펀드가 기본적인 개념이고 요즘에는 원자재나 통화 및 채권 등 다양한 투자종목으로 운용되는 펀드가 많다. 따라서 펀드의 가장 기본이라고 할 수 있는 국내 주식형 펀드를 예를 들어 알아보자. 펀드의 구분에서 우선 비교가 되는 펀드는 액티브 펀드(active fund)와 패시브(passive fund) 펀드이다. 패시브 펀드는 일반적인 주식시장을 추종하는 펀드라고 할 수 있다. 코스피200이나 미국의 S&P500 등 특정한 지수를 추종하는 펀드이다. 따라서 해당 지수의 움직임에 따라서 수익률이 결정되고 그 지수의 성과만큼 수익률을 올리는 것을 목표로 하고 있다. 일반적인 인덱스 펀드가 패시브 펀드의 대표 상품이고 시장 전체의 전망이 좋지만 개별 종목에 대한 투자는 부담스러운 경우 투자하면 되겠다.

따라서 패시브 펀드는 다양한 시장에 대한 정보가 반영되었다고 보고 있고 장기적으로는 우상향하는 것을 목표로 하기 때문에 펀드매니저의 판단과 운용에 대한 개입이 없다는 특징이 있다. 이러한 이유로 펀드의 비용 중에 하나인 보수가 저렴하다는 장점도 있다. 액티브 펀드는 패시브 펀드와는 달리 시장의 성과를 초과하는 수익률을 내는 것을 목표로 하고 있다. 펀드매니저는 시장초과 수익률을 거두기 위해서 때로는 공격적으로 운용할 수 있고 따라서 운용사의 운용능력이나 펀드매니저의 경험과 운용전략이 중요한 투자의 고려사항이기도 하다. 오랫동안 패시브 펀드와 액티브 펀드 중에 무엇이 투자의 활용도가 높은지에 대한 논란이 있어 왔다.

월가의 주식투자의 전설적인 투자자이자 워런 버핏의 스승으로 알려져 있으며, 가치투자의 고전 『증권 분석』, 『현명한 투자자』를 저술한 가치투자의 아버지(1894~1976) 벤저민 그레이엄(Benjamin Graham)은 1949년에 기업의 실질 가치보다 현재의 주가수준이 낮은 회사에 투자하자는 '가치투자이론'을 발표했는데 시장에서 이를 액티브 펀드의 시작이라고 얘기하곤 한다. 이로부터 3년 후인 1952년에 시카고 대학교의 교수인 해리 마코위츠(Harry Max Markowitz)는 좋은 주식을 고르는 것보다는 최적의 포트폴리오로 분산투자하는 것이 시장의 평균 수익률을 이길 수 있는 방법이라고 발표했다. 이후 1965년에 미국의 경제학자이고 2013년 자산가격의 경험적 분석에 기여한 공로로 라스 피터 핸슨(Lars Peter Hansen), 로버트 실러(Robert Shiller)와 함께 노벨경제학상을 수상한 유진 파마(Eugene Fama)는 효율적 시장가설을 발표했는데 이 가설은 시장은 매우 효율적

이어서 이용 가능한 모든 정보가 이미 주가에 반영되었고 평균 이상의 수익을 얻는 것은 불가능하다는 주장이었다. 누구의 주장이 맞는지는 끊임없이 논문이나 학계의 발표로 아직까지도 결론을 내지 못하고 있다. 필자가 보기에도 역시 정답은 없다고 보여지고 이 2가지 투자 관점을 절묘하게 섞어 오히려 투자의 절묘한 조화로 활용하는 것이 어떨까 고민해 본다.

액티브 펀드	패시브 펀드
• 시장 평균보다 초과수익률 추구	• 시장 평균 수익률 추구
• 적극적(active) 운용	• 소극적(passive) 운용
• 높은 수익추구 목적의 종목발굴	• 지수 추종이 주목적
• 전략적 자산배분	• buy & hold 전략
• 펀드매니저가 운용	• 시스템적으로 운용

패시브 펀드의 또 다른 형태로 인덱스 펀드를 들 수 있다. 인덱스 펀드는 시장의 흐름을 가장 잘 반영하는 종목에 분산 투자하여 위험이 낮다는 것이다. 투자에서 손실위험을 아예 없앨 수는 없지만 조금이라도 줄이고 나름대로의 목표 수익률을 추구할 수 있는 가장 좋은 방법은 시장과 종목의 적절한 분산투자이다. 인덱스 펀드는 패시브 펀드처럼 보수가 낮아서 투자기간이 길수록 유리하고 시장 수익률을 추구하기 때문에 수익에 대한 예측이 용이하다는 것도 인덱스 펀드의 장점이라고 할 수 있다.

✎ 신문기사 탐구생활

올 주식형 펀드 수익률…'액티브'가 '인덱스' 두 배 앞섰다

초과수익 낸 액티브 펀드 '액티브' 올 7.7% 수익 '인덱스'는 4.2% 그쳐
'한국밸류 10년어린이' 33% 수익…액티브 1위
ETF는 테마형이 상위권 TIGER미디어 64% '톱' 해외 펀드, 인도 42% 1위
베트남 40%, 북미 29%

올해 액티브 주식형 펀드가 인덱스 펀드 수익률을 두 배 가까이 앞선 것으로 나타났다. 급등락을 반복하는 증시에서 종목을 적극적으로 발굴한 '액티브 투자'가 높은 수익을 냈다는 평가다. 기초지수를 추종하는 상장지수 펀드(ETF)는 시장 수익률을 달성하는 데 만족해야 했다. 올해 시장이 정체 상태에 머물자 가능성 있는 주식을 찾아 매니저들이 직접 투자하는 액티브 펀드가 더 높은 수익률을 낸 것이라는 평가다. 주식형 펀드로 돈이 옮겨가는 계기가 될지 업계의 관심이 높아지고 있다.

▼ 국내 주식형 펀드 유형별 올해 수익률

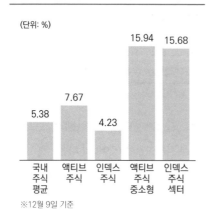

(단위: %)

국내 주식 평균	5.38
액티브 주식	7.67
인덱스 주식	4.23
액티브 주식 중소형	15.94
인덱스 주식 섹터	15.68

※12월 9일 기준

▼ 국내 주식형 펀드 유형별 올해 수익률

펀드명(유형)	(단위: %) 올해 수익률
미래에셋TIGER미디어컨텐츠(ETF)	64.65
미래에셋TIGER2차전지(ETF)	63.69
KBKBSTAR게임테마(ETF)	63.03
미래에셋TIGERK게임(ETF)	60.22
삼성KODEX2차전지산업(ETF)	49.80
미래에셋TIGER코스피고배당(ETF)	35.79
한국밸류10년투자어린이(액티브)	33.06
삼성KODEX게임산업(ETF)	32.74
삼성KODEX미디어&엔터테인먼트(ETF)	32.56
KTBVIP스타셀렉션(액티브)	31.81

자료: 에프앤가이드

국내 주식 평균 5.38% 수익

12일 금융정보업체 에프앤가이드에 따르면 국내 주식형 액티브 펀드는 연초 이후 7.67%의 수익률을 기록했다. 같은 기간 국내 주식형 인덱스 펀드 수익률은 4.23%에 그쳤다. 국내 전체 주식형 펀드 평균 수익률은 5.38%였다.

특히 액티브 중소형주 펀드 수익률은 15.94%에 달했다. 시장 수익률을 세 배 웃돌며 국내 주식형 펀드 가운데 가장 높은 수익을 냈다. 하지만 액티브 주식 배당은 6.61%, 액티브 주식테마는 4.71%를 기록하며 평균을 밑돌았다.

올해 국내 주식투자의 난도가 유난히 높았기 때문에 나타난 현상이라는 분석이다. 증권사들의 전망이 대부분 빗나갔을 뿐 아니라 테이퍼링, 코로나19 델타 변이 등 대외변수에 따라 급등락을 반복했다.

개별 펀드는 ETF가 싹쓸이

이런 시장에서 펀드매니저가 직접 운용하는 액티브 펀드가 초과수익을 냈다는 것은 의미가 있다. 장이 어려울 때는 오를 만한 종목을 발굴하는 것이 시장 전체에 베팅하는 것보다 성공할 확률이 높다는 것을 보여 주기 때문이다.

액티브 펀드 수익률 1위는 한국밸류 10년투자어린이펀드(33.06%)였다. 이 펀드는 와이지, 제이콘텐트리 등 엔터테인먼트주 비중을 확대해 초과 수익을 냈다. 2위는 KTBVIP스타셀렉션펀드(31.81%)였다.

평균 수익률은 액티브가 높았지만 개별 펀드로는 ETF가 상위권을 꿰찼이했다. 정체된 시장에서 몇 개의 테마가 시장을 주도한 결과다. 미래에셋TIGER미디어컨텐츠펀드는 64.65%로 전체 1위를 기록했다. 2위는 미래에셋TIGER2차전지(63.69%), 3위는 KBKBSTAR게임테마펀드(63.03%)로 집계됐다.

다만 테마형 ETF는 액티브 펀드의 성격도 있다는 분석이다. 어떤 종목으로 기초지수를 구성하느냐에 따라 수익률이 달라지기 때문이다. 미래에셋TIGER2차전지는 'WISE 2차전지 테마 지수'를 추종한다. KODEX2차전지산업펀드는 'FnGuide 2차전지산업' 지수를 기초로 만들어졌다. 미래에셋TIGER2차전지가 63.69%를 기록하는 동안 삼성KODEX2차전지산업은 49.80%의 수익을 냈다.

인도 · 베트남 해외 펀드 '투톱'

국가 단위로 보면 국내 증시의 부진이 두드러졌다. 국내 주식형 펀드 수익률은 5.38%로 해외 주식형 펀드 수익률(13.52%)의 절반에도 못 미쳤다. 미국에 투자하는 북미주식형 펀드는 29.02%로 한국 수익률의 5배가 넘었다.

수익률 1위는 인도 펀드였다. 연초 이후 수익률이 41.67%에 달했다. 2위는 39.53%를 기록한 베트남이었다. 중국 주식이 부진하면서 신흥국 투자자금이 인도와 베트남으로 몰렸다는 분석이다. 중국 펀드 수익률은 1.33%에 불과했다. 일본 펀드는 8.45%, 유럽 펀드는 18.49%를 기록했다.

(한국경제신문 2021년 12월 12일 자 기사 발췌)

(3) 펀드의 종류와 투자포인트

지금까지 펀드의 가장 기본적인 2가지 종류에 대해서 알아봤다. 이제 주식형 펀드의 기본을 다졌으니 구체적인 종류 몇 가지를 더 알아보도록 하자. 흔히 신문기사나 상품의 안내장이나 광고에 '성장형 펀드'라는 표현을 많이 쓴다. 위에서 언급한 액티브 펀드가 아닐까? 생각할 수 있지만 약간은 다른 특징을 가지고 있다. 성장형 펀드는 주식에 투자하는 비중이 70% 이상으로 성장성이 높은 주식에 투자하는 펀드이다. 투자의 포인트는 과거 수익률과 변동성, 운용상의 투자 성향 등을 확인해 펀드를 선택하는 것이 중요하고 일단 대부분의 주식형 펀드는 성장형 펀드라고 보면 된다. 하지만 구체적인 운용 종목의 차이와 운용사와 펀드매니저의 운용철학이나 방법이 다르기 때문에 수익률은 큰 차이를 보이고 있다. '가치형 펀드'라는 표현도 자주 접하는 용어인데 말 그대로 기업의 가치에 비해서 주식가격이 낮은 기업에 투자하는 펀드이다.

즉, 벤저민 그레이엄(Benjamin Graham)의 '가치투자이론'을 실천하는 펀드라고 보면 된다. 투자 포인트는 저평가된 기업이 많기 때문에 중소형 주식종목의 비중이 높고 저평가 주식이라 변동성이 성장형에 비해 낮고 장기투자에 적합한 펀드라고 할 수 있다.

'배당주 펀드'도 최근에 많은 관심을 받고 있는데 배당금을 많이 주는 기업에 투자하는 펀드이다. 2021년 12월 8일 파이낸셜 뉴스의 기사를 살펴보면 배당주 펀드의 특징과 투자포인트를 여실히 알 수 있다.

NEWS

변동성 장세, 대안은 '든든한 배당'

연말이 다가오면서 배당주에 투자하는 펀드에도 투자자들 관심이 쏠리고 있다. 특히 최근 변동성 장세가 이어지며 수익률 하락을 방어하는 특성을 지닌 배당금 펀드의 투자 매력이 배가되는 모양새다. 8일 펀드평가사 에프앤가이드에 따르면 지난 7일 기준 국내 263개 배당주 펀드에는 최근 3개월 새 500억 원이 새로 설정됐다. 최근 6개월로 따지면 2,402억 원의 자금이 들어왔다.

(중략…)

　　12월 결산 상장사들 배당 기준일이 다가오면서 국내외 배당주로 눈을 돌리는 투자자들이 많아진 영향으로 풀이된다. 특히 배당성향(당기순이익 중 배당금 비율)을 높이고, 분기·반기마다 중간배당을 실시하는 상장사들이 늘면서 배당 자체가 일회성 이벤트가 아닌 장기적 수익으로 인식되고 있다는 점도 투자 요인으로 작용했다.

　이처럼 배당주 펀드는 배당성향이 높은 종목에 투자하는 펀드이고 배당을 많이 하는 종목의 주가가 성장형 종목의 주가에 비해서 안정적이라는 특징을 활용한 투자전략이다.

　'섹터 펀드'는 특정 업종에 중점적으로 투자하는 펀드로 변동성이 높기 때문에 투자수익성도 높은 편이고 투자 섹터의 전망에 대한 분석을 통한 투자가 우선 조건이다.

　'해외 펀드'는 별도로 한 파트로 다루어야 할 분량이지만 본 교재의 목적은 전체적인 자산관리의 기초를 다지고 현황을 파악하는 것이기 때문에 간단히 의미만 정리하자면 해외 기업에 주로 투자하는 펀드로 대부분 성장형 펀드로 봐야 하고 투자국가나 지역의 전망이 투자에 있어서 가장 중요한 핵심 요소라고 할 수 있다.

　2021년들어 한국과 미국 주식시장이 따로 움직이는 디커플링(탈동조화) 현상이 발생하면서 지지부진한 국내 주식보다는 해외 주식에 직간접적으로 투자를 고민하는 투자자들이 늘어나고 있다. COVID-19 이후 미국의 계속된 양적완화 정책과 기업들의 실적이 회복되면서 미국 주식시장을 대표하는 S&P500, 나스닥 등의 지수가 사상 최고치를 갈아치우며 강세를 보였지만 국내 코스피 지수는 박스권의 하향세를 보이며 3,000포인트를 넘나드는 모습을 보였다. 2020년 이후 '서학개미'라는 표현으로 해외주식에 투자하는 투자자들이 계속 늘어나고 있는데 이는 펀드에 있어서도 글로벌 자산배분의 중요한 실천이고 주식, 채권 등 투자자산과 선진국, 신흥국 등 투자지역 다변화는 분산투자 효과를 극대화할 수 있기 때문이다. 해외 펀드에 투자할 때 고려해야 할 사항으로 환율은 꼭 챙겨야 할 요소이다. 아무리 펀드에서 수익이 나더라도 환율의 변동으로 환차손이 발생하면 투자의 의미가 사라지기 때문이다. 따라서 해당국가나 지역의 시장에 대한 전망도 중요하지만 환율예상도 함께 할 수 있는 전략이 필요하다. 국내 운용사들이 해외 운용사 상품을 판매하는 재간접 펀드인 '펀드 오브 펀드(fund of funds)'는 투자 리스크를 줄일 수 있지만, 자체 수수료와 해당 펀드 운용 수수료까지 이중으로 비용이 발생한다는 점을 알아야 한다. 아울러 세금도 살펴봐야 하는 요소인데 국내 상장 해외 ETF나 해외 펀드는 배당소득세(15.4%)가 적용되는데, 해외 상장 ETF는 양도소득세(22%) 부과 대상이다. 단 매도 차익의 250만 원까지는 공제 대상이다.

양도세는 주식을 매도할 때 발생하는 세금을 말한다. 해외주식 양도세는 금융소득종합과세에 포함되지 않고 일괄로 부과되는데 매년 1월 1일부터 12월 31일까지의 매매분을 따져 세금이 산정된다. 단 결제일(매매일+3일)을 기준으로 하기 때문에 미국시장 기준 12월 28일 거래까지 포함되며, 한국시간으론 12월 29일 새벽 거래분까지 계산이 된다. 주식을 팔아 번 돈이 250만 원 이상이면 그 차익에 대해 22% 세율이 적용된다.

(4) 펀드의 비용 정리

항상 어떤 투자 건 3가지를 확인하고 실천해야 하는데 첫 번째가 당연히 투자의 목적인 예상 수익률이고 두 번째가 첫 번째의 반대인 원금손실 가능성에 대한 확률과 조건, 세 번째는 예상수익률을 감소하게 만드는 각종 비용에 대한 산정이다. 우리가 부동산에 투자를 하는 경우 특히 비용에 대한 산정과 예상수익률에서 차감하는 과정이 중요한데 펀드 등의 간접투자 상품이나 주식투자에 있어서도 최근에 비용(세금 포함)에 대한 산정과 비용을 감안한 예상수익률 산정이 기본이 되어 버렸다. 특히 일반투자자들의 경우 가끔은 투자 후의 수익률에만 관심이 있고 그 수익률에서 차감해야 하는 각종 비용을 무시하거나 생각하지 못하는 경우가 많은데 이러한 투자자들을 위해서 펀드의 비용에 대해서 정리해

보도록 하자.

펀드의 비용에는 크게 2가지가 있다. 수수료와 보수가 있는데 금융감독원 홈페이지의 메뉴인 '금융용어사전'에는 수수료와 보수를 아래와 같이 정의하고 있다.

펀드의 보수(fee)와 수수료(commission)는 투자자가 펀드를 취득함에 따라 구입하게 되는 각종 서비스에 대한 대가의 성격을 가지며, 펀드에서 펀드 관련 회사에 지속적으로 지급하는 보수와 펀드 투자자가 직접 지급하는 수수료로 구분될 수 있다. 펀드의 보수에는 펀드 운용에 따른 운용보수, 판매에 따른 판매보수, 사무관리에 따른 사무관리 보수, 자산의 보관, 관리 및 운용행위 감시에 따른 수탁보수로 구분되며 통상 펀드의 순자산가치의 일정비율에 해당하는 금액을 지급하고 있다. 수수료는 투자자가 펀드 매입 시 지불하는 판매수수료와 환매 시 지불하는 환매수수료가 있다. 판매수수료는 판매시에 지불하는 선취 판매수수료와 환매 시 지불하는 후취 판매수수료로 구분되며, 판매수수료는 판매금액, 판매회사, 투자기간 또는 납입회수별로 차등하여 부과될 수 있다. 법령상 판매보수와 판매수수료의 한도는 각각 1%, 2%로 한도가 정해져 있다. 다만, 판매보수의 경우 투자자의 투자기간에 따라 판매보수율이 감소하는 경우로서 2년이 넘는 시점에 적용되는 보수율이 1% 미만인 경우에는 해당 시점까지 판매보수를 1~1.5% 범위까지 정할 수 있다. 즉, 수수료는 원금에서 차감하는 방식으로 한 번 부담하면 끝나는 것이고 보수는 펀드를 중간 혹은 만기에 환매할 때까지 매일매일 납부하는 비용이라고 보면 된다.

펀드 비용을 관련 관계 당사자

이러한 수수료나 보수를 수취하는 펀드의 관계자에 대해서 알아야 하는데 크게 네 당사자(회사)가 있다. 투자자가 펀드를 가입할 때 제일 먼저 만나게 되는 '판매회사'가 있는데 펀드의 매입, 환매, 투자자들의 관리를 담당하고 있는 은행이나 증권회사, 보험사 등을 의미한다. 일반적으로 투자자들에 대한 정보는 운용사보다는 판매회사에서 관리하고 있고 금융투자협회에서 통계를 내고 각종 자료로 활용하고 있다. 펀드의 관계 당사자 두 번째는 '운용회사'가 있다. 운용회사는 집합투자업자라고 하며 펀드의 운용을 전적으로 담당하고 있고 수익률 극대화를 목표로 하고 있다. 투자자산의 매매지시 및 보전관리를 수탁회사에 위임하고 펀드의 수익률을 담당하고 있기 때문에 투자자들이 펀드를 선택함에 있어서 운용회사의 과거 실적이나 운용능력, 펀드매니저가 누구이고 과거 어떤 펀드를 운용했고 수익률은 어떠했는지를 확인하는 것이 중요하고 가급적 운용경험이 많고 다양한 펀드 라인업을 가지고 있고 많은 투자자들이 운용을 맡기는 회사가 안정적이고 선택의 대상이 주로 되고 있다. 세 번째는 '신탁회사'가 있는데 신탁업자로 보통 운용회사의 지시를 받아 펀드의 자산을 보관, 관리하고 운용지시에 대한 감시자 역할도 수행한다. 만약 운용회사가 망하거나 사라져도 투자자들의 재산은 수탁을 맡은 신탁회사(주로 은행이 맡음)에서 안전하게 보관하고 있어서 안정성을 유지할 수 있다.

펀드 관계자 마지막 네 번째는 '일반사무관리회사'로 펀드의 기준가격 및 회계를 담당하고 있고 펀드의 기준가격은 펀드의 수익률을 파악하는 가장 중요한 업무이기 때문에 무시할 수 없는 역할을 담당하고 있다. 명목상 회사인 투자회사를 대신해 주식의 발행 및 명의개서, 기준가 계산 등의 일반사무를 수행하는 회사인 '일반사무관리회사'는 자산운용사가 주식회사의 형태인 투자회사를 세우고, 이를 통해 펀드를 모든 업무를 위탁하고 일반사무관리회사는 이를 위탁받아 투자회사의 운영, 계산 등에 대한 사무 업무를 처리하는 것이다. 증권투자회사법에서는 자산운용사가 직접 투자회사의 일반사무 수탁 업무를 겸영하지 못하게 방지하고 있고 한편, 자산운용사가 투자신탁의 형태로 펀드를 설정할 경우 투자회사를 두는 것이 아닌, 신탁 계약으로 이뤄져 일반사무관리회사를 두지 않는다.

수수료와 보수의 종류

일반인들이 펀드 투자를 처음 시작할 때 수수료와 보수의 의미와 다양한 종류에 대해서 많이 궁금해 한다. 운용기간 중에 펀드 관련 안내서를 받거나 환매를 해보면 수익률 조회에서 본인이 확인한 수익률의 환매대금이 아니라 다시 확인해 보면 수수료나 보수가 공제되어 있기 때문이다. 이미 언급했지만 펀드의 수수료는 펀드를 가입하거나 환매할 때 발생하는 1회성 비용을 의미하고 '판매수수료'와 '환매수수료'가 있다. 보수는 펀드의 투자기간 내내 발생하는 비용으로 펀드의 당사자들이 가져가는 '운용보수', '판매보수', '수탁보수', '일반사무보수'가 있다.

판매수수료는 펀드에 가입할 때 판매회사에 지불하는 비용이고, 환매수수료는 펀드를 환매할 때 지불하는 수수료로 펀드 투자자가 장기투자를 유도하기 위해서 부과하는 비용이라고 할 수 있다. 운용보수는 펀드를 운용하는 자산운용사가 운용에 대한 대가로 가져가는 비용이고 판매보수는 펀드를 판매하는 회사인 은행이나 증권회사 보험회사 등이 가져가는 비용이다. 수탁보수는 펀드의 돈(자산)을 실제로 보관해 주고 관리해 주는 회사에 지급되는 비용이고 일반사무보수는 다양한 사무를 담당해 주는 회사에 지급되는 비용이라고 할 수 있다. 이러한 다양한 펀드 관련 비용들은 시장의 흐름을 추종하는 패시브 펀드가 다른 펀드에 비해서 상대적으로 저렴하고 같은 펀드라도 운용보수와 기타보수는 모두 동일하기 때문에 판매보수가 저렴한 펀드를 찾는 것이 비용적인 측면에서 유리하겠다.

펀드 클래스의 구분

'에셋플러스 글로벌리치투게더 증권자투자신탁1(주식) Class A'

'타임폴리오 마켓리더 증권자투자신탁(주식) 종류 A-e'

우리가 증권회사나 은행의 홈페이지 즉, 판매회사의 홈페이지에서 펀드를 검색해 보면 참으로 다양한 펀드상품을 판매하고 있다는 것을 알 수 있다. 하지만 펀드의 이름을 봐서는 도대체 이 펀드가 어떤 특징이 있고 어떤 종류인지, 수수료나 보수는 어떻게 되는지를 제대로 파악하기가 여간 쉽지 않다. 특히 영어 알파벳으로 표시되는 종류의 의미는 더욱 어렵기만 하다. 지금부터 그 알파벳의 의미를 알아보도록 하자.

일상생활에서도 '클래스'나 '레벨', '등급'이 높고 낮다는 표현을 자주 사용하는데 펀드에서 사용되는 클래스는 펀드에 적용되는 다양한 수수료·보수 체계를 구분하는 표시라고 보면 된다. 같은 펀드라 할지라도 수수료와 보수를 매기는 방법을 다양하게 나누어 놓고 각각의 방식에 알파벳 이름을 붙여 놓은 것이다. 펀드 클래스는 A, B, C, E, I, P, S, W 등 종류가 다양할 뿐만 아니라 Ae, Ce, C-P, Cp 등 복수의 알파벳 조합으로 이루어진 것도 있어서 일반 투자자들이 딱 보고 그 자리에서 펀드의 비용체계나 간단한 특징을 파악하는 것은 만만치 않게 종류가 많다. 금융당국이 그러한 이해의 어려움을 해소하기 위해서 2019년 10월부터 펀드 클래스의 알파벳 표기와 한글 표기를 함께하도록 개선할 정도이다. 펀드 수수료의 부과방법은 몇 가지로 구분되는데 먼저 Class A형은 선취판매 수수료를 부과하는 펀드이다. 상대적으로 보수가 낮아 장기투자자에게 유리하다고 볼 수 있다. Class C형은 선취 판매수수료가 없이 보수에 합해서 고정으로 납부하는 것이기 때문에 보수가 상대적으로 높고 1년 이하의 단기투자에 적합하다고 볼 수 있다. Class E형은 인터넷을 통해서 가입이 가능한 온라인 펀드이고 수수료도 저렴하다. Class B형은 후취판매수수료형 펀드이고 Class S형은 펀드슈퍼마켓에서 판매되는 펀드로 환매수수료가 있고 일반 수수료는 저렴한 편이다.

▮펀드 Class의 의미

구 분		Class	한글표기
1차 분류	판매수수료 부과 여부	A	수수료 선취
		B	수수료 후취
		C	수수료 미징수(보수에 추가)
		D	수수료 선후취

구 분		Class	한글표기
2차 분류	판매경로	e	온라인
		–	오프라인
		S	온라인 슈퍼마켓
		J	직판
3차 분류	기타 (1, 2차 분류에 따른 Class에 추가되는 나머지 모든 Class)	CDSC	보수체감
		G	무권유 저비용
		P	개인연금
		P	퇴직연금
		H	주택 마련
		F	기관
		I	고액
		W	랩(Wrap)

(삼성 자산운용 자료 발췌)

상기 표에서 Class C에 대해서 구분하자면 Class C는 C1, C2, C3 식으로 숫자가 이어서 붙는 경우와 Ci, Cf, Cw, Cp와 같이 문자가 붙는 경우도 있다. Class C는 선취수수료가 없는 펀드이다. 보수에 합해서 보수가 상대적으로 높은 펀드이며 숫자가 있거나 문자가 있는 차이가 있고 숫자의 의미는 투자기간이 경과하면서 보수가 내려가는 펀드 클래스제도(CDSC제도)라고 보면 된다. 1년 미만은 C1, 1년 이상은 C2, 2년 이상은 C3 식으로 자동으로 펀드가 교체되고 펀드의 수술도 같이 내려가기 시작한다. 문자의 경우에는 가입조건을 구분하기 위함인데 I는 기관이나 일정금액 이상의 투자자만 매수가 가능한 펀드이고 F는 펀드나 신탁 같은 다른 상품이 재간접으로 펀드를 매수할 때 사용하는 펀드이고 W는 랩어카운트 계좌, P는 연금으로만 매수가 가능한 펀드이며 Crp라는 표현도 가끔 나오는데 퇴직연금 펀드라고 보면 된다. 가끔 펀드에 'U'나 'UH'가 붙는데 이는 헤지(hedge)가 가능하냐 불가능(unhedge)한지에 따른 구분이다.

(5) 주가지수 연계형 상품 완전정복

금융상품의 이름 중에는 유달리 영어 약자가 많다. ELS, ELD, ELS, ETF, DLS, RP, CP, CD 등 많은 영어 약자 이름의 금융상품이 있는데 이 중에서 투자자들이 많이 가입하고 웃고 우는 상품인 'ELS 삼총사'에 대해서 알아보도록 하자. 추가로 옆집 친구인 DLS도 함께 알아보자.

ELS(주가연계증권, Equity Linked Securities)는 개별주식의 가격이나 주가지수 등에 연동하여 수익률이 결정되는 유가증권으로 증권사에서 발행 판매하는 상품으로 은행에서 발행하면 ELD(주가연계예금, Equity Linked Deposit), 운용사에서 직접 발행해서 판매까지 하는 ELF(주가연계펀드, Equity Linked Fund)가 있다.

DLS(파생결합증권, Derivatives Linked Securities)는 주식이나 주가지수 이외의 이자율, 환율, 실물자산(금, 원유 등), 신용위험(부도위험, 파산) 등 다양한 기초자산과 연계되어 수익률이 결정되는 신종 유가증권으로 증권사에서 발행하는 상품이다. ELS와 DLS의 특징으로는 '안정성'이 있는데 원금 지급형의 경우 우량채권에 투자한 원금과 이자를 합하여 약정된 보장수준의 원금을 사전에 확보한 후 주식 및 파생상품 투자에 대한 초과수익 추구가 가능하고 '수익성'은 기초자산의 상승

▼ ELS의 기본적 개념

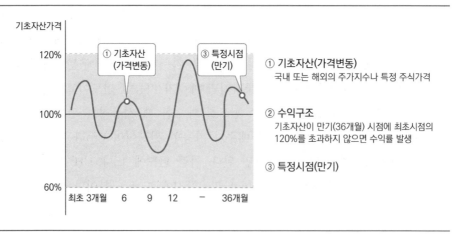

(신한금융투자 홈페이지 발췌)

뿐만 아니라 하락세, 또는 조정장에서도 상품 구조에 따라 초과수익을 기대할 수 있다는 점을 꼽을 수 있다. '다양성'은 주식시장의 전망과 투자종목의 특성 등을 활용해서 상품 설계가 가능하기 때문에 최저 수익구간, 최고 수익구간 등이 적용된 다양한 수익구조를 가진 상품에 투자가 가능하다. 이외에도 '분산투자효과'의 특징은 투자자의 성향에 따라 다양한 상품을 창출할 수 있어 자산 포트폴리오를 효율적으로 관리할 수 있는 투자가 가능하고 '구조화된 수익'이 가능해서 투자자의 위험 회피도에 따라 리스크에 노출되는 정도를 조정할 수 있다.

ELS의 종류

ELS를 가입했다고 얘기하는 투자자 중에 ELS의 세부 종류까지 제대로 알고 있는 경우가 거의 없다. 막연하게 6개월 후 결산 때까지 기초지수가 떨어지지만 않으면 된다거나 앞으로 6개월 동안 몇 %만 오르면 그 이후에 하락해도 상관없다는 식의 대략적인 개념만 알고 있을 뿐이다. 하지만 ELS의 활용 목적이 다양한 상품의 구조와 기초자산인 지수나 종목 혹은 가격의 향후 변화예측에 따른

▼ 넉-아웃형(knock-out) ELS의 구조

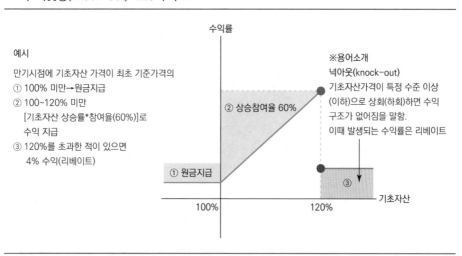

(신한금융투자 홈페이지 발췌)

전략 수립이 가능하다는 점이라는 점을 감안하자면 같은 ELS라도 개별 상품별 '가격흐름+확정수익 조건'을 명확하게 알고 있는 것이 중요하다고 보여진다.

가장 기본적인 ELS 종류의 첫 번째는 넉-아웃형(knock-out)이 있다. 이 상품은 만기 전에 미리 정해 놓은 수익률에 만기 전에 한 번이라도 도달하면 만기수익을 확정하는 상품으로 주가지수가 하락할 경우에는 원금의 일정비율을 보장받고, 주가지수 상승 시에는 일정 수준에 이를 때까지는 주가지수 상승률에 비례하여 일정한 참가율을 획득하고 일정 수준을 초과하면 낮은 고정수익을 받는 구조이다.

ELS 상품의 두 번째 유형으로는 '스텝다운형(step-down)'이 있다. 이 종류는 특정 지수나 종목의 가격을 몇 개월이나 일정 기간마다 평가한 후에 평가일에 정해 놓은 가격(행사가격)만큼 하락하지 않으면 최초 약속한 수익을 지급하고 조기상환하는 특징이 있다. ELS의 가장 일반적인 유형으로 행사가격이 만기나 결산일에 가까울수록 단계적으로 하락하는 것이 특징이고 수익은 상환 시점에 1회 지급하고 상환 시점에 기초자산의 가격이 행사가격보다 크면 조기 상환하게 된다.

S&P500과 HSCEI[1], EURO STOXX 50[2]을 기초자산으로 하는 스텝다운형 ELS를 예를 들어보자. 조기상환 조건은 평가일, 결산일이나 만기에 모든 기초자산의 가격이 행사가격보다 크면 연 6.8%의 수익을 제공하고 만기 상환 조건은 각 기초자산의 종가가 모두 최초기준가격의 60% 이상인 경우로 단 만기평가일에 각 기초자산의 종가 중 하나라도 최초기준가격의 60% 미만인 경우 원금손실이 발생한다고 가정했을 때 기본 구조는 아래와 같다.

---

1) 항생중국기업지수, 줄여서 HSCEI. 홍콩증권거래소에 상장된 중국 국영 기업들 중 우량 기업들을 모아 만든 지수이다. 항셍지수와 더불어 홍콩증권거래소의 주요 주가지수 중 하나이다.

2) EURO STOXX 50은 Deutsche Börse Group이 소유한 지수 공급자 인 STOXX가 설계한 유로존 주식의 주가 주가 지수이다. 목표는 '유로존의 수퍼 섹터 리더들의 블루칩을 대표'하는 것으로 가장 크고 가장 유동적인 주식 중 50개로 구성된다. Eurex(유럽 파생상품거래소)에서 거래되는 EURO STOXX 50의 지수 선물 및 옵션은 유럽과 세계에서 가장 유동성이 높은 제품 중 하나이다.(위키백과사전 발췌)

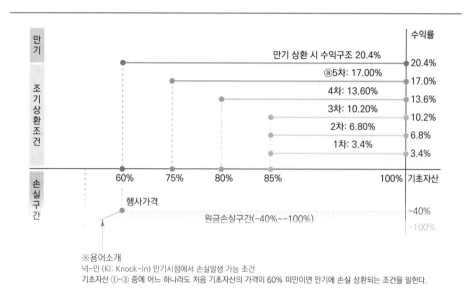

(신한금융투자 홈페이지 발췌)

ELS의 종류 세 번째는 '불스프레드(bull spread)형'이 있는데 만기시점의 주가 상승률에 비례하여 수익을 배분하는 형태이고 원금이 보장되어 하한(floor)이 존재하고, 그 이후에 일정수준까지는 주가지수 상승률에 비례하여 참가율을 획득하고 그 이상의 구간에서는 수익률에 상한(cap)이 존재하는 구조이다. 이 외에도 미리 정해 놓은 최대 하락 수익률까지 하락하지 않으면 주가지수나 종목이 일정부문까지 하락해도 약정한 수익률을 지급하는 '리버스 컨버터블(reverse convertible)형'이 있고 주가지수나 종목 등의 기초자산의 가격이 상승할 경우 상승률에 관계없이 고정된 수익을 얻고, 하락할 경우에는 원금을 보장하는 구조로 '디지털 콜옵션형'이 있는데 다른 표현으로 '박스형'이라고도 한다. 이 상품은 미리 정해 놓은 주가수준에서만 수익률이 형성되면 확정금리를 받는데 주식시장이 급등하거나 급락하지 않은 박스권에서 유리한 상품이라고 할 수 있다.

'조기상환형(auto callable)'은 기초자산의 가격이 중간가격결정일에 기준가격 이상이거나 한계가격 이상일 경우 미리 약정된 금액을 조기상환하고 계약을 종결하며, 그렇지 않으면 계약을 계속 유지하게 된다.

ELS 등 파생결합증권 투자자 유의사항

지금까지 ELS 상품에 대한 개념과 구조를 알아봤다. 하지만 투자자들이 반드시 알고 있어야 하는 사항이 어디까지나 수익이 발생하는 구조위주의 설명이 금융기관에서 이루어지고 있다는 점이다. 따라서 어떤 금융상품을 가입하더라도 원금손실의 가능성과 조건 등에 대해서 꼼꼼하게 체크하는 것이 좋겠고 그 부분을 회피하거나 방어할 수 있는 분산투자 등의 전략을 세우는 준비가 필요하다. 2018년 7월 18일 금융감독원에서 발간한 '최근 ELS 발행*판매 동향 및 대응방안' 자료에 제시되고 있는 'ELS 등 파생결합증권 투자자 유의사항 안내'를 중심으로 ELS 등 투자자들이 고려해야 하는 부분을 살펴보도록 하자.

첫 번째로는 엄연히 원금손실이 발생할 수 있는 상품이라는 점이다. ELS 등 파생결합증권은 원금손실이 발생할 수 있는 상품이므로 상품 판매직원이 '사실상 원금보장이 된다'라고 설명을 하더라도 주의할 필요가 있다. 또한 예금자보호 대상 상품이 아니라는 사실도 잊어서는 안된다. ELS 등 파생결합증권은 예금자보호 대상이 아니므로 발행사의 파산으로 채권자에게 지급할 돈이 부족하면 투자원금과 수익을 돌려받지 못하게 된다. 세 번째 유의사항은 손익발생 조건과 기초자산에 대한 이해가 필수적이라는 것이다. ELS 등 파생결합증권은 기초자산의 가격흐름에 따라 손익이 결정되는 만큼 손익발생 조건, 기초자산의 가격추이 등을 살펴보고 신중하게 투자를 결정하여야 한다. 그리고 기초자산의 수가 많을수록, 제시수익률이 높을수록 더 위험하다는 점이다. 기초자산의 수가 많을수록 상품의 제시수익률이 높지만 그만큼 수익발생 및 원금상환 조건이 많아져 손실위험이 높아지는 점을 이해해야 하고 투자를 결정해야 한다.

ELS 등 파생결합증권 투자 시 유의사항 다섯 번째는 손실이 발생하는 경우 손실규모가 크게 나타나는 특성이 있다. 파생결합증권은 이익으로 상환될 확률이 높도록 설계되어 있지만, 손실이 발생할 경우에는 손실규모가 커지는 꼬리위험(tail risk)이 있는 상품이라는 점을 잊지 말자. 여섯 번째는 중도환매(상환) 시 원금손실 위험이 있어서 투자기간 중 중도상환을 신청할 경우, 해당시점에 산정되는 중도상환 가격에 따라 원금손실이 발생할 수 있고 조기상환은 정해진 조건이 충족 시에만 가능하다는 점도 알아야 하겠다. 즉 조기상환은 미리 정해진 조건을 충족해야만 가능하므로, 조기상환을 기대하고 단기 필요 자금을 투자하기보다 만기를 기준으로 여유자금을 투자하는 것이 바람직하다. 여덟 번째 유의사항은 기초자산의 가격회복기간이 한정된다는 점인데 파생결합증권은 만기가 정해진 상품으로 기초자산 가격이 손실발생 조건 수준으로 하락하고 기간 내 기초자산 가격이 회복되지 못할 경우 손실이 발생할 수 있다. 아홉 번째 유의사항으로는 은행 등에서 판매하는 ELT나 ELF도 예금은 아니라는 점이다. 은행이나 보험사 등에서 판매하는 ELT(주가연계신탁) 및 ELF(주가연계펀드) 등도 ELS에 투자하는 것과 같은 위험을 가지므로 예금으로 알고 투자하는 것은 절대 금물이다. 마지막 유의사항으로 여유자금으로 자기 책임하에 투자성향에 맞는 상품에 투자할 필요가 있다는 점이다. 파생결합 증권은 원금손실 위험이 본인 책임하에 신중히 투자를 결정해야 하기 때문이다. 전체적으로 결론은 위험한 상품이다. 하지만 고수익을 기대할 수는 있다. 이 점을 잊지 말고 전체 자산을 모두 투자하는 것보다는 자신의 포트폴리오 운용 내에서 공격적인 부분의 수단으로 ELS를 중심으로 한 파생결합 증권 등을 투자하도록 하자.

ELS 등 파생결합증권 투자자 유의사항 정리

① 원금손실이 발생할 수 있는 상품
② 예금자보호 대상이 아니라는 사실
③ 손익발생 조건과 기초자산에 대한 이해는 필수
④ 기초자산의 수가 많을수록, 제시수익률이 높을수록 위험
⑤ 손실이 발생하는 경우 손실규모가 크게 나타나는 특성
⑥ 중도환매(상환) 시 원금손실 위험
⑦ 조기상환은 정해진 조건 충족 시에만 가능
⑧ 기초자산의 가격회복기간 한정
⑨ 은행 등에서 판매하는 ELT/ELF도 예금이 아님
⑩ 여유자금으로 자기 책임하에 투자성향에 맞는 상품에 투자할 필요

(금융감독원 2018. 7. 18 '최근 ELS 발행, 판매 동향 및 대응방안' 보도자료 참조)

▌ELS관련 용어 정리

용 어	의 미
기초자산(underlying asset)	ELS에 편입된 수익률 결정의 기준이 되는 지수나 종목
기준종목(worst performer)	기준가 대비 하락율이 큰 종목으로 기초자산 모두가 기준종목이 될 수도 있음
최초기준가격(initial price)	최초 가격 결정일의 기초자산의 종가
만기평가가격	만기평가일의 기초자산의 종가
자동조기상환 평가가격	자동조기상환 평가일의 기초자산의 종가
자동조기상환 평가일	ELS에서 설정되어 있는 조기상환평가일(자동조기상환 평가일)
상환수익률(coupon)	사전에 결정된 수익률을 조건과 기간에 따라 환산한 수익률
참여율(participation rate)	주가상승(하락) 시, 상승(하락)분의 몇 %의 이익을 취하는가를 결정하는 수익률
베리어(barrier)	주가가 미리 설정된 수준에 도달하면 권리(또는 효력)가 소멸(또는 발생)하는 지수 수준(조기상환, 만기상환, 낙인, 넉아웃베리어)
리베이트(rebate)	만기전에 기초자산이 일정수준을 넘어간 경우(옵션소멸) 이에 대한 보상률

▌ELS 삼총사 비교

구 분	ELD	ELS	ELF
판매(발행)기관	은행	증권회사	자산운용사
상품형태	정기예금	증권(공모, 사모)	수익증권(펀드가입)
자금운용	대출금 및 증권 + 주가지수옵션	채권 + 주식워런트증권 /주가지수옵션/선물	펀드 (포트폴리오 조정)
원금보장여부	만기 시 원금 100% 지급보장	만기 시 원금의 일정비율 (100%, 95%, 90% 등) 지급보장	원금보존 추구형 실적배당상품
수익결정	주가지수에 따라 사전 약정한 확정수익 지급	주가지수에 따라 사전 약정한 확정수익 지급	운용성과에 따른 실적배당
중도해지 가능여부	중도해지 가능	중도해지 불가	중도환매 가능
예금자 보호	보호	비보호	비보호

🖊 신문기사 탐구생활

'지루한 박스피' 장세…ELS 매력 다시 각광

주가연계증권(ELS)은 상승장에서 투자자들에게 외면받는 경우가 많다. 기초자산이 급격히 오르더라도 수익률은 제한적이기 때문이다. 이럴 때는 상장지수 펀드(ETF) 같은 지수 연동 상품이 각광받는다. 하지만 박스권 지수 흐름이 이어질 때는 얘기가 다르다. 지수가 떨어졌을 때 매수한 ELS가 안정적인 수익을 가져다 줄 수 있다는 게 전문가들의 설명이다.

15일 금융투자협회에 따르면 올해 들어 11월 말까지 ELS 발행금액은 56조 5,782억 원이었다. 올 1년치 발행액은 지난해(67조 5,255억 원) 수준에 못 미칠 전망이다. ELS 발행금액은 코로나19 사태 전인 2019년만 해도 99조 9,408억 원에 달했다. 2016년(47조 2,463억 원)에 비해 2배 이상으로 뛰었다. 2018년 미·중 무역분쟁 등을 거치며 개인이 대응하기 어려운 박스권 흐름이 이어진 탓이다.

ELS는 삼성전자, 테슬라처럼 특정 종목이나 S&P500, 코스피200 같은 특정 지수를 기초자산으로 한다. 2~3개 기초자산 가격이 만기 때까지 계약 시점보다 40~50% 가량 떨어지지 않으면 약속된 수익을 지급하는 형식이다.

예를 들어 KB증권이 청약 중인 'KB able ELS 제2067호'는 유로스톡스50, 코스피200, 홍콩H 지수를 기초자산으로 한다. 연 수익률은 6.5%, 만기는 3년이다. 계약한 지 6개월이 지난 시점에 3개 기초자산 가격이 모두 계약 당시의 90%를 넘으면 연 6.5%의 절반인 3.25%의 수익률을 기록한 뒤 상환된다.

조건을 충족하지 못하면 6개월마다 상환 기회가 온다. 상환 기회 때마다 기초자산의 상환 조건 가격이 단계적으로 내려간다. 36개월차엔 70%를 넘으면 된다. 70%가 되지 못하더라도 그동안 3개 자산 모두 계약 당시보다 50% 이상 떨어진 적이 없다면 총 연 6.5%의 수익률을 지급한다. 최대 3년간 19.5% 수익을 거둘 수 있다.

현재 청약 중인 ELS 상품 가운데 수익률이 가장 높은 건 키움증권의 '제262회뉴글로벌100조'다. 테슬라와 엔비디아 두 종목을 기초자산으로 한다. 3개월마다 상환 시기가 찾아온다. 만기는 1년이다. 1년 내 두 종목이 계약 당시보다 50% 넘게 떨어지지 않으면 연 최대 25.1%의 수익을 낼 수 있다. 내년엔 미국 금리 인상으로 기술주가 비교적 어려울 것이라는 전망이 많다. ELS의 매력이 커지는 이유다.

(한국경제신문 2021년 12월 15일 기사 발췌)

(6) 요즘 가장 HOT한 ETF투자전략

최근에 주식투자와 더불어 많은 사람들의 관심을 가장 많이 받고 있는 투자 방법이 ETF(Exchange Trade Fund: 상장지수 펀드)가 아닐까 싶다. 한국거래소 (KRX)에서 매월 발간하는 2023년 1월호 'KRX ETF, ETN Monthly' 자료를 살펴보면 2022년 12월말 현재 ETF의 자산총액은 78.5조 원으로 나타났고 순자산 가치 총액이 가장 많은 것은 'KODEX 200'로 5조 1,832억원이고 두 번째가 'TIGER CD금리투자KIS(합성)' 3조 4,407억원, 세 번째가 'KODEX KOFR금리액 티브(합성)'으로 3조 155억원으로 나타났다.

상장종목은 2022년 12월말 기준 666개나 되고 일평균 거래대금은 2조 804억 원으로 꾸준하게 상승하는 모습을 보였다. 이는 코스피 전체 일평균 거래대금의 32.8%를 차지하는 것으로 주식투자와 더불어 투자의 양대 산맥이라고 해도 과 언이 아닐 정도로 성장하고 있다.

▼ ETF 시장 개황

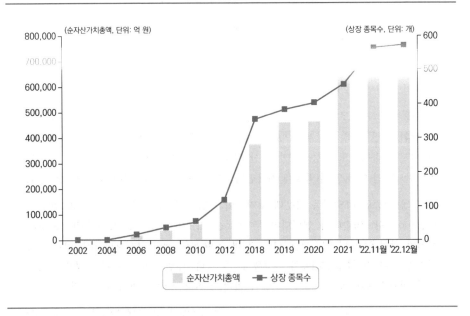

(한국거래소 발행 'KRX ETF, ETN Monthly' 리포트 2023년 1월호 발췌)

이처럼 ETF가 꾸준하게 상승하고 있는 이유는 무엇일까?

우선 ETF의 정확한 개념부터 정리해 보도록 하자. ETF는 KOSPI200이나 KOSDAQ150과 같은 특정 지수나 특정 자산의 가격변화를 추종하도록 설계된 하나의 펀드라고 할 수 있지만 인덱스 펀드와 달리 거래소에 상장되어 일반 주식처럼 자유롭게 매매가 가능하다. 초기의 ETF는 기초자산(underlying asset)으로 주요 지수를 추종하는 투자방법으로 발전해 오다가 최근에는 채권, 원자재, 통화, 레버리지3), 인버스4), 액티브 등 다양한 자산 의 가격움직임을 추종하는 상품으로 발전하고 있다. 기초자산(KOSPI200 등 주가지수나 업종, 원자재, 통화 등)의 가격이 올라가면 ETF 가격도 그만큼 올라가고, 기초자산의 가격이 내려가면 ETF 가격도 그만큼 하락하기 때문에 가장 단순하게 시장을 추종하는 투자방법이라고 할 수 있다. 정리하자면 주머니가 하나 있다고 치자. 그 주머니를 만든 운용사에 따라서 주머니의 이름은 KODEX, TIGER, KINDEX, KOSEF, ARIRANG, KBSTAR, POWER 등 다양하게 만들어져 있다. 이 주머니 안에 특정 지수나 업종 전체, 달러, 금이나 구리, 농산물 등의 원자재, 채권 등을 넣고 그 주머니를 주식처럼 증권회사에서 매수와 매도를 하는 것을 ETF라고 보면 된다. 은행이나 증권회사에 방문하거나 모바일로 가입이나 해지 등의 절차가 필요 없는 것이다. 이러한 투자의 용이성과 다양한 투자 배분이 가능하기 때문에 필자도 투자에 대해서 조언을 할 때 개별 주식 종목에 대해서 투자를 단기나 중기로 진행하면서 시장 전체나 원자재, 통화 등의 투자는 ETF로 진행하는 것을 권하고 있다.

ETF의 순자산가치(NAV)와 괴리율

ETF에 대해서 얘기할 때 자주 등장하는 용어가 바로 순자산가치(NAV, Net Asset Value)이다. 흔히 ETF의 자산에서 지급해야 하는 운용보수 등의 비용을 차감한 것을 순자산이라고 하는데 이러한 순자산 금액을 ETF의 총발행 증권수로

---

3) 기초자산의 가격 움직임을 같은 방향으로 2배수 추종하는 ETF
4) 기초자산의 가격 움직임을 역방향으로 1배수 추종하는 ETF로 역방향 2배수를 추종하는 ETF는 인버스 2X라고 표시한다.

나눈 값을 순자산가치(NAV)라고 한다. 가끔 iNAV(Indicative Net Asset Value)라는 표현이 나오는데 NAV를 실시간으로 제공하는 수치라고 볼 수 있다.

ETF가 거래되는 장중에 ETF의 시장가격은 수요와 공급의 변화에 따라서 실시간으로 제공되는 iNAV보다 높거나 낮은 수준에서 형성될 가능성이 높고 그 차이를 '괴리율'이라고 한다. 즉 ETF의 순자산가격이 있는데 수요와 공급에 의해서 순자산가치보다 실제 시장에서 매매되는 가격의 변동이 높아지고 낮아지며 그 차이를 괴리율이라고 한다는 것이다. 이러한 상황에서 유동성 공급자(LP; Liquidity Provider)[5]는 항상 iNAV 근처에서 호가를 제출하기 때문에 ETF의 시장가격의 비정상적인 움직임을 막게 된다. 일시적으로 시장의 커다란 호재나 악재의 발생으로 비정상적인 수요의 발생 등으로 가격이 변동된다고 해도 LP가 호가를 제출함으로써 가격의 정상화를 꾀하게 된다.

한국거래소(KRX)의 ETF 길라잡이 포스트에서 안내되어 있는 사례를 통해서 괴리율에 대한 정확한 이해를 해보도록 하자.

A운용사가 불고기 버거 세트 ETF를 출시했는데 이 세트는 불고기 버거, 감자튀김, 콜라 등의 제품(종목)으로 구성되어 있다. 이 ETF는 불고기 버거 세트 지수를 벤치마크(기준지수)하는데 B운용사도 같은 불고기 버거 세트 ETF를 출시했다. A, B운용사 불고기 버거 세트 ETF는 순자산가치 5,000원에 형성되었다. 두 ETF 모두 같은 구성 종목과 같은 비중으로 만들었기 때문에 순자산가치(NAV)는 같다고 할 수 있다. 그러나 유명 연예인의 광고로 인해서 A운용사 ETF가 인기를 끌어 많은 사람들이 찾게 되자 가격이 1만 원에 거래되기 시작했다. B운용사 ETF는 순자산가치(NAV)와 같은 5,000원에 거래되고 있다. 여기서 A운용사 세트가 비싸게 팔리는 이유는 구매자가 많아져 초과수요가 발생했기 때문이다. 이것은 ETF 내재가치가 아닌 시장에서 형성된 수요와 공급의 변화에 따라

---

5) LP는 Liquidity Provider의 약자로, '유동성 공급자'라는 뜻이다. 한국거래소에서 처음 ETF 시장을 개설할 때 투자자가 언제든지 ETF를 매매할 수 있도록 일정 수준의 유동성을 유지하는 제도를 도입했고 이 제도의 중심에 유동성 공급자인 LP가 있다. LP의 업무는 보통 증권회사에서 담당하고 있으며 매수와 매도를 최소 100주 이상씩 호가로 제출해야 할 의무가 있어서 거래량이 매우 적거나 또는 1주도 거래되지 않은 ETF라도 LP의 역할로 언제든지 거래가 가능한 것이다.

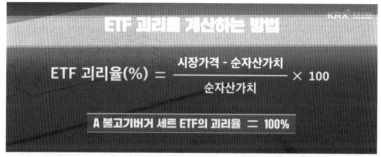

가격이 형성되어 괴리율이 높아졌다고 할 수 있다.

ETF의 괴리는 시장가격과 순자산가치(NAV)의 차이로 위와 같은 공식으로 산출할 수 있다. 위의 사례를 정리해보면 1만 원에 거래되고 있는 A불고기버거 세트 ETF의 경우 순자산가치인 5,000원보다 2배 상승한 가격으로 거래되고 있기 때문에 100%의 괴리율이 발생하고 있다. 반대로 B불고기버거 세트 ETF는 순자산가치(NAV)와 시장가격이 같아 괴리율이 발행하지 않았다.

ETF의 구조와 장단점

ETF는 CU(Creation Unit)라는 특유한 설정/환매 단위가 존재한다. 소액 ETF의 경우 주식시장에서 매매가 가능하나 일정 금액이상 매매 시 적정 가격을 반영하여 매수/매도가 되지 않기 때문에 발행 기관(자산운용사) 측에 설정/환매 신청을 통하여 주식시장 외에 펀드 설정/환매를 수행하게 된다. 집합투자업자는 신탁업자에게 주식바스켓 납입 내역을 확인한 후 ETF를 발행하고 투자자에게 입고하는데 ETF의 설정, 신주 발행 시에 필요한 최소 주식바스켓이 바로 CU란 개념이다. CU란 ETF를 발행할 때 필요한 최소 수량으로 집합투자가 정한 '설정단위'로 이런 설정단위가 존재하는 이유는 ETF가 추종하고자 하는 포트폴리오를 구성하는 데 최소 자금이 필요하기 때문이며, 잦은 설정과 환매를 막아 ETF 운용상의 안정성을 추구한다.

ETF투자에 있어서 PDF란 단어도 자주 언급되는데 PDF(Portfolio Deposit File)란 ETF가 포함하고 있는 포트폴리오 내역을 말한다. 즉, ETF 하나가 보유하고 있는 편입종목의 종류와 비율을 나타낸 것이라고 이해하면 된다. 투자자들이 ETF투자를 할때이 비중을 잘 살펴야 ETF의 움직임을 더 쉽게 이해할 수 있기에 ETF를 실제로 거래하는 데 가장 중요한 지표가 바로 PDF라고 할 수 있다. 일반적으로 KOSPI지수를 살펴볼 때 시가총액 상위종목들 위주로 보는 이유는 이 종목들의 움직임이 지수에 크게 영향을 미치기 때문이듯이 ETF도 포함된 PDF의

ETF 시장구조

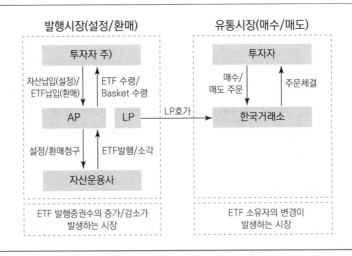

(한국거래소(KRX) 홈페이지 안내자료 발췌)

종목 수보다는 높은 비중을 차지하고 있는 종목들의 움직임이 ETF 전체에 큰 영향을 미치기 때문에 비중이 큰 종목들 중심으로 살펴보고 투자하는 것이 좋다. PDF 내역은 매일 거래소나 관련 ETF 홈페이지를 통해 게시하기 때문에 자신이 보유하고 있는 ETF의 전체 포트폴리오 내역을 확인할 수 있다.

지금까지 ETF의 구조와 기본적인 용어를 알아봤는데 ETF의 장점과 단점을 알아보도록 하자. 우선 장점으로는 소액으로 시장 전체와 산업이나 업종별 전체 투자가 가능하다는 것이다. 향후 전기차 업종에 대한 전망이 유망하고 2차 전지에 대한 관심이 많은데 2차 전지의 많은 소재, 부품, 장비업체 중에서 어떤 기업에 투자하기 어렵다고 생각된다면 2차전지 ETF에 투자하면 그만이다.6) 개별 종목에 대한 투자로 고민할 필요가 없다는 것이다. 또 다른 장점으로는 실시간 주식처럼 거래가 가능하고 저렴한 수수료와 거래세가 면제되며 얼마든지 주식, 지수, 원자재, 채권, 통화까지 분산투자가 가능하고 개별주식에 대한 직접투자 리스크를 어느 정도 줄일 수 있다는 점이다. 단점으로는 당연히 투자상품으로 원금손실 가능성이 있다는 점이다. 특히 기초자산을 2배수 추종하는 레버리지나 역방향 2배수 추종하는 인버스2X ETF에 투자 시에는 원금손실 위험이 더 크다는 점을 명심해야 하겠다.

금융감독원 ETF투자할 때 주의할 점

① 원금손실 우려 있는 펀드상품이라는 점 명심해야
② 자산구성내역 확인은 필수
③ 상품 운용사에 따라 수수료와 보수가 달라
④ 추적오차와 괴리율이 큰 ETF투자는 신중해야
⑤ 레버리지와 인버스 ETF는 장기투자에 부적합
⑥ 합성ETF는 거래상대방의 신용위험에 노출될 수 있음
⑦ 해외지수나 원자재 ETF는 환율에 따른 위험이 있음
⑧ 국내주식형이 아닌 ETF는 매매차익에 세금

---

6) 실제 시장에는 TIGER 2차전지테마, KODEX 2차전지산업, TIGER KRX2차전지K－뉴딜, TIGER 글로벌리튬&2차전지SOLACTIVE(합성), TIGER KRX2차전지K－뉴딜레버리지 등의 ETF가 거래되고 있다.

📖 관련지식 탐구생활

ETF 관련 용어정리

1. 기초지수: ETF가 추종하고자 하는 지수를 말하며 기초자산, 비교지수, 벤치마크 (benchmark) 등으로 불리고 있고 ETF는 고수익을 추구하는 투자가 아닌 이 기초지수를 얼마나 제대로 추종하는지가 중요하다.

2. NAV(Net Asset Value) - 기준가격, 순자산가치: 펀드에서는 통상 '1좌당 순자산가치'를 줄여 부르는 말로 기준가격이라는 용어를 사용하고 있는데 순자산가치란 ETF가 보유하고 있는 주식이나 채권은 물론 현금 등을 모두 포함하는 자산총액에서 운용보수 등 ETF 운용 중 발생한 부채총액을 차감한 순자산가액을 의미한다. 즉, ETF가 보유하고 있는 자산가치를 모두 반영하여 산출되는 'ETF 1좌당 가치'를 말하고 ETF의 기준가격은 일반펀드와 마찬가지로 전일 종가를 기준으로 하루 1번 발표된다.

3. iNAV(Indicative or Intraday Net Asset Value) - 실시간 기준가격: 기준가격은 전일 종가를 기준으로 하루 동안 고정되어 있는 반면, 거래소에 상장된 ETF는 오전 9시부터 오후 3시까지 실시간으로 거래되기 때문에 만일 ETF에 포함된 기초자산의 가치가 실시간으로 변하게 된다면 ETF의 기준가격은 장중 실시간으로 변하는 ETF의 기초자산의 가치변화를 제대로 반영하기 어렵게 된다. 이런 점을 보완하기 위해 일종의 참조용 기준가격으로 고안된 것이 '실시간 기준가격'이며, ETF에 포함된 기초자산의 가치변화를 고려하여 실시간으로 계산되어 통상 매 10초마다 발표된다.

4. 시장가격(Market Price): ETF가 시장에서 매매될 때 형성된 실제 1좌당 거래가격을 말하는데 시장가격은 가장 최근에 체결된 거래가격을 의미할 뿐이므로 기준가격 또는 10초마다 정기적으로 갱신되는 실시간 기준가격과는 차이가 날 수 있다. 만일 시장에서 거래가 활발한 ETF라면 시장가격과 실시간 기준가격 간 차이가 작아지므로 ETF를 가장 정확한 가격으로 거래하는 방법은 바로 기준가격대로 매매하는 것이지만 현실적으로 대부분의 투자가 시장에서 거래하다 보니 실제 사거나 팔게 되는 가격은 시장가격에 의해 결정되고 있다.

5. 호가 스프레드: ETF를 사고자 하는 가격 중 가장 비싼 가격(최우선 매수호가)과 팔고자 하는 가격 중 가장 싼 가격(최우선 매도호가)간 차이를 의미한다. ETF는 최소 5원 단위로 호가를 제시 할 수 있으므로 만일 ETF의 호가 스프레드가 5원인 경우라면 가장 유동성이 좋은 편이라고 말할 수 있지만 그 차이가 10원, 20

원, 30원. 이렇게 벌어질수록 스프레드 비용이 발생하게 된다

6. 유통시장: ETF를 주식처럼 사거나 팔 수 있도록 개설된 증권시장을 의미하고 우리나라에서는 상장주식을 매매할 수 있는 한국거래소가 ETF의 유통시장 기능을 하고 있다. 유통시장에서의 매매는 ETF의 거래량과 직접적으로 관련이 있으나, ETF의 운용규모에는 직접적인 영향을 주지 않는다. 한편 ETF를 거래하는 대부분의 투자자들은 바로 유통시장을 통해 투자를 하게 된다.

7. 발행시장: ETF를 펀드로서 설정하거나 환매할 수 있는 시장으로 ETF별로 지정된 증권회사를 통해 펀드에 투자하는 방법과 유사한 방법으로 설정이나 환매가 가능하다. 다만, 발행시장에서 ETF는 거래단위가 최소 수억 원에서 수십억 원까지 비교적 큰 편이고 환매 시 원천징수 등 전차상 어려움으로 인해 개인 및 일반법인의 거래보다는 금융기관들이 거래가 주를 이루고 있다.

8. CU(Creation Unit) – 최소설정단위: 유통시장에서 ETF는 1주 단위로 자유롭게 거래할 수 있지만 발행시장에서는 ETF를 설정하거나 환매할 수 있는 최소거래단위가 지정되어 있다. 이것을 CU라고 부르고 1CU당 ETF좌수는 각 ETF별로 1만주, 2만주, 10만주 등으로 정해져 있으며 금액으로는 수억 원에서 수십 억 원까지 다양하게 분포하고 있다.

9. PDF(Portfolio Deposit File) – 납부자산구성내역: 발행시장에서 ETF 설정을 원할 경우 투자자가 준비해서 ETF에 납입해야 하는 자산구성 내역을 의미하고 마찬가지로 ETF를 환매하는 경우에도 투자자는 PDF에 정해진 바에 따라 자산을 수령하게 된다. PDF는 1CU를 기준으로 작성되며 주식과 같은 현물로 구성되는 경우도 있고, 현금으로만 구성된 경우도 있는데 중요한 것은 ETF를 설정하거나 환매할 때는 반드시 PDF에 지정된 자산을 납입하거나 받게 된다는 점이다.

10. 할증거래(premium)와 할인거래(discount): ETF의 시장가격이 기준가격이나 실시간 기준가격보다 높게 형성된 거래로써 ETF가 비싸게 거래된 경우를 할증거래라고 말하고, ETF의 시장가격이 기준가격이나 실시간기준 가격보다 낮게 형성된 거래로써 ETF가 싸게 거래된 경우를 할인거래라고 말합니다. 할증거래와 할인거래를 발생시키는 원인으로는 1. 해외 ETF처럼 ETF가 거래되는 시간과 그 ETF가 보유 중인 기초자산이 거래되는 시간이 서로 다를 때 발생하고 2. ETF가 보유 중인 기초자산의 거래빈도가 낮을 때 발생한다. 장외에서 주로 거래되는 채권을 주로 편입하는 채권형 ETF가 해당되고 3. 천재지변 등으로 ETF 또는 ETF의 기초자산이 상장된 거래소가 휴장하는 경우에 할증이나 할인거래가 발생하기도 한다. 이러한 할증이나 할인거래를 미연에 방지하기 위해서는

동시호가 시간을 피하고 지정가 주문을 적극 활용하고 iNAV(실시간 기준가격)를 수시로 확인하는 것이 좋다.

11. AP(Authorized Participants) – 지정참가회사: 발행시장에서 투자자와 ETF 운용회사 사이에 설정 또는 환매를 위한 창구역할을 하는 증권회사를 말하고 각 ETF별로 복수의 AP를 지정하고 있으며, AP는 투자자의 요청이 있는 경우 투자자를 대신해 설정 또는 환매에 필요한 PDF를 직접 매매해 줌으로써 투자자가 현금만으로 ETF를 설정 또는 환매할 수 있도록 지원해 주기도 한다.

12. LP(Liquidity Provider) – 유동성 공급자: 유통시장에서 ETF 매매가 원활하게 이뤄질 수 있도록 ETF의 유동성을 책임지는 증권회사를 의미하고 통상 AP 중에서 1개 이상이 LP로 지정되며, LP는 일정수준의 호가범위 안에서 매수와 매도 물량을 공급해야 한다. 이를 통해 투자자는 장중 대부분의 시간 동안 ETF의 NAV 또는 iNAV에서 크게 벗어나지 않는 가격으로 거래할 수 있으며, 거래량이 낮은 ETF라도 언제든지 거래가 가능하게 된다. 국내 상장된 대부분의 ETF들은 비교적 잘 관리된 호가범위 내에서 거래가 되고 있으며, 호가 스프레드가 높더라도 통상 1% 이내에서 관리될 정도로 제도가 잘 정착되어 있고 이것이 가능한 이유는 LP로 지정된 증권회사들이 ETF가 최대한 NAV 또는 iNAV에 근접하여 장중에 거래될 수 있도록 노력하고 있기 때문이다. 따라서 LP는 ETF가 기준가격에서 사고 파는 주문이 없을 때에도 기준가격을 고려하여 ETF를 사거나 팔아 줌으로써 거래량과 상관없이 ETF 시장가격이 그 ETF의 기준가격에 근접하도록 도와주고 있다.

13. 괴리율: ETF의 시장가격과 순자산가치(NAV) 간 차이가 얼마나 나는지를 비율로 표시한 지표이다. ETF 특성상 시장가격과 순자산가치 사이에 괴리가 발생할 수 있지만 그 정도가 비정상적으로 크면서 오래 지속되고 있는 경우(동시호가 시간 제외)에는 LP의 매수/매도 호가 제공 활동이 원활하지 못해 ETF가 적정가격에 거래되지 못하게 된다. 따라서 괴리율이 높을 때 ETF 거래는 되도록 피하는 것이 좋다.

괴리율 산출 공식

$$괴리율=\{(시장가격-순자산가치(NAV))/순자산가치(NAV)\}\times100$$

괴리율이 벌어지는 주요 원인은 ETF가 최종 거래된 시간이 장 종료시점보다 이른 경우, ETF가 투자하는 기초자산의 거래 빈도가 매우 낮은 경우, 국내 거래소와 해외 거래소의 거래시간이 다른 경우, LP(유동성 공급자)가 유동성을 공급할 의무가 없는 시간대인 경우 (장중 14:50~15:00시), 매수 희망자가 많아 ETF의 시장가격이 오르는 경우 등이 있다.

14. 추적오차(tracking error): ETF의 수익률이 기초지수의 수익률과 얼마나 정확히 일치하고 있는지 확인시켜 주는 지표를 말하는데 따라서 추적오차가 낮을수록 ETF의 본연의 목적에 충실한 좋은 ETF라고 할 수 있다. 간단한 측정방법으로는 특정 기간의 수익률을 비교해 보는 방법이 있으나, 과거 일정 기간 동안 두 수익률 간의 일간 표준편차를 구해 보는 방법이 보다 정확한 방법이라고 할 수 있다. 추적오차는 ETF 운용회사의 운용능력과 직결되는데 복제방법과 복제수준, 운용보수, 기초자산에서 발생하는 배당금 및 이자 등 다양한 원인에 따라 추적오차의 정도가 결정된다.

15. 분배금: 투자자가 해당 연도의 마지막 증시 거래일 이틀 전까지 상장사 주식을 보유했다면 배당금을 받게 된다. 마찬가지로 다양한 기업이 편입된 ETF투자자 또한 배당금에 대한 권리가 부여되며, 이때 ETF에 편입된 주식에서 발생한 배당금은 순차적으로 ETF에 입금되고, 자산운용사는 이를 현금 자산으로 보유하여 ETF투자자에게 분배하게 된다. 분배금은 ETF에 편입된 주식의 배당금뿐만 아니라 ETF가 보유한 현금의 운용 수익, 채권의 이자, 기초자산의 대여를 통한 이익 등을 모두 합한 것으로 배당금과는 개념적으로 차이가 있다. ETF는 분배금 지급기준일에 ETF의 실제 보유가 되어 있어야 분배금을 받을 수 있는데 주식형 ETF의 경우 1, 4, 7, 10월 그리고 12월의 마지막 영업일이 분배금지급기준일이고 그 밖의 대부분의 ETF들은 12월 마지막 영업일이 기준일이다. ETF의 명부에 올라간다는 것은 결제일 기준이므로 분배금 지급기준일에 ETF의 보유가 조건이고 이를 위해서는 결제일(T+2)를 고려하여 2영업일 전에 매수해야 한다. 다만 ETF의 지급기준일이라고 해서 반드시 분배금 지급이 있는 것은 아니다. 분배재원이 적거나 혹은 발생하지 않는다면 분배금 지급기준일이 되어도 분배금을 지급하지 않을 수 있다.

✏️ 신문기사 탐구생활

전 세계 투자금 ETF로 몰려…사상 처음으로 1조달러 넘어

올해 美서만 380개 ETF 출범

[서울=뉴시스] 김예진 기자 = 올해 세계적으로 상장지수 펀드(ETF)에 기록적으로 투자가 몰리며 투자금이 사상 처음으로 1조 달러(약 1경 181조 원)를 넘었다고 12일(현지시간) 월스트리트저널(WSJ)이 보도했다. 신문은 미국 투자리서치기업인 모닝스타 자료를 인용해 전 세계의 ETF 유입액은 지난 11월 말 처음으로 1조 달러를 돌파했다고 전했다. 투자금이 몰리면서 글로벌 ETF 자산 총액은 9조 5,000억 달러로 뛰었다. 이는 2018년 말 업계 기준 2배 이상이다.

투자금의 상당 부분은 자산 운용사인 뱅가드 그룹, 블랙록, 스테이트 스트리트 등으로 들어갔다. 뱅가드의 ETF, 인덱스 상품관리 대표인 리치 파워스는 주식시장이 '격동'을 겪었던 선례가 있기 때문에 "점점 더 많은 투자자들이 인덱스형 상품으로 길을 돌리고 있다"고 지적했다.

투자금이 ETF로 몰리자 자산운용사들은 아직 대기업들이 장악하지 못한 틈새시장을 찾아 ETF 펀드의 적극적인 운용 방안을 모색하고 있다. 새롭게 ETF 펀드도 내놓고 있다. 시장조사업체 팩트셋에 따르면 올해 미국에서는 380개의 ETF가 새로 출범했다. 이 가운데 절반 이상이 적극적으로 운용되고 있다.

뱅가드, 블랙록이 운용하는 ETF 상위 20개사는 올해 전체 수익의 40%를 육박하고 있다. 다만 팩트셋의 엘리자베스 카쉬너 ETF 디렉터는 주식시장이 후퇴할 경우 약한 ETF가 시장에서 쫓겨날 수 있다고 지적했다. ETF 상장폐지는 지난 10년 간 증가해왔다. 코로나19 영향으로 지난해에는 277개의 ETF가 상장 폐지됐다.

팩트셋의 자료에 따르면 전체 액티브 ETF 가운데 약 3분의 1이 상장폐지 위험이 중간 또는 높은 것으로 나타났다.

(2021년 12월 13일 뉴시스 기사 발췌)

CHAPTER

06

주린이를 위한 주식투자의
이해와 투자가치 분석

1. 주식투자의 기본적인 이론과 개념을 알고 투자지식을 습득한다.
2. 주식투자의 기본적 분석과 기술적 분석에 대한 내용을 설명할
   수 있다.
3. 일상생활에서 실천하는 주식투자 Tip 발굴과 호재와 악재 기사
   를 구분할 수 있다.

자산관리의/ 이론과/ 실무
ASSET MANAGEMENT

CHAPTER
06

주린이를 위한 주식투자의
이해와 투자가치 분석

(1) 주식투자 이건 알고 합시다

현재 투자에 있어서 가장 주류를 이루고 있고 간접투자상품을 통해서도 엄청난 자금이 운용되고 있는 주식투자는 직간접적으로 반드시 알아야 하는 투자의 핵심 중에 핵심이다. 투자를 만약에 2가지로 구분하라면 주식과 부동산이라고 언급하고 싶을 정도로 중요한 위치를 차지하고 있는 주식투자에 대해서 최소한 알고 챙겨야 하는 지식을 알아보도록 하자. 주식이라는 것은 원래 1600년대 초 네덜란드에서 설립된 공식적인 최초의 주식회사인 동인도회사에서 시작되었다. 당시 영국, 프랑스, 네덜란드는 인도 등에서 향료나 후추 등을 구입해서 본국에 가져가 판매했는데 해상 무역은 해적이나 태풍 등 다양한 위험이 도사리고 있었지만 엄청난 수익과 부를 만들 수 있어서 많은 나라에서 뛰어들기 시작했다. 하지만 배를 만들고 선원들을 구하고 급료를 주면서 몇 개월에서 몇 년을 바다에서 지내려면 막대한 자금이 필요했고 이를 고민하던 중에 증권을 발행해서 투자금을 조달하게 되었고 항해를 통해서 다양한 아시아의 제품을 수입해서 판매한 막대한 수익을 바탕으로 증권에 투자한 투자자들에게 배당이라는 큰 수익을 안겨주게 된다.

우리나라의 주식시장은 1956년 3월에 유가증권의 공정한 가격형성과 안정 및 원활한 유통을 목적으로 한국증권거래소가 설립되었고 2007년 1월에 한국증권거래소, 한국선물거래소, ㈜코스닥증권시장, 코스닥위원회를 통합하여 주식회사 형태의 한국증권선물거래소를 설립하게 된다. 이어서 2009년 2월에 자본시장법 시행으로 한국거래소(KRX, Korea Exchange)로 명칭이 변경되어 현물과 파생상품을 동시에 취급하는 종합 거래소로서 현재까지 그 기능을 유지하고 있다.

주식의 개념과 종류

주식(株式, stock)은 주식회사의 자본을 이루는 단위로서의 금액 및 이를 전제로 한 주주의 권리, 의무(주주권) 혹은 주식회사의 출자지분을 나타내는 유가증권을 의미한다. 즉, 한 회사의 자본을 구성하는 요소로서의 금액의 의미와 함께 회사에 대한 주주의 권리나 의무의 단위인 '주주권(株主權)'을 나타내는 의미로 볼 수 있다. 상법 329조의 내용을 살펴보면 주식회사의 자본은 주식으로 분할하여야 하며, 주식의 금액은 균일해야 한다고 되어 있다. 아울러 주주의 권리, 의무의 단위로서 회사에 대한 사원의 지위를 지분이라고 한다면 하나의 자본단체로 주식회사에 있어서의 지분, 즉 주주의 지위를 주식이라고 표현할 수 있겠다.

주식의 종류에는 크게 보통주와 우선주로 구분할 수 있는데 보통주는 보유하고 있는 주식의 수만큼 경영에 참여하거나 권리를 행사할 수 있는 주식을 의미하고 우선주는 보통주에 비해 배당이나 잔여재산 분배에 있어 사채 소유자보다는 우선순위가 낮으나 보통주주보다는 우선권이 있는 주식이다. 하지만 의결권이 제한되어 있어서 사채의 성격과 보통주의 성격이 복합된 증권이라고 볼 수 있다. 정리하자면 보통주와 우선주의 가장 큰 차이점은 의결권 여부이다. 보통주와는 달리, 우선주에는 의결권이 없기 때문이다. 따라서 우선주 주주는 주주총회에 참석할 수 없고, 회사의 중요한 의사결정에 찬반 표를 던질 수 없기 때문에 통상 보통주보다 훨씬 낮은 가격에 거래되고 있다. 두 번째, 우선주를 매수하면 보통주보다 더 많은 배당금을 받을 수 있다는 이점이 있다. 의결권을 포기한 대가라고 할 수 있는데 주식을 사고, 보통주보다 더 많은 배당금을 받기 때문에 투자금액 대비 배당금 비율은 훨씬 더 높다고 할 수 있다.

회사가 우선주를 발행하는 이유는 배당을 더 주더라도 의결권을 나누어 주고 싶지 않기 때문으로 경영에 대한 간섭을 받고 싶지 않다는 의미이다. 주식회사에서는 중요한 경영 의사결정을 내릴 때 반드시 투표를 거쳐야 하고 주식을 많이 발행해서 의결권이 여기저기 분산되면, 경영진이 원치 않는 방향의 투표결과가 나올지도 모르기 때문이다.

하지만 실제 투자자들 입장에서는 대부분 경영참여보다는 투자수익을 겨냥한 투자가 대부분이기 때문에 우선주 투자도 많은 관심을 받고 있다. 다만 우선주는 보통주보다 주식 수량도, 거래량도 적기 때문에 단기투자에는 적합하지 않다는 점을 감안해서 투자목적에 맞게 매매 의사결정을 내리면 되겠다.

우선주에서도 당해 영업연도에 소정 비율의 우선배당을 못 받은 경우 미지급 배당액을 다음 영업연도 이후에는 우선하여 보충배당을 받는 누적적 우선주가 있고 미지급 배당액을 다음 영업연도 이후에는 보충받지 못하는 비누적적 우선주의 2가지가 있다. 주주총회에 참석해서 의결권을 갖느냐 못 갖느냐 차이기 때문에 흔히 보통주를 '의결권주' 우선주를 '무 의결권주'라고도 불리고 있다.

시가총액의 크기에 따라서도 분류가 되는데 시가총액이 1위부터 100위까지의 주식을 대형주, 101위부터 300위까지를 중형주라고 하고 301위부터 그 이하의 모든 종목을 소형주라고 부른다. 주식시장의 상황에 따라서 변동폭이 작아 안정적인 대형주가 유리할 수도 있고 때로는 주가의 변동폭이 커서 리스크도 있는 중소형주가 유망할 수 있다. 과거에는 대형주는 개인보다는 외국인이나 기관투자자가 주로 투자하고 중소형주는 개인투자자들이 주로 투자한다고 알려져 있지만 최근에는 이러한 구분없이 개인투자자들도 대형주 투자에 적극 나서고 있는 모습이다. 대형주의 특징은 발행 주식수와 거래량이 일반적으로 많고 아무래도 기관이나 외국인 투자자들이 선호하는 주식이다. 시장에서 안정적인 마켓을 보유하고 있고 배당수익률과 경기 변동에 따른 시세차익을 기대하고 투자가 되고 있다. 비교적 주가수준이 높아서 개인들이 투자를 부담스러워 펀드나 ETF등 간접투자방식으로 투자를 한다. 중소형주는 발행 주식수와 거래량이 대형주에 비해서 작지만 단기 고수익을 추구하기에 적합하고 개인투자자들이 선호하는 주식유형이라고 할 수 있다. 또한 공모주와 사모주로 구분할 수도 있는데 공모주는 다수의 일반인에게 주식을 공개하여 자본금을 모집하는 주식을 말하고 사모주는 기존 투자자나 특정한 투자자 몇몇에 대해서만 주식을 발행하거나 인수시키는 주식을 말한다. 주식의 구분으로 또 하나는 성장주와 가치주로도 나누어 볼수 있는데 성장주는 현재의 주가수준은 높지 않지만 향후 매출이나 이익 등의 실적이 크게 성장할 것으로 예상되는 기업의 주식을 의미한다. 가치주는 회사 실적이나 보유자산 등의 내재가치에 비해서 주가가 낮게 형성되어 있는 기업을 의미한다. 주식의 본래 가치에 비해서 주가가 낮거나 높게 형성되어 이는 기업을 구분하는 지표로 흔히 PER(주가수익비율, Price Earning Ratio)이 쓰이는데 이부분은 뒤에 '기본적 분석'에서 다시 다루도록 하자. 경기순환주는 경기에 민감하게 반응해서 경기에 따라 주가가 연동되어 등락하는 주식을 경기방어주는 수익성 개선에 따른 주가상승이 경기의 상황과 상관관계가 없는 주식을 의미한다. 식품, 헬스케어나 개인 소비성 물품 제조업 등이 이에 속한다.

(2) 주식의 상장과 발행

누가 회사를 설립했다고 하자. 그 대표에게 향후 목표가 무엇입니까? 질문을 했다면 아마 90% 이상의 대표가 이렇게 답변할 것이다.

"저희 회사를 주식시장에 상장(IPO[1])시키는 것이 목표입니다."

그만큼 유가증권(KOSPI)시장이건 코스닥시장이건 회사의 주식을 상장시킨다는 것은 모든 회사의 설립자들의 공통의 꿈이며 목표일 것이다. 회사의 성장과 엄청난 자산의 증가 및 명예를 동시에 얻게 되는 것이기 때문이다.

상장(listing)의 의미는 그래서 증권(주권, 채권, 펀드, 파생상품 등)이 일정한 요건과 절차를 거쳐 한국거래소에 매매될 수 있도록 허용하는 것이라고 보면 된다. 기업공개라고도 하는데 기업의 내부정보를 외부에 공개하는 의미로 외부로

---

1) IPO(Initial Public Offering)란 비상장기업이 정해진 절차에 따라 일반 불특정 다수의 투자자들에게 새로 주식을 발행하거나 기존 주식을 매출하여 유가증권시장 또는 코스닥시장에 상장하는 행위를 말한다.

부터 투자를 받기 위해서 상장이라는 과정을 거치고 한국거래소의 승인을 받으면 된다. 상장의 종류에는 크게 4가지로 구분할 수 있다. 우선 지금까지 언급한 상장을 의미하는 신규상장으로 기업이 발행한 주권을 주식시장에 처음으로 매매를 위해서 등록하는 것으로 상장예비심사 청구후에 공모(모집, 매출)를 통해 혹은 직(유통)상장의 방법으로 진행되는데 직상장은 코스닥사장 회사가 시장 이전하는 경우를 의미한다. 두 번째 상장의 종류에는 재상장이 있다.

재상장은 상장법인의 분할이나 분할 합병, 상장법인 간의 합병에 의해서 설립된 법인 및 상장이 폐지된 후 5년이 경과되지 않은 법인이 발행한 주식을 상장하는 경우를 의미한다. 추가상장은 상장법인 증자, 합병, 전환사채나 신주 인수권부 사채를 소유한 자의 권리행사 등으로 인하여 새로이 발행한 주권을 상장시키는 것을 의미하고 변경상장은 주식의 기재내용이 변경(상호, 액면 금액 등)되는 경우 새로운 주식으로 교체 발행해서 상장시키는 경우를 의미한다.

상장의 효과는 위에서 언급했듯이 회사의 이미지나 대외 공신력의 큰 변화를 가져오는데 역시 가장 큰 효과는 회사의 경영자금이나 R&D 투자, 시설자금 등의 필요자금 조달이 한 번에 해결된다. 유상증자나 해외DR[2]발행, 전환사채, 교환사채 등 다양한 방법을 통해서 대규모 필요자금을 쉽게 조달할 수 있다. 상장의 효과 두 번째는 기업의 인지도 제고인데 상장법인의 주가가 각종 뉴스나 언론매체를 통해서 보도가 되고 공시를 통해서 회사의 다양한 긍정적인 소식(신규 수출계약 체결, 실적 상승, 특허권 출원 등)이 전해지면서 회사에 대한 홍보효과가 크다. 또한 기업구조조정의 원활한 추진이 이루어져서 상장법인의 분할이나 합병 등에 의해 설립된 회사를 쉽게 상장허용함으로써 자연스러운 구조조정이 진행될 수 있다. 아울러 임직원들의 회사에 대한 자부심이나 업무의 적극성을 올리는 계기가 될 수 있다. 설립자를 비롯한 대주주나 주주들의 주가상승에 따른 자산증가도 또 하나의 큰 효과라고 할 수 있다. 이렇게 어떤 회사가 주식시장에 상장을 하면 다양한 효과가 발생하게 되는데 지금까지는 내부적인 관점에서 바

---

2) Depository Receipts의 약자로서 한국어로 하자면 '주식예탁증서'이다. 즉, 국내 기업이 해외 주식시장에 주식을 상장하기 위해서 필요한 주식예탁증서로서 국내의 주식인 원주를 대신하는 주식대체증서를 말한다. DR의 효시는 1927년 미국의 모건 개런티 트러스트가 발행한 미국예탁증서가 최초이며, 제2차 세계대전 이후에는 유럽에서도 많이 발행되었다고 한다.

라본 것이고 회사 외부의 일반 투자자들이 주주가 되면 갖게 되는 권리가 있다. 크게 2가지로 '자익권'과 '공익권'으로 구분하는데 자익권은 주주가 회사로부터 경제적인 이익을 얻기 위한 권리로 실제 일반 투자자들이 가장 주식투자를 하게 되는 동기라고 볼 수 있다. 공익권은 회사의 지배나 경영에 관여할 수 있는 권리로 주식에 투자해서 매도를 통한 수익창출보다는 회사의 경영에 더 관심을 갖고 투자하는 경우 자주 활용되는 권리라고 볼 수 있다. 자익권의 종류에는 이익배당 청구권, 잔여재산분배청구권, 이자배당 청구권, 주권교부청구권이 있고 공익권에는 주주총회에 참석해서 본인의 의사를 표출할 수 있는 의결권, 주주총회 결의 취소를 구하는 권리, 주주총회 소집청구권, 회사의 해산을 청구하는 권리 등이 있다.

주식의 발행 구분

위에서 우리는 주식의 종류를 알아보면서 공모주와 사모주에 대해서 이해했다. 공모주는 공모발행(public offering)으로 발행하는 주식으로 공모발행의 의미는 불특정다수인을 대상으로 유가증권을 모집 또는 매출하여 유가증권을 발행하는 방법이고 사모주는 사모발행(private placement) 즉 발행주체가 일반인을 대상으로 하지 않고 특정한 개인이나 은행, 보험사 등의 금융기관 등에 유가증권을 인수하도록 하여 발행하는 방법으로 발행된 주식의 의미한다. 공모와 사모의 의미를 살펴보면서 '모집'이나 '매출'이라는 단어가 나오는데 구분할 필요가 있어서 정의를 살펴보면 '모집'은 50인 이상의 투자자에게 새로 발행되는 증권의 취득과 청약을 권유하는 것을 의미하고 '매출'은 50인 이상의 투자자에게 이미 발행된 증권의 매도의 청약을 하거나 매수의 청약을 권유하는 개념으로 신규발행 증권과 기존 발행된 증권의 구분으로 정리할 수 있다.

공모와 사모와 더불어 주식발행을 직접과 간접발행으로 구분하기도 한다. '직접발행'은 말 그대로 직접 발행하는 방식으로 발행회사가 자기 명의로 인수위험 등을 부담하고 사무도 직접 담당하는 방식이고 '간접발행'은 발행회사가 전문적인 지식, 조직 및 많은 경험이 있는 금융투자회사를 통해서 주식을 발행하는 방식으로 일반적으로 '간접발행'을 통한 주식발행이 이루어지고 있다. 간접발행에는 발행 위험 즉, 주식의 발행 시 투자자에게 인수되지 않은 주식이 발생할 가능성에 따라 크게 3가지로 구분하는데 '총액인수', '잔액인수', '모집주선'이 그 것이다.

총액인수(firm commitment)는 우선 발행되는 주식을 인수기관이 전액 매입한 후 인수한 주식을 일반 투자자에게 다시 매각함으로써 자금을 회수하는 방법을 의미하고 잔액인수(stand-by)는 발행기관이 발행된 주식을 발행회사로부터 전액 인수하지 않고 발행업무를 도와주다 모집기간이 경과하고 나서도 매각하지 못한 잔량이 남을 때에는 미리 약속한 인수가격으로 잔량을 인수하는 방식을 의미한다. 은 발행기관이 발행사무를 담당하여 모집에 최선을 다하지만 만일 이러한 모집의 결과 미소화분의 증권이 발생하면 이를 발행자에게 되돌려 주어 발행위험을 부담하지 않는 방법을 의미한다.

(3) 기업공시제도의 이해와 투자활용

일반적으로 투자자들이 주식에 투자할 종목을 고민할 때 다양한 투자에 대한 정보를 얻게 되는데 언론사의 뉴스나 증권회사의 다양한 리서치 자료 등을 활용하는 방법과 함께 기업공시제도를 통한 정보수집도 중요한 방법이 되고 있다. 적어도 어떤 회사의 주식을 투자하려고 한다면 그 회사에서 발표하는 정기적인 실적이나 대주주의 주식매매, 수출 등 계약체결, 특허권 등의 무형자산 취득 같은 정보를 안다면 훨씬 투자 판단에 도움이 되기 때문이다. 그래서 본 장에서는 최근 주식투자의 핵심 정보 채널로 많이 활용되고 있는 기업공시제도에 대해서 알아보도록 하자.

기업공시제도의 의미는 증권을 발행한 기업의 중요한 정보는 모든 사람들에게 차별없이 제공되도록 하여 일부만 유리한 투자정보를 가지게 되는 일이 없이 공정한 경쟁을 하기 위해서 만든 제도이다. 기업공시제도는 발행시장에서 이루어지는 발행시장 공시자료와 유통시장에서 이루어지는 유통시장 공시자료로 구분하는데 발행시장의 공시자료는 증권신고서, 투자설명서, 증권발행실적 보고서 등이 있으며, 유통시장의 공시자료는 사업보고서, 분기, 반기보고서 등의 정기공시와 주요사항 보고서 및 거래소에 공시되는 주요경영사항 신고, 공시와 공정공시, 조회공시, 자율공시 있다.

어떤 회사의 투자가치를 알고 싶을 때 즉, 투자 여부의 판단에 있어서 투자자들은 최대한 많은 정보를 알려고 한다. 하지만 실제 투자를 할 때 몇 가지 외에는 제대로 된 그 회사의 가치를 보지 않고 투자하는 경우가 많다. 주변에 누구의 권유나 신문기사 하나 보고 덜컥 투자를 하기 때문이다. 어떤 기업의 투자가치, 즉 주식 가격이 향후 상승할지 여부를 알기 위해서는 이 회사가 영업이익이 얼마나 되는지, 최근 몇 년간 대출 등의 부채는 증가하지 않았는지, 자본금 대비 이익률은 얼마나 되는지, 앞으로 어떤 사업계획을 가지고 있는지 등을 아는 것은 투자의 기본 정보이자 반드시 투자자들이 챙겨야 하는 자료라고 할 수 있다.

기업공시제도는 이렇게 어떤 증권에 대한 투자의사의 결정에 중요한 역할을 하는 정보들을 모든 사람들에게 공평하게 제공되도록 함으로써 중요한 정보를 소수만이 독점하고 이득을 취하는 일이 없도록 하는 기능을 가지고 있다. 일반 투자자들이 기업공시자료를 보기위한 방법은 금융감독원의 전자공시시스템 (dart.fss.or.kr)이나 한국거래소에서 운영하는 기업공시 사이트(kind.krx.co.kr)에서 확인이 가능하다.

▼ 금융감독원 전자공시 시스템 홈페이지(dart.fss.or.kr)

▼ 한국거래소 기업공시채널 홈페이지(kind.krx.co.kr)

위에서 언급했듯이 공시의 2가지 종류인 발행시장 공시자료와 유통시장 공시자료로 구분해서 알아보자.

발행시장 공시자료는 크게 증권신고서, 투자설명서, 증권발행 실적 보고서로 구분한다.

발행시장 공시	내 용	관련 조문
증권신고서	유가증권을 모집 또는 매출할 때 제출	[자본시장과 금융투자업에 관한 법률] 제119조~122조까지
투자설명서 및 간이투자설명서	신고의 효력이 발생한 유가증권의 모집, 매출 시에 투자자들에게 공람 또는 발급	[자본시장과 금융투자업에 관한 법률] 제123조까지
증권발행실적 보고서	모집, 매출한 유가증권의 발행 또는 매도가 종료된 때 제출	[자본시장과 금융투자업에 관한 법률] 제128조까지

유통시장의 공시자료는 발행되어 이미 주식시장에서 매매가 이루어지고 있은 증권의 취득, 처분에 필요한 정보를 제공하기 위한 공시자료로 기업의 재무상황, 영업실적, 지배권 변동 등에 대한 내용으로서 일반 투자자들이 가장 많이 확인해야 하는 자료이다. 사업보고서, 분기/반기보고서 등의 공시자료와 주요사항보고서 및 거래소에 공시되는 수시, 조회, 공정공시 등이 있다.

유통시장 공시자료	내 용	관련 조문
사업보고서 및 분기, 반기보고서	사업연도 개시일부터 종료일까지의 해당 기업의 실적 등을 공시하는 사업보고서와 반기, 분기별로 해당 기업의 영업실적을 공시하는 반기, 분기보고서 제출	[자본시장과 금융투자업에 관한 법률] 제159~160조
주요사항 보고서	사업보고서 제출대상 법인이 사업보고서 및 분기, 반기보고서 정보의 최신성을 유지하기 위해 주요한 경영 변동사항이 발생하는 경우 제출	[자본시장과 금융투자업에 관한 법률] 제161조
주요경영사항의 신고, 조회공시, 공정공시 등	**주요경영사항의 신고와 공시**: 상장법인의 경영활동과 관련된 사항으로 투자자의 투자결정에 영향을 미치는 사실 또는 결정내용을 신고하는 공시	[자본시장과 금융투자업에 관한 법률] 제391조 및 [유가증권 시장 공시규정] 제7조~20조
	조회공시: 거래소가 증권발행회사에 대해 일정한 내용의 확인을 요구할 때 회사가 해당 내용을 공시	
	공정공시: 기업이 애널리스트나 기관투자자 등 특정집단에게만 기업의 중요정보를 제공하는 경우 그 내용을 일반투자자에게도 공시	

이처럼 투자자들이 투자의 판단에 있어서 주로 살펴봐야 하는 공시내용은 유통시장 공시자료로 구체적인 내용은 아래와 같다.

정기공시(사업보고서, 분기, 반기보고서)

1. 제도의 의의

정기공시는 증권을 발행하거나 상장한 법인 등의 사업내용, 재무상황 등 기업 내용을 정기적으로 공시함으로써 일반투자자에게 합리적인 투자판단 자료를 제공하고 시장에서 공정한 가격형성이 이루어지도록 하여 거래 질서를 확립하고 투자자를 보호하기 위한 제도

2. 제출대상 및 제출면제법인

- 제출대상법인(법 §159①, 영 §167①)
  - 주권상장법인
  - 주권 외의 지분증권, 무보증사채권, 전환사채권 신주 인수권부사채권, 이익 참가부사채권 또는 교환사채권, 신주 인수권이 표시된 것, 증권예탁증권, 파생결합증권을 증권시장에 상장한 발행인
  - 주권 및 주권 외의 상기 증권을 모집 또는 매출한 적이 있는 발행인(상장이 폐지된 발행인 포함)
  - 외부감사대상 법인으로서 증권(주권 및 상기 증권)별로 그 증권의 소유자 수가 500인 이상인 발행인

- 제출 면제법인(영 §167②)
  - 파산한 경우
  - 상법 및 그 밖의 법률에 따라 해산사유가 발생한 경우
  - 상장법인의 경우, 상장 폐지요건에 해당하여 해당 법인에게 책임이 없는 사유로 사업보고서의 제출이 불가능하다고 금융위의 확인을 받은 경우
  - 모집 또는 매출한 발행인의 경우, 각 증권마다 소유자의 수가 모두 25인 미만인 경우로서 금융위가 인정한 경우(다만, 그 소유자의 수가 25인 미만으로 감소한 날이 속하는 사업연도의 사업보고서는 제출)
  - 증권별 소유자 수가 500인 이상인 외부감사대상 법인의 경우, 각각의 증권마다 소유자의 수가 모두 300인 미만으로 된 경우(다만, 그 소유자의 수가 300인 미만으로 감소한 날이 속하는 사업연도의 사업보고서는 제출)

- 코넥스 시장 상장법인 특례(법 §165②, 영 §176⑧⑨)
  - 코넥스 시장에 상장된 주권을 발행한 법인은 분 반기보고서 제출의무 면제

주요사항보고서

■ 자본시장법 시행과 함께 기존에 금융위원회 보고와 거래소 보고로 혼재되어 있던 수시공시(주요경영사항 신고)의 제출대상기관을 거래소로 일원화
  • 법적 규제와 자율 규제의 범위와 운영을 명확하게 구분하고, 사업보고서 심사, 불공정거래 적발 등 시장감독에 반드시 필요한 중요사항을 금융위의 직접규제 영역으로 편입하고 나머지 사항은 거래소 자율공시사항으로 이관함
■ 또한, 종전 주요경영사항 신고 중 회사 존립, 조직 재편성, 자본 증감 등의 사항과 특수공시사항을 주요사항보고 항목으로 지정하여 그 사유발생 익일까지 금융위에 제출하도록 함

합병 등에 관한 공시

■ 합병 등이란 합병, 분할 분할합병, 중요한 영업 자산의 양수 및 양도와 주식의 포괄적 교환 이전 등을 포함하는 개념으로 사용됨(법 §165의4)
■ 합병 등 관련 공시
  • 사업보고서 제출대상법인은 합병, 분할 분할합병, 주식의 포괄적 교환 이전, 중요한 영업 자산양수도에 관한 계약을 체결하거나 이사회결의가 있는 때에는 3일 이내에 (영업 자산양수도는 익일까지) 주요사항보고서를 금융위원회에 제출해야 함 (법 §161의1)
  • 주권상장법인은 합병 분할 분할합병의 등기를 한 때, 중요한 영업 자산양수도를 사실상 종료한 때 및 주식교환을 한 때 또는 주식이전에 따른 등기를 한 때에는 지체없이 합병 등 종료보고서를 제출해야 함(규정 §5-15)
  • 합병 등으로 인한 신주의 발행 및 주식의 교부가 공모(모집 매출)에 해당하는 경우 별도로 증권신고서 및 증권발행실적보고서를 제출해야 함(이 경우 합병 등 종료보고서 제출은 불필요)

▌주요사항보고서 제출 사유와 첨부서류

제출사유	첨부서류	서식
• 어음 또는 수표의 부도, 은행 당좌거래의 정지 또는 금지	• 부도 확인서, 당좌거래정지 확인서 등 증명서류	동일서식
• 영업활동의 전부 또는 중요한 일부의 정지	• 이사회의사록, 영업정지 처분 명령서 등 증명서류	
• '채무자 회생 및 파산에 관한 법률'에 따른 회생절차 개시 또는 간이회생절차개시의 신청	• 법원에 제출한 회생절차개시신청서 등 증명서류	
• 해산사유 발생	• 이사회의사록, 파산결정문 등 증명서류	
• 자본증가[1] 또는 감소, 조건부자본증권의 발행에 다른 부채의 증가에 관한 이사회 결의 (예외: 증권 신고서를 제출하는 경우, 주식매수 선택권 행사에 따른 자본의 변동은 면제)	• 이사회의사록 등 증명서류	
• 「기업구조조정 촉진법」제5조제2항 각 호의 어느 하나에 해당하는 관리절차가 개시되거나 같은 법 제19조에 따라 공동관리절차가 중단된 때	• 주채권은행의 결정서ㆍ계약서ㆍ합의서 등 증빙서류	
• 증권에 관한 중대한 소송 제기	• 소장 부본 등 법원송달서류 등	
• 해외증권시장 상장 또는 상장폐지 결정, 매매거래정지 조치 등	• 외국 정부 등에 제출하였거나 통지 받은 서류와 한글요약본	
• CB, BW, EB의 발행 결정(예외: 증권신고서를 제출하는 경우 면제)	• 이사회의사록 등 증빙서류	
• 조건부자본증권이 주식으로 전환되는 사유가 발생하거나 그 조건부자본증권의 상환과 이자지급의무가 감면되는 사유가 발생하였을 때	• 해당 사실을 증명할 수 있는 서류	
• 자기주식 취득(신탁계약 체결) 또는 처분(신탁계약 해지)의 결의	• 이사회의사록 등 증명서류	
• 합병, 주식교환ㆍ이전, 분할, 분할합병 등의 결정 • 중요한 영업 또는 자산의 양수도 결정	• 이사회의사록 등 증명서류, 계약서(계획서), 외부평가기관의 평가 의견서 (외부평가의무 존재 시)[2]	동일 또는 별도서식[3]
• 중요한 자산양수ㆍ양도를 권리행사의 내용으로 하는 풋백옵션 등의 계약 체결	• 해당사실을 증명할 수 있는 서류	별도서식

1) 주권상장법인은 제3자배정 유상증자 시 주요사항보고서를 납입기일 1주일 전까지 공시된 경우에 한하여 상법상 납입기일 2주 전 통지ㆍ공고 의무 면제
2) 주권상장법인의 경우 외부평가의무가 발생할 수 있음에 유의
3) 무형자산에 대한 중요한 자산양수도의 경우
(금융감독원 발간 '2020년 기업공시 실무안내' 책자 발췌)

▌기타 공시 제출 사유와 기한

구분	제출사유	제출기한
자기주식취득결과보고서	자기주식의 취득을 완료하거나 취득기간이 만료한 때	5일* 이내
자기주식처분결과보고서	자기주식의 처분을 완료하거나 처분기간이 만료한 때 (교환사채 발행의 경우는 발행을 완료한 때) * 주식매수선택권 행사에 따른 자기주식 교부 또는 신탁계약 기간 종료의 경우는 제외	
신탁계약에 의한 취득상황보고서	신탁계약을 해지하거나 신탁계약이 기간만료로 종료된 때	
신탁계약해지결과보고서	신탁계약을 해지하거나 신탁계약이 기간만료로 종료된 때	
합병 등 종료보고서	합병 등을 사실상 종료한 때 • 합병, 분할, 분할합병, 주식의 포괄적 교환 또는 이전: 등기를 한 때 • 영업양수도: 등기상 사실상 종료한 때 • 자산양수도: 자산의 등기 등 사실상 종료한 때	지체없이
주식매수선택권부여에 관한 선고	주식매수선택권을 부여하기로 주주총회 또는 이사회 결의를 한 때	
사외이사의 선임·해임 또는 중도퇴임 신고	사외이사의 선임·해임 또는 중도퇴임이 있는 때	다음날

* 영업일 기준 아님. 기간 말일이 공휴일(임시공휴일 포함)인 경우 익일로 연기

▌합병 등 관련 공시와 제출기한

신고서의 구분	제출대상법인	제출사유	제출기한
주요사항 보고서	사업보고서 제출대상법인	합병·분할·분할합병, 주식의 포괄적 교환·이전에 관한 계약을 체결하거나 이사회결의가 있는 때	3일 이내
		중요한 영업·자산양수도에 관한 계약을 체결하거나 이사회결의가 있는 때	다음날
합병 등 종료보고서	주권상장법인	합병·분할·분할합병의 등기를 한 때	지체 없이
		주식교환을 한 때	
		주식이전에 따른 등기를 한 때	
		등기 등 사실상 영업·자산양수도를 종료한 때	

※ 합병등에 따른 신주발행 및 주식의 교부가 고모(모집·매출)에 해당하는 경우 별도로 증권신고서 및 증권발행실적보고서 제출(이상 금융감독원 발간 '2020년 기업공시 실무안내' 책자 발췌)

　　지금까지 상장기업의 공시에 대한 이론적인 부분을 알아봤는데 실제 투자에 있어서 이러한 공시자료를 어떻게 활용하는지 알아보도록 하자 우선 가장 기본적인 공시자료는 '사업보고서'이다. 정기적으로 공시를 해야 하는 자료이기 때문에 가장 최근 투자여부를 고민하는 기업의 사업보고서를 확인해 보도록 하자. 사업보고서는 회사의 개요, 사업의 내용, 재무에 관한 사항, 이사의 경영진단 및 분석, 감사인의 감사의견 및 이사회 등 회사의 기관에 관한 사항과 그 밖에 투자자 보호를 위한 내용까지 구성되어 있다. 전체적으로 확인을 해서 꼼꼼히 체크하는 것도 좋겠지만 중요한 몇 가지만이라도 확인하고 투자하도록 하자.

　　우선 자본금의 변동내용을 살펴보고 유상증자나 무상증자 등의 호재를 찾아보도록 하자. 유상증자는 구체적인 증자의 목적에 따라서 호재와 악재가 달라지기 때문에 R&D에 대한 투자나 시설자금에 대한 투자 여부를 확인하고 부채상환이나 막연하게 운영자금의 경우에는 투자에 신중을 기하는 것이 좋다. 다음으로 사업의 내용을 살펴보고 구체적으로 어떤 제품을 제조하거나 서비스하는지 확인하고 연결재무제표와 주석의 확인을 통해서 다양한 재무비율과 지표를 확인하고 회사의 투자가치를 확인하도록 하자. 이 부분은 뒤에 '기본적 분석' 파트에서 자세하게 다루려고 한다. 주주에 관한 사항은 회사의 지배구조를 알 수 있고 다른 기관이나 회사에서 투자한 부분을 확인할 수 있고 임직원 현황에서 직원 수나 근속기간과 회사의 대략적인 규모를 알 수 있다. 아울러 계열회사 정보를 통해서 종속회사에 대한 정보도 알 수 있다. 다음으로 외국인이나 기관, 대주주의 매수나 매도 상황을 통해서도 투자가치를 확인할 수 있는데 어떤 투자자라도 상장회사의 지분을 5% 이상 보유하면 공시해야 하고 여기서 1% 이상 변동 시에 그때마다 공시를 해야 하기 때문이다. 만약에 대주주가 대량으로 주식을 매도하면 악재로 봐야 할 것이고 매수를 하면 내부의 긍정적인 호재가 있다고 보고 매수를 고민해도 되겠다. 또한 호재의 공시로는 신규 공급계약 체결이나 투자 및 판매에 대한 공시가 나오면 일단 긍정적인 공시로 이해하면 되겠고 자사주 취득 및 소각의 경우에도 긍정적인 공시라고 할 수 있다.

　　기업이 자기주식을 취득하는 목적은 주로 주가안정 및 주주가치 제고, 임직원 성과급 지급 및 합병의 대가와 스톡옵션 지급 등이기 때문이다.

매출액 손익구조 변동에 대한 공시도 중요한 공시 테마인데 매출액이나 이익이 전년도와 비교해서 30%(대규모 법인은 15%) 이상 변동되었을 때 나오는 공시이기 때문이다. 법인은 주로 3, 6, 9, 12월에 결산을 하는데 주로 12월 결산이 많기 때문에 주로 1~3월쯤 나오게 되는 공시이다. 하지만 전년도 매출이나 이익에서 30% 이상 상승해도 공시되지만 하락해도 공시가 되기 때문에 내용을 잘 살펴보는 것이 중요하다. 감사보고서의 내용도 확인하면 투자에 참고가 된다. 보통 사업보고서가 나오기 전에 회계기관을 통해서 감사보고서가 산출되는데 감사의견으로 적정의견은 회계결산에 이상이 없다는 의미이고 한정의견은 무언가 부정적인 요소나 내용이 있다는 의미이고 부적정의견은 회계에 심각한 오류가 있다는 의미이고 의견거절은 아예 회계감사를 포기한다는 의미로 투자가치가 아예 없다고 보면 된다. 적정의견이 아니라면 주식시장에서 해당 회사의 주식이 거래정지가 될 수도 있고 의견거절을 받으면 상장폐지가 될 수도 있기 때문이다.

항상 필자가 강조하지만 적어도 주식에 투자를 한다고 한다면 내가 투자하는 회사에 대해서 어느 정도 파악을 하고 있는 것이 좋겠고 수시로 바뀌는 경영 환경과 상황에 대한 투자가치의 변화를 발빠르게 알고 대응하는 자세가 필요하겠다. 당장 주로 사용하는 PC나 노트북에 금융감독원 공시시스템과 한국거래소 전자공시 사이트를 '즐겨찾기'하고 수시로 확인하는 생활 속의 투자습관을 갖도록 하자.

(4) 주식의 매매방법

주식투자를 하고 싶은데 무엇부터 해야 할지 고민하는 예비 투자자들이 의외로 많다. 겁도 나고 은행에서 통장 하나 만드는 것도 아니고 일단 증권회사를 가야 하는지 궁금하기만 하다. 맞다. 주식을 투자하기 위해서는 즉 매수를 하거나 매도를 하기 위해서는 일단 증권계좌가 있어야 한다. 하지만 증권회사에 굳이 갈 필요는 없다. 예전에는 당연히 증권회사 지점을 방문해서 실명확인을 하고 계좌를 만들고 했어야 하지만 지금은 스마트폰으로 편리하게 증권계좌를 만들 수 있다. 보통 비대면 계좌개설이라고 하는데 주식 거래 수수료도 저렴하고 실제 투자도 거의 스마트폰으로 이루어지기 때문에 비대면 계좌개설을 통해서 주식거래의 첫걸음을 떼면 된다. 계좌개설 후 노트북이나 PC를 통한 투자 계획이라면 증권회사의 홈 트레이딩 시스템인 HTF를 다운로드하고 스마트폰으로 투자를 할 계획이라면 모바일 트레이딩 시스템인 MTS를 다운로드하면 된다. 그래도 일단 스마트폰으로 투자가 이루어지는 것이 트랜드이기 때문에 스마트폰으로 증권회사의 애플리케이션과 MTS를 다운로드하자. 그리고 본격적으로 주식 투자를 하면 되는데 매수를 하기 위해서 일단 매수하고자 하는 종목을 선택하고 최근 시세나 다양한 정보를 확인하고 거래 좌수나 매수 가격 등을 다시 한번 확인하고 매수하면 된다.

주식 매매주문 방법

주식을 매매할 때에는 몇 가지 주문가격에 대한 종류가 있는데 의미를 명확히 알고 상황에 따라서 적절하게 지정하면 된다. 주식 매매주문 방법의 종류에 첫 번째는 '지정가주문'이 있다. 이는 투자자가 매매를 희망하는 종목의 수량과 가격을 지정하여 매매하는 것으로 일반적으로 많이 사용되고 있다. 지정가주문을 낸 후 현재 시세가 호가와 맞지 않을 경우에는 호가를 정정(정정주문)하여 다시 주문을 낼 수 있고 매수 시에 지정가주문을 지정하면 내가 주문 낸 가격보다 높은 가격에 매매되는 경우가 없고 매도 지정가주문을 내면 주문 낸 가격보다 낮은 가격으로 매도가 되는 경우가 없게 된다. '시장가주문'은 지정가주문과는 다른 형태로 투자자가 원하는 종목에서 거래를 희망하는 수량만 지정하고 가격은 직접 지정하지 않는다. 시장에서 현재 형성되고 있는 가격으로 매매주문을 내는 방법이라고 보면 된다. 만약에 매수주문 시 시장가주문을 하게 되면 현재 시장에 등록되어 있는 매도가격으로 매수계약이 체결이 되고 매도주문 시에는 매수 등록 가격으로 체결이 된다. 투자 타이밍이 중요할 때 시장가주문을 주로 지정하는데 가장 빠르게 매매할 수 있다는 장점이 있고 매수와 매도의 호가 차이가 클 경우에는 예상했던 가격보다 불리한 조건으로 매매가 이루어질 수 있다는 단점도 가지고 있다.

　'조건부 지정가주문'은 장중에 지정가주문을 지정해서 주문을 등록했는데 지정한 가격에 매매가 이루어지지 않았을 경우에 장 마감 전 동시 호가 시간[3]에 시장가주문으로 전환되는 주문 방식이다. 즉, 장중 시간에 매매가 체결되지 않으면 그날의 종가로 매매가 된다고 보면 된다. '최유리 지정가주문'은 투자자가 종목과 수량만 지정을 하고 가격은 현재 시장에서의 매수와 매도주문 현황에 따라서 매수주문의 경우 최우선 매도호가로, 매도주문의 경우 최우선 매수호가로 지정되는 주문이다. '최우선 지정가주문'은 투자자가 종목과 수량만 지정을 하고 가격은 매수주문의 경우 최우선 매수호가로, 매도주문의 경우 최우선 매도호가로 지정하는 주문이다. 최유리 지정가주문과 차이는 매수나 매도를 할 때 투자자 본인에게 유리한 매매를 하느냐, 우선적으로 매매를 하느냐 구분할 수 있다. 결론적으로 최유리 지정가주문은 투자자에게 가장 유리한 가격으로 지정되는 주문이고 최우선 지정가주문은 매수시에는 가장 높은 매수대기 가격으로 매도때에는 가장 낮은 매도가격으로 주문이 되는 방식이다.

　주식 매매주문 방식에는 IOC(Intermidiate or Cancel order)와 FOK(Fill or Kill)의 방법도 있다. IOC는 매수나 매도 주문시에 지정가로 주문한 가격의 매수나 매도 물량이 있으면 그 물량만큼은 즉시 체결 후 남은 수량은 취소시키는 기능을 가지고 있다. 특정가격에 주문을 내면 주문 즉시 체결되지만 남아 있는 물량이 투자자가 주문한 물량보다 작으면 남은 잔량의 주식 주문은 자동으로 모두 취소가 되는 것이다. FOK는 매수나 매도주문 시에 전량 즉시 체결이 불가능하면 주문 자체를 취소시키는 기능이다. 즉, 특정가격대에 주문을 넣었을 때, 희망하는 수량의 주식 전량 모두 즉시 체결이 안 된다면 아예 주문조차 취소가 되어 매수나 매도가 이루어지지 않는 개념이다.

---

3) 뒤에 '관련지식 탐구생활'에서 자세히 설명했으니 참고하기 바란다.

▌주식거래 시간 정리

정 규 시 간		오전 9시~오후 3시 30분
동시 호가	장 시작 동시호가(시가결정)	오전 8시 30분~9시
	장 마감 동시호가(종가결정)	오후 3시 20분~3시 30분
시가 외 종가	장전 시간 외 종가(전일 종가 거래)	오전 8시 30분~8시 40분
	장후 시간 외 종가(당일 종가 거래)	오후 3시 40분~4시
시간 외 단일가(당일 종가 대비 10% 이내 가격으로 거래)		오후 4시~6시

⌁▶ 관련지식 탐구생활

동시호가 개념 정리

주식을 거래하다 보면 오후 3시 20분부터는 계약 체결이 안 되는 경우가 있는데 이는 동시호가 시간대이기 때문이다. 동시호가제도는 주문을 모두 모아 같은 시간에 주문이 접수된 것으로 간주해 오전에는 장 시작 때, 오후에는 장 마감 때 모아서 체결시키는 제도이다. 일정 시간 동안 들어온 주문을 모두 모아서 동시에 체결시키는 것이다.

이 일정 시간 동안 들어온 주문은 시간에 관계없이 모두 동시 주문으로 간주된다. 그 일정시간을 동시호가 매매시간이라고 한다. 주식투자의 정규 가능 시간은 09:00 ~15:30이다. 동시호가 시간은 장 시작 동시호가 시간 08:30~09:00, 장 마감 동시호가 시간 15:20~15:30으로 되어 있다. 이 시간에 동시호가 거래가 이루어지는데 동시에 주가를 배팅할 수 있는 시간이고 보통 주식은 거래 타이밍이 아주 중요하기 때문에 장을 시작하기 전이나 장이 마감되기 전에도 투자에 대한 눈치싸움이 치열하다. 동시호가 거래 시간 동안 주문한 거래는 실제로 바로 거래가 체결되지 않는다. 실제 체결되는 시간은 바로 각 동시호가 시각 끝나는 시간이다. 예를 들어 08:45에 주문을 하였다면 실제로 체결되는 시간은 장 전 동시호가 시간이 끝나는 09:00라고 보면 된다. 또 만약 15:25에 주문을 하였다면 실제로 매매 계약이 체결되는 시간은 장 후 동시호가 시간이 끝나는 15:30이다. 이 시간에 모든 주식 거래가 일괄적으로 체결된다고 보면 된다. 따라서 매일매일의 외국인이나 기관들의 동시호가 시간대 거래가 오늘과 내일의 주가 방향을 정하는 주요 요소가 되고 있다. 장 시작 동시호가는 결국 사전주문제도로 볼 수 있는데 장이 열리기 전 30분 동안 미리 받은 주문을, 장이 시작한 9시에 일괄적으로 체결되도록 하는 것이다. 이때

30분 동안 주문된 주식 가격과 거래 수량으로 그날 거래의 시작 가격, 즉 시가가 결정된다. 종가는 반대로 장 마감 동시호가 시간 10분 동안 받은 주문을 15:30에 일괄적으로 체결하게 되고 그 거래 가격과 수량으로 그날의 종가가 결정되는 것이다. 하지만 이 동시호가 거래 시간 동안의 주문은 체결된다는 보장이 없다. 거래 가능 가격이 예상가로 나오게 되기 때문에 주문은 넣을 수 있지만 체결이 되지 않을 수도 있다는 것을 알아야 한다. 여기서 '체결 우선순위'라는 개념이 나오는 데 중요한 이론이라 아래에 정리해 봤다. 동시 호가 거래 시간 동안의 주문은 동시 주문으로 간주하지만

거래 체결의 우선순위를 정하기 위해서는 아래 조건이 적용된다.

1. 가격 우선 원칙
   - 매수가격은 가격이 높은 순으로
   - 매도가격은 가격이 낮은 순으로
2. 시간 우선 원칙: 만약 주문 가격이 동일할 경우, 더 빠르게 신청한 주문이 우선적으로 체결
3. 수량 우선 원칙: 만약 주문 가격과 시간이 모두 동일하다면 수량이 더 많은 주문이 우선적으로 체결
4. 위탁 우선 원칙: 위탁하여 거래하는 거래자의 주문부터 체결

(5) 경제와 주식투자의 관계

주식투자의 2가지 분석방법

성공적인 주식투자방법으로 가장 기본적으로 언급되는 것은 투자가치가 있는 종목을 어떻게 찾는지에 달려 있다. 이러한 투자의 기본인 투자가치가 높은 종목에 대한 분석 때문에 일단 종목 먼저 찾고 보는데 종목에 대한 투자가치도 중요하지만 최근에는 해당 종목이 속해 있는 산업이나 테마의 향후 전망과 국내외 경제동향과 상황에도 관심을 가져야 한다. 전 세계가 실시간으로 투자정보가

공유되기 때문에 당장 어떤 회사가 투자가치가 높다고 하더라도 해외시장에서 해당 업종에 대한 부정적인 전망이나 강력한 경쟁자의 출현, 원자재 가격의 급등 등 다양한 변수가 도사리고 있기 때문이다.

이처럼 주식투자를 위한 첫걸음으로 투자가치 판단의 방법으로 2가지 관점이 있는데 하향식 방식(top-down approach)과 상향식 방식(bottom-up approach)이 그것이다. 하향식 방식은 말 그대로 위에서부터 아래로 내려오면서 투자가치를 판단하는 방식으로 전 세계적인 경제상황과 거시경제부터 향후 전망을 분석하고 다음으로 국내경제, 특정 산업을 분석하고 기업을 분석하는 방식이다. 일단 세계 경제가 어떻게 흘러갈지를 판단해야 한다.

2021년도에는 COVID-19와 오미크론이나 델타 바이러스 때문에 전 세계 경제가 어려움을 겪었고 2022년도에도 그 전망이 썩 좋지는 않았다. 각종 리서치 기관이나 연구소에서도 전망이 전년보다 각국 경제성장률이 하락할 것이라고 예측했고 여기에 미국의 테이퍼링과 금리인상 등의 요인과 중국의 헝다사태에 이은 부동산 관련 기업들의 연쇄 도산 위험, 러시아의 우크라이나 침공에 대한 우려, 중국경제에 대한 부정적인 전망 등이 맞물려 시장의 호재보다는 악재가 많은 시기였다. 이처럼 전 세계적인 경제상황을 먼저 분석하고 다음으로 관심 업종이나 산업을 정해서 경제이슈에 대한 영향을 분석하고 해당 산업이나 업종에서 어떤 종목을 투자할지를 선정하고 그 종목에 대한 다양한 분석을 진행하게 된다. 상향식 방식은 반대로 투자에 대해서 관심 있는 종목을 먼저 정하고 해당 기업을 분석하고 산업, 경제로 거슬러 올라가는 분석 방식이다. 특정 종목을 정해서 기본적, 기술적 분석을 통해서 매수 시기를 대략 파악하고 해당 종목이 속해 있는 테마/이슈와 함께 해당 산업과 업종의 전망을 파악해서 해당 종목에 대한 영향을 분석한다. 다음으로 국내경제와 세계경제의 전망과 영향파악을 통해서 투자가치를 분석하는 방법이다.

경제지표와 주식투자

주식에 투자할 때 하향식 분석이건 상향식 분석이건 순서만 약간 다를 뿐 국내외 경제에 대해서 분석 없이는 투자가치를 판단하기가 어려울 수밖에 없다. 모든 종목의 실적이나 향후 전망에 밀접하게 영향을 미치기 때문이다. 최근에는 미국의 실업자 등의 고용지표나 중국의 자국 은행들에 대한 지급준비율 등의 정책이 국내 주식시장에도 영향을 미치고 실제 주가에도 반영이 되기 때문이다. 경제에 대한 체력과 위험요소를 판단할 수 있는 관련 지표는 무수히 많지만 그 중에서 특히 금리동향이나 각종 물가지수, GDP 등의 지표는 중요하기 때문에 한국은행의 경제통계 시스템(ecos.bok.or.kr)과 기획재정부나 각종 연구소 등의 홈페이지를 방문해서 파악해 놓는 것도 좋겠다.

한국은행의 경제통계 시스템을 방문하면 메인 화면 왼쪽에 주제별로 통화 및 유동성 지표, 주요계정 및 기준금리, 예금/대출금/기타금융, 금리, 지급결제, 증권/재정, 물가, 국제수지/외채/환율, 기업경기/소비자동향/경제심리, 자금순환, 기업경영분석, 산업연관표, 산업 및 고용 등 다양한 경제지표를 확인할 수 있고 화면 오른쪽에 주요 경제지표에 대한 실시간 현황판에 CD(91일), 국고채나 회사채 금리, 각종 환율, KOSPI지수 등의 주가지수 등의 확인과 원자재 가격 등을 알 수 있다.

그렇다면 우리가 주식에 투자를 하기 위해서 챙겨야 하는 경제지표에는 무엇이 있을까? 본 도서의 앞 부분에 자산관리를 실천함에 있어서 필요한 경제 요소나 지표에 대해서 이미 다루었기 때문에 본 장에서는 주식투자 관점에서 살펴보도록 하자. 주식투자를 하기 위해서 알아야 하는 경제지표의 첫 번째로 '경상수지'가 있다. 경상수지는 국가 간 상품 및 서비스의 수출입, 자본이나 노동 등 생산요소의 이동에 따른 수입이나 지출을 종합적으로 알 수 있는데 외국에 수출을 통해서 벌어들인 자금과 수입을 해서 지출된 비용의 차이를 나타냈다고 보면 된다. 즉, 수출이 수입보다 많으면 경상수지가 흑자이고 수입이 수출보다 많으면 경상수지가 적자가 되어 부정적인 경제전망이 나오게 된다. 아울러 각 업종별로 수출과 수입을 따로 떼서 흑자와 적자 및 내수 수요를 감안한 향후 전망 등을 통해서 실제 주식투자에 어느 업종이 향후 전망이 좋을지 나쁠지를 예상할 수 있다.

▼ 한국은행 경제통계 시스템(ecos.bok.or.kr) 메인 화면

경기변동과 주가는 동행하고 경제성장률과 주가도 동행한다는 이론이 여기에서 비롯되었다. 주식투자를 위해서 살펴봐야 할 경제지표로 '금리'를 빼놓을 수 없다. 한국은행의 기준금리의 상승과 하락에 따라서 각 기업들이 부담해야 하는 이자 부담이 커지고 투자자들도 굳이 주식에 투자하기보다는 안전한 은행 등의 정기예금이나 적금에 투자를 하게 되어 주식시장에도 자금이 빠져나가는 효과를 보게 된다. 따라서 금리는 주가와 역행한다고 할 수 있고 시장 자금이 안전자산으로 빠져나가면서 시중에 통화량이 줄어들어 통화량은 주가와 동행한다는 것을 알 수 있다. 전 세계적으로 COVID-19로 인해서 시중에 돈을 푸는 양적완화정책을 펼치다가 미국의 경제가 회복되면서 테이퍼링(양적완화의 점진적 축소)에 이은 금리인상에 진행되며 전 세계 주식시장이 출렁이는 모습을 우리는 뉴스를 통해서 보고 있다. 따라서 금리 인상은 주식시장에 악재로 인식하면 되

겠다. 다음으로는 환율이 있는데 환율도 주식시장과 밀접한 관계가 있다. 하지만 환율은 주가와 동행하거나 역행한다고 단정 짓기가 어려운 것이 환율이 상승하면 호재인 종목이 있고 악재가 되는 종목이 있기 때문이다. 따라서 환율은 상승할 때 하락할 때를 구별해서 그때그때 호재인 종목을 찾는 전략이 중요하겠다. 즉 환율이 상승하면 원화가치가 하락하는 것이고 기업들이 똑같은 1만 달러를 수출하더라도 해당 기업의 원화 수입은 늘어나기 때문에 수출기업들에게는 호재로 작용한다. 반대로 수입을 하는 기업에게는 수입 원가가 늘어나서 악재라고 할 수 있다. 환율이 만약 하락해서 원화가치가 올라가게 되면 반대로 수출기업들에게는 악재, 수입기업들에게는 호재로 작용해서 국내 물가가 인하되는 효과도 볼 수 있다. 유가의 흐름도 주식시장에 영향을 미치는데 유가가 상승하게 되면 원유를 많이 사용하는 항공주나 여행사주, 호텔주, 면세점 관련주식에게는 부정적인 영향을 미치지만 정유주나 휘발류의 대체제로 수소나 전기차 관련 주식은 호재라고 볼 수 있다. 유가가 하락하게 되면 위의 종목들의 호재와 악재가 반대의 입장이 되어 버린다.

지금까지 언급했던 경제지표들은 신문기사에서도 수시로 볼 수 있다. 무엇보다 중요한것은 도서관에서 주말에 열심히 책을 많이 보는 것보다는 일상생활에서 습관적으로 보는 기사나 뉴스 등의 내용에서 투자의 힌트를 얻는 것이고 주변에 여러 가지 다양한 생활 속의 투자정보를 누가 얼마나 빨리 인식하느냐 그리고 그 정보를 어떻게 투자와 연계해서 활용하느냐가 투자의 성공으로 직결되는 부분이라고 할 수 있다.

오늘부터 미국의 고용지표나 물가, 영향력이 큰 사람의 인터뷰 기사나 하다 못해 개인적인 트위터 등의 SNS에 올린 의견 하나가 전 세계 주식시장을 출렁이게 할 수 있다는 생각을 가지고 항상 귀를 열어 놓고 생활했으면 하는 바람이다. 그러한 습관에서 다음의 경제지표를 알 수 있는 인터넷 사이트를 수시로 방문하고 작은 흐름의 변화와 정책의 동향에 귀를 기울이도록 하자.

▌국내외 경제지표 확인 사이트

구 분		경제정보 출처	주요 내용	사이트 주소
금리 정책		FRB	미 연준 금리정책 및 경제정보	www.federalreserve.gov
실시간 거시경제정보		FRED (Federal Reserve Economic Data)	미국 및 주요국 경제정보 실시간 비교 및 차트	fred.stlouisfed.org
경제정보	미국	BLS (Bureau of Labor Statistics)	미국 노동 통계국의 고용(상황)보고서 월간단위 제공	www.bls.gov
		BEA (Bureau of Economic Analysis)	미국 경제분석국에서 미국경제 및 각종 산업지표 제공	www.bea.gov
	세계	Trading Economics	실시간 금융시장과 세계 경제지표 제공	tradingeconomics.com
		OECD	세계 거시경제지표 제공	data.oecd.org
		IMF		data.imf.org
	한국	ECOS	한국은행 경제통계 시스템	Ecos.bok.or.kr
		KOSIS	통계청 국가통계포털	Kosis.kr

(6) 기본적 분석 완전정복

기본적분석의 개념

주식투자를 함에 있어서 거시적인 경제나 산업의 환경에 대한 중요성과 함께 구체적인 몇 가지 지표까지 알아봤다. 이제부터는 개별 종목에 대한 분석으로 들어가 보자.

개별 종목에 대한 분석으로 크게 2가지로 구분하는데 기업의 내재가치를 분석하는 기본적 분석(fundamental analysis)과 해당 종목의 가격이나 거래량 등의 흐름을 바탕으로 매수나 매도 타이밍을 정하는 기술적 분석(technical analysis)으로 나눈다.

기본적 분석은 종전에 언급했듯이 기업의 재무제표나 각종 실적지표를 통해서 내재가치를 분석하는 방법으로, 내재가치란 여러 정보를 이용하여 미래가치를 추정하고 이를 현재가치로 환산한 것이다. 이를 다시 현재 시장에서 거래되고 있는 시장가치와 비교하여 투자여부를 가리는 증권분석 과정을 말한다. 따라서 어떤 주식의 가격이 그 주식의 내재가치보다 낮을 때 그 주식을 매수하고 주가가 내재가치 이상일 때 매도하는 전략을 구사하게 된다. 이는 주식시장은 단기적으로는 효율적이지 않지만, 장기적으로는 효율적이라는 주장을 기반으로 해서 해당 기업의 모든 정보는 공개적이고 주가에 충분히 반영된다는 조건을 달고 있다. 따라서 단기적으로 비효율적인 시장에서 저렴하게 주식을 매수해서 장기적으로 오르면 매도하는 것이다. 일반적으로 기본적 분석으로 기업투자와 내재가치를 분석해서 기본적인 가치를 판단하고, 기술적 분석을 통해서 시장의 움직임속에서 투자와 매도 시기를 정하는 것이다. 이제부터 주식투자의 기본적 분석의 세계로 들어가 보자.

부채비율만 봐도 주식투자 쉽게 한다

2018년 11월에 화제가 되었던 영화가 있었다. 바로 1997년 IMF 외환위기 사태를 그린 영화 '국가부도의 날'인데 그 시기를 겪었던 기성세대들에게는 당시 정부의 무능함과 안일하게 대처함에 대한 분노를 일으켰고 IMF 외환위기를 모르는 젊은 세대들에게도 경각심을 일깨워 주는 좋은 계기가 되었다. IMF 외환위기 당시 많은 국내 굴지의 대기업들이 추풍낙엽처럼 무너져 내렸는데 그 원인으로 꼽고 있는 지표가 바로 '부채비율'이었다. IMF 외환위기 전후로 대우, 쌍용, 해태, 진로 등 내로라하는 30대 그룹 중 17개가 퇴출당했고, 1998년 6월에는 동화은행, 동남은행, 대동은행, 경기은행, 충청은행 등이 퇴출당했다. 1996년 당시 30대 그룹 평균 부채비율이 355%였고, 한보의 경우는 2086%에 달했다. 한 기업의 '부채비율'은 그만큼 중요한 기업의 내재가치를 평가하는 중요한 지표라고 할 수 있다.

　최근에 모 연구소에서 1996년부터 2018년까지 국내 매출 1,000대 상장사의 부채비율 현황을 발표했다. 이 자료에 따르면 1,000대 상장사의 부채비율이 1997년 IMF 외환위기 당시에 비해서 3분의 1 수준으로 줄어들었다고 하니 다행이 아닐 수 없다. 2018년 국내 매출 1,000대 상장회사의 부채비율은 174%로 조사되었고 1997년 IMF 외환위기 당시의 589%보다 3.4배 줄어든 수치이다. 보통 부채비율이 400%를 넘으면 고위험 기업으로 보는데 이 숫자도 지난 1997년의 1,000개 중의 342개에서 지금은 61개로 5.6배 줄어들었다고 한다. 지금은 당시의 부채비율이 얼마나 위험한 수준인지 인식을 하지만 당시에는 정부나 은행이나 해당 기업조차도 이 정도의 비율이 얼마나 위험스러운 수준인지 알지를 못했었다. 부채 금액으로 살펴봐도 지난 1996년 1,000대 상장 기업들의 총 부채액은 569조 원에서 1997년에는 727조 원으로 급격하게 증가했다. 충분히 위기가 올 수 있다는 것을 알 수 있었고 대비할 수 있었다는 아쉬움이 지금도 크게 남는다.

　부채비율은 재무상태표의 부채총액을 자기자본으로 나눈 비율(부채총액/자기자본)로 부채, 즉 타인자본의 의존도를 표시하며, 경영분석에서 기업의 건전성의 정도를 나타내는 지표로 쓰인다. 기업의 부채액은 적어도 자기자본액 이하인 것이 바람직하므로 부채비율은 1 또는 100% 이하가 이상적이다. 이 비율이 높을수록 재무구조가 불건전하므로 지불능력이 문제가 된다. 이 비율의 역수(逆數)는 자본부채비율(자기자본/부채총액)이 된다. 부채비율이 높다는 의미는 회사가 사업을 하기 위해서 주주들이 투자한 돈보다 외부에서 빌린 돈이 더 많다는 의미이고 단기적으로 유동비율(유동자산/유동부채)을 살펴보면 회사의 단기 재무건전성을 더 확실하게 알 수 있다. 유동비율이 높은 것은 1년 이내에 현금화할 수 있는 자산이 갚아야 할 부채보다 더 많다는 의미로 이 비율이 높을수록 재무상황이 건전하다고 보면 된다. 유동비율은 업종별로 약간은 다르지만 보통 200%가 넘으면 건전하다고 평가한다. 지금까지 기업의 재무적인 건전성에 알아봤는데 엄청나게 많은 양의 기업 분석보고서를 읽어야 하는 것도 아니고 몇 가지 지표만 딱 보고 그 비율의 높고 낮음에 따라서 충분히 회사의 안정성과 투자가치를 알수 있다는 점을 명심하고 나만의 핵심 투자 체크 포인트를 정해서 투자 시 적용해 보도록 하자.

ROA와 ROE의 의미를 모르면 주식에 투자하지 마라

주식에 투자를 하려고 종목을 찾거나 관련 기사를 보다 보면 자주 눈에 띄는 지표가 있다. 주식에 관심을 조금만 갖게 되면 여러 채널로 눈에 많이 띈다는 것은 그만큼 중요하고 의미가 있다는 것인데 이 지표가 바로 ROA(Return On Asset)와 ROE(Return On Equity)이다. ROA는 '총자산 순이익률'이라고 하는데 한 기업이 보유하고 있는 총자산으로 얼마나 많은 수익을 냈는지를 알 수 있는 대 표적인 수익성 지표이다.

ROA(총자산 순이익률) = (순이익/총자산) × 100

ROA는 각 산업이나 업종마다 약간씩 다르고 같은 사업이나 업종 내에서도 각 기 다른 개별 기업들을 분석하는 방법으로도 쓰이지만 한 기업의 과거와 현재를 비 교해서 투자가치를 산정하는 데에 사용하기도 한다. 즉, 주주자본뿐만 아니라 차입 자본을 합친 총자산을 기준으로 얼마나 큰 수익을 냈는지를 측정하는 지표이다.

흔히 총자산(assets)은 부채(liabilities)와 자기자본(shareholders' equity)을 더한 값이라고 보는데 한 기업의 대표이사나 경영진이 얼마나 수익창출을 위해서 효 율적으로 자본을 배분했는지를 나타내기도 한다. 혹은 금융기관의 자산 운용의 효율적 집행에 대한 참고지표로도 사용되고 있는데 ROA가 높을수록 기업의 신 용도나 가치가 높다고 볼 수 있다.

ROE(자기자본 이익률)는 ROA처럼 투자대비 수익률을 확인한다는 점에서는 비슷하지만 ROA와 대비해서 부채가 포함되어 있지 않다는 점이 다르다고 볼 수 있다. ROE의 공식은 아래와 같다.

ROE(자기자본 이익률) = (순이익/자기자본) × 100

ROE는 투입한 주주지분(자기자본)을 활용해서 얼마만큼의 이익을 냈는지를 나타내는 대표적인 수익성 지표로 ROA가 ROE보다 조금 큰 개념으로 자기자본

과 부채까지도 감안해서 기업이 어느 정도 이익을 창출했는지를 알 수 있는 지표이다.

어떤 기업의 투자가치를 산정할 때 기업의 ROA, ROE 수치가 업종 평균, 동종업종 평균의 수치보다 크다면 일단 투자가치가 높다고 보면 된다. 이러한 지표들에 대한 정보도 포털사이트의 금융이나 주식 페이지에 모두 조회가 되고 관련 신문기사나 정보에서 충분히 얻을 수 있다. 한 종목에 투자를 하려고 한다면 10가지 이상의 지표를 따져본다는 마음가짐으로 남들이 놓치는 기업의 세세한 투자가치와 위험에 대한 부분을 찾는 전문가가 되어 보자.

PER, PSR, PBR 중에 으뜸은?

주식투자자가 아니더라도 PER이라는 지표는 많이 들어 봤을 것이다. 다양한 매체를 통해서 뉴스나 기사로도 나오고 최근에는 유튜브나 SNS 등에도 자주 등장하는 기본적 분석의 대표적이 지표이다. 더불어 최근에는 PSR이나 PBR도 꽤 많이 눈에 띈다.

PER(Price Earning Ratio)는 주가수익비율이라고 하는데 '주가/주당 순이익(EPS)'으로 계산이 된다. 여기서 EPS(Earning Per Share)는 '주당 순이익'의 의미로 순이익을 주식수로 나눈 값이다. PER는 종목의 상대적 수익가치를 나타내주기 때문에 투자결정 시 가장 우선적으로 고려해야 하는 비율로 현재의 주가수준이 주당 벌어들이는 이익의 몇 배 정도인지를 알 수 있기 때문이다. 하지만 PER가 낮다고 무조건 투자가치가 높다고는 할 수 없는데 이익을 못 내거나 이익이 들쑥날쑥한 주식에는 적용하기 힘들고 어디까지나 PER는 과거의 수치이기 때문에 미래에도 이러한 수준으로 주가가 형성된다고 장담할 수는 없기에 현재의 주가보다 향후 상승할 수 있는 기대치가 높다는 정도로 해석하면 될 것이다. 이처럼 PER는 기업의 주가에 대한 저평가 여부를 가늠하는 바로미터이고 절대적인 것은 아니지만 시장 상황에 따라 그 가늠자가 위와 아래로 신축적으로 움직인다고 볼 수 있다.

PBR(Price Book－value Ratio)은 주가순자산비율이라고 하는데 '주가/주당 순자산(BPS)'으로 계산이 된다. BPS(Book-value Per Share)는 '주당 순자산'의 의미로 순자산을 주식수로 나눈 값이다. 주가가 순자산(자본금과 자본잉여금, 이익잉여금의 합계)에 비해 1주당 몇 배로 거래되고 있는지를 측정하는 지표를 말한다. 순자산 이란 대차대조표의 총자본 또는 자산에서 부채(유동부채+고정부채)를 차감한 후 의 금액을 말한다. 장부상의 가치로 회사 청산 시 주주가 배당 받을 수 있는 자산의 가치를 의미한다. 따라서 PBR은 재무내용 면에서 주가를 판단하는 척도가 된다.

예를 들어 PBR이 '1'이라면 특정 시점의 주가와 기업의 1주당 순자산이 같다 고 볼 수 있으며, 이 수치가 낮으면 낮을수록 해당 기업의 자산가치가 증시에서 저평가되고 있다고 볼 수 있고 PBR이 '1' 미만이면 주가가 장부상 순자산가치 (청산가치)에도 못 미친다는 뜻으로 보면 된다. 최근에 PBR이 PER의 대체 투자 지표로 많이 사용되는데 이는 자산가치를 잘 보여 준다는 점에서 유동자산을 많 이 보유하고 있는 은행이나 투자회사, 보험회사 같은 금융기관 등의 투자지표로 사용된다. 하지만 PBR도 우려스러운 점은 자산이 거의 없는 인적자원으로 구성 된 회사의 경우 정확한 가치를 판단하기 어려워 엔터테인먼트주, 게임 관련주, 중소 건설업체나 엔지니어링회사들은 현금화할 수 없는 인적자원을 토대로 기 업의 가치가 형성되기 때문에 PBR로 가치분석을 할 수 없다.

PSR(Price Sales Ratio)은 '주가순매출액비율'이라고 하는데 주가/주당 순매출 (SPS)로 계산되는 값이다. 여기서 SPS(Sales Per Share)는 주당 순매출액이므로 순 매출액을 주식수로 나눈 값이라고 보면 된다. 하지만 이 지표는 매출만 고려하 므로 회사 전체 비용구조에 대한 고려가 없고, 영업이익률이 높은 회사는 그렇 지 않는 회사에 비해 평가절하될 수 있기 때문에 다른 재무비율과 더불어 보완 적인 투자지표로 봐야 하겠다.

이처럼 주식에 투자하기 위해서 기본적으로 알아야 하는 몇 가지 지표가 있 는데 이 내용을 제대로 알고 주식에 투자하는 투자자를 많이 보지 못했다. 이 지표를 확인하고 투자해서 엄청난 수익을 내자는 것보다는 적어도 손해 없는 투 자를 하자는 마인드로 접근하는 것이 바람직하겠다.

▼ 주식투자 주요 투자지표 정리

주당순이익
(Earning Per Share)
EPS=당기순이익/주식수

주당매출액
(Sales Per Share)
SPS=매출액/주식수

주당순자산
(Book-value Per Share)
BPS=순자산/주식수

수치가 클수록
좋네요!!!

주가수익비율
(Price Earning Ratio)
PER=주가/주당순이익

주가매출액 비율
(Price Sales Ratio)
PSR=주가/주당매출액

주가순자산비율
(Price Book-value Ratio)
PBR=주가/주당순자산

수치가 작을수록
좋네요!!!

✏️ 신문기사 탐구생활

이익 못 쫓아가는 주가…변동장에 '싼 종목' 속출

[대형주 2곳 중 1곳 PBR 1배 미만]
글로벌 공급망 차질로 투자심리 위축
유통, 식품, 증권 등 5년만에 최저로
0.5배 미만도 17%…극심한 저평가
"중장기적 투자에 매력적 밸류 수준"

이익 못 쫓아가는 주가…변동장에 '싼 종목' 속출

올 들어 기업의 이익은 꾸준히 늘어난 반면 주가는 제자리걸음을 반복하면서 주가
순자산비율(PBR)이 0.5배 미만으로 내려 앉은 극심한 저평가주들이 속출하고 있

다. 글로벌 공급망 차질과 미국 테이퍼링(자산 매입 축소) 이슈 등으로 투자 심리가 위축돼 PBR이 최근 5년간 최저 수준으로 떨어진 곳도 상당수다. 전문가들은 오미크론 등 증시 변동성을 키우는 악재가 더 많아진 상황에서 주가의 추가 하락이 제한적인 '저밸류' 종목들에 대한 접근은 안정적인 투자 전략이 될 수 있다고 조언하고 있다.

5일 금융정보업체 에프앤가이드가 증권사 3곳 이상의 실적 추정치가 있는 코스피 기업 208곳의 지난 2일 종가 기준 PBR을 조사한 결과 1배 미만인 기업이 106곳에 달해 전체의 51%를 차지했다. 특히 PBR이 0.5배 미만인 기업도 35곳(16.8%)에 달했다. PBR은 현재 주가를 주당순자산가치로 나눈 값을 의미하며 PBR이 1배 미만이라는 말은 현재 주가수준이 기업의 청산가치에도 미치지 못할 정도로 저평가돼 있다는 의미다. PBR이 0.5배라고 한다면 지금 해당 기업의 자산을 다 처분해도 현 주가보다 2배 이상의 가치를 회수할 수 있다는 말이니 극심한 저평가 상태로 해석할 수 있다.

▼ 최근 5년새 PBR 최저 종목

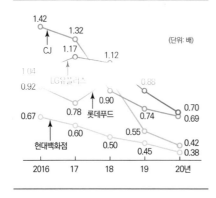

▼ PBR 0.5배 이하 주요 종목

구분	종목명	PBR	구분	종목명	PBR
철강	포스코	0.43	기타	현대두산인프라코어	0.30
	현대제철	0.28		LX인터내셔널	0.47
	대한제강	0.48		GS	0.36
금융	DGB금융지주	0.27		HDC현대산업개발	0.45
	BNK금융지주	0.27		현대홈쇼핑	0.35
	포스코	0.29		한라홀딩스	0.41

※12월2일 기준

자료: 에프앤가이드

특히 일부 업종은 지난 5년래 최저 수준의 PBR 배수를 기록했다. 대표적인 업종이 백화점·마트 등 유통업이다. 최근 실적 부진이 이어지며 투자 심리까지 나빠진 롯데쇼핑의 경우 PBR이 0.24배까지 떨어졌다. 롯데쇼핑이 보유한 순자산가치와 비교해 주가가 4분의 1 토막이 난 셈이다. 또 롯데쇼핑과 달리 올 들어 실적 개선세가 꾸준했던 현대백화점(069960), 이마트(139480), 현대홈쇼핑(057050) 등의 PBR도

0.35~0.37배에 그치고 있어 업종 전반의 저평가 기조가 뚜렷했다.

현대백화점과 이마트, 현대홈쇼핑의 경우 주가를 주당순이익으로 나눈 지표인 PER (주가수익비율)도 8.68배, 6.74배, 4.68배에 그쳐 상대적으로 저렴하다는 평가도 나온다. 박선애 KB증권 연구원은 "대부분 유통업체들의 매출액 및 영업이익 추정치가 지난 1년간 상향조정되는 추세였음에도 불구하고 주가는 지난 5월 이후 계속해서 하락하면서 밸류에이션이 낮아지고 있다"며 "오프라인 유통업의 중장기 전망이 어둡다는 점 등이 이유로 꼽히지만, 주가의 추가 하락 가능성이 제한적인 상황에서 중장기적 투자로는 매력적인 밸류에이션 수준"이라고 판단했다.

GS와 LS, CJ 등 지주사들의 PBR도 각각 0.36배, 0.44배, 0.52배에 그쳐 지난 5년 동안 최저치를 기록 중이다. GS의 경우 지난 5년간 PBR이 0.43~0.76배 수준이었고 CJ는 0.69~1.42배에 달했지만 최근 주가가 급락하며 PBR이 큰 폭으로 내려 앉았다. 지주사는 원래도 자회사 가치를 '더블 카운팅'한다는 이유로 NAV(순자산가치) 대비 50~60%의 할인율을 적용받는 등 저평가되는 경우가 많지만 이들 기업의 밸류에이션은 그 중에서도 유독 낮은 수준이라는 평가다.

올 들어 최고 실적 경신을 이어갔던 철강·금융·증권주도 벌어들인 돈에 비해 저평가됐다는 분석이 많다. 포스코, 현대제철(004020) 등은 PBR이 0.43배, 0.28배에 그쳤고 DGB금융지주, BNK금융지주도 PBR이 모두 0.27배 수준에 머물렀다. 이들 기업은 PER도 각각 3~4배 수준으로 그치고 있어 저가 매수에 나설 때라고 조언하는 전문가들도 적지 않았다. 방민진 유진투자증권 연구원은 포스코에 대해 "중국의 수요 모멘텀 둔화로 향후 큰 폭의 감익이 이뤄질 수 있다는 가능성이 주가 상승세를 막는 모습"이라며 "하지만 중국의 가파른 수요 둔화는 이미 지나고 있으며 탄소 중립이 야기하는 타이트한 역내 수급은 철강 가격을 상당 부분 지지할 것으로 보인다"고 목표가를 현 주가보다 58% 높은 49만 원으로 유지했다.

전문가들은 투자 시 PBR·PER과 함께 업황에 대한 이해가 선행돼야 한다고도 조언했다. 금융투자업계 한 관계자는 "개별 기업의 밸류에이션은 기업 펀더멘털과 관계 없는 외부 악재로 낮아지는 경우도 있지만, 미래 성장에 대한 불안감이나 업황이 다운 사이클(하락 추세)로 돌입하는 악재 속에 주가가 선행해 하락하며 밸류에이션이 낮아지는 경우도 많다"며 "투자 시에는 주가나 이익 등 숫자뿐 아니라 업황·기업에 대한 충분한 이해가 필요하다"고 말했다.

(서울경제신문 2021년 12월 6일 기사 발췌)

당기순이익은 잊고 영업이익을 명심하라

"아니 회사가 무조건 이익이 많이 나면 장땡이지…. 또 뭘 바라요?"

"그게 아닙니다. 이익 안에서도 가치를 따져서 살펴봐야 합니다."

최근에 모 강의장에서 당기순이익과 영업이익, 영업외이익 등에 대해서 언급하다가 수강생과 주고받은 대화내용이다. 수강생의 이야기도 물론 일리가 있다. 손실 없이 이익을 꾸준하게만 내준다면 그보다 좋은 경우는 없겠다. 하지만 성공하는 투자자라면 그 안에서도 우선순위나 가치를 따져 보는 전략도 세워 보는 것이 좋겠다.

당기순이익과 영업이익을 살펴보기 전에 회사의 영업활동이 얼마나 활발한지를 알기 위해서 매출액의 추이를 살펴봐야 한다. 매출액이 최근 3년 이상의 기간 동안 얼마나 꾸준하게 상승하고 있는지 살펴봐야 하는데 매출액은 기업의 활동에서 얻은 전체 금액이라고 할 수 있는데 투자자들은 분기, 작년 동기 매출액과 비교해 영업활동이 활발한지, 정체되어 있는지를 알 수 있다. 다음으로 이익부분을 살펴봐야 하는데 투자자들이 혼란을 겪는 경우가 모든 이익들이 비슷하게 상승하면 좋은데 영업이익과 당기순이익 액수에 큰 차이가 있는 경우이다. 영업이익은 매출총이익(매출−매출원가)에서 판매관리비 및 일반관리비를 뺀 금액이고 당기순이익은 경상이익(영업이익−금융비용 및 영업 외 손익)에서 법인세를 제한 금액이다. 일반적인 기업의 경우 영업이익과 당기순이익이 비슷한 금액대로 움직이는 경우가 많지만 만약 이 두 금액이 큰 차이가 있다면 비정상적인 항목이 있을 가능성이 높다. 영업이익과 당기순이익은 같은 '이익'이지만 당기순이익은 영업이익과 달리 영업활동 이외에 일시적이고 비경상적인 활동이나 영업과 관련이 없는 부분에서 발생한 이익까지 포함한다. 즉, 본업이 아닌 일을 통해서 얻은 이익이 영업외이익이다. 어떤 회사의 업종이 시계 제조라면 시계를 만들어 판매해서 이익을 얻는 것이 의미가 있는 이익인데 어떤 해에 회사 소유의 부동산 및 설비를 매각해 이익을 남기거나 자사주나 채권을 팔아서 이익을 남긴 것은 영업외이익이고, 이는 기업의 본래 영업활동과는 무관하다는 것이다.

　이런 영업외이익은 주기적으로 매년 발생하는 성격의 이익이 아니고 기업의 안팎의 상황에 따라 발생한 이익은 본질적으로 주가에 큰 영향을 주기 어렵다. 주가에 영향을 주는 것은 매년 주기적으로 발생하는 영업이익과 영업이익 크기의 성장, 영업이익률의 추이 등이고 이는 향후 해당 기업의 투자가치와 미래가치를 판단하는 중요한 지표이다.

　투자자들은 흔히 계정과목에 '순'이익이라는 단어가 가지는 느낌 때문에 당기순이익을 실질적인 이익액수를 뜻하는 것으로 오해할 수 있으나 기업의 핵심역량과 투자, 미래가치를 반영하는 것은 영업이익이다. 즉 영업이익이 분기와 동기 대비 상승할수록 해당 업체가 성장하고 있다고 봐도 무리가 없다. 또 영업이익을 매출액으로 나누면 영업이익률을 계산할 수 있는데 이는 영업활동을 한 결과 매출을 기반으로 얼마만큼의 이익을 지속적으로 냈는지를 나타내는 기준이라고 볼 수 있다.

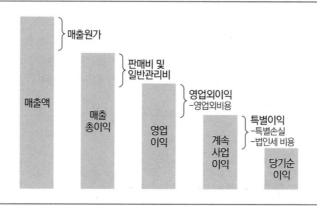

📖 **관련지식 탐구생활**

회사회계에서 발생하는 여러 가지 이익을 계산하는 순서는 아래와 같다.

매출액-매출원가=매출총이익

매출총이익-판매비와 관리비=영업이익

영업이익+영업외수익-영업외비용=법인세 비용차감 전 순이익

법인세 비용차감 전 순이익-법인세비용=당기순이익

여기서 매출액은 기업이 고객에게 제공한 재화나 용역의 총액을 말하는데 판매해서 받는 금액 전체라고 보면 된다. 매출원가는 판매한 재화나 용역의 원가(매입원가)를 의미하고 매출액에서 매출원가를 뺀 금액을 매출총이익이라고 한다.

예를 들어 상품을 10만 원에 매입해서 15만 원에 팔았다고 한다면 매출액은 15만 원이고, 매출원가는 10만 원이며, 매출총이익은 5만 원이다.

판매비와 관리비는 영업활동을 위해서 투입되는 각종 판매 관련 비용(판매비)과 기업을 관리하는 데 들어가는 비용(관리비)을 의미하고 매출총이익에서 판매비와 관리비를 빼면 영업이익이 나온다. 영업외수익은 영업 본래의 목적을 위한 활동 외에 부수적인 활동에서 벌어들인 돈을 의미하는데 영업외비용은 영업 본래의 목적을 위한 활동 외에 부수적인 활동에서 손해를 본 금액을 얘기한다. 영업이익에서 이 영업외수익을 더하고 영업외비용을 빼면 법인세라는 회사의 소득세를 내기 전의 순이익(법인세 비용차감 전순이익)이 된다. 여기에서 법인세를 내고 나면 당기순이익이 되는 것이다.

이자보상비율을 모르면 주식투자 하지 마라

어떤 사업의 성공이나 유지에 대한 조건으로 보통 대출 등의 빚에 대한 이자는 납부하고 일정한 이익을 내야 한다고 정의한다. 수익을 내는 것은 고사하고 사업이나 장사를 하기 위해서 빌린 빚에 대한 이자도 못 낸다면 굳이 할 필요가 없지 않을까?

위의 내용을 토대로 해서 주식투자에 있어서도 최소한의 회사의 수익성과 투

자가치를 따져 볼 때 사용하는 지표가 바로 '이자보상비율'이다.

이자보상비율(interest coverage ratio)는 영업이익을 이자비용으로 나누어 계산하는데 기업의 이자부담능력을 평가하는데 이자보상비율이 높을수록 기업의 건전성이 좋다고 할 수 있고 사업의 전망도 양호하다고 할 수 있다. 이자보상비율은 은행 등의 금융기관으로 빌린 돈에 대한 대가를 지급하고 기업의 영업활동으로 벌어들인 이익이 얼마나 차지하는지 보여 주므로 기업과 금융기관의 차입금 약정에 일정한 한도의 이자보상비율을 정하여 기업이 위반할 경우 즉시 차입금 상환요구로 하는 기준이 되고 있다.

이자보상비율 = (영업이익/이자비용) × 100

이자보상배율은 100을 곱하지 않은 순수한 영업이익으로 이자를 갚을 수 있느냐 보는 것이고 이자보상비율은 여기에 100을 곱해서 비율로 산정한 것이다. 이자보상배율이 1이면 영업활동으로 벌어들인 돈을 전부 부채에 대한 이자로 지급하고, 남는 돈이 없다는 의미이고 1보다 크다는 것은 영업활동으로 번 돈이 금융비용을 지불하고 남는다는 의미로 부채상환능력이 좋은 기업이라 판단할 수 있다. 이자보상배율이 1 미만이면 영업활동에서 창출한 이익으로 금융비용조차 지불할 수 없기 때문에 잠재적 부실기업으로 볼 수 있다. 간혹, 이자보상배율과 이자보상비율을 헷갈려 하는 사람들이 있는데 배율은 말 그대로 "몇 배냐?"라는 의미이고, 비율은 "몇 %?"라는 의미이니 큰 차이를 둘 필요는 없다. 그래서 만약 이자보상비율은 어떻게 산출되는지 묻는다면 영업이익을 이자비용으로 나눈 값(이자보상배율)을 %로 표현하기 위해 100을 곱한 값이라고 생각하면 된다.

이자보상배율과 같이 알아 두면 좋을 차입금의존도라는 용어가 있는데 차입금의존도란 기업이 조달한 전체 자본 중에서 특정 시점에 이자를 지급하거나 원금을 상환하기로 계약을 맺고 조달한 차입금(이자부담부채)의 비중을 나타내는 지표이다. 지표의 이름과 같이 기업이 외부 금융회사나 자본시장에서 대출 또는 채권 발행을 통해 조달한 차입금에 의존하는 정도를 측정한다. 차입금의존도를 이용하여 기업의 신용위험과 부채상환능력을 좀더 정밀하게 파악할 수 있다.

> 차입금 의존도 = 차입금/총자본= 차입금/타인자본(부채) + 자기자본=차입금/자산총액

차입금의존도가 높은 기업일수록 이자 등 금융비용의 부담이 커 수익성이 떨어지고 안전성도 낮아지게 된다. 흔히 기업의 투자가치나 수익성을 따져 볼 때 이자보상배율이 3배 이하이면 단기지급능력에 적신호가 된다고 한다. 이자보상배율이 높을수록 기업의 장단기 지급 능력인 건전성이 좋아지는 것으로 해석되기 때문이다. 실무적으로 3배 이상을 유지하는 것이 정상적으로 해석되며, 만일 이를 못 지키는 경우 금융기관의 약정으로 인해 차입금 즉시 상환요구로 장기차입금이 단기차입금으로 전환되면 유동비율이 악화되고 이처럼 이자보상비율이 기업의 단기지급능력과 평가에 있어 중요한 것은 보이지 않는 차입금 약정의 잠재 위험 때문이기도 하다. 부채를 많이 사용하는 기업이더라도 기업이 이자비용을 부담할 능력을 가지고 있으면 단기적으로 문제가 되지 않는다. 하지만 이자보상비율에 대한 위험도를 확인하면 여실히 기업의 가치를 판단할 수 있겠다. 부채를 많이 사용하는 기업일수록 이자보상비율이 낮아진다. 반대로 부채를 적게 사용하는 기업일수록 이자보상비율이 높아진다. 향후 어떤 종목에 투자를 하게 되더라도 이자보상비율만 확인하면 일단 회사의 재무적인 안정성과 현재 하고 있는 주력 매출에 대한 수익성을 확인해 볼 수 있기 때문에 꼭 챙겨야 할 지표이다.

떠오르는 슈퍼스타 PEG를 아는가?

우리는 이미 주식투자의 중요한 지표로서 PER, PSR, PBR을 알았다. 하지만 분명히 이 3가지 지표가 낮음에도 불구하고 주가가 계속 오르지 않고 낮은 수준으로 머물거나 오히려 PER이 상당히 높은데도 주가가 급등하는 종목을 자주 보게 된다.

왜 이런 현상이 발생할까?

이미 알고 있듯이 PBR(주가순자산비율, Price Book－value Ratio)은 주가를 장부상 주당 순자산으로 나눈 비율로 활용가치는 이익흐름이 불안정하고 예측이 어려워 할인율 등의 평가요소가 불확실한 경우에 유용하게 사용되고 순이익이 0보다 작아 PER 등을 적용할 수 없는 경우에도 이용이 가능하다는 점은 좋지만 자산 장부가액은 취득가액을 기준으로 하므로 시장가치와 차이가 크면 부정확한 결과가 나올 수 있고 장부가치에 감가상각비가 반영되어 회계처리방식에 따라 가치변동이 있을 수 있고 무형자산 중에서 장부상 표시하기 힘든 자산의 비중이 큰 경우 불가치변동분에 대한 평가가 실시간 반영 내지는 부정확하다는 단점이 있다.

주가를 주당순이익으로 나눈 비율 PER(주가순이익비율, Price Earning Ratio)는 주가에 가장 직접적으로 영향을 미치는 순이익과 주가를 연결해서 기업의 투자가치를 산정하는 데 유리하고 계산이 용이하고 개념이 명확하여 일반적으로 가장 많이 활용되는 투자지표 중에 하나이다. 아울러 원금회수기간 및 기업의 위험율 판단에 유용하고 적정 주가를 산정하기에 가장 적합하다는 평가를 받고 있다. 하지만 비경상적인 이익이 포함될 경우 지표에 대한 기능이 저하되고 이익이 변동성이 클 경우 침체기에는 과대 계상되고 호황기에는 과소 계상되는 단점이 있고 감가상각비, 유가증권평가손익 등의 회계처리나 부채 효과 등이 미반영되고 음(－)의 주당순이익의 경우 처리가 난해하다는 단점을 가지고 있다. PSR(주가순매출액비율, Price Sales Ratio)은 주가를 주당매출액으로 나눈 비율로 순이익이나 순자산이 음(－)인 기업들도 적용 가능(사업 초창기 성장기업 등)하고 손익계산서상 다른 항목과는 달리 매출의 회계처리에 따른 편차가 적기 때문에 나름 정확한 투자가치를 산정할 수 있다는 장점은 있지만 단점으로 고성장기업을 과대평가하는 데 남용될 가능성이 높고 매출액 대비 수익성에 대한 판단이 어려워 자칫 규모의 경제로만 따질 수 있다는 단점도 있는 것이다.

이러한 주식투자의 3가지 중요한 지표의 단점을 극복하고 정확한 투자종목의 투자가치와 향후 성장률을 고려한 투자가치를 산정하기 위해서 최근에 많이 활용되는 지표가 바로 PEG(주가수익 성장성비율, Price Earning to Growth Ratio)이다.

PEG는 주가수익비율(PER)을 '주당순이익(EPS)증가율에서 %를 뗀 수치'로 나눈 것으로 향후 이익의 성장성을 감안한 지표라고 보면 된다.

결론적으로 PEG가 낮을수록 저평가 되어 있고 높을수록 고평가되어 있다고 볼 수 있다. 공식은 PEG = PER/(주당순이익증가율(%))×100으로 사용된다.

PEG는 향후 기업의 이익 성장성에 비해 현재의 PER이 적당한지를 알 수 있는 지표로 예를 들어서 주당순이익 성장률이 10%이고 PER이 5라면 PEG는 0.5가 된다.

간단히 풀어 보아도 분자인 PER이 낮고 분모인 주당순이익 증가율이 높을수록 PEG값은 작아지게 된다.

보통 PEG가 1배보다 낮으면 일반적으로 저평가되어 있다고 보는데 주식투자의 대가인 피터 린치는 0.5배 미만에서 매수하고, 1.5배가 넘으면 매도하는 원칙으로 투자를 했을 정도로 PEG가 중요한 투자의 지표로 사용되고 있다. 하지만 PEG도 주의할 사항이 있는데 최소 3년 이상의 유지 가능한 주당순이익 증가율을 대입해야 하는데 기업의 현재 PER이 높지만 순이익 대비해서 PER이 낮아질 것을 미리 계산해서 투자를 고려하는 것인데 만약 과거 1~2년간의 순이익 성장률이 크게 높았다가 갑자기 낮아지거나 최근 1~2년 치의 순이익 증가율이 높지만 과거 순이익 증가율이 낮거나 하면 활용하기에 적합하지 않을 수가 있다. 주식투자를 하려고 마음을 먹었고 어떤 종목을 골라서 투자를 해야 하는지 고민이라면 이처럼 다양한 투자 유망종목 발굴에 사용되는 투자지표들은 많다. 하지만 이 중에서 이거 하나만 보고 투자하면 무조건 주식투자에 성공한다는 지표는 없다. 모든 지표나 투자정보는 활용에 따라서 큰 선물이 될 수도 있지만 때로는 독약으로 다가올 수도 있다는 점을 명심해야 한다. 자신의 투자성향과 방향성 및 목표수익률이나 투자기간 등에 부합하는 자신만의 투자종목 발굴 전략을 세워서 거기에 맞는 투자지표를 골라서 활용하는 지혜가 필요하겠다.

투자의 대가들도 자신만의 투자종목 발굴에 대한 명확한 방법론을 만들어 놓고 그 기준에 부합하는 종목을 주로 투자했다는 것을 우리는 잘 알고 있다. 모

든 투자지표가 딱 떨어지게 좋은 주식이나 일괄적으로 투자 적기라는 결과를 낼
수는 없다는 점을 잊지 말고 시장의 흐름과 이슈를 포함한 자신만의 투자 전략
을 세워 보자.

EV/EBITDA 개념과 의의

주식투자의 대가들은 보통 자신만의 투자전략이 있고 종목 발굴법이 있다.
어떤 투자도 마찬가지지만 특히 주식투자에 있어서는 자신만의 종목 고르는 데
에 활용하는 지표나 참고사항이 있어야 하겠고 그러한 지표 중에 중요한 하나가
바로 'EV/EBITDA'이다. EV/EBITDA는 기업의 인수금액이 영업이익 + 유무형자
산상각비의 몇 배인지를 알 수 있는 지표로서 업종 내 경쟁사나 해당 기업의 과
거 수치와 비교하여 상대 평가하며 낮을수록 저평가 상태라고 보면 된다.
공식은 아래와 같다.

EV/EBITDA = (시가총액 + 순차입금)/(영업이익 + 유무형자산상각비)

EV/EBITDA는 EV를 EBITDA로 나눈 것이다. 여기서 EV는 기업가치(Enterprise
Value)를 뜻한다. 계산방식은 시가총액 + (총차입금 − 현금성 자산)인데 시가총액에서
장부에 기재된 부채를 더하고, 기업이 보유한 현금을 빼면 구할 수 있다. 이는 곧
해당 기업을 인수할 때 얼마가 필요한지를 말해 준다. EBITDA는 '이자, 세금, 감
가상각비, 무형자산상각비 차감 전 이익(Earnings Before Interest, Tax, Depreciation,
and Amortization)'의 약자다. 영업이익(operating profit)을 또 다른 말로 EBIT라고
하는데, 여기에 감가상각비를 더해 준 것으로 생각하면 된다. 감가상각비를 더
해 주는 이유는 기업이 영업활동을 통해 벌어들이는 현금 창출능력을 강조하기
위해서다.

정리하자면 EV는 기업의 총가치로 기업의 매수자가 기업매수 시 지급해야
하는 금액을 의미한다. 기업의 총가치는 보통 시가총액에서 순차입금(부채총계 −
현금)을 더한 값인데 만약 기업을 단독 소유하기 위해서 매수한다면 일단 회사

의 부채를 상환해야 하기 때문에 현금을 빼 주고 계산한다. 만약 어떤 투자자가 '나매물'기업을 매수하기 위해 모든 주식을 샀다면 회사의 은행부채에 대해서는 소유권을 주장하기가 어려울 것이다. 따라서 온전히 회사를 소유하기 위해서는 해당 기업의 은행에 부채를 모두 상환해야 한다고 보면 된다. 이때 상환자금은 당연히 현금으로 하기 때문에 현금 항목을 빼 줘야 한다.

EBITDA는 수익성 지표로 기업이 영업활동을 통해서 벌어들이는 현금 창출 능력을 의미하기 때문에 그 수치가 높을수록 수익성이 높다고 보면 된다.

어떤 기업의 EV/EBITDA가 2배라면 기업 인수를 위해 지불한 인수금액을 유무형자산상각비를 차감하지 않은 영업이익 기준으로 2년 뒤에 회수할 수 있다는 뜻이다.

EV/EBITDA는 가격을 이익으로 나눈다는 점에서 PER(주가수익비율)과 유사하지만 PER이 주가를 당기순이익으로 나눈 것이라면 EV/EBITDA는 인수가격을 영업이익에 기반한 이익으로 나눈다는 점이 다르다. 다만 EV/EBITDA는 당기순손실이 발생하면 계산이 불가능한 PER과 달리 손실이 발생할 때도 계산이 가능하며, 감가상각방법과 법인세, 금융비용 등의 영향을 받지 않아 해외 기업과의 투자가치의 비교가 용이하다.

모든 지표가 그렇지만 EV/EBITDA가 절대적인 투자가치를 판단하는 지표는 아니다. 우선 기업가치(EV)를 산정할 때 자회사나 다른 회사에 대한 투자 분을 반영했는지, 시가총액에 자기주식을 제외했는지, 혹은 비영업자산이나 무형자산에 대한 평가가 제대로 반영했는지 등 챙겨야 할 부분이 많다. 또 기업의 재무건전성을 평가하기 위해서는 실제로 기업이 부담해야 할 이자와 세금, 투자와 외상 매출 등을 고려해야 하지만 EV/EBITDA는 이런 요소들을 모두 배제하고 있고 과도한 투자나 부채 등으로 재무건전성이 악화된 기업을 가려내기 어렵다는 단점도 있다.

이브이에비타
(EV/EBITDA)
$=$
이브이(EV) $=$ 시가총액 $+$ 순차입금
(총차입금-현금 및 투자 유가증권)

에비타
(EBITDA) $=$ 영업이익 $+$ 감가상각비 $+$ 제세금

간단정리 – EBITDA = 현금창출능력 / EV = 기업의 가치

ex) A기업: EV(기업가치) – 30억 / EBITDA(현금창출능력) – 10억 = EV / EBITDA 3.0
수치상으로만 해석하면 3년이면 같은 기업가치를 가진 회사를 한 개 더 만들 수 있다는 의미.(단순지표)

EV/EBITDA는 증권사나 기관의 종목 분석 리포트 등에 항상 언급되는 지표로 그 중요성이 항상 강조되고 있다.

• 단위 : 억원, %, %p, 배   • 분기 : 순액기준

항목	2017/12 (IFRS연결)	2018/12 (IFRS연결)	2019/12 (IFRS연결)	2020/12 (IFRS연결)	2021/12 (IFRS연결)	전년대비 (YoY)
EPS	5,421	6,024	3,166	3,841	5,777	50
BPS	30,427	35,342	37,528	39,406	43,611	11
CPS	8,151	9,200	6,681	9,611	9,585	-0
SPS	31,414	33,458	33,919	34,862	41,163	18
PER	9.40	6.42	17.63	21.09	13.55	-35.73
PBR	1.67	1.09	1.49	2.06	1.80	-12.66
PCR	6.25	4.21	8.35	8.43	8.17	-3.06
PSR	1.62	1.16	1.65	2.32	1.90	-18.13
EV/EBITDA	4.00	2.00	4.88	6.63	4.89	-26.18
DPS	850	1,416	1,416	2,994	1,444	-52
현금배당수익률	1.67	3.66	2.54	3.70	1.84	-1.85
현금배당성향(%)	14.09	21.92	44.73	77.95	25.00	-52.95

(NAVER 금융에서 조회한 '삼성전자' EV/EBITDA 지표(2022년 12월 24일))

기본적 분석의 재무비율 정리

투자가치가 있는 종목을 고를 때 재무비율을 빼놓고는 진정한 투자가치를 판단하기 쉽지 않다. 하지만 그 종류가 너무나 다양하고 확인하고자 하는 내용이 달라서 나에게 맞는 투자가치 판별법을 몇 가지 정해 놓는 것도 하나의 방법이다. 아래에 재무비율을 항목별로 정리해 놨으니 참고해서 안정적이고 성공적인 투자의 밑거름으로 만들어 보자.

▎수익성 비율

분 류	산 식	의 미
총자산순이익률	(순이익/총자산)×100	기업의 총체적 수익성 판단
자기자본순이익률	(순이익/자기자본)×100	자기자본의 성과 파악
매출액순이익률	(순이익/매출액)×100	기업의 총체적 경영성과 측정

▎안정성 비율

분 류	산 식	의 미
부채비율	(부채/자기자본)×100	자본구성의 건전성 판단
자기자본비율	(자기자본/총자산)×100	재무적 안정성 및 장기채무 지급 능력
비유동비율	(비유동자산/자기자본)×100	재무적 안정성
이자보상비율	(영업이익/이자비용)×100	이자지급에 필요한 수익 창출능력 파악

▎성장성 비율

분 류	산 식	의 미
매출액 증가율	(당기 매출액/전기매출액)×100-100	외형성장과 경쟁력 변화 측정
총자산 증가율	(당기말 총자산/전기말 총자산)×100-100	기업 전체의 외형적인 성장규모 측정
순이익 증가율	(당기순이익/전기순이익)×100-100	영업이익의 성장성 파악
유동자산 증가율	(당기말 유동자산/전기말 유동자산)×100-100	단기적인 기업의 경영활동 측정

▎유동성 비율

분 류	산 식	의 미
유동비율	(유동자산/유동부채)×100	기업의 단기채무 상환능력
당좌비율	(당좌자산/유동부채)×100	판매활동 없이 현금조달 능력
순운전자본비율	(순운전자본/총자산)×100	실제 기업 운영자금 규모파악

▎효율성 비율

분 류	산 식	의 미
매출채권 회전율	매출액/매출채권	매출채권관리 효율성
총자산 회전율	매출액/총자산	총자산 활용의 효율성
재고자산 회전율	매출액/재고자산	재고자산관리의 효율성
매입채무 회전율	매출액/매입채무	타인자본 이용의 효율성

▎생산성 비율

분 류	산 식	의 미
부가가치율	(부가가치/매출액)×100	매출액 중 생산요소에 귀속되는 비율
노동생산성	부가가치/종업원수	종업원 1인당 부가가치
자본생산성	(부가가치/총자본)×100	자본의 단위당 투자효율

그 밖의 기본적 분석 용어 정리

지금까지 주식투자를 위한 기본적 분석에 대해서 알아봤는데 이 외에도 신문 기사나 리서치 자료 및 투자가치를 판단함에 있어서 필요하나 몇 가지 지표나 용어가 있어서 정리해 보도록 하자.

우선 자본적 지출(CAPEX, Capital Expenditures)이 있는데 미래의 이윤을 창출 하기 위해 필수적으로 지출되는 비용을 의미한다. 기업이 새로운 고정자산을 구 매하거나 고정자산의 유지에 필요한 지출이고 주로 기업에서 각종 장비나 토지, 건물 등의 자산을 구매하거나 개량하거나 성능을 향상시킬 때 발생된다.

DPS(Dividend Per Share)는 주당 배당금이라고 하는데 1주당 주주에게 지급 되는 배당금을 의미한다. 총배당금에서 해당 배당금을 받을 수 있는 총주식수를 나누어 계산한다. 배당금을 일정하게 주는 종목이라면 1주당 배당금은 고정된 상태로 주가가 상승하거나 하락해서 DPS/주가로 시가 배당률이 산출된다. CPS(Cashflow Per Share)는 주당현금흐름을 의미한다. 1주당 얼마의 영업현금흐름을 창출했는지를 나타내는 주당가치지표이다. 현금흐름은 당기순이익과 유형 고정자산 감가상각비, 무형고정자산 감가상각비 등을 합한 것을 의미하는데 CPS로 주가를 나눈 것을 주가현금비율(PCR, Price Cash Flow Ratio)이라고 하는데 기업 내의 현금흐름과 안정성을 표시해 주는 지표로 많이 활용되고 있다. PCR이 낮은 기업일수록 미래시장성에 비해 주식시장에서의 시장가치가 낮게 평가되어 있다는 것을 의미한다.

배당성향(payout ratio)은 배당의 적정성을 판단하기 위한 지표이고 배당성향=(배당금/당기순이익)×100으로 계산된다. 즉 당기순이익 대비 배당금 비율을 의미하고 우리가 알고 있듯이 당기순이익은 기업이 일정 기간 동안 거두어들인 수익(매출)에서 매출원가를 비롯해 판매비와 일반관리비, 영업외비용, 특별손실과 법인세 비용 등 각종 비용을 제외하고 산출한 순이익이다. 이 당기순이익은 기업이 창출한 순이익이고 이 금액에서 어느 정도나 주주들에게 배분하는가에 대한 비율이 바로 배당성향이다. 배당성향이 100% 미만이면 어느 정도 수익을 남기고 배당을 한다는 의미이고 100%를 초과하면 순이익 전부를 배당한 것이기 때문에 배당이 삭감될 위험이 있다. 일반적으로 배당성향이 낮다면 배당금 상승의 여력도 충분하기 때문에 배당성장주로 선택해서 투자할 만한 종목이라고 할 수 있다.

기본적 분석 용어 정리에서 마지막으로 ROIC(투하자본 이익률, Return On Invested Capital)이 있다. 기존 ROE(자기자본 이익률)와 비교해서 더욱 기업의 영업활동을 평가하는 것에 집중하는 지표라고 보면 된다. 영업활동을 위한 자산을 투하자본이라고 하고 영업활동으로 인한 이익을 영업이익이라고 한다. 즉, 기업이 실제 영업활동에 투입한 자산으로 영업이익을 얼마나 생성했는지를 나타내는 지표이고 기업의 수익창출 역량을 측정하는 데 사용된다. ROIC의 계산은 세후순영업이익(NOPAT)/영업투하자본(IC)으로 도출되고 여기서 세후순영업이익(NOPAT)은 영업활동에서 획득한 세후 이익을 말하고 영업투하자본(IC)은 영업활동에서 투입된 자본을 의미한다.

(7) 기술적 분석 핵심 정리

기술적 분석의 개념

지금까지 알아본 기본적 분석(fundamental analysis)은 기업의 내재적 투자가치를 분석하고 미래의 주가 향방을 예측하는 방법으로 주로 매출 및 이익과 관련된 다양한 지표를 통해서 투자 여부를 분석하는 방법이다. 일반적으로 재무제표를 통해서 분석이 되고 관련 업종이나 산업의 각종 통계자료나 환율, 금리 등의 외부 변수를 통해서 기본적 분석을 할 수 있다. 우리가 흔히 알고 있는 주식투자의 현인이라는 워런 버핏이 대표적인 기본적 분석을 활용하는 투자자라고 보면 된다. 반면 기술적 분석(technical analysis)은 보통 주가차트나 수요와 공급, 투자심리 등을 통해서 매수와 매도의 시기를 결정하는 방법이라고 보면 된다.

이 방법은 과거로부터 현재의 주가의 흐름이나 거래량 등의 자료를 활용해서 현재의 매수나 매도 시기 결정과 향후 주가의 방향성 등을 예측하는 방법으로 주가는 항상 반복하여 변화하는 속성이 있고 주가의 추세만 파악한다면 재무상태와 별도로 변화무쌍한 주가를 예측할 수 있다.

봉차트의 개념과 종류

기술적 분석은 많은 투자자들이 그래프나 도표, 기호 등이 많이 나오기 때문에 어렵게 생각하고 부담스러운 분석 방법이었다. 하지만 여러 가지 기술적 분석 방법에서 역시 나만의 분석방법을 2~3개만 활용한다면 충분히 매수나 매도 타이밍을 정하는 데 도움이 될 것이다. 이러한 기술적 분석의 첫걸음은 역시 봉차트로 매일매일의 일봉이 모여 주봉, 월봉이 되면서 한 종목의 주가변화를 구성하고 있다. 봉차트는 흔히 캔들 차트라고도 하는데 그 이유는 생김새가 마치 양초(캔들)처럼 생겼기 때문이다. 또한 봉차트는 모두 어떤 의미를 담고 있는데 봉차트만 딱 보면 장황한 설명이나 해설을 듣거나 보지 않아도 최근 시장의 트렌드나 동향을 충분히 이해할 수 있다. 그 이유는 하나의 봉 속에 하루하루의 시작가나 종가 및 최고로 주가가 높이 올라간 고가, 낮게 떨어진 저가 등을 알 수 있기 때문이다.

봉차트를 이해하기 위해서는 시가, 종가, 최저가, 최고가의 의미를 알아야 한다. 시가는 말 그대로 그날 주식시장이 개장하고 처음 이루어진 거래가격을 의미한다. '시작가격'이라고 보면 되고 종가는 반대로 주식시장이 폐장할 때의 가격으로 그날 최종가로 보면 된다. 최저가는 하루 중 가장 낮았던 주식 가격이고 최고가는 하루 중 가장 주식가격이 높았을 때의 가격이 된다. 시가, 종가, 최저가, 최고가의 의미를 알았다면 봉도표를 이해하는 것은 그렇게 어렵지 않을 것이다. 봉차트는 주가가 올랐을 때는 빨간색으로 그리고, 이것을 양봉이라고 하고 주가가 내렸을 때는 파란색으로 그리고, 이것을 음봉이라고 한다.

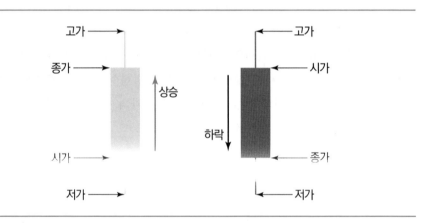

따라서 특정한 날의 봉만 보더라도 일단 빨간색이면 그날 주가는 올랐다는 것으로, 파란색이면 주가가 하락한 것으로 보면 된다.

아래의 사례를 통해서 봉차트에 정리하자면 양봉을 먼저 살펴보면 이날 어떤 종목의 주가가 10,000원으로 시작해서 장중에 9,000원까지 하락하고 최고로 11,500원까지 상승해서 결국 11,000원으로 장을 마감해서 하루에 10%의 상승률을 보였다는 것을 알 수 있다. 하단의 음봉에서는 11,000원으로 주가가 시작해서 11,500원까지 상승하고 9,000원까지도 하락했다가 결국 10,000원으로 장을 마감해서 -10%의 하락을 보였다는 것을 알 수 있다.

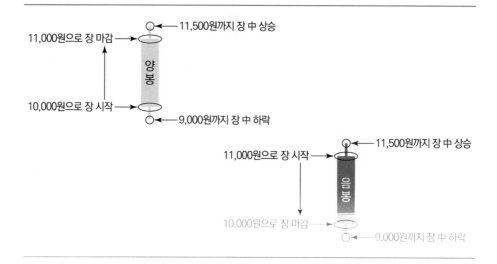

지금까지 가장 쉬운 모양의 봉차트를 알아봤는데 하루하루의 주식시장의 변화가 심하고 예상치 못한 돌발 변수들로 인해서 매일매일 다른 모양의 봉차트가 새로 만들어지고 있어 하나하나의 의미를 알고 있으면 향후 시장전망과 예측에 큰 도움이 될 것이다.

봉차트의 종류 및 의미

① 장대양봉형: 이 봉차트는 시작가에서 주가를 강하게 끌어올리는 매수 세력이 강하다는 의미를 나타내고 있으며 주가가 바닥권이면 상승할 수 있는 분위기가 조성되었다고 볼 수 있다.

② 망치형(양봉): 매수 세력이 강하다는 의미로 장 중에 매도세가 출현해서 하락했으나 장 마감 얼마 남지 않아서 강한 매수 세력이 등장해서 매도 세력을 압도하고 상승한 유형으로 주가가 바닥권에서는 추세가 바뀌는 가장 신뢰할 수 있는 유형이라고 보면 된다.

③ 샅바형(양봉): 시작가에서 상승하는 모습을 보이지만 장 중에 매도 세력이 출현해서 압력을 가하는 모습으로 주가가 고가수준이라면 하락으로 추세가 변경될 가능성이 있는 유형이다.

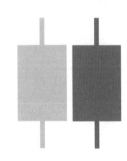

④ 팽이형: 시세의 전환점을 의미하는 경우가 많고 저가권이라면 반등의 가능성이 높고 고가권에서는 하락의 가능성이 높은 유형이다. 매수와 매도 세력이 서로 균형을 이루고 있는 형세이고 몸통이 짧을수록 추세반전의 가능성이 높아지고 아직 주가의 향후 전망을 미리 예측하기에 부담스러운 유형이다.

⑤ 장대음봉형: 시가가 당일 최고가이고 종가가 당일 최저가라는 의미로 주가가 큰 폭으로 밀렸음을 의미하고 하락세가 강하다는 것을 뜻하며 주가가 급락할 가능성이 있으며 고가권에서 장대음봉이 나타나면 가장 강력한 매도신호라고 보면 된다.

⑥ 교수형: 주가가 하락세이긴 하지만 저가권에서 오히려 장마감 얼마 전 매수세력의 출현으로 주가가 바닥권이면 추세반등의 기미가 보이는 유형으로 꼬리가 길수록 그 신뢰도고 높다고 할 수 있다.

⑦ 유성형: 주가의 하락세가 강하다는 의미로 고가권에서 나타나면 하락의 가능성이 크고 하락 중인 상황에서 많이 나오는 유형이다. 시가 대비 저가매수로 짧은 반등을 보였지만 추가 매도세력의 매물공세에 밀려 종가가 최저점을 나타내고 있다.

⑧ 십자형: 팽이형에서 몸통이 거의 없을 경우 시가와 종가
가 같다는 의미로 고가권에 있다면 하락을 우려해야 하
고 저가권이라면 상승을 준비해야 한다.

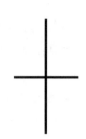

　　지금까지 몇 가지 봉차트에 대해서 알아봤는데 초보 투자자들은 처음에 봐도
바로 해석이나 의미파악이 되지 않는다. 자주 보고 실제 어떤 특이한 봉차트 이
후에 어떻게 주가가 변화되었는지 확인해 보는 과정에서 어느 순간 자연스럽게
해석이 되고 향후 주가흐름을 예측할 수 있을 것이다. 투자가 쉽다면 누가 못하
겠는가? 세상에 공짜 점심은 없다는 생각을 잊지 말고 이러한 작은 인습과 노력
으로 차트분석의 달인이 되어 보자.

적삼병과 흑삼병 완전정복

　　"친구야… 병은 병인데 돈을 버는 병은 무슨 병이지?"

　　"그런게 있어? 흐흠… 상사병이나 불치병 같은 질병 얘기하는 건 아니지?
그럼 소주병이나 맥주병 모아서 빈 병 팔아 돈 버는 건가?"

　　"네가 그러니까 돈을 못 모으는거야… 이 친구야… 주식투자 얘기야… 들어본 적도 없
니? 적삼병과 흑삼병이라고…"

　　30대 중반인 대학동창인 주식해(가명) 씨와 추세선(가명) 씨가 오랜만에 만난
술자리에서 주고받는 대화내용이다. 지금까지 우리는 주식투자의 기본적 분석과
기술적 분석에 대한 의미와 함께 봉차트에 대한 내용을 알아보았다. 양봉과 음
봉이나 꼬리의 위치에 따른 현재 상황에 대한 이해와 향후 흐름파악에 대한 분
석도 확인했는데 다양한 봉차트의 움직임에 따라서 더욱 확실한 분석이 가능한
데 그중에 '적삼병'과 '흑삼병'도 있다.

　　봉차트를 분석하는 기법 가운데 가장 많이 쓰이는 것이 흑삼병과 적삼병인데
주가변화의 기본적 형태와 시장의 추세전환을 예측할 수 있는 방법이라고 보면

된다. 적삼병이란 주식 시장에서 봉차트의 빨간봉이 3일 연속 나타나는 현상을 말한다. 반대로 흑삼병은 파란봉이 3일 연속 늘어선 경우를 일컫는다. 과거엔 파란색을 쓰지 않고 검은색을 쓴 까닭에 청삼병이 아닌 흑삼병이란 이름이 붙었다. 적삼병과 흑삼병은 추세의 전환을 알려준다. 주가하락이 계속되던 상태에서 적삼병이 나타나면 앞으로 주가가 올라갈 것으로 암시한다.

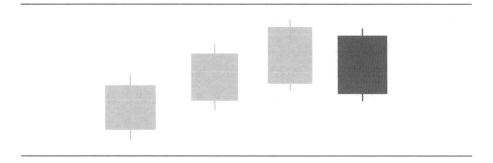

위의 그림처럼 최소한 주가가 3일 연속 상승한 경우를 '적삼병'이라고 하는데 3일 연속하여 저가와 고가를 높이면서 상승했기에 기업에 좋은 재료가 있거나 매수세력이 매우 강한 경우로 주가가 상승 전환되거나 상승세가 지속되는 것으로 판단하면 된다. 보통 적삼병 후 흑일병(연속 상승 후 하루 반락) 시점에 매수 기회로 본다. 하지만 반드시 거래가 수반되어야 하고 거래가 없으면 투자에 신중을 기해야 한다. 즉 거래량도 함께 살펴보고 매수세력과 매도세력의 움직임도 면밀히 관찰하는 것이 좋겠다.

반대로 주가가 상승세를 지속하다가 3일 연속 하락하는 흑삼병이 출현하면 주가가 점차 떨어질 것을 알려주는 신호이다. 시장이 하락하는 분위기에서 적삼병이 나타났다고 무조건 본격적인 반등이라고 볼 수는 없다. 상승추세로 전환하는 초기신호 정도로 인식하는 것이 맞다. 적삼병이 나타나면 저점에 비해 단기 급등한데 따른 불안감으로 매물이 나오면서 조정도 나타나기 때문이다. 역으로 이 시기를 저가매수 시점으로 보기도 한다. 또 추세 지속의 신호로 받아들여진다. 기존 상승 흐름에서 적삼병이 나타날 경우나 반대로 하락 흐름에서 흑삼병이 나타날 경우에는 확실한 추세지속을 의미한다.

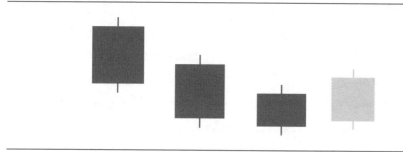

위의 그림처럼 적삼병과 반대의 의미로 3일 연속 하락한 경우를 흑삼병이라고 한다. 3일 연속하여 저점과 고점을 낮추면서 하락한다는 것은 매도세가 매우 강하다는 뜻이며 주가가 하락 전환하거나 하락이 지속됨을 의미한다고 보면 된다. 3일연속 하락 후 하루 반등하는 경우가 있는데 이를 적일병이라 하고 매도 시점으로 이용하고 특히 주가가 천정권에서 나타난 흑삼병은 강력한 매도 신호로 인식하고 있다.

같은 상황을 놓고 어떻게 보느냐에 따라서 향후 전망이 달라지기는 하겠지만 주식투자도 하나의 심리 게임이고 다른 사람들의 관심과 매수세가 붙으면 아무래도 주가가 올라갈 수밖에 없기 때문에 나만의 투자전략을 구축하고 방법을 찾을 때 이러한 몇 가지 기술적 분석의 개념을 알고 있다면 또 하나의 무기를 갖는 것이고 매수와 매도 타이밍을 잡는 데 유용하게 활용될 것이다.

추세선에서 파악하는 매도 매수 타이밍

주식투자의 기술적 분석을 하나씩 알아가는 재미가 쏠쏠하지 않은가?

이 시점에서 '아… 정말 내가 많이 모르고 어설프게 주식투자를 하고 있었구나'라는 생각을 했으면 한다. 아울러 당부하고 싶은 것은 주식투자에는 왕도도 없고 정답도 없다는 것이다. 이거 하고 이것만 챙기고 확인하고 주식에 투자하면 무조건 성공하고 높은 수익률을 올릴 수 있다고 누가 얘기한다면 절대로 믿지 마라.

　그렇게 확실한 투자의 판단요소가 있다면 누가 주식투자에 성공 못 하겠는가? 하지만 현실에서는 거의 대부분의 개인 투자자들은 손실을 보고 있고 일부 투자자들의 투자 성공 사례가 마치 전체적인 투자자들의 분위기인양 책이나 각종 인터넷 정보의 모습으로 퍼지고 있어서 걱정스러울 정도이다. 필자가 계속 강조하는 것은 정말 많은 주식투자의 방법이나 전략 중에서 투자가치 높은 종목을 고르고 투자시기를 파악하는 나만의 방법을 정하는 것이 중요하겠고 나만의 투자 기술을 습득해서 일상생활에서 습관적으로 주식투자도 진행하면 어떨까 싶다. 그러한 다양한 방법 중에 기술적 분석의 중요한 부분을 차지하고 있는 것이 바로 추세선 분석이다. 추세선이란 주가의 흐름에서 저점과 고점을 연결해서 선으로 그린 것으로 주가가 어느 기간 동안 일정한 방향으로 움직이려고 하는 속성을 파악해서 흐름을 예측하는 기법이다. 즉, 추세선이 꺾일 때 새로운 추세의 시작을 의미하는 것으로 추세의 방향이 바로 향후 주가의 방향이고 움직임이라고 보면 된다.

　크게 2가지로 구분되는데 주가의 저점과 저점을 연결하는 선으로 '지지선'이 있고 주가의 고점과 고점을 연결하는 선인 '저항선'이 있다.

　지지선은 대기하고 있는 매수세가 존재하기 때문에 지지선에 다다를 경우에 주가가 상승할 가능성이 높고 저항선은 대기 매도세가 존재하기 때문에 저항선에 다다를 경우에는 주가가 하락으로 추세가 변경될 수 있다. 주가가 일정한 기간 동안 상승세에 있으면 저항선이 새로운 지지선이 되고 이러한 현상이 몇 번

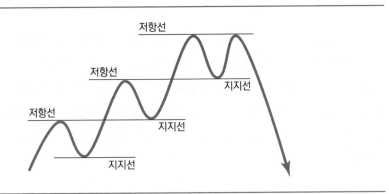

반복되면 주식의 장기투자에 있어서 큰 수익률을 거둘 수 있다. 반대로 하락추세가 이어지면 기존의 지지선이 새로운 저항선이 되는 현상이 반복되며 대세하락의 분위기로 간다고 보면 된다.

이러한 추세선의 흐름만 파악해도 중장기적인 주가 흐름을 예측할 수 있고 매수와 매도시기를 정하는 데에 유용하게 사용되고 있다. 이러한 원리는 주가의 '파동원리'로 이해할 수 있는데 즉, 주가의 작용－반작용의 법칙이라고 해서 주가가 직선이 아닌 일정한 파동으로 움직이며 주가가 상승(작용)하면 매도하려는 심리에 따라 하락(반작용)하고, 주가가 하락(작용)하면, 매수하려는 심리에 따라 상승(반작용)함으로써 상승과 하락이 주기적으로 파동을 그리며 이어진다고 보면 된다.

언급한 추세선이 중요한 이유는 한번 주가의 방향이 결정되면, 주가는 지속적으로 같은 방향으로 움직이려는 성향이 있기 때문이다. 기본적으로 '추세'의 의미가 주식시장에서 주가가 일정 기간 동안 동일한 방향으로 움직이는 현상을 의미하고 이러한 점을 연결한 것이 추세선이기 때문이다.

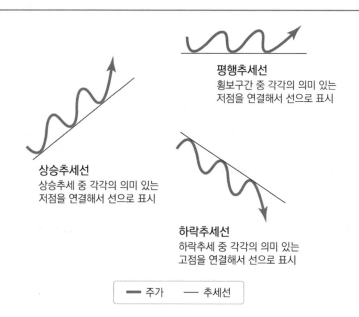

평행추세선
횡보구간 중 각각의 의미 있는 저점을 연결해서 선으로 표시

상승추세선
상승추세 중 각각의 의미 있는 저점을 연결해서 선으로 표시

하락추세선
하락추세 중 각각의 의미 있는 고점을 연결해서 선으로 표시

━ 주가 ― 추세선

추세는 크게 상승추세와 하락추세, 횡보(박스권)추세로 나뉘는데 상승추세는 우상향으로 움직이는 추세로 매수세가 매도세보다 많은 경우이고 하락추세는 주가가 우하향으로 움직이는 추세이고 상승추세와 반대로 매도세가 매수세보다 많기 때문에 당분간 하락한다고 보면 된다. 횡보(박스권)추세는 말 그대로 평형하게 움직이는 특정한 구간으로 움직이는 추세라고 보면 된다. 아울러 상승추세선은 지지선을 연결한 것이므로 보통 '바닥형'이라는 표현을 사용하고 있고 하락추세선은 저항선을 연결한 것이므로 '천장형'이라고 표현해서 예를 들어 3번 정도 상승을 시도했다가 꺾였다면 '3중 천장형 패턴'이라고 지칭한다.

지금까지 추세선에 대해서 알아봤는데 추세선의 장점은 패턴분석과 달리 객관적이고 심리적으로 투자에 대한 확신을 주고 추세가 큰 폭으로 전환될 경우 흐름만 잘 파악한다면 높은 수익률을 올릴 수 있고 일정한 패턴에 대한 몇 가지 사례를 통해서 학습효과로 통한 고수익이 가능하다. 세상에 공짜 점심은 없다는 말이 있듯이 추세선에도 조심해야 하는 것은 사후성을 지니고 있다는 것과 과거의 성공이 미래의 성공을 보장해 주는 것은 아니라는 것과 급격하게 추세변동을 이루며 움직이는 시장국면에서는 예측능력이 뛰어나지만, 보합국면처럼 추세의 움직임이 급격하지 못한 시장국면에서는 예측의 신뢰도가 크게 낮아진다는 것을 잊지 말자.

초등학생도 할 수 있는 이동평균선 쉽게 알기

"영철아… 오늘 주식투자의 바다에 빠져야 할 것 같구나… 드디어 기다리던 기회가 왔어… 내가 관심 있게 보는 종목의 단기 이동평균선이 장기이동평균선을 드디어 상향 돌파해 버렸어… 지금이 매수의 적기지…"

"그게 무슨 말 이예요? 선배? 이동평균선? 그게 뭔데요?"

"아니 아직 이동평균선도 모르고 있었다는 거니? 네가 그렇게 해서 이 주식해(가명)의 가장 아끼는 후배라고 할 수 있겠어?"

　　대학교 선후배인 두 사람의 얘기에 등장하는 '이동평균선'에 대해서 주식투자자들이 어떻게 활용하는지 알아보도록 하자. 이동평균선은 특정 기간의 주가를 평균하여 산출한 선(Line)을 의미한다. 보통 5일, 20일, 60일, 120일, 240일 등으로 사용하는데 그 작성 방법은 가장 최근일을 평균에 산입하고 가장 최원일을 탈락시켜 계산한다. 최근 주가의 동향이 이동평균선을 위아래로 움직이는 아주 중요한 역할을 하는 투자의 요소라고 할 수 있다.

(호텔신라 봉차트와 기간별 이동평균선(2021년 12월 24일) - 네이버 금융 산출)

▌이동평균선의 원리(3일 이동평균선 사례)

	6월 1일	6월 2일	6월 3일	6월 4일	6월 5일
주 가	15,000	15,400	15,210	15,600	15,870
3일 이동평균			15,203	15,403	15,560

만약에 우리가 3일 이동평균선을 그린다고 하면 3일 이동평균선을 그리기 위해서 우리는 일단 3일간의 주가평균을 구해야 한다.

6월 3일의 3일 이동평균은 (15,000원＋15,400원＋15,210원)/3＝15,203원이 되고, 6월 4일의 이동평균은 (15,400원＋15,210원＋15,600원)/3＝15,403원, 6월 5일의 이동평균은 (15,210원＋15,600원＋15,870원)/3＝15,560원이 된다.

보통 'rolling average'라고도 부르는 이 방법은 구간누적 평균으로 이해하면 될 것이고 위에서 구한 값을 연결하면 바로 이동평균선이 된다. 즉, 20일 이동평균선은 기준일 기준 최근 20일간의 주가를 평균 낸 값이고, 60일 이동평균선은 최근 60일간의 주가를 평균 낸 값이다. 토요일, 일요일에는 주식 거래가 이루어지지 않는다는 사실을 고려하면 한 달의 기간 동안 투자자들이 주식을 사고 판 평균가격이 대략 20일 이동평균이라고 할 수 있겠다. 그리고 60일 이동평균은 3개월간 사람들이 주식을 사고 판 평균가격이라고 할 수 있다.

이동평균선의 주요 기간별 의미를 살펴보면 '5일 이동평균선'은 주가의 단기 추세를 보여 주고 있고 단기 투자를 선호하는 투자자들이 챙겨야 하는 매수와 매도의 시기 선정의 기준이 되는 이동평균선이다. 20일 이동평균선은 세력선이라고 하는데 어떠한 세력이 절대적으로 지지하고자 하는 이동평균선으로 중기 투자를 선호하는 투자자에게 적합하다고 볼 수 있다. 하락 돌파 시에 매도로 지지시는 보유로 판단하면 된다. 120일 이동평균선은 경기선이라고 하는데 경기 사이클을 선행하는 이동평균선으로 주식시장이 경기를 약 6개월 선행한다는 것은 120일 이동평균선이 상향 전환한다는 것을 의미한다.

이동평균선 매매기법

지금까지 이동평균선의 의미와 산정방법에 대해서 알아봤고 지금부터는 중요한 매수와 매도시기를 정하는 '골든 크로스'와 '데드 크로스'에 대해서 알아보자.

골든 크로스란 단기이동평균선이 장기이동평균선을 뚫고 상승하는 현상을 의미한다. 예를 들어 5일 이동평균선이 60일 이동평균선을 뚫고 상승하는 경우에 골든 크로스가 발생했다고 한다. 이렇게 단기이동평균선이 장기이동평균선을 뚫고 상승하는 것은 의미 있는 현상인데 60일 동안 평균이 15,000원인 어떤 주식이 있었는데 최근 5일 간의 평균이 계속 15,000원을 훌쩍 넘어서 상승하고 있다는 의미이기 때문이다. 이는 최근에 어떤 호재가 생겼거나 실적이 상승했다는 등의 단기 투자매력이 커졌다는 것이고 그 호재가 장기적인 호재라면 주식투자의 적정한 시기라고 할 수 있겠다.

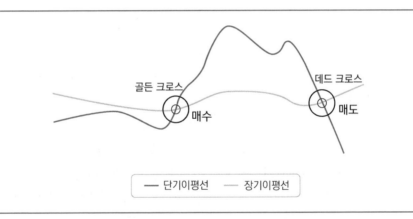

데드 크로스란 단기이동평균선이 장기 이동평균선을 뚫고 하락하는 것을 말한다. 단기이동평균선이 장기이동평균선을 뚫고 하락하는 것에 굳이 죽음의 십자가라는 식의 표현을 하는 이유가 있다. 60일간 평균 15,000원인 어느 회사의 주가가 최근 5일간 계속 14,300원에서 이하로 주가가 보인다면 단기적으로 악재가 발생했다거나 매도 세력이 대량 매도를 한다는 등의 어떤 영향이 반영되었다고 볼 수 있다. 따라서 데드 크로스 시기에는 전형적으로 주식을 매도해야 하는 시기라고 보면 된다.

이제 기술적 분석도 어렵지 않고 딱 차트만 봐도 '지금 매수 타이밍이구나', '앗~~빨리 매도를 해야 하겠다' 이런 식의 생각이 타다닥 떠올라야 한다.

모든 투자에 있어서 중요한 포인트는 과연 지금이 시장에 들어가야 하는지 나와야 하는지를 결정하는 것이고 그 시기에 따라서 오랫동안 쌓아 온 수익률이 하루 아침에 물거품이 될 수도 있고 오랜 기다림이 큰 결실로 다가올 수 있다는 점을 명심하고 기술적 분석의 기본적인 이해와 활용법에 대해서 나만의 활용방법을 고민해 보도록 하자.

거래량만 봐도 내일의 주식흐름을 알 수 있다

투자라는 것은 내가 어떤 무언가를 사서 보유하고 있다가 다시 판매할 의사표시를 했을 때 누군가가 내가 구매한 가격보다 더 가치를 인정해 주거나 시장에서 해당 물건(증권)의 가치가 상승해서 일정한 이익을 보고 되파는 행위라고 할 수 있다. 그 무언가는 부동산이 될 수도 있고 주식 등의 증권이 될 수도 있고 혹은 유무형의 일정한 자산이 될 수도 있다. 그렇다면 시장에서 이 매도하고자 하는 자산의 가격은 어떻게 정해질까?

여기서 우리는 '가격결정'의 원칙을 알아볼 수 있는데 가격의 결정은 수요와 공급이 일치하는 점에서 정해진다는 것을 알고 있다. 따라서 시장에서 가격이 결정이 되려면 잦은 매매거래를 통해서 수요와 공급이 일치되는 점이 일반적으로 인정되는 시기에 일반화된 가격이 되는 것이다. 이렇게 가격이 결정되기까지의 전제조건은 일정한 매매거래를 통해서 수요와 공급이 확인되어야 하겠고 수요와 공급 중 어느 것 하나가 일방적으로 많아지면 가격이 상승하거나 하락하게 되는 것이다. 주식투자에 있어서 거래량이 중요한 이유가 여기에 있다. 일반적으로 주식시장에서의 거래량은 당일 이루어진 매수와 매도거래량을 나타내는 것으로 어떤 종목의 주가가 바닥권에 있을 때 대량 거래는 향후 주가가 상승을 한다는 예측을 할 수 있게 만들고 상승장에서의 대량 거래량은 매수와 매도의 비중에 따라서 주가 상승과 하락을 결정하는 참고가 될 수 있다. 예전부터 주식투자의 지침 중에는 '주식 거래량은 항상 주가에 선행한다'라는 말이 있다. 부동산 투자에 있어서도 2개의 아파트를 두고 끝까지 투자가 고민되면 포털사이트에서 두 아파트를 검색해 보면 알 수 있다고 한다.

즉, 검색결과 개수가 많은 아파트에 투자하는 것이 더 나은 투자라는 것인데 그만큼 많은 사람들이 검색을 해보고 많은 카페나 블로그 및 뉴스나 기사에 등장했다는 얘기이기 때문이다. 주식투자도 이러한 관점에서 살펴보면 많은 사람들이 자주 주가를 조회해 보고 관심을 주고 이슈가 되는 종목은 그만큼 거래량도 많기 때문에 가격상승에 대한 기대치도 높다는 것이다. 평소에 거래량도 많지 않고 주가도 크게 변화 없이 움직이는 말 그대로 조용한 어떤 주식에 어느날 갑자기 대량 매수주문이 들어와 대량 거래가 발생한다면 신규 세력이 진입했다고 해석할 수 있고 그 세력이 기관이나 외국인이건 큰손인 개인이건 일단 주가 상승에 대한 기대치가 높다고 할 수 있다. 반대로 고점이나 상당히 주가가 단기간에 오른 어떤 종목에 대량 거래를 동반한 음봉이 나왔다면 주가가 하락할 가능성이 높다고 보면 된다. 주가가 하락하다가 갑자기 상승할 때 직전의 고점을 넘어설 수 있을지 궁금하다면 직전 고점 당시의 거래량을 살펴보고 직전 고점의 거래량을 넘어서지 못하면 다시 주가는 하락할 가능성이 높겠다. 거래량은 현재의 상황이 과거로부터 어떠했는지를 알고 살펴보면 거래량의 급증이 하나의 시그널로 다가와서 매수나 매도 여부를 결정하는 좋은 정보이다.

이처럼 일단 거래량을 살펴보고 평소보다 많은 거래량이 발생했다면 전후의 주가의 흐름에 관심을 가져볼 필요가 있겠고 가장 단순하면서 의외로 많은 투자자들이 활용하는 투자 참고요소라고 할 수 있다.

(8) 주식투자의 호재뉴스 악재뉴스

필자가 본 도서의 내용 중에 많이 언급한 내용은 바로 투자의 습관화이다. 어떤 투자에 대한 이론을 완벽하게 익히고 그대로만 실천한다면 누구라도 투자에 있어서 성공했지 않을까? 하지만 현실에서는 주변에서 주식투자를 통해서 높은 수익을 봤다는 투자자는 눈을 씻고 찾아봐도 없다. 대부분이 손실을 안고 있고 오히려 언제 빠져나와야 하는지 전전긍긍하는 모습만 보인다. 왜 이런 현상이 계속 반복되는 것일까? 그것은 주식시장의 움직임 즉, 변화가 단순히 이론 몇 가지 암기하고 터득해서 될 문제가 아니라는 것이다.

차라리 매일매일 주식시장의 동향을 알 수 있는 코스피지수나 투자시장의 환경변화를 알 수 있는 환율, 금리, 원자재 가격 변화에 대한 지표를 확인하는 습관이 더 좋을 것이다.

스마트 폰으로 매일 주식이나 경제 관련 신문 기사를 몇 개씩 보는 습관이 베스트셀러 책을 수십 권 보는 것보다 훨씬 중요하고 의미 있다고 생각된다.

미국 버몬트 주의 한 마을에 허름한 옷차림으로 사망한 주유소 직원인 로날드 리드(Ronald Read)라는 사람이 있었다. 그의 사망 후에 마을사람들은 깜짝 놀라게 된다. 그의 은행금고에 AT&T, 뱅크 오브 아메리카, CVS, GE, GM 등의 주식증서가 90억 원의 가치가 되어 있었기 때문이다. 모두 배당성향이 높은 우량 블루칩 주식들이었다. 마을 도서관에서 주식 관련된 책을 빌려다가 스스로 주식에 대한 기본적인 지식을 익힌 그는 매일매일 주유소일을 하면서 다른 사람들이 버린 신문을 읽는 습관이 있었다고 한다. 그러한 습관이 이렇게 큰 자산을 만들 수 있었던 것이다.

필자가 전설적인 주식투자가인 워런 버핏의 많은 어록 중에서 가장 좋아하는 내용은 바로 이것이다.

'나는 IT회사의 주식은 잘 사지 않는다. 내가 잘 모르기 때문이다. 내가 코카콜라 대주주가 된 건 그냥 내가 매일매일 마시기 때문이다.'

물론 IT회사에 투자했다면 큰 수익을 낼 수도 있었겠지만 어떤 회사에 투자했느냐가 중요한 것이 아니고 투자에 대한 신념과 기본 자세를 강조하기 위해서 소개한 것이다. 즉 투자는 자신이 가장 잘 알고 흐름이나 변화를 확인할 수 있는 종목을 고르는 것이 제일 중요하다는 것을 잊지 말자. 그런 의미에서 매일매일의 신문기사를 보면 어떤 기사가 특정 회사에 대한 호재성 기사인지 악재성 기사인지 판단하는 능력을 키우는 것도 중요하다.

일반적으로 주식투자에 해당 기사와 관련된 기업의 주가 상승이 예상되는 호재성 기사는 아래와 같다.

NEWS

• 영업실적이 좋아진다

• 영업환경이 좋아진다(재료 가격 하락, 수출단가 상승, 환율상승 등)

• 기업의 재무구조가 좋아진다(흑자전환, 부채의 출자전환 또는 관리종목 탈출 등)

• 신약개발, 신제품 출시, 신기술/신소재 개발, 특허나 영업권의 취득

• 새로운 사업에 진출 및 유전, 가스, 기타 자원개발 참여

• 무상/유상 증자와 액면분할

• M&A와 대주주와 임직원의 주식 매수

• 자사주 매입 및 소각

• 외자유치 성공 및 인지도 있고 유능한 CEO 영입

• 경쟁사에 대형 악재 발생(2등 기업 입장에서 1등 기업의 악재 발생)

• 외국인, 기관, 큰손의 대량 매수 및 증권회사 애널리스트의 강력 매수 추천

물론 상기 내용 중에 새로운 사업에 대한 진출이나 자원개발에 참여했다고 무조건 호재는 아니다. 향후 진행상황을 확인해서 해당 회사의 전체 실적 상승에 도움이 되는 방향이라면 호재라고 할 수 있다. 반대로 아래의 기사들은 해당 회사의 주가하락이 우려되는 악재성 기사라고 할 수 있다.

NEWS

- 매출액이나 영업이익의 감소
- 영업환경이 악화되며 동종업계 강력한 경쟁업체 출현
- 특허분쟁, 덤핑관세, 하자 등 대형 손해배상 발생과 피소
- 대주주 및 임직원의 주식매도
- 유능한 CEO의 퇴진
- 노사분규 발생
- 대주주 및 임직원의 대규모 회사재산 횡령 및 부정부패
- 외국인, 기관, 큰손들의 주식매도
- 증권회사 애널리스트들의 강력 매도 권유
- 신용평가등급 하락

물론 이 외에도 너무나 많은 기사와 뉴스가 하루하루 다양한 채널로 제공이 되기 때문에 이 부분만 제대로 챙겨도 충분히 주식투자에 대한 매수 기회를 포착할 수 있다. 주식투자 관련 추천도서를 소개해 달라는 질문을 많이 받는다. 그 때마다 필자의 답변은 늘 경제, 금융, 주식 관련 신문기사를 차라리 습관적으로 보는 것이 중요하다고 이야기해 준다.

CHAPTER

07

채권투자의 이해와
활용전략

1. 채권의 개념과 수익률에 대해서 이해한다.
2. 채권의 위험에 대해서 숙지하고 대응전략을 수립한다.
3. 전환사채나 신주 인수권부사채, 교환사채 등 채권의 종류에 대
   해서 설명할 수 있다.

자산관리의/ 이론과/ 실무
ASSET MANAGEMENT

CHAPTER
07

채권투자의 이해와 활용전략

(1) 채권의 의의와 주식과의 차이

흔히 투자에 있어서 큰 두 갈래는 주식과 부동산이라고 한다. 혹은 금융자산과 실물자산으로 구분하는 경우도 있지만 주식과 부동산으로 구분하는 것이 가장 일반적일 것이다. 주식에서 파생되어 금융상품과 간접투자상품 등 다양한 투자 방법이 이어지기 때문이다. 그런데 주식과 별개로 전통적으로 안전자산으로 자리매김하고 있는 것이 바로 '채권'이다. 최근에는 장기간 이어져 오는 저금리 상황에 주식이나 ETF, 가상화폐 등 다양한 고수익을 추구하는 상품이나 종목이 쏟아져 나와서 존재가치가 많이 떨어졌지만 수십년 간 자산관리나 투자를 위한 운용 방법에 대한 종목별 수익률 순위를 매겨 보면 항상 1위를 보였던 게 바로 채권이었다. 따라서 안전자산의 대명사로 그리고 우리가 고위험에 노출되어 원금손실 등으로 힘들어 할 때 그래도 그 자리에서 늘 우리를 보듬어 주었던 채권에 대해서 알고 넘어가도록 하자.

채권(bond, fixed income security)은 중앙 정부나 지방 정부, 공기업, 금융기관, 회사, 기타 법인들이 정책이나 사업을 시행하기 위한 자금을 조달하기 위해서 정해진 기한 후 돌려주겠다는 채무증서를 증권화한 것을 말한다. 쉽게 말해 사고 파는 차용증서라고 할 수 있는데 일반적인 대출과 달리 자금을 공급받는 기관들이 기업이나 국가같이 일반적인 사람 간 거래보다 신용도가 높다는 점을 고려해서 그 차용증서를 거래 가능한 유가증권 형태로 만들어 불특정 다수로부터 돈을 빌릴 수 있게 하는 제도이다. 즉, 기관 입장에서 채권을 발급하면 불특정 다수의 투자자들에게 돈을 빌릴 수 있게 되는 것이고, 돈을 빌려준 사람 입장에선 안정적인 장기 확정수익을 확보하게 되는 것이다.

채권과 주식의 차이점을 살펴보면 채권은 타인자본조달이라고 하고 주식은 자기자본조달이라고 볼 수 있다. 또한 증권 소유자의 지위가 채권은 채권자의 지위이고 주식은 주주로서의 지위가 된다. 소유에 따른 권리로 구분하자면 채권은 확정이자 수령권이라고 할 수 있고 주식은 결산결과에 따라 배당이 가능하다. 또한 채권은 만기도래 시 원금을 상환받을 권리가 있지만 주식은 이익이 있을 때에만 배당으로 수령하게 된다. 채권은 일부 예외적인 영구증권을 제외한 기한부증권이고 회사 청산 시 주주에 우선하여 변제권을 가지는 성격을 가지고 있고 주식은 발행회사와 존속을 같이하는 영구증권이고 회사 청산 시 일반 채권자보다 후순위로 잔여재산에 대한 배분이 이루어진다.

▌채권과 주식의 차이점

구 분	주 식	채 권
자본의 성격	자기자본	타인자본(부채)
보유자의 지위	주주(경영권 있음)	채권자(경영권 없음)
발행기관	주식회사	정부, 지자체, 기업 등
만기	만기 없음	만기가 있음(1,3,10년 등)
기업청산 시 잔여재산 청구권	채권보다 후순위	주식보다 선순위
투자성향	가치변동이 큼(공격적)	가치변동이 작음(안정적)
투자자 이익실현	시세차익(변동이 큼)과 배당수익(경영성과에 따라 변동)	시세차익(시세변동 작음)과 이자수익(만기보유 시 확정수익)

(2) 채권의 특징

채권의 특징으로 위에서 주식과의 차이에서도 언급했지만 확정이자부 증권이 가장 큰 특징이라고 할 수 있고 이 특징 때문에 채권을 안전자산으로 정의하게 된다.

채권의 발행 시에 발행자가 지급해야 할 약정 이자와 만기 시 상환금액이 사전에 확정되고 수익률이 결정되므로 발행자의 원리금 지급능력이 중요하다. 두 번째 특징으로는 기한부 증권으로 주식과 달리 원금과 이자의 상환기간이 발행할 때 정해져 있다.

세 번째로는 이자지급 증권으로 발행자의 영업실적과 무관하게 이자와 원금을 상환해야 하고 지급되는 이자는 발행자가 부담하는 금융비용이지만 투자자에게는 안정적인 수익원이 된다. 채권은 참가증권이라 할 수 있는데 발행자가 투자자를 대상으로 장기의 안정적인 자금을 조달할 수 있게 하고 투자자의 환금성을 보장하기 위해서 유통시장이 존재하게 된다.

채권은 상환증권의 특징도 있어서 주식과 달리 발행자의 상환능력이 있는 한 반드시 상환해야 한다는 특징도 있다.

이러한 채권의 특징과 함께 주식과의 공통점도 알아보자면 우선 기업(또는 국가)의 자금조달이 목적이라는 것과 원본손실의 가능성이 있는 유가증권이라는 점, 각각 유통시장이 있어서 주식시장과 채권시장에서 거래가 가능하고 대내외 상황에 따라 가치가 변동될 수 있다는 점을 들 수 있다.

(3) 채권의 종류

채권에는 다양한 종류가 있는데 어떻게 구분하느냐에 따라서 발행주체별, 보증여부, 이자지급방식 등으로 구분할 수 있다. 우선 발행주체별 구분으로는 정부가 발행하는 채권으로 국채가 있고 지방자치단체가 발행하는 지방채, 일반 민간 기업이 발행하는 회사채, 특별법에 의해 설립된 법인이 발행하는 특수채와 금융기관에서 발행하는 금융채가 있다.

보증여부에 따른 구분으로는 원금상환과 이자지급에 대해서 발행회사 외에 제 3자가 보증하는 회사채를 보증사채라고 하고 원리금 상황에 대한 보증 및 담보의 제공 없이 발행회사의 신용에 의거해서 발행하는 회사채를 무보증회사채라고 한다. 최근 발행하는 대부분의 회사채가 무보증 회사채인데 2개 이상의 신용평가회사에 신용평가를 받아야 하는 과정이 추가된다. 이자 및 원금지급 방식에 의한 분류로 이자를 일정 기간마다 수령할 수 있는 이표가 채권에 첨부된 채권을 이표채라고 한다. 만기에 마지막 이자와 원금을 지급하게 되는데 이자 지급일에 이표를 떼어 내어 이자를 지급하는 형태이다. 우리나라의 대부분 회사채와 국채 및 금융채의 일부가 이표채 방식이다. 단리채는 표면이율을 단리로 계산하여 만기에 원금과 이자를 동시에 지급하는 채권으로 보통 국고채의 일부가 단리채로 발행된다. 표면이율을 복리로 재투자하여 만기에 원금과 이자를 동시에 지급되고 연단위 재투자 복리채와 3개월 단위 재투자 복리채가 있다. 연단위 재투자 복리채로는 제1, 2종 국민주택채권, 지역개발채권 등이 있고 3개월 단위 재투자 복리채는 금융채 중 복리로 발행되는 채권들이 해당된다. 할인채는 만기

▎발행주체별 채권 구분

구 분	내 용
국채	국채법, 예산회계법 등에 의거하여 국회의 의결을 얻은 후 정부가 발행하는 채권. 국가가 상환을 책임지므로 은행예금보다 더 안전.(=무위험채권) 예 국고채, 국민주택채권, 외국환평형기금채권 등
지방채	지방재정법에 의거하여 지자체가 발행하는 채권. 국채에 비해 신용도와 유동성이 낮음. 예 도시철도공채, 지역개발공채, 도시개발채권
회사채	상법상 주식회사가 자금조달을 위해 발행하는 채권. 채권자는 주주의 배당보다 우선하여 이자를 지급받으며, 회사 청산 시 잔여자산에 대해 주주보다 선순위 청구권을 갖게 됨. 예 일반회사채, 시중은행채 등
특수채 및 금융채	특별법에 의해 설립된 법인(특수목적하에 설립된 금융기관 포함)이 발행하는 채권 국채와 회사채의 중간정도의 리스크 및 기대수익률을 보임. 예 통화안정증권(한국은행), 산업금융채권(산업은행), 중소기업금융채권(IBK기업은행), 토지개발채권(한국토지개발공사), 한국전력공사채권(한국전력), 기술개발금융채권(한국기술개발) 등

시까지의 총 이자를 채권발행 혹은 매출 시에 미리 공제하는 방식으로 선지급하는 형태의 채권이다. 만기 시에는 투자원금에 해당하는 액면금액만을 지급하고 통화안정증권, 금융채 등이 대표적인 할인채이다.

(4) 채권 관련 용어와 투자환경

채권 주요 용어

어떤 투자이건 관련 자료나 신문기사 등을 보고 투자에 참고하려면 해당 자료의 내용에 대해서 이해가 가능해야 하고 그러려면 당연히 관련 용어를 숙지하고 있어야 한다. 이번 장에서는 채권과 관련된 용어를 정리하면서 채권투자를 자신의 것으로 만들어 보자.

채권에는 발행이율이라는 것이 있다. 발행이율(표면금리, 표시이자율, 쿠폰이자율, 액면이자율)은 채권을 발행할 때 표시되어 있는 이자율로 액면가 1만 원에 표시이자율이 연4%라면 해마다 400원을 받게 된다. 채권금리가 변하는 것과 상관없이 표시이자율은 발행 시에 정해진 것이 계속 고정으로 적용된다. 따라서 발행 시의 경제상황과 금융시장의 다양한 변수에 영향을 받을 수밖에 없다. 예전에는 채권용지 아래쪽에 하나씩 뗄 수 있는 우표 딱지 같은 것이 여러 개 붙은 형태로 실물 채권증서가 구성되었다. 이자 지급일마다 이 딱지를 하나씩 떼서 발행자에게 갖다 주면 이자를 주었고 그래서 쿠폰 이자율로 불리기도 한다. 다른 표현으로 이표라 하며 이표가 이런 쿠폰을 의미한다.

현재가의 의미는 채권의 액면가가 대부분 1만 원이지만 시장에서 현재 매매되는 가격은 현재가라고 부른다. 대부분의 채권은 금리 때문에 발행되자마자 시장에서 현재가 1만 원 미만에서 거래가 된다. 금리가 오르면 채권의 현재가는 더 떨어지게 되고 금리가 내리면 채권가격은 1만 원을 넘어가게 된다. 따라서 일반적으로 금리와 채권가격은 반대로 움직이는 성향이 있다. 매수수익률은 채권 매매 시 투자자에게 적용되는 수익률로 매매의 기준이 되는 수익률이다. 채권의 만기 보유 시 발생되는 이자수익＋자본손익＋이자에 대한 재투자수익까지 모두 포함한 예상수익률로서 만기수익률이자 모든 현금흐름을 현재 채권가격과 일치시켜주는 내부수익률이라고 할 수 있다.

세후수익률은 투자자로부터 기대되는 미래 세후 현금흐름의 현재가치와 채권의 현재가격을 일치시켜 주는 할인율로 실제 세후 투자수익률이 된다. 채권의 만기일자는 채권금액이 지급되는 날로 보통 지급기일이라고도 하는데 단, 만기일이 법정공휴일이면 익영업일날 지급된다. 신용등급이라는 용어도 있다. 모든 채권은 한국신용평가(KIS)에서 신용등급을 부여한다. 신용등급 체계 및 정의 BBB 등급 이상일 경우 신용등급, 그 미만일 경우 투기등급에 속한다. AA 이상의 고신용등급 회사채의 이율은 은행 적금과 비견될 정도로 많이 낮다. 그만큼 채권이 안정적으로 원금상환이 보장된다는 의미로 발행한 회사나 기관의 안정성과도 연계된다.

채권 투자환경과 가격변화

일반적으로 채권의 수익률에 가장 큰 영향을 미치는 것은 채권의 수요와 공급이라고 할 수 있다. 수요와 공급의 변동이 채권 수익률의 변화에 영향을 주고 이어서 채권의 가격까지도 영향을 준다는 것이다. 특히 가격에 대해서 비탄력적인 채권의 공급보다는 가격에 대해 탄력적인 채권의 수요가 더 큰 영향을 미친다고 할 수 있다.

채권가격 변동에 영향을 주어 채권의 수익률까지도 영향을 주는 외적요인에는 채권의 수요와 공급이 있다. 이 세상 모든 것의 가격변동에는 공급과다로 인한 가격하락과 수요증가로 인한 가격상승이 원칙이다. 채권도 수익률에 가장 큰 영향을 미치는 수요와 공급인데 이는 경제상황과 다양한 변수와 맞물려서 해석해야 한다. 채권의 수요와 공급의 변동은 채권 수익률의 상승과 하락에 이은 채권가격의 변화까지도 가져오게 된다. 여기서 채권의 수익률은 위에서도 언급했지만 공급보다는 수요에 더 영향을 받게 된다. 즉 공급은 채권의 수요가 급증한다고 해서 같이 급증하지 않고 발행기관이나 회사의 나름대로 계획에 의해서 발행되기 때문이다. 하지만 채권의 수요는 채권가격이 연동되어 채권 수요가 증가하면 채권가격은 상승하고 채권의 수요가 감소하게 되면 채권가격은 하락하게 된다. 따라서 채권가격이 강세라는 얘기는 공급의 감소보다는 수요의 증가라고 해석하는 것이 맞고 채권가격이 약세라는 의미는 공급이 증가했다고 보지 말고 수요가 감소했다고 해석하자.

채권의 수익률과 가격에 영향을 미치는 외적 요인 두 번째는 시장의 자금사정과 정부의 금융정책이다. 시장의 자금이 경색되거나 증가하게 되면 콜시장이나 어음할인시장에도 영향을 주어 단기 채권의 수익률에도 변화가 일어난다. 시장에 자금이 풍부해지면 실세금리가 하락하게 되고, 기존의 채권 수익률로 채권을 매입하는 것이 유리하게 되기 때문에 채권의 수요가 증가해서 채권 수익률의 하락을 가져온다. 즉 채권가격이 올라간다. 반대로 시장의 자금이 경색되면 시장금리가 상승하게 되고 기존의 채권 수익률로 채권을 매입하는 것보다 높은 금리의 다른 금융상품을 활용하게 되며 채권의 수익률은 상승하게 되어 채권가격은 하락하게 된다. 이처럼 채권의 수익률은 단기채권은 시장의 자금이나 통화량의 증가나 감소, 장기채권의 경우에는 정부의 재정금융정책에 영향을 받는다.

세 번째 외부 요인으로는 경기동향이 있는데 경기가 상승국면에 진입하면 기업들이 투자를 확대해서 투자를 통해서 얻는 수익이 투자를 위해서 조달한 자금에 대한 금융비용보다 높아지기 때문에 지속적인 투자확대 정책을 펼치게 되고 자금조달을 위한 금융기관 차입이나 회사채의 발행도 증가하게 된다. 따라서 채권시장은 공급이 수요를 초과하므로 채권의 가격은 하락하게 되고 수익률은 상승하게 된다. 반대로 경기 하강국면에 진입하게 되면 채권시장은 수요가 공급을 초과하기 때문에 채권가격은 상승하게 되고 수익률은 하락하게 된다. 물가도 채권 투자의 중요한 외적 요인인데 물가와 채권의 수익률은 장기적으로는 동행하는 성격이 있다. 물가가 상승하는 기간에 채권 수익률이 상승하지 않으면 실질 이자율의 하락을 불러오고 투자자들은 채권이나 금융상품보다는 부동산이나 실물자산에 투자를 선호하게 된다. 이어서 채권의 수요는 감소하고 채권가격하락 및 채권의 수익률은 점진적으로 상승하게 된다. 반대로 물가가 하락하고 있다면 투자자는 실질 이자율이 상승하게 되어 채권에 대한 투자가 증가되고 채권 수요

▼ 경기와 채권 수익률

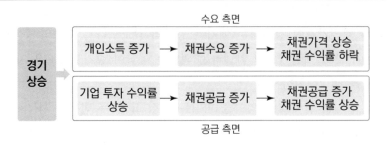

가 증가되면 채권 수익률은 하락되며 채권가격은 상승하게 된다. 정리하자면 채권 수익률은 여러 가지 요인에 의해 변동되는데 시중자금 사정, 경기동향, 물가, 통화금융 정책, 환율 등이 주로 영향을 주게 된다. 채권 투자자금이 많아 채권에 대한 수요가 많으면 채권가격은 올라가는 반면 금리는 하락하게 된다. 한국은행이 통화정책을 통해 자금을 시중에 많이 풀게 되면 돈의 가치는 하락해서 이자율은 떨어지고 채권 수익률도 하락하게 되며 시중에 돈이 경색된다면 시중 금리가 오르며 채권 수익률도 상승하게 된다. 물가 역시 돈의 값어치란 관점에서 채권 수익률에 영향을 주는데 물가가 오르면 돈의 가치 하락을 의미하고 돈을 갖고 있어도 그 돈으로 사용할 수 있는 소비가 줄고 저축을 통한 가치도 떨어지게 된다. 채권의 주요 매수처인 은행, 보험, 연기금 등 기관투자가들은 채권에 대한 투자를 줄여 채권가격은 떨어지며(채권 수요가 줄기 때문에) 채권 수익률은 상승하게 된다.

반대로 물가가 하락하면 돈의 가치는 올라 실질 이자율(명목 이자율 – 예상 인플레이션)이 상승하는 효과가 생겨 채권에 투자하는 것이 다른 자산에 투자하는 것보다 유리하게 된다. 채권 수요가 증가하며 채권가격은 오르고 수익률은 하락하게 되는 것이다. 통화재정정책 측면에서도 한국은행과 정부가 통화량을 흡수하는 정책을 펴면 시중금리가 오르며 채권 수익률도 상승하는데 한국은행이 통화안정증권(통안채)을 채권시장에 팔거나 은행에게 지급준비율(중앙은행이 시중은행에 예치하게 한 일정비율의 지급준비금)을 인상하거나, 재할인율(한국은행이

▼ 물가와 금리

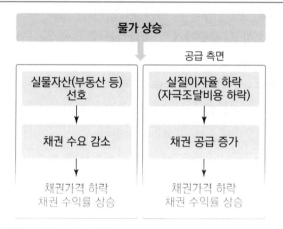

(이상 월간 금융 2013년 2월 손에 잡히는 금융교육 자료 발췌)

시중은행에 빌려주는 돈의 이자율)을 인상하는 정책이 바로 그것이다. 이 밖에도 채권의 가격이나 수익률에 영향을 미치는 변수는 다양하다. 국제 자금시장의 흐름에 따라 환율과 다른 나라의 금리에 의해 영향을 받기도 하고 주식시장이나 부동산 시장 등 다른 자산 시장에 의해 영향을 받기도 한다.

채권의 위험

자산관리의 위험에는 '체계적 위험'가 '비체계적 위험'이 있다고 3장에서 이미 언급을 했었다. 채권에 대해서도 이러한 위험이 존재하는데 그 내용을 살펴보면 아래와 같다.

채권의 '체계적 위험'은 시장 전체 이자율의 변동에 따른 위험으로 일반적으로 분산투자로도 회피하기 어려운 위험을 말한다. 보통 이자율 변동위험과 인플레이션 위험이 있는데 이자율변동위험은 말 그대로 이자율의 변동에 의한 채권가격과 재투자 수익률에 미치는 위험을 의미한다. 이자율변동위험은 다시 시장이자율의 변동으로 인하여 발생하는 채권가격의 상승 혹은 하락의 변동위험인 가격변동위험과 이자지급액이나 원금 상환액을 재투자함으로써 얻어지는 재투자수익률의 변동위험인 재투자수익률위험으로 구분된다. 인플레이션 위험은 물가상승에 따른 실질수익률 하락위험으로 미래에 예상되는 인플레이션이 높은 경우 채권의 수익률이 상승하고 채권가격은 하락하는데 위에 물가와 채권가격에 대한 내용에 이미 설명했다.

채권의 '비체계적 위험'은 채권 발행 주체 자체의 특성에 따라 달라지는 개별 위험으로 분산투자로 위험회피가 가능한 위험을 말하는데 채무불이행 위험, 수의상환 위험, 유동성 위험으로 구분할 수 있다.

채무불이행 위험(default risk)은 채권의 발행회사나 기관이 원금 또는 이자를 지급하지 못하게 될 위험을 의미하는데 채권 수익률은 채무불이행 위험의 크기에 따라 증가하고 여기서 위험이 없는 것으로 간주되는 무위험채권의 수익률과 채무불이행 위험을 갖는 채권의 수익률과의 차이를 위험 프리미엄 또는 스프레드(spread)라고 한다. 채권의 비체계적 위험으로 두 번째는 수의상환 위험(callable risk)이다. 만기전이라도 채권의 발행자가 원금을 상환할 수 있는 권리를 수의상환권(call option)이라고 하는데 채권의 발행회사나 기관은 이자율이 하락할 것으로 예상되는 경우에 채권을 매입하여 소각 후 낮은 가격으로 재발행해 이자비용을 절약하려는 경향이 있다. 따라서 장기 안정적인 운용 목적으로 해당 채권에 투자한 투자자들은 이러한 조기 상환에 대한 위험을 항상 가지고 있다.

세 번째가 유동성 위험(liquidity risk)은 시장성 위험이라고도 하는데 보유 채권을 특정 시점에 매각 및 환금하고자 할 때 적절한 가격으로 처분이 불가능한 위험을 의미한다.

(5) 자산관리를 위한 채권의 종류

지금까지 채권에 대한 기본 이론을 알아봤는데 이제 실제 채권 투자의 실천에 있어서 우리가 관심을 가져야 하는 자산관리 관점에서의 채권의 종류를 알아보도록 하자. 실제 신문기사나 다양한 정보가 제공되고 있으며 이러한 내용들을 알아야 주식과 더불어 채권을 통한 자산관리의 전문가가 될 것이다.

전환사채

'전환사채(CB, Convertible Bond)는 일정한 조건에 따라 채권을 발행한 회사의 주식으로 전환할 수 있는 권리가 부여된 채권을 의미한다. 사채와 주식의 중간적인 성격을 띠고 있는데 전환 전에는 사채로서 확정이자를 받을 수 있고 전환 후에는 주식으로 주식투자를 통한 매도차익이나 배당 등의 이익을 추구할 수 있다. 채권의 금리는 낮지만 일정 기간이 지난 후 주식으로 전환해서 시세차익 등을 기대할 수 있다. 만기 이전에 처분하고자 하는 경우 증권회사를 통해 매각이 가능하며 만기일까지 보유 시는 원금에 일정 프리미엄을 더한 금액으로 상환이 가능하다. 전환사채의 장점은 우선 발행회사 입장에서 일반 사채보다 낮은 금리로 발행되어 자금조달비용이 경감되고 사채와 주식의 양면성을 가지고 있기 때문에 상품성이 크다. 또한 주식으로의 전환 시 고정부채가 자기자본으로 변하기 때문에 재무구조의 개선효과도 있고 투자자 입장에서는 회사채로 투자가치의 안정성과 잠재적인 주식으로서 시세차익까지 가능한 일석이조의 투자라고 할 수 있다.

하지만 전환사채도 단점이 있어서 발행회사의 입장에서는 주식전환에 의한 경영권 지배에 영향을 미칠 수 있고 잦은 자본금 변동으로 사무처리가 많아진다는 점이 있다. 투자자 입장에서는 보통사채보다 낮은 이자율과 주가하락 등으로 전환권을 행사하지 못할 수 있다는 점을 고려해야 한다.

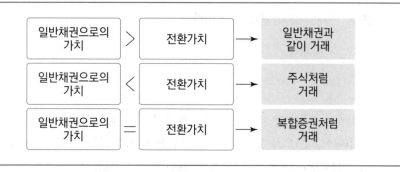

전환사채의 전환가격은 전환사채권자가 전환 청구기간 동안 발행회사의 주식으로 전환을 청구할 수 있는 가격을 의미하는데 상장주식은 기준주가 이상이어야 하고 비상장주식은 주식공모 이전에는 액면가격 이상이어야 하고 주식공모 이후에는 공모가격 이상이어야 한다.

신주 인수권부사채

신주 인수권부사채(BW, Bond with Warrant)는 사채권자에게 일정 기간이 경과한 후에 일정한 가격(행사가격)으로 발행회사의 일정수의 신주를 인수할 수 있는 권리(신주 인수권)가 부여된 채권을 의미한다. 보유자는 상환기일까지 신주 인수권을 행사할 수 있다는 점에서 채권자와 주주의 권리를 동시에 가지며 권리행사 시에 자금을 납입하게 된다. 신주 인수권부사채의 장점은 발행회사 입장에서 사채발행에 의한 자금조달을 촉진시키고 낮은 표면이자율을 가지므로 자금조달비용이 절감되며 인수권 행사 시 추가자금의 조달이 가능하다. 또한 재무구조의 개선효과가 있고 자금조달의 기동성이 부여되는 장점을 가지고 있다. 투자자 입장에서는 투자의 안정성과 수익성을 동시에 만족하고 주가상승에 따른 이익을 획득할 수 있으며 투자의 융통성을 보장한다. 단점으로는 발행회사 입장에서 신주 인수권이 행사된 후에도 사채권이 존속되고 대주주의 지분율 하락 우려가 있으며 주가변동에 따른 행사시기와 자본구조가 불확실하다는 점이 있다. 투자자 입장에서는 주가가 약세 시에는 불이익을 받을 수 있으며, 인수원 행사 후에는 낮은 이율의 사채만 존속된다는 점이다.

교환사채

교환사채(EB, Exchange Bond)는 사채의 소지인에게 소정의 기간 내에 사전에 합의된 조건(교환조건)으로 당해 발행회사가 보유하고 있는 상장증권으로 교환청구를 할 수 있는 권리(교환권)가 부여된 채권을 의미한다. 사채 자체가 상장회사의 소유주식으로 교환되는 것으로 교환 시 발행사의 자산(보유 증권)과 부채(교환

부채)가 동시에 감소되고 수시로 주식과 교환할 수 있고 추가적인 자금유입의 필요가 없다. 전환사채와 신주 인수권부 사채는 주식을 발행하기 때문에 주식수가 증가한다는 단점이 있지만, 교환사채는 신주 발행없이 기존에 기업이 가지고 있는 주식을 투자자에게 배분하기 때문에 주식수가 증가하지 않는다는 긍정적인 면이 있다.

기타 사채로는 이익참가부사채(PB, Participating Bond)가 있는데 기업 수익의 급증으로 주주가 일정 이상의 배당을 받을 때 사채권자도 참가할 수 있는 권리가 부여된 채권을 의미한다. 즉, 약정된 이자 외에 발행회사의 이익이 발생했을 때 회사의 이익분배에 참가할 수 있는 권리가 있다는 것이고 투자자에게 최소한의 확정이자를 보장하고 주주에 대한 배당이 일정률을 상회할 때에는 그 이익에 참가를 인정하게 된다. 배당을 받지 못하게 되면 다음연도로 권리가 넘어가게 되는 누적적 이익참가부사채가 있고 배당을 받지 못했을 경우 다음연도로 권리가 넘어가지 않는 비누적적 이익참가부사채의 2가지 종류가 있다. 옵션부사채(bond with option)는 사채발행 시 제시된 일정조건이 성립되면 만기일 이전이라도 발행회사는 사채권자에게 매도청구를, 사채권자는 발행회사에 매수(상환)청구를 할 수 있는 권리, 즉 콜옵션과 풋옵션이 부여되는 사채이다. 이때 콜옵션(call option)이란 발행회사가 만기 전 매입 소각할 수 있는 권리를 뜻하며, 풋옵션(put option)은 사채권자가 만기중도상환을 청구할 수 있는 권리를 말한다. 이러한 옵션은 전환사채 또는 신주 인수권부사채에도 발행조건으로 부여할 수 있다.

변동금리채권(FRN, Floating Rate Note)은 지급이자율(표면이율)이 시장에서 대표성을 가지는 금리에 연동되어 이자 지급기간마다 정기적으로 재조정되는 채권을 의미한다. 지급이자율이 시장 실세금리의 변동을 반영한다는 특징이 있고 기준금리(reference rate)에 가산금리(spread rate)라고 해서 발행 시점의 변동금리채권 발행자의 신용위험과 기준금리 발행자의 신용위험 차이에 의해서 발생하는 금리를 더해서 발행된다. 국고채나 회사채처럼 발행시점에 이자율이 정해지는 것과 대조적인 채권이라고 할 수 있고 금리하락기엔 발행자에게 유리하고, 금리상승기엔 투자자가 유리하게 된다. 이자지급기간 개시 전에 차기지급이자율(이자지급금액)이 결정된다.

우리나라는 94년 9월부터 FRN이 발행이 허용되었고 기준금리는 양도성예금증서(CD) 3개월물 유통수익률로 하고, 가산금리는 회사채의 경우 발행회사의 신용도에 따라 0.1%포인트(신용평가등급 AAA)~0.25%포인트(신용평가등급 BBB) 등으로 차등된다. 이 채권의 장점은 고금리시기에 발행해도 향후 시장금리가 낮아질 경우 이익이 발생되며 금리상승 시 이자소득이 증가한다. 또한 지급이자율이 이자지급 기일마다 실세금리에 맞추어 조정되므로 금리변동에 따른 가격변동폭이 적고 보통 최저이자율이 설정되어 있어 시장금리가 대폭 하락해도 일정액의 이자를 보장받게 된다. 단점으로는 금리의 단고장저 현상이 지속될 경우 자금비용이 상승하고 투자자에게 풋옵션을 부여한 경우 자금조달의 안정성이 감소되며 금리 하락 시 이자소득 감소의 경향이 있다.

결론적으로 금리상승기에 일반 고정금리부채권에 비하여 투자자 선호도가 높은 FRN을 발행함으로써 자금조달을 용이하게 진행할 수 있다. FRN과 반대되는 개념으로 역변동금리채권(inverse floater)가 있는데 시장 이자율과 역방향으로 비례하는 이자를 지급하는 채권이다. 외국의 경우 기관 투자자들이 이자율 변동위험을 상쇄하기 위해서 사용되고 있다.

마지막으로 물가연동국채(inflation-indexed government bond)가 있는데 물가상승에 따라 원금과 이자가 변하는 채권이다. 즉, 원금과 이자 지급액을 물가에 따라 조정해 채권이 실질구매력을 보장한 채권이라고 보면 된다. 원금과 이자를 물가 변동률을 반영하여 지급하는 방식으로 채권의 실질가치를 보장하고 만기보유를 조건으로 원금은 기간별 물가수준에 따라 움직이게 되고 이자는 일정 기간마다 물가상승률을 반영하여 지급받는 조건의 채권이다.

이 채권의 특징으로는 대한민국 정부가 발행한 국채로 안정성 높고 물가상승에 따른 인플레이션에 대한 대비가 가능하며 타 국채 대비 낮은 표면금리로 인한 절세효과와 물가상승에 따른 원금증가분 비과세(단, 2015년 이후 발행분부터 이자 및 원금상승분 과세 전환) 혜택이 있었고 만기 10년 이상 채권으로 2013년 이전 발행분은 분리과세 신청도 가능하다(단, 2013년 1월~2017년 12월 발행분은 3년 이상 보유 시 분리과세 신청가능, 2018년 1월부터 발행한 물가채는 분리과세 신청불가). 물가연동국채의 장점으로는 인플레이션 방어 수단이라는 점과 무위험투자가 가능한 부분이 있지만 물가가 오르면 원금이 같이 오르기 때문에 인플레이션 헤지 수단이 되지만, 반대로 디플레이션 국면에서는 손해를 볼 수 있어서 경기 침체 등으로 디플레이션이 예상된다면 물가연동채권 투자 매력이 떨어질 수 있겠다.

▌ 전환사채, 신주 인수권부 사채, 교환사채 비교

구분	전환사채(CB)	신주 인수권부사채(BW)	교환사채(EB)
주식취득권리 구분	주식전환권	신주 인수권	교환권
권리 대상	발행회사 신주	발행회사 신주	발행회사 보유 주식 (보유 중인 자기주식 포함)
권리행사 시 현금유입	신규자금 유입 없음	신규자금 유입 있음 (대용납입 시 없음)	신규자금 유입 없음
권리행사 시 사채권 존속	사채권 소멸	사채권 존속 (대용납입 시 소멸)	사채권 소멸
주식취득권리의 거래	채권 자체만 거래 (주식전환권은 별도 거래 불가능)	채권과 신주 인수권 각각 거래 가능 (공모발행 BW의 경우 신주 인수권을 채권과 분리해서 별도 거래 가능)	
재무구조 변경	부채감소 · 자본증가	부채감소 · 자본증가	부채감소 · 자산감소 / 부채감소 · 자본증가 (자기주식을 대상으로 하는 경우)
주식취득가격	전환가격	행사가격	교환가격
주주효력발생	전환청구 시	신주대금 납입 시	교환청구 시
연리이자율 (권면이자율)	일반회사채보다 낮음	일반회사채와 전환사채 중간	전환사채보다 낮음

교환사채(EB)〈전환사채(CB)〈신주 인수권부사채(BW)〈일반회사채

* BW는 CB에 비해 신주대금을 별도 납입(현금납입형의 경우) → 투자자에게 불리하므로 보통 CB보다 이자율을 높게 발행
* EB는 CB, BW와 달리 신주발행 없음 → 주식의 희석화 위험 없이 교환대상 주권의 향후 주가상승에 따른 매매차익을 얻을 수 있으므로 이자율은 낮게 책정되는 것이 일반적

구분	전환사채(CB)	신주 인수권부사채(BW)	교환사채(EB)
장점 [발행사]	일반회사채보다 낮은 이자율로 발행		
	주식전환 시 원리금 상환의무 소멸 (부채감소 · 자본증가)	신주 인수권 행사 시 추가자금 유입 (자산증가 · 자본증가)	교환권 행사 시 원리금 상환의무 소멸 (부채감소 · 자산감소)
장점 [투자자]	주가상승 시 주식전환권 행사 → 추가적인 자본이득 가능	주가상승 시 신주 인수권 행사 → 추가적인 자본이득 가능	주가상승 시 교환권 행사 → 추가적인 자본이득 가능
	주가 정체 · 하락 시 만기까지 채권 보유→만기보장수익률		

CHAPTER

08

행복한 미래를 위한
연금의 세계

1. 국민연금의 개념과 종류에 대해서 이해하고 활용 전략을 수립한다.
2. 퇴직연금과 IRP에 대해서 숙지하고 종류를 비교할 수 있다.
3. 개인연금 상품의 종류와 세제혜택을 이해한다.

자산관리의/ 이론과/ 실무
ASSET MANAGEMENT

CHAPTER
08

행복한 미래를 위한 연금의 세계

(1) 3층 보장제도의 이해

대부분의 국가들은 국민의 노후생활에 필요한 소득을 보장하기 위해 '국가보장, 기업보장, 개인보장'의 3층 보장제도를 운영하고 있다. 국가보장으로는 정부가 주체로 실시하는 공적연금으로 국민연금이 있고 기업보장과 개인보장으로는 기업이나 개인이 주체가 되어 노후생활을 준비하는 보완연금 성격을 가지고 있다.

3층 보장제도는 국민연금, 퇴직연금, 사적연금을 3층으로 쌓고 이를 적절하게 활용하여 본인에게 필요한 노후자금을 확보하는 것을 의미한다. 3층 보장의 기본 원리는 최소한의 노후생활자금은 국민연금을 통해, 기본적인 생활자금은 기업 퇴직금이나 퇴직연금을 통해, 그리고 여유 있는 생활 보장은 개인연금을 통해 준비해야 한다는 것이다. 하지만 100세 시대가 되면서 노후생활 기간이 길어지게 되고 여유 있는 노후생활은 고사하고 기본적인 노후생활에 대한 준비마저 어려워지고 있는 것이 현실이다.

▼3층 구조의 노후소득 보장장치

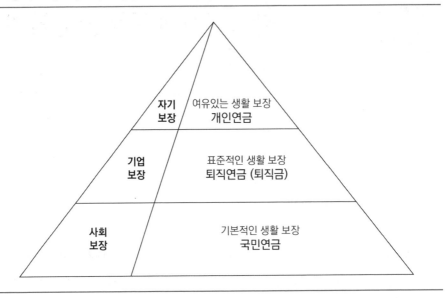

이러한 3층 구조의 연금체계를 알아보자면 우선 국민연금은 국민의 노후 기본적인 생활을 위한 사회보험이다. 이는 국가에서 지급보장을 하고 회사에 고용 된 상태이며 회사에서도 일정 부분 국민연금을 부담하지만 제대로 된 노후준비를 하기에는 부족함이 있다.

퇴직연금은 법정 퇴직금에 상응하는 퇴직준비금을 사외에 적립하여 근로자가 퇴직할 때 수급권을 보장하고, 퇴직 후 연금으로 지급할 수 있도록 한 퇴직금 사외적립제도를 말하는데 확정급여형(DB), 확정기여형(DC)의 2가지 적립 유형이 있는데 근로자는 이들 중 하나를 택하거나 2개를 동시에 운영할 수도 있으며 이 2가지 연금을 통해 어느 정도 노후보장이 가능하다고 볼 수 있다. 마지막으로 개인연금(사적연금)을 준비함으로써 앞서 말한 국민연금과 퇴직연금만으로는 부족한 노후자금을 준비할 수 있으며 이를 3층 보장제도라 하는 것이다. 점점 평균수명과 기대수명이 늘고 고령화 시대로 접어든 지금 이 시대에 노인들이 은퇴 전과 같은 생활을 유지하기 위해서는 이전 소득의 최소 70~80% 정도가 되어야 최저 생활을 넘어 상당한 정도 경제적으로 여유 있는 생활을 할 수 있다고 보여지지만 이러한 준비를 제대로 진행하고 있는 경우는 많지가 않다.

▼ 우리나라의 3층 보장체계

그래도 은퇴 준비를 위해서 어느 정도라도 계획을 세우고 준비를 해야 하기에 반드시 필요한 사항이라고 할 수 있고 3가지 3층 보장제도에 대해서 알아보도록 하자.

(2) 국민연금의 이해와 종류

국민연금은 대한민국 국민이라면 누구나 기본적으로 활용해야 하는 은퇴 준비의 가장 기본적인 방법으로서 가입자, 사용자 및 국가로부터 일정액의 보험료를 받고 이를 재원으로 노령연금, 유족연금, 장애연금 등을 지급함으로써 국민의 생활안정과 복지증진을 도모하는 사회보장 제도이다. 여기서 노령연금은 고령으로 인한 근로소득의 상실을 보전하기 위한 연금이고 유족연금은 가계의 주소득자의 사망이나 부재에 따른 소득상실을 보전하기 위한 연금이며 장애연금은 질병 또는 사고로 인한 장기근로능력 상실에 따른 소득상실을 보전하기 위한 연금이다.

　이러한 국민연금의 필요성은 굳이 언급하지 않아도 누구나 아는 사실인 세계 최고의 인구 고령화 속도로 인한 전체 인구의 고령화 진행이다. 전체 인구 중에서 65세 이상 노인인구의 비율이 7%가 되는 시점을 고령화 사회라고 하고 14%가 되면 고령사회라고 부르며 노인인구의 비율이 20%를 넘어서면 초고령 사회라고 하는데 고령사회까지 도달하는 기간이 프랑스가 115년, 영국이 46년, 미국이 72년이 걸린 반면 우리나라는 17년밖에 걸리지 않았다. 이는 세계 최고의 고령화 국가인 일본의 24년보다도 빠른 것이고 초고령사회까지의 도달 기간도 프랑스 39년, 영국 53년, 미국 18년, 일본 11년인데 우리나라는 불과 9년밖에 걸리지 않았다. 국민연금의 필요성 두 번째는 바로 유례없는 저출산 문제이다. 우리나라 고령인구는 계속 증가하지만 이들을 부양해야 하는 출생아 수가 급격하게 줄어드는 것이다. 대한민국의 출산율은 OECD 꼴찌를 넘어 전 세계 꼴찌이다. 2020년 출산율인 0.84는 역대 OECD 국가가 기록한 가장 낮은 출산율임과 동시에 세계 최초로 국가 단위 출산율이 0.85 미만인 기록이고, 4분기 합계 출산율인 0.75 또한 세계 최초로 국가 단위 분기별 출생률이 0.7명대인 기록이다. 같은 해 미국의 출산율 기록과는 2배 이상의 차이가 나며, 만성적인 저출산에 시달린다는 일본과 비교해도 1.5배 가량의 차이가 난다. 계속되는 저출산으로 국민연금까지 위기 상황이라는 기사도 나올 정도이고, 저출산 문제가 심각하게 악화되어 2023년부터는 징병 가능 청년 남성이 20만 명대로 급감한다는 연구 결과까지 나왔다. 이외에도 국민연금이 그래도 필요한 우리나라 노후준비의 실제 상황은 참담하기까지 하다. 연금 소득대체율은 39.3%로 미국의 70% 이상, 일본의 50% 이상보다 현격하게 차이가 나고 사적연금 가입률도 24%밖에 안 되어서 다른 나라들과 크게 차이가 난다. 노인 빈곤율은 45%를 훌쩍 넘어서 OECD 평균인 12%대의 3.6배이고 60세 이상 1인당 월평균 병원 진료비가 25만 4,000원으로 다른 나라 평균의 2배 이상 차이가 나고 있다.

　따라서 국민연금의 활용은 이제 선택이 아닌 필수가 되었고 지역가입자로 개별적으로 가입하는 경우도 최근에 많이 나오고 있다. 국민연금의 특징으로는 모든 국민이 가입대상으로 강제성을 지니고 있다. 국민연금과 더불어 건강보험 등 대부분의 사회보험제도는 강제가입을 원칙으로 하고 있다. 국민연금의 특징으로 소득재분배를 통한 사회통합에 기여하는 부분도 있는데 동일한 세대 내의 고소득계층에서 저소득계층으로 소득이 재분배되고 세대 간 소득 재분배로 미래세대가 현재의 노인세대를 지원하는 개념으로 볼 수 있다.

국민연금은 대한민국에서 보험의 원리를 도입하여 만든 사회보험의 일종이다. 가입자, 사용자 및 국가로부터 일정액의 보험료를 받고 노령연금, 유족연금, 장애연금 등을 지급함으로써 국가의 안정성을 보장하는 사회보장제도의 하나이다. 쉽게 말해 더 이상 일할 수 없는 나이가 되었을 때 연금을 지원하는 제도이다. 대한민국에서는 국민연금공단이 국민연금을 관리한다. 우리나라를 포함 많은 나라들의 복지제도(최소한 OECD 가입국들은)는 크게 3가지 틀에서 구성되어 있다. 먼저, 첫째는 기초소득 보장제도나 근로 장려세제, 부의 소득세와 같이 국가가 보조하는 공공부조. 둘째, 사회보험. 셋째는 각종 복지시설에서 제공하는 사회서비스다. 그리고 국민연금을 포함한 4대연금이 이 사회보험의 구성요소에 해당한다. 또한, 이러한 국민연금은 그 대상자나 금액의 규모 등 측면에서 복지제도의 핵심적인 역할을 담당한다고 볼 수 있다. 대한민국 연금제도는 1960년 공무원을 대상으로 공무원연금이 처음 시행되었고, 1963년에는 군인연금이 공무원 연금에서 분리되었다. 1975년에는 사립학교 교직원을 대상으로 사학연금이 시행되었다. 1973년에 국민복지연금법을 공표했지만 석유파동으로 무기한 연기가 되었다가 1986년도에 국민연금법을 공포했다. 국민연금은 1988년 10인 이상 사업장 근로자를 대상으로 처음 시행하였다. 그 뒤 1995년 농어촌 지역과 1999년 도시지역 주민까지 적용의 범위를 확대했다. 이후 2006년에는 1인 이상 사업장까지 확대적용함으로써 대상이 전 국민으로 바뀌었다. 2015년 12월 2,157만여 명이 가입해 있고, 405만여 명이 연금을 받고 있으며 적립된 기금은 512조 원이며 이 중 15조 원을 연금 등으로 지급하고 있다.

국민연금은 국가가 망하지 않은 한 반드시 수령하게 되어 있다. 국가가 최종적으로 지급을 보장하기 때문에 국가가 존속하는 한 반드시 지급된다. 기금이 모두 소진된다 하더라도 그 해 연금지급에 필요한 재원을 그 해에 걷어 지급하는 부과방식으로 전환해서라도 지급하게 되어 있다. 또한 국민연금은 물가가 오른 만큼 연금 수령액도 비례해서 증가하게 되어 있다. 즉, 물가가 오르더라도 실질 가치가 유지되게 되어 있다. 처음 연금을 지급할 때는 과거 보험료 납부소득에 연도별 재평가율을 적용하여 현재가치로 재평가해서 계산된다. 예를 들어 1988년 100만 원의 소득으로 국민연금에 가입했다면 이를 2020년 가치로 재평가하면 약 651만 원의 소득액으로 인정되어 국민연금을 계산한다. 또한 국민연금은 연금을 받기 시작한 이후 매년 1월부터 전년도의 전국 소비자물가 변동률에 따라 연금액을 조정하여 지급한다. 국민연금의 특징으로 또한 노령연금 이외에도 장애, 유족연금 등 다양한 혜택이 있다는 점이다. 국민연금에는 노령연금뿐만 아니라 장애연금, 유족연금이 포함된다. 장애연금은 가입 중에 발생한 질병이나 부상으로 완치 후에도 장애가 남았을 경우 장애 정도에 따라 자신과 가족의 생활을 보장하기 위해 장애가 존속하는 한 지급된다. 장애등급이 1급~3급일 경우 연금으로 지급되며 4급은 일시금으로 지급된다. 유족연금은 국민연금에 가입하고 있거나 노령연금 및 장애연금을 받고 있던 사람이 사망하면 그 사람과 생계를 유지하던 유족에게 가입기간에 따라 기본연금액의 일정률을 지급하여 유족들의 생활을 돕는 연금이다(국민연금관리공단 홈페이지<nps.or.kr> 설명 인용).

국민연금 가입유형

국민연금의 가입형태는 크게 사업장과 가입자로 나누고 가입자는 사업장 가입자, 지역가입자, 임의 가입자, 임의 계속 가입자로 구분된다. 사업장은 국민연금법에 의하여 국민연금에 의무적으로 가입되는 사업장 즉, 당연적용사업장을 의미하고 당연적용사업장에 해당되는지 여부는 그 사업장의 근로자 수를 기준으로 하는데 2006년 1월부터 1인 이상의 근로자를 사용자로 사업장 또는 주한 외국기관으로서 1인 이상의 대한민국 국민인 근로자를 사용하는 사업장은 모두 당연적용사업장이 된다.

가입자는 가입 종별에 따라서 아래와 같이 구분할 수 있다.

사업장 가입자(법 제8조)는 국민연금에 가입된 사업장의 18세 이상 60세 미만의 사용자 및 근로자로서 국민연금에 가입된 자를 말하는데 1인 이상의 근로자를 사용하는 사업장 또는 주한외국기관으로서 1인 이상의 대한민국 국민인 근로자를 사용하는 사업장에서 근무하는 18세 이상 60세 미만의 사용자와 근로자는 당연히 사업장가입자가 된다.

따라서 지역가입자가 사업장에 취업하면 자동적으로 사업장가입자가 되고, 지역가입자 자격은 상실된다. 지역가입자(법 제9조)는 국내에 거주하는 국민으로서 18세 이상 60세 미만인 자 중 사업장가입자가 아닌 사람은 당연히 지역가입자가 된다. 다만, 다른 공적연금에서 퇴직연금(일시금), 장애연금을 받는 퇴직연금 등 수급권자, 국민기초 생활보장법에 의한 수급자 중 생계급여 또는 의료급여 또는 보장시설 수급자, 소득활동에 종사하지 않는 사업장가입자 등의 배우자 및 보험료를 납부한 사실이 없고 소득활동에 종사하지 않는 27세 미만인 자는 지역가입자가 될 수 없다. 임의가입자(법 제10조)는 사업장가입자와 지역가입자가 될 수 없는 사람도 60세 이전에 본인의 희망에 의해 가입신청을 하면 임의가입자가 될 수 있다. 즉, 다른 공적연금에서 퇴직연금(일시금), 장애연금을 받는 퇴직연금 등 수급권자, 국민기초 생활보장법에 의한 수급자 중 생계급여 또는 의료급여 또는 보장시설 수급자, 소득활동에 종사하지 않는 국민연금이나 다른 공적연금 가입자 또는 수급권자의 배우자 및 보험료를 납부한 사실이 없고 소득활동에 종사하지 않는 27세 미만인 자는 가입을 희망하는 경우 임의가입자가 될 수 있다. 임의 계속 가입자(법 제13조)는 납부한 국민연금 보험료가 있는 가입자 또는 가입자였던 자로서 60세에 달한 자가 가입기간이 부족하여 연금을 받지 못하거나 가입기간을 연장하여 더 많은 연금을 받기를 원할 경우는 65세에 달할 때까지 신청에 의하여 임의 계속 가입자가 될 수 있다.

연금보험료

연금보험료는 연금급여를 지급하기 위한 재정 마련을 목적으로 법률에 근거하여 납부되는 것으로서 국민연금의 주된 재원이 되는데 법에 근거하기 때문에 연금보험료를 납부기간 내에 납부하지 않으면 다른 공과금과 마찬가지로 연체금(연금보험료의 3~9% 단, 2020년 1월 16일부터는 2~5%로 인하)이 가산되며, 또한 일정 기간 납부하지 않을 경우는 국세체납처분의 예에 따라 납부의무자의 재산에 압류처분 등 강제징수를 통하여 연금보험료로 충당하게 되므로 재산상의 불이익이 가해질 수도 있다. 이런 점에서 국민연금이 세금처럼 인식되기도 하지만 세금은 국가의 운영경비로 사용되는 데 비하여 국민연금은 본인이 납부한 보험료에 높은 수익률을 더해 나중에 본인이 수급한다는 점에서 분명한 차이가 있고, 국민연금의 연금보험료는 기본적으로 자신의 미래를 위해 납부되는 것으로 세금과는 다르다고 볼 수 있다.

사회보험 징수통합제도

2011년 1월 1일부터 시행된 사회보험 징수통합 제도는 3개의 사회보험공단(국민건강보험공단, 국민연금공단, 근로복지공단)에서 따로 수행하던 건강보험, 국민연금, 고용보험, 산재보험 업무 중 유사, 중복성이 높은 보험료 징수업무를 국민건강보험공단이 통합하여 운영하는 제도이다. 국민건강보험공단에서 수납한 국민연금보험료는 현재와 같이 연금수급자를 위한 국민연금기금으로 적립되어 별도로 운용된다. 보험료 고지는 사업장, 지역가입자에게 각각의 고지서를 한 봉투에 담아 한 번에 발송하게 되고 보험료의 납부는 무고지서 수납, 편의점 납부, 통합징수 포털사이트 납부 등 납부방법이 다양화되었으며 보험료는 따로따로 납부할 수도 있고 한 번에 납부도 가능하다. 보험료의 체납은 4대 사회보험료 체납 시 민원을 한 번에 처리되고 보험료 납부 등에 대한 문의는 국민건강보험공단 고객센터 1577-1000로 전화해서 상담을 하면 된다.

연금의 종류(노령연금)

국민연금은 연금수급의 조건이나 지급시기와 방법에 따라서 몇 가지로 구분할 수 있다. 하나하나의 연금의 종류에 대해서 살펴보고 향후 국민연금 활용 전략에 대한 밑거름으로 삼도록 하자.

국민연금의 종류에 첫 번째로 노령연금이 있다. 노령연금은 국민연금의 기초가 되는 급여로 국민연금 가입자가 나이가 들어 소득활동에 종사하지 못할 경우 생활안정과 복지증진을 위하여 지급되는 급여로서 가입기간(연금보험료 납부기간)이 10년 이상이면 60세(조기노령연금의 경우 55세) 이후부터 평생 동안 매월 지급받을 수 있다. 노령연금은 가입기간, 연령, 소득활동 유무에 따라 노령연금, 조기노령연금이 있다.

❙ 노령연금 수급 개시 연령

출생연도	수급 개시 연령		
	노령연금	조기노령연금	분할연금
1952년생 이전	60세	55세	60세
1953~56년생	61세	56세	61세
1957~60년생	62세	57세	62세
1961~64년생	63세	58세	63세
1965~68년생	64세	59세	64세
1969년생 이후	65세	60세	65세

노령연금(법 제61조 제1항)은 가입기간이 10년 이상이고 60세가 된 때에 기본연금액과 부양가족연금액을 합산하여 평생 동안 지급하는 연금이다.

노령연금 연기제도(법 제62조, 법률 제11143호 부칙 제6조)를 활용해서 연금수급 연령을 늦출 수 있는데 노령연금 수급자가 희망하는 경우 1회에 한하여 연금수급권을 취득한 이후부터 65세(수급연령 상향 적용)가 될 때까지의 기간 동안(최대 5년) 연금액의 전부 또는 일부에 대해 지급의 연기를 신청할 수 있다. 연기비율은 50%, 60%, 70%, 80%, 90%, 전부 중 선택할 수 있다. 연금을 다시 받게 될 때에는 지급 연기를 신청한 금액에 대하여 연기된 매1년당 7.2%(월 0.6%)의 연금액을 더 올려서 지급한다.

조기노령연금(법 제61조 제2항)은 가입기간이 10년 이상이고 55세(수급연령 상

향규정 적용: 55~60세) 이상인 사람이 소득 있는 업무에 종사하지 않는 경우에 본인이 신청하면 60세(노령연금 수급개시연령) 전이라도 지급받을 수 있는 연금이다. 이 경우 가입기간 및 처음 연금을 받는 연령에 따라 일정률[1]의 기본연금액에 부양가족연금액을 합산하여 평생동안 지급받게 된다. 단, 55세(수급연령 상향규정 적용: 55~60세) 이후에 연금을 신청하여 지급받다가 60세(노령연금 수급개시연령) 전에 소득이 있는 업무에 종사할 경우는 그 소득이 있는 기간 동안 연금지급이 정지된다. 조기노령연금 수급권자가 소득이 있는 업무에 종사하게 되어 지급을 정지하는 이유는 조기노령연금은 소득이 없는 것을 전제로 일반적인 노령연금보다 일찍 지급하는 급여이기 때문이다.

분할연금제도는 혼인기간 동안 배우자의 정신적·물질적 기여를 인정하고 그 기여분을 분할하여 지급함으로써 이혼한 배우자의 안정적인 노후생활을 보장하기 위한 제도이다. 배우자의 가입기간 중 혼인기간이 5년 이상인 경우에 배우자와 이혼하였을 것, 배우자였던 사람이 노령연금 수급권자일 것, 분할연금 수급권자 본인이 60세가 되었을 것(수급연령 상향규정 적용) 등의 요건을 갖추면 지급이 된다. 급여 수준은 배우자였던 자의 노령연금액(부양가족연금액 제외) 중 혼인기간에 해당하는 연금액의 1/2을 지급한다.

연금의 종류(장애연금 등)

장애연금은 가입자나 가입자였던 자가 질병이나 부상으로 신체적 또는 정신적 장애가 남았을 때 이에 따른 소득 감소부분을 보전함으로써 본인과 가족의 안정된 생활을 보장하기 위한 급여로서 장애 정도(1급~4급)에 따라 일정한 급여를 지급하며, 다음의 초진일 요건과 국민연금보험료 납부요건이 모두 충족되어야 한다.

---

1) 55세 70%, 56세 76%, 57세 82%, 58세 88%, 59세 94% 지급(55세 수급연령 개시 기준)

초진일 요건	연금보험료 납부요건
※ 초진일이 18세 생일부터 노령연금 지급연령 생일의 전날까지 있어야 하고, 다음의 ①~③ 기간 중에 있지 않아야 함 ① 공무원연금, 군인연금, 사립학교교직원연금, 별정 우체국연금 가입기간 ② 국외이주, 국적상실 기간 ③ 국민연금 특수직종노령연금 또는 조기 노령연금수급권 취득한 이후의 기간 (다만, 조기노령연금의 지급이 정지된 기간은 제외)	※ 다음의 ①~③ 중 하나를 충족하여야 함 ① 초진일 당시 연금보험료를 낸 기간이 가입대상 기간의 1/3 이상 ② 초진일 5년 전부터 초진일까지의 기간 중 연금보험료를 낸 기간이 3년 이상(단, 가입대상기간 중 체납기간이 3년 이상인 경우 제외) ③ 초진일 당시 가입기간이 10년 이상

급여 수준은 장애등급 1급은 기본연금액 100%＋부양가족연금액, 2급은 기본연금액 80%＋부양가족연금액, 3급은 기본연금액 60%＋부양가족연금액, 4급은 기본연금액 225%(일시보상금)으로 지급된다.

수급 요건		급여 수준	
사망일이 2016. 11. 30 이전	사망일이 2016. 11. 30 이후	가입기간	연금액
다음의 자가 사망한 때 • 노령연금 수급권자 • 가입자(다만 가입기간 1년 미만인 자가 질병이나 부상으로 인하여 사망한 경우에는 가입 중 발생한 질병이나 부상으로 사망한 경우에 한함) • 가입기간 10년 이상인 가입자였던 자 • 장애등급 2급 이상의 장애연금 수급권자 가입기간 10년 미만인 가입자였던 자로서 가입 중에 발생한 질병이나 부상 또는 그 부상으로 인한 질병으로 가입 중 초진일 또는 가입자 자격 상실 후 1년 이내의 초진일로부터 2년 이내에 사망한 때	다음의 자가 사망한 때 • 노령연금 수급권자 • 장애등급 2급 이상의 장애연금 수급권자 • 가입기간 10년 이상인 가입자(였던 자) • 연금보험료를 낸 기간이 가입대상 기간의 1/3 이상인 가입자(였던 자) • 사망일 5년 전부터 사망일까지의 기간 중 3년 이상 연금보험료를 낸 가입자(였던 자). 단, 전체 가입대상기간 중 체납기간이 3년 이상인 경우는 유족연금을 지급하지 않음	10년 미만	기본연금액 40% ＋ 부양가족연금액
		10년 이상 20년 미만	기본연금액 50% ＋ 부양가족연금액
		20년 이상	기본연금액 60% ＋ 부양가족연금액

유족연금은 국민연금에 일정한 가입기간이 있는 사람 또는 노령연금이나 장애등급 2급 이상의 장애연금을 받던 사람이 사망하면 그에 의하여 생계를 유지하던 유족에게 가입기간에 따라 일정률의 기본연금액에 부양가족연금액을 합한 금액을 지급하여 남아 있는 가족들이 안정된 삶을 살아갈 수 있도록 하기 위한 연금이다.

(3) 퇴직연금의 개념과 활용전략

퇴직연금제도는 근로자들의 노후 소득보장과 생활 안정을 위해 근로자 재직 기간 중 사용자가 퇴직급여 지급 재원을 금융회사에 적립하고, 이 재원을 사용자(기업) 또는 근로자가 운용하여 근로자 퇴직 시 연금 또는 일시금으로 지급하는 제도이다. 퇴직연금의 필요성은 기존 국민연금의 필요성과 일치하며 100세 시대로의 진입 등 초고령 사회의 도래와 한 직장에서 근무하는 평균 기간이 6.1년이지만 쌓이지 않는 노후자금에 대한 불안감 등이 있다. 이러한 근로자들의 불안감을 해소하기 위해서 3층 연금구조에서 1층의 국민연금과 3층의 개인연금과 더불어 2층의 기업보장의 방법으로 퇴직연금이 필요하게 된다.

(고용노동부 홈페이지〈moel.go.kr〉 이미지 발췌)

근로자를 사용하는 모든 사용자는 퇴직급여를 지급하여야 하는데 계속근로기간이 1년 미만이거나 4주간을 평균하여 1주간의 소정근로시간이 15시간 미만인 근로자는 적용이 제외된다. 퇴직금과 비교해서 퇴직연금은 몇 가지 특징이 있다. 우선 퇴직급여를 꼬박꼬박 금융회사에 적립한다는 점인데 근로자는 사용자의 적립금으로 체불 걱정 없이 퇴직급여를 수령하고, 사용자는 부담금 납입금에 대해 법인세(사업소득세)를 절감할 수 있다. 적립금 운용 수익으로 부담은 낮추고, 퇴직급여는 늘리는 장점으로 사용자는 확정급여형 퇴직연금의 운용수익으로 퇴직급여 지급 부담을 낮추고, 근로자는 확정기여형 퇴직연금의 운용수익으로 퇴직급여를 증액할 수 있다. 또한 퇴직급여를 연금으로 수령이 가능해서 회사를 옮기더라도 개인형 퇴직연금제도(IRP)를 통해 퇴직급여를 계속 적립하고 55세 이후 연금으로 수령하여 다양한 노후설계가 가능하다. 마지막으로 변화하는 임금체계에 적합한 제도라는 점인데 퇴직금제도의 경우 최종 임금을 기준으로 퇴직급여액이 정해지므로 유연성이 떨어지지만 확정기여형 퇴직연금의 경우 매년 임금 총액의 1/12 이상 금액을 적립, 연봉제·성과급제 등 임금체계의 변화에 맞추어 퇴직급여 수준이 변화하므로 유연한 대응이 가능하다.

▼ 퇴직연금제도의 구조

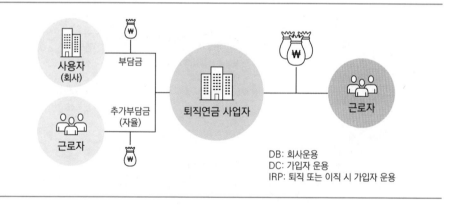

(고용노동부 홈페이지〈moel.go.kr〉 이미지 발췌)

퇴직연금의 종류

퇴직연금의 종류에는 크게 2가지가 있는데 확정급여형 퇴직연금제도(DB, Defined Benefits Retirement Pension)와 확정기여형 퇴직연금제도 (DC, Defined Contribution)가 그것이다. DB형은 근로자가 퇴직할 때 받을 퇴직급여가 사전에 확정된 퇴직연금제도라고 할 수 있는데 사용자가 매년 부담금을 금융회사에 적립하여 책임지고 운용하며, 근로자는 운용결과와 관계없이 사전에 정해진 수준의 퇴직급여를 수령하게 된다. 즉 근로자가 퇴직 시에 수령할 퇴직급여가 근무기간과 평균임금[2])에 의해 확정되어 있는 제도이다. 사용자가 적립금을 직접 운용하므로 운용결과에 따라 사용자가 납입해야 할 부담금 수준이 변동될 수 있고

▼ DB형 운용구조

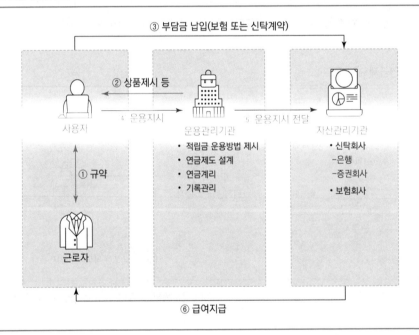

(금융감독원 통합연금포털〈100lifeplan.fss.or.kr〉 이미지 발췌)

---

2) 퇴직발생일 이전 3개월간 근로자에게 지급된 임금총액을 그 기간의 일수로 나눈 금액(근로기준법 제2조)

임금인상률, 퇴직률, 운용수익률 등 연금액 산정의 기초가 되는 가정에 변화가 있는 경우에도 사용자가 그 위험을 부담하게 된다. DC형은 사용자가 납입할 부담금(매년 연간 임금총액의 1/12 이상)이 사전에 확정된 퇴직연금 제도이다. 사용자가 근로자 개별 계좌에 부담금을 정기적으로 납입하면, 근로자가 직접 적립금을 운용하며, 근로자 본인의 추가 부담금 납입도 가능하다. 근로자는 사용자가 납입한 부담금과 운용손익을 최종 급여로 지급받게 된다. 근로자의 적립금 운영성과에 따라 퇴직 후의 연금 수령액이 증가 또는 감소하게 되며, 결과적으로 적립금 운용과 관련한 위험을 근로자가 부담하게 된다.

DB형의 운용구조는 기업은 노사합의에 따라 관련법에 규정되어 있는 퇴직연금 규약을 작성하여 노동부에 신고하고 기업과 근로자는 금융기관의 안내를 받아 제도 설계 및 적립금 운용방법 등을 결정하게 된다. 기업은 자산관리기관에 부담금을 납입하고 사용자는 적립금의 운용방법(금융상품)을 선택하여 운용관리

▼ DC형 운용구조

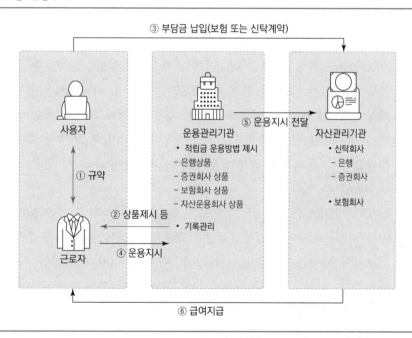

(금융감독원 통합연금포털〈100lifeplan.fss.or.kr〉 이미지 발췌)

기관에게 운용지시를 내린다.

운용관리기관은 자산관리기관에 운용지시를 전달하고 자산관리기관은 운용지시에 따라 납입된 적립금으로 운용지시 및 내역을 이행(금융상품 매매)한다. 근로자 퇴직 시 자산관리기관은 근로자에게 퇴직급여를 연금 또는 일시금으로 직접 지급하게 된다.

기업은 노사합의에 따라 관련법에 규정되어 있는 퇴직연금 규약을 작성하여 노동부에 신고하고 기업과 근로자는 금융기관의 안내를 받아 제도 설계 및 적립금 운용방법 등을 결정하게 된다. 기업은 자산관리기관에 부담금을 납입하고 근로자는 적립금의 운용방법(금융상품)을 선택하여 운용관리기관에게 운용을 지시하며 운용관리기관은 자산관리기관에 운용지시를 전달받아 자산관리기관은 운용지시에 따라 납입된 적립금으로 운용지시 내역을 이행(금융상품 매매)한다. 근로자 퇴직 시 자산관리기관은 근로자에게 퇴직급여를 연금 또는 일시금으로 직접 지급된다.

개인형 퇴직연금제도(IRP)

개인형 퇴직연금제도(IRP, Individual Retirement Pension)는 근로자가 재직 중에 자율로 가입하거나, 퇴직 시 받은 퇴직급여를 계속해서 적립, 운용할 수 있는 퇴직연금 제도이다. 연간 1,800만 원까지 납입할 수 있으며, 최대 700만 원까지 세액공제 대상이 된다. 단, 연금저축에 가입한 경우, 연금저축(최대 400만 원 한도)을 합산하여 총 700만 원 세액공제가 가능하다. 운용기간 중 발생한 수익에 대해서는 퇴직급여 수급 시까지 과세가 면제되며, 퇴직급여 수급 시 연금 또는 일시금으로 수령할 수 있다.

IRP계좌의 가입대상은 소득이 있는 모든 취업자가 가능하고 기존(2017년 7월 26일 이전)의 퇴직근로자와 추가부담금납부 희망자로 퇴직연금제도를 운영 중인 기업의 근로자와 퇴직금제도에서 일시금으로 수령하여 IRP에 납입한 가입자에 추가로 자영업자, 퇴직급여제도 미설정 근로자(1년 미만 근속 및 단시간 근로자), 퇴직금제도 적용 재직근로자, 직역연금 가입자 등이 추가로 확대되었다.

즉 IRP제도는 근로자가 퇴직하거나 직장을 옮길 때 받은 퇴직금을 자기 명의의 퇴직계좌에 적립하여 연금 등 노후자금으로 활용할 수 있게 하는 제도이고 퇴직연금수령 개시연령에 도달하지 않더라도 그 전에 받은 퇴직 일시금을 개인형 퇴직연금을 통해 계속해서 적립, 운용이 가능하다. DB형(확정급여형), DC형(확정기여형) 가입자도 연간 1,800만 원의 한도 내에서 추가 불입 가능하며, 근로자가 자기 부담금으로 납입한 금액은 세제적격 연금저축 납입액과 합산하여 연간 700만 원까지 세액공제가 가능하다.

10인 미만 사업에 대한 특례로 상시근로자 10인 미만인 사업장에서 개별 근로자의 동의를 받거나 근로자의 요구에 따라 개인형 퇴직연금제도를 설정하는 경우에는 해당 근로자에 대하여 퇴직연금제도를 설정한 것으로 간주되고 사업장 규모의 영세성을 감안하여 고용노동부에 퇴직연금규약신고절차를 생략하고, 퇴직연금제도 도입을 용이하게 하기 위한 특례라고 보면 된다.

▌퇴직연금 종류별 비교

구 분	DB형(확정급여형)	DC형(확정기여형)	개인퇴직연금계좌(IRP)
연금수급 요건	연령 55세 이상/가입기간 10년 이상/연금수급 5년 이상		연령 55세 이상/ 연금수급 5년 이상
일시금수급 요건	연금수급 요건을 갖추지 못한 경우 일시금 수급을 희망하는 경우		55세 이상으로 일시금 수급을 희망하는 경우
운용주체	사용자	근로자	근로자
운용위험부담	기업	근로자	근로자
중도인출	불인정	제한적 인정	제한적 인정
담보대출	적립금의 50% 가능		
제도 간 이전	어려움(퇴직 시 IRP 이전)	직장 이동 시 이전 용이	연금 이전 시 용이

▌ISA와 IRP의 비교

구분	ISA	IRP
가입자격	19세 이상 거주자 소득 있으면 15세 이상도 가능	소득 있는 거주자 누구나 가능

구분	ISA	IRP
납입한도	연 2,000만 원(이월 적립 가능), 총 납입 한도는 1억 원	연 1,800만 원 (DC 추가 납입 + 연금저축 + IRP)
세제혜택	• 채권형 펀드, 해외주식 투자펀드 매매차익과 예금과 적금 이자, 주식 배당금 등은 손익통산해 200만 원 한도로 비과세 • 비과세 한도 초과하는 순이익은 9.9% 분리과세 • 국내주식, 국내주식형 펀드 매매 차익은 2023년 이후 해지 시 전액 비과세	• 납입금 연 700만 원 한도 세액공제 • 만 50세 이상 한시적(2020~2022년)으로 900만 원 한도 공제 • 55세 이후 연금으로 수령할 경우 3.3~5.5% 세율 적용
투자가능상품	예금과 적금, 펀드, 국내상장 ETF, 상장주식(중개형만), 리츠 등으로 상품별 한도 없음	예금과 적금, 펀드, 국내상장 ETF, 리츠 등으로 상품별 투자한도 있음

(4) 개인연금의 이해와 세제혜택

지금까지 정부와 기업에서 노후준비를 함께 고민하는 국민연금과 퇴직연금에 대해서 알아보았다. 이 2가지 방법으로 노후준비가 완벽하게 해결되면 좋겠지만 실제 물가상승과 노후생활 기간의 연장으로 개인적으로도 노후준비를 해야 하는 상황이다. 개인들이 스스로 준비하는 노후준비에는 개인연금이 있는데 여유로운 생활을 보장하고 개인이 금융기관을 직접 선택해서 조건 등을 따져 보고 가입하게 된다. 이왕이면 한 살이라도 젊었을 때 미리미리 가입을 해서 거치기간을 늘려 수령액을 키우는 전략이 좋다. 개인연금은 크게 '세제적격'과 '세제비적격' 상품으로 구분하는데 세제적격 상품은 연금을 납입하는 동안 소득공제나 세액공제 혜택을 받는 대신 수령할 때 연금소득세를 납부하는 상품으로 세금은 연령에 따라 세율이 다르다. 지방소득세를 포함해 만 70세 미만이면 5.5%이고, 만 70세 이상~80세 미만은 4.4%다. 만 80세가 넘어가면 3.3%의 세금을 부담하게 된다. 세제비적격 상품은 가입기간에 세제혜택은 없지만 노후에 연금을 수령할 때 비과세 혜택을 받을 수 있는 상품이라고 보면 된다.

개인연금은 가입 기관에 따라서 연금신탁(은행), 연금보험(보험), 연금펀드(증권회사)로 구분할 수 있고 연금신탁과 연금보험은 수익률이 약간 낮지만 안정성을 강조한 상품이고 연금펀드는 원금손실이 발생할 수 있지만 그만큼 예상 수익률도 높다고 할 수 있다. 개인연금 상품 중에서 현재 가장 많이 가입하고 활용하는 상품이 '연금저축'인데 대표적인 세제적격 상품이다. 2013년 연금저축계좌가 판매되면서 연금저축신탁, 연금저축펀드, 연금저축보험 등 상품명에 '연금저축'이라는 용어가 공통으로 사용되고 있다. 2013년 이전에 가입한 신탁의 경우 통상 개인연금신탁(2001년 이전), 연금신탁(2002년 이후)이 세제적격 상품이고

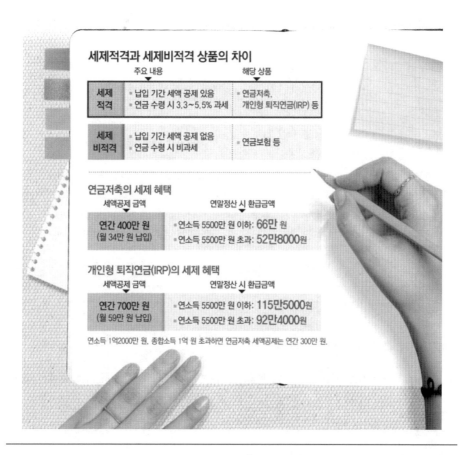

(2021년 6월 7일 동아일보 기사 이미지 발췌)

2001년 이전에 가입한 개인연금신탁은 납입 기간에 세제 혜택도 받고 연금 수령 시에도 과세가 제외되는 상품으로, 연금신탁이나 연금저축신탁과 차이가 있다.

퇴직금을 입금받아 연금으로 수령할 수 있는 계좌인 개인형 퇴직연금(IRP)을 세제적격 개인연금으로 구분하기도 한다. 하지만 퇴직금이 입금되기 전에 '자기부담금'이라는 돈을 개인적으로 납입하면 연금저축과 동일한 세제 혜택이 주어진다. 특히 연금저축은 매년 세액공제 한도가 400만 원이지만 IRP는 700만 원으로 혜택이 더 크다. 세제비적격 상품은 일반적으로 보험사의 연금보험 상품을 말하는데 공시이율로 운용되는 일반 연금보험과 펀드 등 투자 상품으로 운용되는 변액 연금보험으로 구분한다. 납입 기간 동안 세제 혜택은 없지만 일정한 비과세 요건을 갖추면 연금 수령 시 비과세 혜택을 받을 수 있는 상품들이다.

▌연금저축 변화 비교

구 분	개인연금저축 (1994. 6~2000. 12)	연금저축 (2001. 1~2013. 2. 28)	연금저축계좌 (2013. 3. 1 ~)
납입한도	분기 300만 원	연간 1,800만 원	
연금수령요건	가입기간 10년 이상 & 만 55세 이후	가입기간 5년 이상 & 만 55세 이후	
연금 의무수령기간	최소 5년 이상	2013. 3. 1전 계좌 최소 5년 이상. 2013. 3. 1 이후 계좌 최소 10년 이상 간접적 유도	
소득(세액) 공제	납입액의 40%까지 소득공제 (연 72만 원 한도)	납입액의 13.2~16.5% 세액공제 (납입액 기준 최대 연 400만 원 한도)	
연금수령 과세	비과세	연금소득세 3.3~5.5%	
중도해지 과세	이자소득세 15.4%	기타소득세 16.5%	
해지가산세	5년 이내 해지 시 납입액의 4%	5년 이내 해지 시 납입액의 2.2%	없음
부득이한 해지 사유와 세금	천재지변, 사망, 해외이주, 폐업, 본인 3개월 이상 요양	천지지변, 사망, 해외이주, 개인회생 및 파산, 본인 + 배우자 + 부양가족 3개월 이상 요양	
	비과세	연금소득세 3.3~5.5%	

┃ 연금저축계좌 금융기관별 비교

구 분	보험	은행	증권
상품	원리금 보장 보험계약	원금보장 신탁계약	펀드 (MMF, 주식형/채권형, ETF 등)
예금자보호	가 능		불가능
수수료	초기 사업비 납입보험료 10% 안팎	신탁보수 약 0.5~0.65%	펀드보수 약 0.5~2.0%
납입	의무납입	자유납입	
중도인출	불가	가능	
연금수령	종신형/확정기간형	확정기간형 (수시인출, 연금한도 인출 등 다양한 방법)	

* 수수료는 개별 금융회사별로 다르기 때문에 가입 시 문의하는 것이 좋음.

(5) 떠오르는 노후준비 주택연금

지금까지 3층 보장제도에 대해서 하나씩 알아봤는데 최근 몇 년 사이 개인이나 가계에서 자체적으로 준비하는 은퇴 이후 노후생활비 마련의 방법으로 새롭게 떠오르는 것이 바로 '주택연금'이다. 직장생활을 시작하고 결혼을 하면서 가정을 일구었을 때 누구나 가장 첫 번째 목표가 바로 '내 집 마련'이다. 따라서 대한 민국에서 어느 정도 직장생활을 하고 중간에 재무적인 큰 악재나 변수가 없고 아예 본인들의 성향이 주택의 소유에 대한 마음이 없는 경우만 아니라면 집 한 채는 보유하게 된다. 나중에 부모님에게 증여나 상속을 받게 되더라도 크건 작건 집을 보유하게 될 것이다. 바로 이 집을 활용하는 노후생활비 마련이기 때문에 적극적으로 금융상품에 가입하거나 투자를 해서 노후생활비를 마련하지 않더라도 주택연금은 가장 개인들이 해볼 만한 은퇴 생활비 마련 플랜이라고 볼 수 있다.

주택연금은 집을 소유하고 계시지만 소득이 부족한 어르신들이 평생 또는 일정 기간 동안 안정적인 수입을 얻으실 수 있도록 집을 담보로 맡기고 자기 집에 살면서 매달 국가가 보증하는 연금을 받는 제도이다. 즉, 가입자가 소유한 주택을 담보로 맡기고 평생이나 일정 기간 연금을 매달 받는 상품이다. 가입 요건은 부부 중 1명이 만 55세 이상이고 부부 중 1명이 대한민국 국민이며 부부기준 공시가격 등이 9억 원 이하 주택소유자이면 가능하다. 다주택자라도 합산가격이 공시가격 등이 9억 원 이하면 가능하며 공시가격 등이 9억 원 초과 2주택자는 3년이내 1주택을 매도하면 가능하다.

예전엔 만 60세 이상이어야 가입할 수 있었지만 이젠 만 55세부터 가입할 수 있기 때문에 대상자가 크게 늘어났다. 주택 소유자나 배우자 중 한 사람만 연령 조건을 갖추면 되는 조건도 대상자 확대의 원인이다. 주택연금은 만 55세 이상 (주택소유자 또는 배우자)의 대한민국 국민(주택소유자 또는 배우자)이 소유주택을 담보로 맡기고 평생 혹은 일정한 기간 동안 매월 연금방식으로 노후생활 자금을 지급받는 국가 보증의 금융상품(역모기지론)이기 때문에 한국주택금융공사는 연금 가입자를 위해 은행에 보증서를 발급하고 은행은 공사의 보증서에 의해 가입자에게 주택연금을 지급하는 방식이다. 진행 절차는 신청인이 한국주택금융공사를 방문하여 보증상담을 받고 보증신청을 하고, 공사는 신청인의 자격요건과 담보주택의 가격평가 등에 대하여 심도 있는 심사를 진행해서 보증약정체결과 저당권설정의 과정을 거쳐 금융기관에 보증서를 발급한다. 신청인이 금융기관을 방문하여 대출거래약정 체결 이후 금융기관에서 주택연금 대출을 실행하면 된다.

▼ 주택연금 실행 절차

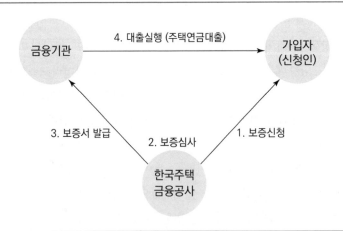

(자료: 한국주택금융공사 홈페이지)

주택연금의 장점으로는 평생거주, 평생지급으로 평생동안 가입자 및 배우자 모두에게 거주를 보장해 주고 부부 중 한 명이 사망하더라도 연금 감액 없이 100% 동일금액의 지급을 보장해 준다. 아울러 국가가 연금지급을 보증하므로 연금지급 중단 위험이 없다. 또한 합리적인 상속이 가능해서 나주에 부부 모두 사망 후 주택을 처분해서 정산하면 되고 연금 수령액 등이 집값을 초과하여도 상속인에게 청구하지 않으며, 반대로 집값이 남으면 상속인에게 돌아가게 된다. 세제 혜택도 있어서 저당권 설정 시에 등록면허세(설정금액의 0.2%)를 주택가격 및 보유수에 따라 감면해 주는데 주택 공시가격 등이 5억 원 이하인 1가구 1주택자는 75%, 이 외에는 등록면허세액이 400만 원 이하인 경우 75%, 400만 원 초과인 경우 300만 원을 공제해 준다. 또한 농어촌 특별세(등록세액의 20%)도 면제해주고 국민주택채권 매입의무도 면제해 준다(설정금액의 1%). 아울러 주택연금의 이용 시에도 대출이자비용을 소득공제(연간 200만 원 한도)해 주며 재산세(본세)도 25% 감면해 주는 혜택이 있다. 하지만 등록면허세와 재산세 감면은 2021년 12월 31일까지 일몰 예정이므로 향후 이 부분은 연장이나 세제혜택의 내용에 대해서 추가적으로 확인해 보도록 하자.

주택연금은 2021년 8월부터 종류가 다양해졌다. 연금 수령액이 일정하게 유지되는 정액형 외에 가입 초기에 더 많이 받는 '초기 증액형', 시간이 지날수록 수령액이 늘어나는 '정기 증가형'이 생겼다. 초기 증액형은 초기에 많이 받고 이후엔 초반에 비해 30% 감소한 금액을 받는다. 가입자가 많이 받는 기간을 경제 여건에 따라 3, 5, 7, 10년 중 선택할 수 있다. 반대로 정기 증가형은 초반 수령액이 적은 대신 3년마다 일정 비율로 늘어난다. 주택연금의 지급방식을 자세히 살펴보면 월지급금을 종신토록 지급받는 종신방식이 있는데 종신지급방식과 종신혼합방식으로 분류할 수 있다. 종신지급방식은 인출한도 설정 없이 월지급금을 종신토록 지급받는 방식이고 종신혼합방식은 인출한도(대출한도의 50% 이내) 설정 후 나머지 부분을 월지급금으로 종신토록 지급받는 방식이다.

종신방식 외에 확정기간방식이 있는데 주택연금 이용자가 선택한 일정 기간 동안만 월지급금을 지급받는 방식이다. 이는 다시 수시인출한도 설정 후 나머지 부분을 월지급금으로 일정 기간 동안만 지급받는 방식인 확정기간혼합방식으로도 가능하다.

대출상환방식은 주택담보대출 상환용으로 인출한도(대출한도의 50% 초과 90% 이내) 범위 안에서 일시에 찾아 쓰고 나머지 부분을 월지급금으로 종신토록 지급받는 방식이다.

우대방식은 주택소유자 또는 배우자가 기초연금 수급자로 부부기준 1.5억 원 미만 1주택 보유 시 종신방식(정액형)보다 월지급금을 최대 약 20% 우대하여 지급받는 방식으로 우대지급방식은 인출한도 설정 없이 우대받은 월지급금을 종신토록 지급받는 방식이고 우대혼합방식은 인출한도(대출한도의 45% 이내) 설정 후 나머지 부분을 우대받은 월지급금으로 종신토록 지급받는 방식이다.

이용기간 중 지급방식 간 변경이 가능해서 종신지급, 종신 혼합 간과 우대지급, 우대 혼합 간으로의 변경으로 신청하면 된다. 주택연금의 대출한도는 가입자가 100세까지 지급받을 연금대출액을 현재시점의 가치로 환산한 금액이고 인출한도는 대출한도의 50% 이내(종신혼합방식, 확정기간혼합방식), 50% 초과 90% 이내(대출상환방식), 45% 이내(우대혼합방식)를 인출한도로 설정하여 목돈으로 사용 가능하다. 인출한도를 설정한 만큼 월지급금이 적어지는 단점은 있다.

인출한도의 용도는 담보주택의 선순위 주택담보대출 상환용도, 담보주택에 대한 임대차보증금 반환용도, 의료비, 교육비, 주택유지수선비 등으로 단, 확정기간혼합방식의 경우 반드시 설정하게 되는 대출한도의 5%에 해당하는 금액은 의료비, 주택유지수선비 용도로 월지급금 지급종료 후에만 사용 가능하며, 대출상환방식의 경우 담보주택의 선순위 주택담보대출 상환용으로만 사용 가능하다. 종신혼합방식, 확정기간혼합방식, 대출상환방식으로 주택연금 취급 금융기관과 동일한 금융기관의 주택담보대출을 상환할 경우, 중도상환수수료 면제가 가능하다.

▌주택연금 상품 비교

구분	일반주택연금	내 집 연금 3종 세트		사전예약 보금자리론
		주택담보대출 상환용 주택연금	우대형 주택연금	
보유주택 수 및 자격(부부기준)	1주택자, 공시가격 등의 합산가격 9억 원 이하 다주택자		부부 중 1명이 기초연금 수급자, 1주택자	부부 중 1명이 만 40세 이상
주택가격	공시가격 등이 9억 원 이하 (단, 월지급금은 시세를 기준으로 산정)		1억 5,000만 원 미만	
지급방식	종신지급/종신혼합 /확정혼합방식	대출상환방식	우대지급/우대혼합 방식	
지급유형	정액형/초기증액형/ 정기증가형	정액형만 가능(지급유형 변경불가)		보금자리론을 신청하면 주택연금 가입을 사전 예약하고, 주택연금 가입연령에 도달 시 주택연금으로 전환(55세 이후 전환 희망하는 경우)

주택연금으로 전환 시 우대금리 누적액을 전환장려금으로 일시에 지급 |
인출한도	연금지급한도의 50% 이내 수시 인출	연금지급한도의 50% 초과 90% 이내 일시인출	연금지급한도의 45% 이내 수시인출	
인출한도 용도	대부분의 노후생활비 용도 단, 확정기간혼합방식 의무설정한도는 주택관리비, 의료비 용도로만 사용	주택담보대출 상환으로만 사용 가능	대부분의 노후생활비 용도	
보증료율	초기보증료 1.5% 연보증료 0.75%	초기보증료 1.0% 연보증료 1.0%	초기보증료 1.5% 연보증료 0.75%	
이용혜택		대출금리 0.1%p인하	일반주택연금 대비 월지급금 최대 약 20% 증가	
중도상환수수료	주택연금과 주택담보대출 은행이 동일한 경우, 대출상환금액에 대한 중도상환 수수료 면제			

(자료: 한국주택금융공사)

주택연금 가입자의 유의사항으로 가입자 사망 시의 절차로 주택 소유자가 중도에 사망할 경우 그 배우자가 6개월 이내에 담보주택 소유권이전등기(신탁방식 주택연금의 경우는 제외한다) 및 금융기관에 대한 노후생활자금 금전채무의 인수를 마쳐야 한다. 배우자가 소유권 이전 등기(신탁방식 주택연금은 제외) 및 금융기관 채무인수를 완료할 때까지 주택연금은 일시적으로 지급정지된다. 이사나 담보주택의 변경 시에는 공사의 담보주택 변경 승인을 받아 담보주택을 기존 거주주택에서 새로운 거주주택으로 변경할 수 있다. 다만, 경우에 따라 이사가 불가능할 수 있으며, 담보가치 변경에 따른 담보가치 증감에 따라 월지급금이 달라지거나 정산해야 할 수도 있으므로, 사전에 공사에 문의해서 변경되는 사항에 대해서 확인하는 것이 좋다. 또한, 기존 보증계약을 유지하면서 일반주택과 노인복지주택 및 주거목적 오피스텔 간의 담보주택변경은 허용되지 않는다.

그리고 아래의 사유가 발생하면 지급정지가 되므로 유의해야 한다.

첫째, 부부 모두 사망한 경우: 가입자만 사망한 경우에는 배우자가 소유권 이전 및 채무인수 후 계속 이용 가능(신탁방식의 경우 채무인수(금융기관) 후 계속 이용 가능)

둘째, 실거주를 위반한 경우: 가입자와 배우자 모두 주민등록상 주소지가 담보주택 주소지와 다른 것으로 확인된 경우. 다만 입원 등 한국수택금융공사 사장이 정하여 공사의 인터넷 홈페이지에 공고하는 사유(이하 "실거주 예외 인정사유")로 공사의 승인을 받은 경우는 제외

셋째, 장기 미거주의 경우: 부부 모두 1년 이상 계속하여 담보주택에서 거주하지 않는 경우. 다실거주 예외 인정사유가 있어 공사에 미리 서면통지하거나 공사가 직접 확인한 후 불가피하다고 판단되는 경우 제외 실거주 예외 인정사유 보기

넷째, 주택 소유권을 상실하는 경우: 매각, 양도로 소유권 이전(신탁방식의 경우 제외), 화재 등으로 주택 소실 등

다섯째, 처분조건약정 미이행 및 주택의 용도 외사용: 일시적 2주택자로 가입 후 최초 주택연금 지급일로부터 3년 내 주택 미처분

여섯째, 주거목적 오피스텔을 주거목적으로 사용하지 않는 등이다.

　　해지 시 유의사항은 주택연금을 수령하고 있는 금융기관에 방문하여 주택연금 대출잔액을 전액 상환하고 공사에 방문하여 해지 및 말소절차를 진행하면 주택연금을 해지할 수 있다. 다만, 주택연금을 이용하다가 중도해지하는 경우 주택연금 재가입이 어려우며 노후생활비 마련방안 등으로 주거불안 우려가 있으니, 사전에 공사 담당자와 충분히 상담을 한 후 신중히 결정해야 한다. 동일주택으로 3년 동안 재가입이 제한되고 재가입 시에는 초기 보증료를 추가로 부담해야 하고 주택가격이 상승하는 경우 가격제한 등으로 재가입이 어려울 수도 있다는 점을 잊지 말자.

주택연금, 누가 얼마나 받나
2021 9월 말 기준. 연령은 부부 중 연소자 기준.

가입자 평균 연령	평균 월 수령액	평균 주택가격
72세	107만 원	3억 2400만 원

가입자 연령, 주택가격에 따른 주택연금 월 수령액 예시
단위: 원. 2021년 2월 1일 종신지급방식. 정액형 기준.

연령	주택가격				
	3억 원	4억 원	5억 원	6억 원	7억 원
50세	36만6000	48만9000	61만1000	73만3000	85만6000
55세	48만	64만	80만	96만	112만
60세	63만6000	84만9000	106만1000	127만3000	148만6000
65세	76만	101만4000	126만8000	152만1000	177만5000
70세	92만1000	122만8000	153만5000	152만1000	215만
75세	113만5000	151만3000	189만2000	227만	264만9000
80세	143만5000	191만4000	239만2000	287만1000	322만9000

자료: 한국주택금융공사

(자료: 2022년 1월 3일 동아일보 기사 발췌)

CHAPTER

09

보험의 위험과 개념

1. 보험상품과 관련된 위험에 대한 기본적 지식을 습득한다.
2. 생명보험협회의 자료를 통해서 생명보험의 개념과 종류를 파악한다.
3. 제3보험과 기타 보험상품의 개념에 대해서 이해한다.

자산관리의/ 이론과/ 실무
ASSET MANAGEMENT

CHAPTER
09

보험의 위험과 개념

///

(1) 위험의 개념과 종류

　사람의 일생은 다양한 위험이 도사리고 있다. 그러한 위험을 어떻게 피하느냐가 물론 중요하겠지만 부득이 피할 수 없을 때에는 그 위험에 대한 보상이나 사후 대책이 필요하겠다. 이러한 관점에서 투자를 통한 자산의 증대가 자산관리의 기본이겠지만 다른 관점에서 현재의 자산을 잃지 않는 것과 근로나 노동력의 상실로 인한 수입의 감소를 대체할 수 있는 수입을 창출하는 것도 또 하나의 중요한 자산관리 전략이라고 할 수 있다. 적을 알아야 이길 수 있다고 하듯이 일단 우리가 회피하거나 대책을 만들어야 하는 위험에 대해서 알아보도록 하자.

　위험(risk)은 우연한 사고발생의 불확실성 또는 가능성을 의미하는데 보험의 관점에서는 개인이나 기업의 다양한 활동에 있어서 보험의 대상이 되는 피보험자가 보유하고 있는 손해발생이 불확실한 상태나 손해발생 가능성이 있는 상태라고 할 수 있다. 이러한 위험은 몇 가지 종류로 구분할 수 있다. 우선 객관적 위험은 동질의 위험을나 아닌 다른 사람도 갖고 있는 경우의 위험으로 보험취급 대상의 위험이라고 할 수 있다. 통계 측정이 가능하고 보험사업자나 기업의 위험관리자에게 매우 유용한 개념이라고 할 수 있으며 대수의 법칙[1]에 근거한 위

---

1) 측정 대상의 숫자 또는 측정 횟수가 많아지면 많아질수록 실제의 결과가 예상된 결과에 가까워진다는 보험의 일반원칙이다. 예를 들어 주사위를 굴려서 6개의 숫자 중 하나가 나오는 확률은 굴리는 회수를 늘리면 늘릴수록 1/6에 가까워진다. 보험에서는 화재의 발생률, 교통사고의 발생률, 연령별 사망률 등의 현상을 일정 기간 관찰하면 장래의 발생확률을 예측할

험이다. 주관적 위험은 자신의 직감 등을 통한 위험으로 개인이 위험을 수용하는 태도에 따라 인식하는 위험의 정도가 상이하여 통계 측정이 불가능하다. 순수위험은 이익의 가능성은 전혀 없고 손해만을 발생시키는 위험을 의미하고 개별 주체가 입은 손해는 사회 전반적으로 동일한 손해이고 범위의 한정이 불가능하고 전조 없이 우발적 발생되어 제거가 어려운 특징이 있다. 또한 대수의 법칙 적용이 가능해서 보험화하기가 용이한 위험으로 상해, 사망, 화재, 교통사고 등이 있다.

투기위험은 손해와 이익이 모두 상존하는 위험으로 대수의 법칙을 적용하기 어려워 보험의 대상이 될 수 없는 위험이다. 개인이나 기업은 손해를 입어도 사회는 이익이 될 수 있고 위험부담 주체의 주관적 의사에 따라 결정된다. 주식투자나 신규사업 진출, 도박 등이 있다. 또 다른 위험의 분류로는 보험가능위험과 보험불가능위험이 있다. 보험가능위험은 일반적으로 보험기술상 인수가 가능한 순수위험으로 질병, 상해, 노령 등 개인의 건강과 생명에 관한 모든 위험인 인적위험, 교통사고, 화재 등과 같이 재산의 손해로 재물(건물, 상품 등)에 발생하는 직접손해와 간접손해(인건비, 물건비 등)를 포함하는 재산적 위험, 타인의 재산, 신체에 입힌 손해로 인해 배상책임의무가 법적으로 부과될 가능성을 의미하는 배 이 있다. 보험불가능위험은 순수위험 중 보험인수가 불가능한 것과 투기위험을 말한다.

일반적으로 보험가입 대상 위험의 특징으로는 다수의 동질적 위험이고 우연적 사고위험, 명확하고 측정 가능한 위험, 자연계의 이상변동 등이 아닌 손실과 확률적으로 측정 가능한 위험, 경제적 부담이 가능한 보험료 수준 등이 있다. 지금까지 위험과 관련된 다양한 분류에 대해서 알아봤고 위험의 세분화된 하위 분류에 대해서 알아보도록 하자.

수 있다. 대수의 법칙은 위험 발생률의 측정, 수량화를 가능하게 하고, 또한 과거 발생확률을 미래의 발생확률로 보는 것을 가능하게 하는 보험의 기술적 수리적 기초가 된다. 이렇게 산출되는 예측치는 보험회사가 정확한 보험요율을 산정하는데 절대적으로 필요하다. 보험료 산정의 기초 수치의 하나인 보험사고의 발생률은 대수의 법칙에 입각한 통계적 확률에 의한 것이다.

우선 위태(hazar)가 있는데 특정한 사고로부터 발생될 수 있는 손해의 가능성을 새롭게 만들어 내거나 증가시키는 상태를 의미한다. 위태는 크게 4가지로 구분할 수 있는데 물리적 위태(physical hazard)는 인간의 행위와 관계없이 손해의 발생 가능성을 새롭게 만들어 내거나 증가시키는 자연적이고 물리적인 조건을 의미하고 도로상의 빙판, 공장 내 기름걸레가 흩어져 있는 상태, 노후 가스관, 낡은 건물구조나 용도 등이 있다.

도덕적 위태(moral hazard)는 인간의 부정, 무책임, 부정직과 부도덕, 사기, 고의 등 감정이 적극적으로 작용하여 사고의 빈도나 정도를 증가시키는 개인의 특성이나 태도 즉, 손실의 발생으로부터 어떤 경제적 이익을 얻을 수 있을 경우를 의미하는데 고의방화, 교통사고 유발, 강도 등을 말한다. 이러한 도덕적 위태를 통제하기 위한 방법으로는 보험사의 언더라이팅[2] 제도와 약관상 손해면책약관 고의사고 면책, 특약 등을 통해서 통제한다. 정신적 위태(방관적, 심리적: morale hazard)는 도덕적위태처럼 고의성은 없지만 부주의나 무관심, 사기저하, 풍기문란처럼 손실발생 가능성이나 손실의 규모를 증가시킬 수 있는 개인의 정신적 태도를 의미한다. 졸음운전이나 화재보험에 들었다고 소화기 설치나 화재 시에 울리는 비상벨 관리 등을 소홀하게 하거나 건강보험에 들었다고 흡연이나 지나친 음주습관과 같은 자기관리 소홀, 놀이동산에서의 놀이기구 점검 소홀 등이 있다.

위험과 관련된 용어 몇 가지를 더 알아보자면 '사고(peril)'가 있는데 그 의미는 손해의 직접적인 원인이 되는 것으로 위태가 현실화된 상태라고 할 수 있다. 선박 침몰의 원인인 폭풍우, 건물 멸실의 원인인 화재가 그것이고 '손해(loss)'는 우연한 사고로 인하여 발생하는 예기치 않은 경제적, 재산적 가치의 상실 및 감소를 의미한다. 일반적으로 손해는 손실, 손상, 훼손, 상실, 멸실 등 여러 가지 의미로 사용되고 있다.

---

2) 유가증권 따위의 인수, 판매를 업무로 하는 금융업자 또는 보험 계약의 인수여부를 판단하는 보험업자를 칭하는 단어로, 대개는 후자를 뜻하는 경우가 많다. 언더라이팅(underwriting)이라는 용어는 영국 런던 로이드 찻집의 해상보험거래에서 금융업자가 항해에 따른 난파위험을 담보해 주는 조건으로 선주로부터 보험료를 받고 위험 관련 정보가 기재된 계약서 하단에 자신의 이름을 쓴 것으로부터 유래되었다고 한다.(나무 위키백과사전 발췌)

▼ 위험과 관련 용어 정리

위태로 인한 사고발생 가능성: 위험(risk)

- 위험의 현실화되는 일련의 과정에서 손해는 마지막 과정에 속함
- 위태가 현실화된 것이 사고이고, 그 결과가 손해임

위험의 개념들을 일련의 현실화 과정에 따라 순서대로 나열하면?

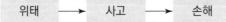

(2) 보험의 개념과 기능

우리가 재무설계나 자산관리를 통해서 노후를 준비하거나 미래를 대비하는 계획을 세우고 다양한 금융상품의 가입과 투자를 통해서 재산을 늘리는 노력을 하는데 현재의 자산을 늘리거나 혹은 일상생활에서 직간접적인 원인으로 자산의 손실을 겪었을 때 이를 보상해 주고 기존 자산의 상태로 회복시켜 주는 목적을 위해서 보험상품을 활용한다. 따라서 단순히 모 아니면 도 식의 투자의 실천이 아니라 체계적인 자산관리의 빼놓을 수 없는 상품은 보험상품이 아닐 수 없다. 본 장에서는 이러한 보험상품의 개념과 다양한 기능을 알아보고 납입금이 부담되지 않는 선에서 꼭 가입하고 활용해야 하는 보험상품의 활용 팁을 살펴보도록 하자.

보험의 정의를 살펴보면 동질의 위험을 가지는 수많은 경제주체들이 모여 하나의 단체를 만들고, 통계적 기초에 의해서 산출된 보험료를 납부하여 기금을 형성하고 우연한 사고로 손실이 발생한 가입자들에게 보험금을 지급함으로써 경제생활의 불안을 경감시켜 주는 사회적 제도라고 한다. 사람이 출생에서 사망에 이를 때까지 예상치 못한 질병이나 상해 또는 사고 등 무수히 많은 위험에 노출되어 살아가게 되는데 생명보험은 상부상조의 정신을 기반으로 해서 사망 등 불의의 사고로 인한 경제적 손실을 보전하기 위한 준비제도라고 할 수 있다. 독일의 학자인 마네스(Manes)는 '일인은 만인을 위하여, 만인은 일인을 위하여 (one for all and all for one)'라는 표현을 썼는데 이는 보험의 개념과 활용을 가장 잘 설명한 표현이 아닐까 싶다.

보험의 기능으로는 개인들에게는 경제상 불안정의 제거 및 경감과 피해자 보호, 신용의 보완이 있는데 예를 들어 주택담보 대출 시 화재보험 가입이나 할부판매, 보증보험을 이용한 자동차 판매 등 손해보험의 경우 신용보완 기능이 가능하다. 거시적으로는 앞에서 언급했던 3층보장제도의 보완이 있는데 국가가 일정 최저수준의 국민생활을 보장해 주는 사회보장과 기업이 종업원의 복리후생이나 퇴직 후의 안정된 생활을 보장해 주기 위해 실시하는 기업보장, 그리고 각 개인이 만족스러운 수준의 생활까지 보장받기 위해 스스로 준비하는 개인보장의 3대 보장 축이 서로 적절히 조화를 이루어 바람직한 사회구조가 되는데 그 기본적인 보완의 역할을 하고 있다.

(3) 보험의 분류

보험의 관련법이나 다양한 기준으로 분류할 수 있는데 우선 상법상의 분류를 살펴보면 보험계약은 상법상의 기본적 상행위의 하나로 크게 손해보험과 인보험으로 구분할 수 있다. 손해보험은 다시 화재보험, 운송보험, 해상보험, 책임보험, 자동차보험이 있고 인보험은 생명보험과 상해보험으로 나눌 수 있다. 보험업법상으로 분류하면 생명보험(사망보험, 연금보험[퇴직보험 포함])과 손해보험(화재보험, 해상보험[항공 운송보험 포함], 자동차보험, 배상책임보험, 여행보험), 제3보험(상해보험, 간병보험, 질병보험, 실손 의료 보험)이 있다. 가입대상에 따른 분류로는 재물에 관한 보험(화재보험, 도난보험, 자동차보험 등), 인신에 관한 보험(상해보험, 질병보험 등), 책임에 관한 보험(영업배상책임보험, 가스사고배상책임보험, 자동차보험이 대인배상 등), 이익에 관한 보험(기업 영업장의 가동중지로 상실된 영업이익 보장)이 있다.

이 밖에 보험료 납입주체에 따른 보험으로 가계성 보험과 기업성 보험이 있고 운용형태에 따른 보험으로 의무보험(각종 법령에 의해서 보험가입이 의무화된 보험), 임의보험(보험계약자의 자유의사에 따라 가입하는 보험)으로 구분할 수 있다. 보험기간에 따른 분류로는 보험기간 1년 이하의 소멸성보험인 단기보험(자동차보험 등), 보험기간이 통상 3년 이상이고 위험보장과 저축기능이 가능한 장기보험(연금보험), 보험기간이 어디서부터 어디까지 정해져 있는 구간보험(운송보험, 적하보험, 낚시나 스키보험 등), 기간과 구간이 혼합된 보험인 혼합보험(여행자보험, 건설공사보험 등)이 있다. 이처럼 보험에 대한 분류는 다양하게 나눌 수가 있는데 KDI의 경제정보센터에서 제공하는 일반인들이 가장 쉽게 구분할 수 있는 방식으로 설명하자면 아래와 같다.

보험은 일단 크게 생명보험과 손해보험으로 나누고 생명보험회사가 거래하는 생명보험은 사람이 생명을 잃거나 질병에 걸릴 때 경제적 보상을 해주는 보험으로 암보험, 종신보험, 건강보험 등이 대표적인 생명보험 상품이다. 암보험은 계약자가 암이나 질병에 걸려 치료 또는 입원, 수술하거나 사망할 경우 필요한 목돈을 내주는 보험 상품이고 종신보험은 계약자가 사고나 질병 때문이 아니고 수명이 다해 죽더라도 미리 약속한 보험금을 지급한다. 손해보험회사가 취급하는 손해보험은 계약자가 화재나 교통사고, 건물 붕괴 혹은 강도나 도난 같은 갑작스러운 사고를 당해 죽거나 다치는 등 신체상의 손해나 재물 손해가 났을 때 그 손해를 보상해 주는 보험 상품이다. 상해보험, 자동차보험, 화재보험, 해상보험, 배상책임보험, 여행보험, 의료보험 등이 있다.

생명보험과 손해보험, 두 보험의 차이는 보상(보장) 방식에서도 찾아볼 수 있다. 생명보험은 보험금을 내줘야 할 일이 생기면 미리 정한 액수를 보험금으로 내주지만 손해보험은 손해가 난 만큼만 계산해서 보험금을 내준다. 이 때문에 주로 생명보험은 정액보상, 손해보험은 실손 보상이 원칙이다.

보험을 계약의 성격과 내용에 따라 보장성보험과 저축성보험으로 나누기도 한다. 보장성보험은 보험 본래의 기능인 위험 보상에 중점을 둔 보험이고, 저축성보험은 위험 보상과 저축을 겸하는 보험이다. 보장성보험은 저축성보험에 비해 적은 액수의 보험료를 낸다. 그 대신 계약자가 보험금을 타지 않고 계약이 만기가 되더라도 이미 낸 보험료는 돌려받지 못하는 것이 원칙이다. 사고 발생률이 높아 보험사가 계약자에게 보험금을 내줄 일이 빈번한 계약에 흔히 적용된다. 손해보험 중에서는 자동차보험, 화재보험이, 생명보험 중에서는 암보험, 종신보험이 대표적인 보장성보험 상품이다.

저축성보험은 저축성과 보장성을 겸하는 보험이다. 보장성보험에 비해 계약자의 보험료 부담이 비교적 큰 대신 보험계약 만기가 되면 이전에 낸 보험료 합계액에다 이자까지 얹어 목돈으로 돌려받는다. 저축성만 본다면 마치 은행 정기예금과도 같다. 이런 저축성보험 상품으로는 연금보험, 교육보험, 재테크보험 같은 것들이 있다. 그런데 분명하게 성격을 정하기 어려운 보험도 있다. 흔히 보장성보험 상품으로 분류되는 화재보험이나 장기손해보험 중에도 저축성보험 상품이 있고, 보장성보험이면서 저축성보험의 성격을 겸비한 상품도 있다. 예를 들면, 보장성보험 중에 계약 기간 동안은 보험금을 돌려주지 않고 만기가 되면 이전에 낸 보험료를 돌려주는 만기환급형 보험이 있는데, 이런 보험이 바로 보장성과 저축성을 겸비한 상품이다. 이런 보험 상품도 기본적으로 보험 범주를 벗어나지 못하는 만큼 저축을 겸하더라도 저축보다는 유사시 위험 보상 곧 보장성을 우선하고, 그래서 만기 때 받는 보험료는 저축성보험보다 훨씬 적다. 만기환급형 보장성보험과 달리, 만기 후 보험료를 전혀 돌려주지 않는 보험 상품도 있는데 이런 것은 '순수 보장성보험' 혹은 '소멸성보험'이라고 부른다. 순수 보장성보험은 만기 후 돌려주는 돈은 없지만 보험 혜택은 가장 싸게 받을 수 있다. 저축성보험은 기본적으로 보험인만큼 저축을 겸하더라도 유사시 위험 보상을 우선했고, 그래서 전통적으로 은행 정기예금보다 이자가 적었다. 저축 기능을 겸하다 보니 대개 위험 보상의 크기도 보장성보험보다 적었다. 따라서 자산관리 관점에서 볼 때, 저축과 보험을 같이 가입하고자 한다면 저축은 은행 등 예금 상품에 들고 보험은 보장성보험으로 가입하는 것이 저축과 보험 각각의 효용을 높이는 길이었다. 그러나 이젠 반드시 그렇다고 확언하기 어렵다. 저축성보험 가운데 변액보험처럼 위험 보장도 해줄 뿐 아니라 저축성 면에서도 은행 예금이나 펀드 등 다른 고도의 투자 상품 못지않는 상품이 향후에도 다양하게 판매될 것으로 보여진다.

변액보험은 가입자가 미리 지정해 놓은 위험이 실제로 닥쳤을 때 보상해 주고 만기가 되면 약정 보험금도 돌려줌으로써 장기저축 효과가 있는 저축성보험인데, 여느 저축성보험과는 다른 특성이 있다. 보통 저축성보험은 가입자가 미리 지정해 놓은 위험을 보장하는 한편 만기 보험금 액수를 정해 놓고 다달이 보험료를 낸다. 이 점은 변액보험도 마찬가지인데, 가입자가 낸 보험료 중 일부로 보험사가 특별계정 곧 펀드를 만들어 주식이나 채권에 투자하고 그 수익을 보험금에 얹어 나눠준다는 점이 다르다. 이처럼 보험사가 고객 보험료로 펀드를 만들어 증권투자를 하기 때문에 변액보험은 보험사의 증권투자 성과에 따라 만기에 수익자가 받는 보험금 액수가 변한다. 말 그대로 보험금이 '변액'해서, '보험금 + α'를 기대할 수 있는 것이다. 수익자 입장에서 보면, 보험사가 투자만 잘하면 일반 저축성보험에 들 때보다 많은 보험금을 받을 수 있어서 매력 있다. 그렇지만 변액보험의 '보험금 + α'는 어디까지나 보험사의 투자능력에 달렸다. 보험이란 장기에 걸쳐 가입하는 것인데, 미래에 과연 알찬 '+α'가 돌아올지 장담하기 어렵다. 또한 변액보험은 보통 일반 저축성보험에 비해 보험료가 비싸다. 자칫하면 '+α'의 유혹으로 비싼 보험료를 내고는 뒷날 후회하게 될 수도 있다. 변액보험 상품은 크게 변액종신보험, 변액연금보험 그리고 변액유니버셜보험 등이 있다. 최근에는 달러로 투자되는 변액보험이 나오는 등 다양한 조건과 내용의 상품들이 판매되고 있다. 변액종신보험은 종신보험을 변액상품으로 만든 것이다. 종신보험이되, 보험사가 고객이 낸 보험료 일부로 펀드를 조성해서 증권투자를 하고 그렇게 해서 올린 투자수익에 따라 추가보험금을 배당함으로써 사망보험금 액수가 달라진다. 변액연금보험은 연금보험을 변액상품으로 만든 저축성보험이다. 보험사가 고객이 낸 보험료로 투자한 실적에 따라 추가연금이 붙어 수익자에게 지급되는 보험금(연금액)이 달라진다. 변액유니버셜보험은 유니버셜보험에 변액보험의 장점을 결합해 만든 저축성보험이다. 유니버셜보험은 보험료 납입을 유연하게 할 수 있도록 만든 상품이다. 보통 보험에 들면 보험료를 매달 꼬박꼬박 내야 한다. 도중에 사정이 생겨 보험료를 낼 형편이 못 되면 해약해야 한다. 그럴 경우 저축성보험은 수익성이 형편없어진다. 하지만 유니버셜보험은 돈이 없을 때는 보험료를 적게 내거나 나중에 내고 여유가 있을 땐 더 내기도 하면서 주머니 사정을 반영해 가며 보험계약을 유지할 수 있다.

▌생명보험의 종류

구 분	내 용
종신보험	사망에 대한 보장은 주계약 형태로 보장하면서 각종 재해나 질병, 수술, 입원 등 다양한 보장은 특약형태로 동시에 보장받을 수 있음.
연금보험	연금의 지급시기가 되면 계약기간 동안 쌓여 있던 적립금을 재원으로 연금액이 지급되는 보험
저축성보험	적금과 유사하나 최소한의 보장성보험의 성격을 가지며, 비과세 및 복리효과를 활용해서 목돈마련도 가능한 보험
정기보험	종신보험과 전체적으로 비슷하지만 주계약 부분의 사망보장이 종신이 아닌 기간이 정해져 있는 보험
CI보험	중증 질환 진단 확정 시 보장금액의 일부를 선지급해 주고 나머지는 사망 시에 지급하는 형태의 보험
기타보험	미래의 다양한 예기치 않은 위험에 대비하기 위해서 가입하는 실손 보험이나 암 보험 등의 보험

▌손해보험의 종류

구 분	내 용
화재보험	화재(낙뢰 포함, 주택화재보험은 폭발 포함)로 인하여 보험에 가입한 재물이 입은 손해를 보상하는 보험
해상보험	해상사업에 관한 사고로 인하여 생길 손해를 보상하는 보험
상해보험	급격하고도 우연한 외래의 사고로 인해 신체에 상해를 입었을 경우, 그 손해를 보상해주고 사망이나 후유 장애 보험금, 진료비 등을 지급하는 보험
책임보험	영업활동 중 우연한 사고로 인하여 타인의 신체에 상해를 입히거나 타인의 재물을 손괴하여 법률상으로 배상책임을 부담함으로써 피보험자가 입게 되는 경제적 손실을 보상해 주는 보험
기술보험	건설 또는 조립공사 중 그 목적물에 생긴 손해 및 배상책임을 보장하는 보험

▌제3보험의 종류

구 분	내 용
상해보험	우연하고도 급격한 외래의 사고로 사람의 신체에 입은 상해에 대하여 치료에 소요되는 비용 및 상해의 결과에 기인한 사망 등의 위험을 보장하는 보험
질병보험	질병에 걸리거나 질병으로 인한 입원, 수술 등의 위험을 주로 보장하는 보험
간병보험	활동불능 또는 인식불능 등으로 인해 타인의 간병을 필요로 하는 상태 및 이로 인한 치료 등의 위험을 보장하는 보험

┃ 생명보험, 손해보험, 제3보험 비교

구 분	생명보험	손해보험	제3보험
보험사고	생존 또는 사망	재산상의 손해	신체의 상해, 질병, 간병
피보험이익	없음	존재	없음
중복보험	없음	존재	실손보상급부에 존재
보상방법	정액	실손	정액, 실손
피보험자 (보험대상)	보험사고의 대상	손해의 보상을 받을 권리가 있는 사람	보험사고의 대상
보험기간	장기	단기	장기

(이상 자료: 생명보험협회)

(4) 보험의 기본원리와 원칙

앞에서 언급했듯이 보험은 동질의 위험에 대비해서 많은 사람이 합리적인 금액을 모아 공동기금을 형성하고 우연한 사고에 대해서 보험금 등의 급여를 지급함으로써 경제생활의 불안감을 없애는 제도이자 상품인데 생명보험 등의 보험료는 보험사고 발생에 대한 합리적이고 타당한 위험분담을 위해서 몇 가지 원칙을 세우고 실천하고 있다. 그러한 원칙에 대해서 알아보도록 하자.

우선 위험의 분담원칙이 있는데 동일한 위험에 노출된 다수의 경제단위가 하나의 위험 집단을 구성하여 보험료 갹출을 통해서 구성원 일부의 손해를 보상한다는 원칙을 의미한다. 다음으로 대수의 법칙이 있는데 우리가 주사위를 한 번 던졌을 때 어떤 숫자가 나올 것인지를 정확하게 예측하기는 쉽지 않다. 하지만 주사위를 던지는 횟수가 증가할수록 각 숫자가 나오는 횟수가 점점 1/6에 근접하게 된다. 모 실험에서 주사위를 1만 번 던졌을 때 숫자 1이 나온 경우가 1,571번, 2는 1,665번, 3은 1,659번, 4는 1,668번, 5는 1,673번, 6은 1,764번 나왔다고 한다. 이처럼 어떠한 사건이 발생할 확률은 1~2회 관찰로는 예측이 어렵지만 그 횟수를 늘려가면 갈수록 일정한 수치에 가까워지는데 이를 대수의 법칙이라고 한다. 개인의 경우에도 우연한 사고의 발생 가능성이나 시기는 불확실하지만 다수의 사람들을 대상으로 살펴보면 발생확률을 어느 정도 구할 수 있다.

보험의 원칙으로 또한 수지 상등의 원칙이 있는데 보험회사의 순보험료 총액은 지급보험금의 총액과 일치되어야 한다는 원칙으로 이는 다수의 동일 연령의 피보험자가 같은 보험 종류를 동시에 계약했을 때 보험기간이 끝나면 수입과 지출의 균형이 맞도록 순보험료를 계산하는 것을 의미한다. 생명보험의 순보험료는 이 수지 상등의 원칙에 의해 계산된다. 이득금지의 원칙은 보험에 의하여 이득을 보아서는 안 된다는 원칙이고 실손 보상의 원칙은 보험사고 시 보험가입 금액 한도 내에서 실제 손해액만큼 보상한다는 원칙이다. 비례보상의 원칙은 손해보험 계약에 있어서 보험회사는 보험가액에 대한 보험가입 금액의 비율(부보비율)로 손해를 보상한다는, 일부보험 분야의 원칙이라고도 부른다.
은 보험회사가 보험계약자로부터 받은 보험료는 보험금을 보험금을 지급하는데 있어 과부족이 없어야 한다는 원칙이다.

(5) 보험의 계약 관계자와 계약의 이해

보험 관계자

보험의 계약관계자란 보험계약에 관여하는 사람들이나 회사를 의미하는데 보험계약자, 피보험자, 보험수익자와 보험회사로 구분한다. 보험계약자는 보험회사와 계약을 체결하고 계약이 성립이 되면 보험료 납입의무를 갖는 자를 말한다. 보험계약자의 자격에는 제한이 없어 자연인이든 법인이든 1인이든 2인이든 상관없으나 만 19세 미만자는 친권자나 후견인(법정대리인)의 동의가 필요하다. 피보험자는 그 사람의 생사 등이 보험사고의 대상이 되는 자로 사망, 장해, 질병의 발생 또는 생존 등의 조건에 관해서 보험계약이 체결된 대상자를 의미한다. 피보험자의 수는 1인이건 2인 이상이건 상관이 없으며 보험계약자 자신이 피보험자가 될 수도 있고 타인을 피보험자로 할 수도 있다. 하지만 타인을 피보험자로 하는 사망보험의 경우 반드시 그 타인의 서면동의를 받아야 하는 등 제한이 있다. 보험수익자는 보험계약자로부터 보험금청구권을 지정받은 사람으로서 그 수나 자격에는 제한이 없으며 보험금 지급사유가 발생했을 때에 보험회사에 보험금을 청구하여 받을 수 있다. 보험회사는 보험계약 당사자로서 보험계약자와 보험계약을 체결하고, 보험사고가 발생할 경우 보험금을 지급할 책임이 있다. 보험사업은 공공의 이익과 다수의 보험계약자를 상대로 보험계약을 인수하여 효율적으로 관리해야 하기 때문에 금융위원회의 사업허가를 받아야 하는 등 설립 제한이 있다.

보험의 계약과 내용

보험을 계약하고 보험금을 지급받기 위한 조건으로 '보험사고'라는 표현을 사용한다. 여기서 보험사고의 의미는 보험회사가 그 발생에 대하여 보험금 지급을 약속한 사고이며 생명보험의 경우에는 피보험자의 생사나 상해, 질병 등을 보험사고라고 할 수 있다. 현재 보험회사에서 판매하고 있는 생명보험 상품의 경우에는 피보험자의 사망, 장해, 입원 진단 및 수술, 만기 등이 보험금 지급사유로 되어 있다.

　　　　　　　은 보험계약에 따라 보장을 받는 기간으로서 위험기간 또는 책임기간으로 부르기도 한다. 보험료납입기간은 보험 계약자가 보험료를 납입하는 기간으로 보험기간과 항상 일치하는 것은 아니며 보험료 납입기간이 보험기간과 동일한 경우를 전기납, 보험기간보다 보험료 납입기간이 짧은 경우를 단기납이라고 한다. 보험금액은 보험기간 내에 보험사고가 발생하는 경우 보험회사가 지급해야 하는 금액을 의미하고 보험금액은 보험계약 체결 시에 보험회사와 보험계약자의 합의에 의해서 정해지게 된다. 보험료는 일반적인 생명보험 계약이 보험회사가 위험부담이라고 하는 급부를 제공하는 대신 계약상대방인 보험계약자는 그 대가를 보험회사에게 지불할 것을 약속하는 계약인데 그 위험부담의 대가로서 보험계약자가 보험회사에게 지불하는 금액을 보험료라고 한다.

보험계약의 성립은 보험계약자의 청약과 보험회사의 승낙으로 이루어진다. 보험회사는 인수하고자 하는 보험의 대상(피보험자)의 위험 정도에 따라 승낙을 거절하거나, 보험가입금액의 제한이나 일부보장 제외, 보험금 삭감, 보험료 할증 등의 조건을 붙여서 승낙할 수도 있다.

보험의 청약이란 보험계약자가 보험회사에 대하여 일정한 보험계약을 체결할 것을 목적으로 하는 의사표시라고 할 수 있으며 이 청약을 보험회사가 승낙하면 보험계약이 성립된다. 하지만 보험 계약은 일반적으로 장기계약으로 신중한 계약진행이 요구되기 때문에 계약 체결 후에도 계약자가 계약에 대해서 철회할 수 있는 기간을 부여한다. 이러한 청약철회 가능 기간은 일반보험계약자(일반금융소비자)가 청약철회 가능한 보험계약을 체결한 경우에는 보험증권(보험가입증서)을 받은 날로부터 15일 이내 청약철회가 가능하고(단, 청약일로부터 30일을 초과한 경우에는 청약철회 불가) 전문보험계약사(전문금융소비자[3])가 체결한 보험계약 및 청약철회가 불가능한 보험계약은 청약철회가 불가하다.

그렇다면 청약철회가 불가능한 상품은 어떤 것이 있을까? 우선 보증보험 중청약의 철회를 위해 제3자의 동의가 필요한 보증보험과 「자동차손해배상 보장법」에 따른 의무보험(다만, 일반금융소비자가 동종의 다른 의무보험에 가입한 경우는제외), 보험기간이 90일 이내인 보험, 법률에 따라 가입의무가 부과되고 그 해제·해지도 해당 법률에 따라 가능한 보험, 계약체결 전에 소비자의 건강상태 진단을 지원하는 보험 등이 있다.

보험의 무효

법률상 보험계약의 성립일로부터 효력이 발생하지 않는 것을 보험계약의 무효라고 한다. 보험계약이 무효가 되면 보험회사는 위험을 담보하지 않은 것이므로 보험료도 당연히 보험계약자에게 돌려주어야 하지만 회사의 고의 또는 과실로 계약이 무효로 된 경우와 회사가 승낙 전에 무효임을 알았거나 알 수 있었음에도 보험료를 반환하지 않은 경우에는 보험료를 납입한 날의 다음날부터 반환

---

3) 보험상품(금융상품)에 관한 전문성 또는 소유자산 규모 등에 비추어 금융상품 계약에 따른 위험감수 능력이 있는 금융소비자로서 국가, 한국은행, 금융회사, 주권상장법인, 지방자치단체, 단체보험계약자 등이 해당된다(「금융소비자 보호에 관한 법률」 제2조).

일까지의 기간에 대하여 회사는 해당 계약의 보험계약대출이율을 연 단위 복리로 계산한 금액을 더하여 반환한다(약관 제19조).

보험계약이 성립한 경우라도 다음의 한 가지에 해당하는 경우에는 그 계약을 무효로 하고 이미 납입한 보험료를 반환한다. 우선 타인의 사망을 보험금 지급 사유로 하는 보험계약에서 계약을 체결할 때까지 피보험자의 서면에 의한 동의(「전자서명법」 제2조 제2호에 따른 전자서명이 있는 경우로서 대통령령으로 정하는 바에 따라 본인 확인 및 위조·변조 방지에 대한 신뢰성을 갖춘 전자문서를 포함)를 얻지 않은 경우와 만 15세 미만자, 심신상실자 또는 심신박약자를 피보험자로 하여 사망을 보험금 지급사유로 한 계약의 경우, 계약을 체결할 때 계약에서 정한 피보험자의 나이에 미달되었거나 초과되었을 경우가 그것이다.

보험회사의 주요 의무

보험계약자와 보험회사 간의 보험계약에 대한 업무 진행에 있어서 보험회사는 아래와 같은 몇 가지 의무사항이 있다. 따라서 금융 소비자들은 이러한 의무사항에 대해서 숙지하고 혹시 주요 의무를 이행하지 않는다면 청약철회나 다른 조치를 취하여야 한다. 우선 보험약관의 교부와 설명의무가 있다. 이 의무는 보험회사의 의무로서 보험계약자가 청약한 경우 보험계약자에게 약관 및 계약자 보관용 청약서를 교부하고 그 중요한 내용을 설명해야 하는 것을 말한다. 약관 및 계약자 보관용 청약서 등을 교부함에 있어, 계약자가 원하는 방법을 확인하여 제공해야 하며, 전자우편 및 전자적 의사표시로 제공한 경우 계약자 또는 그 대리인이 약관 및 계약자 보관용 청약서 등을 수신하였을 때에는 해당 문서를 교부한 것으로 본다. 보험계약자에게 설명해야 할 약관의 중요한 내용은 보장범위, 보험금 지급제한 사유, 계약의 해지, 청약철회에 관한 사항 등 계약당사자의 권리·의무와 밀접한 관련을 맺고 있다. 두 번째 의무로는 보험금 지급의무가 있는데 보험회사는 피보험자에게 보험금 지급사유가 발생한 때에는 보험수익자에게 중도보험금, 만기보험금, 사망보험금, 장해보험금, 입원보험금 등의 약정한 보험금을 지급한다. 보험금 지급기일은 보험금 청구와 관련된 구비서류 접수 시

접수일로부터 3영업일 이내이고 보험금 지급사유의 조사, 확인이 필요 시 서류 접수일로부터 10영업일 이내, 10영업일 이내 지급하지 못할 것으로 예상 시에는 서류 접수일로부터 30영업일 이내이다. 하지만 보험회사는 다음의 몇 가지 사유가 발생한 때에는 보험금을 지급하지 아니한다. 피보험자가 고의로 자신을 해친 경우, 보험수익자가 고의로 피보험자를 해친 경우, 보험 계약자가 고의로 피보험자를 해친 경우이다.

> **보험금 지급사유(약관 제3조, 제4조)**
> - 중도 보험금: 피보험자가 보험기간 중의 특정시점에 살아 있을 경우 지급
> - 피보험자가 보험기간이 끝날 때까지 살아 있을 경우 지급
> - 사망 보험금: 피보험자가 보험기간 중 사망한 경우 지급(실종선고를 받을 경우 법원에서 인정한 실종기간이 끝나는 때에 사망하는 것으로 보고 수해, 화재나 그 밖의 재난에 의해 사망한 것으로 관공서가 인정하는 경우에는 가족관계등록부에 기재된 사망 연월일 기준)
> - 장해 보험금: 피보험자가 보험기간 중 진단 확정된 질병 또는 재해로 장해분류표에서 정한 각 장해 지급률에 해당하는 장해상태가 되었을 경우 지급
> - 입원 보험금: 피보험자가 보험기간 중 질병이 진단 확정되거나 입원, 통원, 요양, 수술 또는 수발이 필요한 상태가 되었을 경우 지급

보험계약자의 주요 의무

보험계약자 또는 피보험자는 보험을 계약하고 청약할 때(진단계약의 경우에는 건강 진단할 때를 말함, 다만, 「의료법」 제3조의 종합병원 및 병원에서 직장 또는 개인이 실시한 건강진단서 사본 등 건강상태를 판단할 수 있는 자료로 건강진단을 대신할 수 있음) 청약서에서 질문한 사항에 대하여 반드시 사실대로 알려야 하는데 이를 계약자의 계약 전 알릴 의무라고 하며, 「상법」의 고지의무와 같다. 계약 전에 알려야 할 사항은 통상 청약서의 질문표에 명시되어 있는데 일반적으로 피보험자의 현재 및 과거의 질병과 직접 운전 여부 등이 중요한 알릴 의무 대상이 된다(약관 제13조). 이처럼 보험계약자와 피보험자에게 중요한 사항을 미리 알리도록 함으로써 합리적이고 건전한 보험제도의 운영을 기할 수 있는데 여기서 중요한 사항

(중요한 알릴 의무 대상)이라 함은 회사가 그 사실을 알았더라면 계약의 청약을 거절하거나 보험가입금액 한도 제한, 일부 보장 제외, 보험금 삭감, 보험료 할증과 같이 조건부로 승낙하는 등 계약승낙에 영향을 미칠 수 있는 사항을 말한다 (약관 제2조).

두 번째 보험 계약자의 의무로는 보험료 납입의무가 있다. 보험계약은 보험계약자의 청약에 대한 회사의 승낙으로 성립하나, 제1회 보험료를 납입해야 회사의 보장이 개시되므로 보험계약자는 보험계약이 성립한 후에 지체없이 보험료를 납입하여야 한다(약관 제23조). 세 번째 의무로는 계약 후 알릴 의무로 통지의무가 있다. 통지의 내용으로는 보험금 지급사유의 발생 통지와 주소변경 통지 등이 있다.

(6) 보험과 세금

저금리 시대가 장기적으로 이어지면서 자산관리의 중요한 부분으로 지출을 줄이는 전략이 많은 사람들에게 중요한 관심사가 되고 있다. 이러한 지출 중에 큰 부분을 차지하고 있는 것이 바로 세금이고 세금을 아낄 수 있는 절세나 각종 공제가 또 하나의 자산관리로 부각되고 있다. 본 장에서는 특히 보험 부분의 세금에 대해서 알아보고 효율적인 보험상품 운용 전략을 수립하도록 하자. 생명보험 세제혜택은 민영보험제도의 육성, 발전을 통한 각종 위험 및 사회보장기능을 보완하고, 국민 개개인의 3층 보장 완성에 입각한 사회보장기능 보완 및 경제개발에 필요한 산업자금 조달을 위한 저축 유인책으로서 기능수행을 위하여 도입되었다.[4] 특히 우리나라는 인구 고령화와 노인인구 빈곤율이 세계 최고 수준이고 낮은 출산율과 조기퇴직이 보편화되면서 개인의 은퇴자금 준비가 큰 부담으로 다가오고 있다. 따라서 다양한 금융상품의 세제혜택을 적극 활용해서 조금이라도 비용부담을 줄이는 전략이 필요하다. 개인보험계약에 대한 세제혜택은 보험료 납입단계에서 보장성보험료 세액공제 및 연금계좌 세액공제가 있으며, 보

---

4) 2022 생명보험이란 무엇인가(생명보험 협회 발간) 책자 문구인용

험금 수령단계에서는 저축성보험의 보험차익 비과세가 있다. 관련 근거는 「소득세법」 및 「조세특례 제한법」에 명시되어 있다.

보장성보험에 대한 세액공제

일반 보장성보험이란 만기에 환급되는 금액이 납입보험료를 초과하지 않는 보험으로서 보험계약 또는 보험료 납입영수증에 보험료 공제대상임이 표시된 것으로 생명보험, 상해보험 및 화재 · 도난 기타의 손해를 담보하는 손해보험 등을 말한다. 보장성보험의 세액공제는 근로소득자가 기본공제대상자를 피보험자로 하는 일반 보장성보험에 가입한 경우 해당연도에 납입한 보험료(100만 원 한도)의 12%(지방소득세 별도)에 해당하는 금액을 세액 공제받을 수 있다. 보장성보험료 세액공제는 근로소득자(사장, 임원, 직원 등으로 일용근로자는 제외)를 대상으로 하는데 근로소득이 없는 연금소득자 또는 개인사업자 등은 보장성보험에 가입하고 납입한 보험료가 있더라도 세액 공제를 받을 수 없다. 다만, 개인사업자에게 고용된 직원이 근로소득자일 경우에는 세액공제를 받을 수 있다. 또한 근로소득자가 기본공제대상자 중 장애인을 피보험자 또는 수익자로 하는 장애인전용보험(보험계약 또는 보험료 납입영수증에 장애인전용보험으로 표시된 보험)에 가입한 경우 해당연도에 납입한 보험료(100만 원 한도)의 15%(지방소득세 별도)에 해당하는 금액을 세액 공제받을 수 있다.

연금계좌에 대한 세액공제

연금계좌는 연금저축계좌와 퇴직연금계좌를 통칭하는 개념으로 연금저축계좌는 크게 보험회사의 연금저축보험, 은행의 연금저축신탁, 증권회사의 연금저축펀드로 구분된다.

퇴직연금계좌는 퇴직연금을 지급받기 위해 가입하고 설정하는 계좌로 확정기여형(DC형), 확정급여형(DB형) 및 개인형 퇴직연금(IRP) 등이 있다. 다만, 확정급여형(DB형) 퇴직연금은 세액공제대상 연금계좌에서 제외된다.

세액공제 대상자는 연금계좌 세액공제는 종합소득이 있는 거주자를 대상으로 한다. 보장성보험료에 대한 세액공제 대상자를 근로소득자로 한정하고 있는 것과 차이가 있다. 연금계좌 세액공제율 종합소득이 있는 거주자가 연금계좌에 납입한 금액이 있는 경우 12%(지방소득세 별도)에 해당하는 금액을 세액공제 받을 수 있다. 다만, 상대적으로 연금납입 여력이 적은 종합소득금액 4,000만 원 이하 또는 근로소득만 있는 경우로 총급여액 5,500만 원 이하인 경우에는 연금계좌 납입액의 15%(지방소득세 별도)에 해당하는 금액을 세액공제 받을 수 있다. 세액공제 대상 연금계좌 납입한도는 연금계좌 중 연금저축계좌에 납입한 금액이 연 400만 원을 초과하는 경우에는 그 초과하는 금액은 없는 것으로 하고, 연금저축계좌에 납입한 금액 중 400만 원 이내의 금액과 퇴직연금계좌에 납입한 금액을 합한 금액이 연 700만 원을 초과하는 경우에는 그 초과하는 금액은 없는 것으로 한다. 개인종합자산관리계좌(ISA) 만기 시 추가납입 허용 및 세액공제도 있는데 개인종합자산관리계좌(ISA)로 형성한 자산을 노후 대비 연금재원으로 유도하기 위하여 추가로 세제혜택을 제공한다. 개인종합자산관리계좌의 계약기간이 만료되고 해당 계좌 잔액의 전부 또는 일부를 개인종합자산관리계좌의 계약기간이 만료된 날부터 60일 이내에 연금계좌로 납입한 경우 그 납입한 금액(전환금액을 납입한 날이 속하는 과세기간의 연금계좌 납입액에 포함한다. 이와 같이 전환금액이 있는 경우에는 전환금액의 100분의 10 또는 300만 원 중 적은 금액과 앞서 언급한 연금계좌에 납입한 금액을 합한 금액을 초과하는 금액은 없는 것으로 한다.

❙연금계좌 세액공제 한도 및 세액공제율

종합소득금액 (근로소득만 있는 경우 총급여액 기준)	세액공제 대상 납입한도: 연금저축(퇴직연금 합산 시 한도)		세액공제율 (지방소득세 별도)
	50세 미만	50세 이상	
4,000만 원 이하 (5,500만 원)	400만 원 (700만 원)	600만 원 (900만 원)	15%
1억 원 이하(1.2억 원)			12%
1억 원 초과(1.2억 원)	300만 원(700만 원)		

(자료: 생명보험협회)

▌ISA 만기계좌의 연금계좌 전환 시 세액공제 한도

구 분	주요 내용
세액공제 한도	현행 세액공제 대상 연금계좌 납입한도 + ISA계좌 만기 시 연금계좌 추가납입액의 10%(300만 원 한도)
세액공제율	현행 세액공제율과 동일(종합소득금액 4,000만 원 이하, 총급여액 5,500만 원 이하 15%/그 외의 경우에는 12%)
추가납입 방법	ISA계좌 만료일 현재 금융기관이 ISA계좌 가입자가 사전에 지정한 연금계좌로 이체하거나 ISA계좌 만료일부터 60일 내 ISA계좌 가입자가 연금계좌로 직접 납입 가능

(자료: 생명보험협회)

저축성보험의 보험차익 비과세

앞에서 언급했던 인구 고령화나 저금리의 지속, 조기퇴직 등 노후생활비 마련에 대한 대책으로 저축성보험에 대한 비과세 혜택을 시행하고 있는데 반드시 활용해서 자산관리의 핵심 전략으로 삼도록 하자. 하지만 일반예금과 그 성격이 유사한 단기(10년 미만) 저축성보험의 보험차익은 이자소득으로 과세하고 있다. 여기서 보험차익이란 보험계약에 의해 만기 또는 보험의 계약기간 중에 지급받는 보험금이나 계약기간 중도에 해당 보험 계약이 해지됨에 따라 지급받는 환급금이 납입보험료를 초과하는 금액을 의미한다.

저축성보험의 비과세요건으로 아래와 같은 내용이 있으니 반드시 숙지해서 활용하도록 하자.

우선 최초로 보험료를 납입한 날부터 만기일 또는 중도해지일까지의 기간이 10년 이상이고, 계약자 1명당 납입할 보험료 합계액이 1억 원 이하인 경우로 다만, 최초로 보험료를 납입한 날부터 만기일 또는 중도해지일까지의 기간은 10년 이상이지만 납입한 보험료를 최초납입일로부터 10년이 경과하기 전에 확정된 기간 동안 연금형태로 분할하여 지급받는 경우는 제외한다. 두 번째로 월적립식 저축성보험으로서, 최초로 보험료를 납입한 날부터 만기일 또는 중도해지일까지의 기간이 10년 이상이고 아래 요건을 모두 충족한 경우이다.

- 최초납입일로부터 납입기간이 5년 이상인 월적립식 보험계약일 것
- 최초납입일부터 매월 납입하는 기본보험료가 균등5)하고, 기본보험료의 선납기간이 6개월 이내일 것
- 계약자 1명당 매월 납입하는 보험료 합계액이 150만 원 이하일 것

> 해당연도의 기본보험료와 추가로 납입하는 보험료의 합계액/
> 보험 계약기간 중 해당연도에서 경과된 개월 수 ≤ 150만 원

세 번째 비과세 요건으로는 종신형 연금보험으로서, 아래 요건을 모두 충족한 경우이다.

- 계약자가 보험료 납입 계약기간 만료 후 55세 이후부터 사망 시까지 보험금, 수익 등을 연금으로 지급받을 것
- 연금 외의 형태로 보험금, 수익 등을 지급하지 아니할 것
- 사망 시 보험계약 및 연금재원이 소멸할 것
- 계약자와 피보험자 및 수익자가 동일한 계약으로서 최초 연금지급개시 이후 사망일 전에 계약을 중도 해지할 수 없을 것
- 매년 수령하는 연금액이 (연금 수령개시일 현재 연금계좌평가액/연금수령 개시일 현재기대 여명연수×3) 이내일 것

상속 및 증여받은 보험금의 세제

최근에 점점 상속과 증여에 대한 이슈가 많아지고 관심도 늘어나면서 대부분의 부모님들이 가입하신 보험상품에 대한 상속과 증여 세금문제에 대한 문의가 많아지고 있다. 일반적으로 상속재산으로 보는 보험금은 피상속인의 사망으로 인하여 지급받는 보험금으로 피상속인이 보험계약자인 보험계약에 따라 받는 것은 상속재산으로 본다. 피상속인이 보험료의 일부만 납입한 경우에는 그 보험금 중 보험금 총 합계액에서 피상속인이 부담한 보험료 합계액에서 피상속인의

---

5) 최초 계약한 기본보험료의 1배 이내로 기본보험료를 증액하는 경우 포함

사망 시까지 납입된 보험료의 총 합계액을 나눠준 금액을 곱해서 산출된 금액을 상속재산으로 본다. 다만, 보험계약자가 피상속인이 아닌 경우에도 피상속인이 실질적으로 보험료를 납입하였을 때에는 피상속인을 보험계약자로 본다

한편, 보험계약자 및 피보험자가 피상속인인 경우로 피상속인의 사망으로 보험금이 지급된 경우에도 상속인 본인이 사실상 보험계약자로서 실질적으로 보험료를 납입한 경우에는 상속세가 과세되는 상속재산에 해당하지 않는다. 예를 들면, 자녀가 직접 부모를 보험계약자 및 피보험자로 하고 본인을 보험수익자로 하여 생명보험을 체결한 후 실질적으로 자녀가 보험료를 납입하다가 부모의 사망으로 자녀가 보험금을 수령하는 경우에는 상속세가 과세되지 않는다. 또한 상속받은 보험금 등에 대한 금융재산 상속공제 혜택도 있는데 금융재산 상속공제란 피상속인의 사망으로 인하여 상속이 개시되는 경우 상속개시일 현재 금융재산에서 금융채무를 차감한 순금융재산에 대해 최고 2억 원까지 공제해 주는 제도이다. 금융재산은 금융기관의 예금, 적금, 부금 및 출자금, 예탁금, 보험금, 공제금, 주식, 채권, 수익증권 및 유가증권을 포함하는 것이며, 금융부채는 금융기관에 대한 채무로서 입증된 것을 말한다. 금융재산 상속공제 금액은 순금융재산이 2,000만 원 이하인 경우 전액 공제해주고, 2,000만 원 초과 1억 원 이하는 2,000만 원까지, 1억 원 초과는 순금융자산×20%(2억 원 한도)로 계산된 금액을 공제해 준다.

▎보험료 납입형태에 따른 보험금의 상속세 과세방법

유 형	보험계약자	피보험자	보험수익자	보험료 납입자	보험사고	보험금 과세방법
1	부	부	본인	부	부 사망	상속세 과세
2	부	부	본인	본인	부 사망	비과세
3	본인	모	본인	모	모 사망	상속세 과세
4	본인	모	본인	본인	모 사망	비과세
5	본인	부, 모	본인	본인*	부모 사망	상속세 과세

* 보험계약상 보험료 납입자는 자녀이나, 사실상 부, 모로부터 증여받은 재산으로 보험료 납입 시

(자료: 생명보험협회)

　　증여세가 과세되는 보험금의 범위는 보험계약자와 보험수익자가 다른 경우 보험금상당액을 보험수익자가 무상으로 취득한 것으로 보아 증여세를 과세한다. 이러한 제도의 맹점을 이용하여 보험계약자와 보험수익자를 동일하게 설정하는 경우가 발생함에 따라, 2003년부터는 보험수익자 이외의 자가 보험료를 납입하고 보험수익자가 보험금을 수령하는 경우에도 증여세를 과세하도록 제도를 보완하였다. 2004년부터는 증여세 과세대상을 금전 증여와 함께 타인으로부터 증여받은 재산까지 확대하여 경제적 이익의 무상이전에 대한 과세를 강화하고 있다. 즉, 보험계약기간에 보험수익자가 타인으로부터 재산을 증여받아 보험료를 납입한 경우 그 보험료 납입액에 대한 보험금상당액에서 그 보험료 납입액을 뺀 가액을 보험수익자의 증여재산 가액으로 한다

▎보험료 납입형태에 따른 보험금의 상속세 과세방법

유 형	보험계약자	피보험자	보험수익자	보험료 납입자	보험사고	보험금 과세방법
1	부	모	본인	부	모 사망	증여세 과세
2	부	부	본인	본인	모 사망	비과세
3	본인	본인	본인	부	연금지급개시	증여세 과세
4	본인	부	본인	본인	연금지급개시	

(자료: 생명보험협회)

(7) 주요 보험상품 종류

종신보험

　　종신보험은 보장기간이 평생(종신)인 대표적인 사망보험 상품으로 피보험자가 사망하면 약정된 보험금을 지급하는 상품이다. 이는 피보험자 사망 시 유가족이 처하게 될 경제적 곤궁(생활비, 주택자금, 교육비 등)을 해결해 주는 생활보장 상품이다. 일반적인 보장성보험이 특정 질병이나 사고 등에 대비한 보험이라면

종신보험은 계약자의 소득수준 및 라이프사이클에 맞게 다양한 보장의 조합이 가능한 맞춤형 보험상품이다. 또한 다양한 특약 부가를 통해 하나의 보험가입으로 여러 개의 보험을 가입한 효과를 누릴 수 있는 종합보장형 보험설계도 가능하다.

종신보험의 종류는 점점 다양해지고 있는데 일반 종신보험은 전통적인 종신보험으로 적립금에 공시이율을 적용해서 보험금이 산정된다. 변액종신보험은 물가상승률을 반영하기 위해 적립금을 주식이나 채권 등 유가증권에 투자해서 일반 종신보험보다 보험료가 약 10%가량 저렴한 특징이 있다. 저해지종신보험은 납입기간 중에는 해지환급금이 거의 없는 대신 보험료를 20% 가량 낮춰 주는 상품이고 해지환급금비보증종신보험은 납입기간 중 장기 유지한 경우 해지환급금이 줄어들 수 있는 대신 보험료를 20% 가량 낮춰 주는 상품이다. 이외에도 중대한 질병과 수술을 보장하는 CI종신보험, 사망보험금을 일정비율 먼저 받는 선지급형종신보험, 추가납입이나 중도인출, 납입정지 기능이 있는 유니버셜종신보험 등의 상품이 있고 달러종신보험 등 투자에 대한 통화도 다양하게 판매되고 있다.

✎ 신문기사 탐구생활

인플레 시대, 종신보험으로 상속세 대비하기

부동산 급등해 상속세 부담 커져
재원 마련에 종신보험 등 활용 가능
국세청도 "자녀 명의 보장성보험" 추천

TV에도 자주 소개된 유명 맛집 사장 A씨. 최근 환갑을 지난 그의 가장 큰 고민은 35억 원에 달하는 식당 건물 상속세를 사회초년생 자녀들이 감당할 수 있을까였습니다. 얼핏 계산해도 8억 원 넘는 세금을 내야 하는데, 식당 건물을 팔지 않는 한 자금 마련이 쉽지 않다고 판단한 것이죠.

A씨가 고민 끝에 내린 결론은 다름아닌 종신보험입니다. 보험금이 세금을 낼 '목돈'이 될 수 있어서죠. 자신의 이름으로 보험에 가입한 뒤 배우자, 자녀가 보험료를 내면 나중에 보험금은 상속 재산에서 빠지기도 합니다.

돈의 가치가 하락하고 부동산 등 자산가치가 상승하는 인플레이션의 시대, 상속은 더 이상 고액 자산가만의 고민이 아니게 되었습니다. 서울 시내 아파트 평균 가격 (약 12억 원)을 감안하면, 집 한 채를 가진 평범한 가정에서도 상속세를 위해 목돈을 구해야 하는 상황이 발생하기 때문이죠.

이에 상속세를 위한 자금 계획을 미리 세워놓는 것이 중요합니다. 상속세를 내자고 살고 있던 아파트를 적정 가격 이하에 '급매'로 팔 수는 없는 노릇이니 말이죠. 17억 원 아파트 한 채만 상속해도 1억 4,550만 원의 상속세가 매겨집니다.

이럴 때 활용할 수 있는 방법이 종신보험 같은 보장성보험입니다. 매달 보험료를 나눠 낸 뒤 사망 후 자녀가 보험금을 받아 이를 상속세 재원으로 활용하면 부담을 덜 수 있기 때문이죠. 국세청도 매년 발간하는 세금절약가이드를 통해 상속세 자금 대책의 예로 '자녀 명의로 보장성보험을 들어 놓는 것'을 꼽기도 했습니다.

종신보험 가입 자체로 세제혜택을 받을 수도 있습니다. 근로소득자의 경우 매년 연말정산 때 100만 원 한도 이내에서 납입한 보험료의 12%를 세액 공제받을 수 있습니다. 보험료를 100만 원 이상 낸 경우 최대 12만 원입니다. 노후가 길어지면서 다음 세대에 재산을 물려주기보다는 당장의 노후자금으로 활용하는 편이 더 나은 상황이 올 수도 있습니다. 종신보험 상품 중 일부는 연금전환 특약 형태로 여기에 대비할 수 있도록 해 줍니다.

다만 종신보험은 연금 지급을 위해 설계된 상품이 아니기 때문에 손해를 볼 수도 있다는 점을 고려해 선택해야 합니다. 연금으로 받을 경우에는 이미 낸 보험료에서 사업비 등을 뗀 해지환급금을 재원으로 하기 때문에 낸 보험료 전부를 보장받을 수 없습니다.

다른 생명보험과 마찬가지로 종신보험도 가입 연령에 따라 보험료가 달라질 수 있다는 점도 고려해야 합니다. 만 40세 남성이 특약 없이 30년간 납입하는 형태로 월 23만 5,000원의 보험료를 내는 상품이 있다고 가정해 봅시다. 동일한 수준의 보장을 받으려면 10년 일찍 만 30세에 가입하면 월 보험료가 19만 6,000원으로 줄어들지만, 만 50세에 가입하면 29만 2,000원까지 뜁니다. 가입 시기가 늦어질수록 '가성비'가 떨어질 수 있으니 저축 같은 다른 상품도 함께 고려대상에 놓고 고민을 해야겠죠.

(한국일보 2021년 12월 19일 자 기사 발췌)

교육보험

교육보험은 자녀의 교육자금을 종합적으로 보장하는 상품으로 부모의 생존 시에는 각종 학자금 등 교육자금이 지급되며, 부모 사망 시에는 교육자금 및 양육자금이 지급되어 자녀의 교육 및 양육을 보장해 준다. 교육보험은 자녀의 발달기에 맞춰 각종 인성 프로그램과 해외유학 및 진학상담 서비스 등을 추가하고 변액형 상품이 판매되는 등 꾸준하게 명맥이 유지되고 있으나, 종신보험이 활성화되고 어린이보험에서 학자금 등을 지급하는 상품이 출시되면서 판매량이 감소하고 있다.

변액보험

어느 순간부터 보험상품의 가장 중요한 핵심상품으로 자리잡은 상품이 바로 변액보험이다. 유니버셜 기능까지 가미해서 장기상품으로 묻어 두는 개념으로 인식되어 온 보험상품도 주식 등에 투자를 하고 가입기간 중에 펀드 변경 등을 통해서 운용방법을 바꾸기도 하고 중도인출이나 추가납입이 가능하다는 획기적인 특징으로 금융소비자들에게 다가왔기 때문이다. 변액보험은 보험금이 자산운용성과에 따라 변동하는 보험계약으로, 고객이 납입한 보험료를 모아 펀드를 구성한 후 주식, 채권과 같은 유가증권 등에 투자하여 발생한 이익을 배분해 주는 실적배당형 보험을 의미한다. 따라서 변액보험은 생명보험과 투자상품의 성격을 동시에 가지게 되므로 법적으로 「보험업법」과 「자본시장과 금융투자업에 관한 법률」을 동시에 적용받고 있다. 현재 변액연금보험, 변액유니버셜보험, 변액종신보험, 변액CI보험 등 다양한 형태의 변액보험이 판매되고 있다.

변액보험의 가입 시에는 주로 투자하는 펀드의 내용을 확인해야 하고 상품의 특징도 꼭 체크하는 것이 좋다. 아울러 본인의 가입 목적에 맞는 상품을 선택해야 하는데 주식, 채권, 혼합형으로 나누어 가입하는 특징 때문에 운용방식, 장점, 단점이나 투자 시기가 매우 중요하다. 가입한 이후에도 펀드변경의 옵션을 활용해서 시장의 상황에 따라서 대응하는 것이 좋고 위험을 최소화하고 수익을 올릴 수 있는 투자비율을 가져가도록 하자. 혹은 자동재배분 옵션을 활용해서 경기의 전망에 따라 기본 펀드 비율을 정해 놓고 '적립금 자동 재배분 비율'을 설정해 놓으면 편리하게 자산을 운용할 수 있다.

변액보험은 투자실적에 따라 보험금과 해지환급금이 변동된다. 변액보험의 자산운용구조가 금융투자회사의 투자상품(수익증권)과 유사한 구조를 갖고 있어 특별계정 펀드의 운용실적에 따라 투자실적이 좋을 경우에는 사망보험금과 환급금이 커지지만 반대로 투자실적이 악화될 경우에는 환급금이 원금에도 미치지 못할 수 있는 전형적인 투자형 상품 형태이기 때문이다. 변액보험은 일반상품과 달리 안정성보다는 수익성을 좀 더 중시하여 운용하고, 투자위험을 계약자가 부담하는 특성 때문에 계약자 자산에 비례한 공평한 투자손익의 배분을 위해 다른 보험계약과 분리하여 특별계정에서 운용한다.

변액보험은 「예금자보호법」의 적용을 받지 않는다. 그러나 「예금자보호법 시행령」이 개정시행(2016.6.23.)되면서 보험회사가 최저보증하는 보험금에 한하여 기존에 보호해 온 특약과 함께 예금보험공사가 보호하도록 변경되었다. 현재 보장성 변액보험(변액종신보험, 변액유니버설보험 보장형)은 피보험자 사망 시의 사망보험금이 계약 당시 설정한 기본사망보험금보다 낮을 경우 기본사망보험금을 지급하도록 설계하고 있으며, 저축성 변액보험(변액연금보험, 변액유니버설보험 적립형)의 경우에는 사망보험금을 기납입보험료와 비교하여 더 큰 금액을 지급하도록 하고 있다.

변액보험을 중도에 해지하는 경우에 지급되는 해지환급금은 최저보증이 이루어지지 않으며 원금의 손실이 발생할 수도 있어 특정시기의 수익률에 따라 계약을 해지하지 않도록 장기유지하는 것이 필요하다. 변액보험은 상품내용이 복잡하고 손익이 계약자에게 그대로 귀속되기 때문에 이에 대한 보험계약자의 이해가 매우 중요하다. 이러한 특성 때문에 생명보험협회에서 실시하는 변액보험 판매자격시험에 합격한 사람만이 판매할 수 있도록 하고 있으며, 가입자 또한 변액보험 적합성진단을 받아야 가입할 수 있다.

변액보험의 상품구조를 살펴보면 변액보험은 계약자가 납입한 보험료에서 사업비와 위험보험료 등을 제외한 금액(특별계정 투입보험료)을 특별계정으로 투입하고, 이렇게 투입된 보험료를 주식 등의 유가증권 등에 투자하여 그 실적을 적립하게 되며, 적립된 금액을 매일 평가하여 계약자별로 배분하게 된다. 이렇게 특별계정의 운용실적에 따라 개별 계약자별로 배분된 금액을 계약자적립금이라고 하며, 계약자적립금은 특별계정의 평가 등에 의하여 매일 변동할 수 있다. 계약자는 변액보험 가입 시 회사에서 상품별로 설정해 놓은 다양한 펀드 중 하나 이상을 직접 선택하여 운용하게 되며, 보험기간 중 다른 펀드로 변경할 수 있다. 일반적으로 변액보험의 사망보험금은 최초에 계약한 기본보험계약의 기본보험금과 특별계정에서 운용되어 투자실적에 따라 변동하는 변동보험금으로 구성되며, 위험보장이라는 보험의 성격을 유지하기 위해 변동보험금의 크기와 관계없이 사망보험금에 대한 최저보증을 설정하고 있다. 변액연금보험에서 특별계정의 투자운용 결과 연금개시시점의 계약자적립금이 기납입보험료보다 적은 경우, 기납입보험료 등 일정수준의 재원을 연금적립금으로 최저보장을 받을 수 있다. 이러한 최저보증이 있는 상품은 최저보증에 필요한 보증비용이 부과될 수 있는데, 최근에는 최저보증이 없는 대신 최저보증비용도 없어 고수익 추구가 가능한 형태의 상품도 출시되고 있다.

변액보험의 종류를 몇 가지 알아보자면 우선 변액종신보험이 있다. 변액종신보험은 일반종신보험과 마찬가지로 보장기간이 평생이고 피보험자가 언제 어떤 경우로 사망하더라도 사망보험금을 지급하는 상품이다. 일반종신보험과 비교해보면 사망보험금 및 해지환급금이 특별계정의 투자실적에 따라 변동된다는 점과 「예금자보호법」의 적용이 되지 않는다는 점에서 차이가 있으나, 다양한 특약을 부가하여 각종 위험보장에 대비할 수 있고 피보험자의 건강상태에 따라 보험료 할인혜택이 부여된다는 점에서는 일반종신보험과 유사하다. 변액종신보험은 연금전환특약을 이용해 특정시점의 지급금(해지환급금 등)을 연금지급재원으로 하여 연금으로 전환할 수 있으며, 일반종신보험으로의 전환도 가능하다. 변액연금보험은 일반연금보험과 마찬가지로 보험료를 납입하는 제1보험기간과 연금을 지급하는 제2보험기간으로 나눌 수 있다. 제1보험기간에 납입한 보험료를 특별계정에서 운용하여 얻은 계약자적립금을 연금재원으로 하여 연금개시시점부터 연금을 지급하게 된다. 만일 피보험자가 연금개시 전 제1보험기간 내에 사망

시, 기본보험금과 특별계정에서 적립된 계약자적립금을 더하여 사망보험금으로 지급한다. 연금지급개시 이후에는 일반연금과 마찬가지로 계약자가 선택한 연금지급방식(종신연금형, 확정연금형, 상속연금형 등)으로 연금이 지급된다. 변액유니버설보험은 일반적인 변액종신보험에 유니버설 기능을 확대한 종합금융형 상품이다. 유니버설 기능이란 보험료 납입 유연성을 확대한 것으로 보험료 추가납입, 중도인출 기능 외에도 월대체보험료 기능을 추가한 것을 말한다. 월대체보험료 기능이 있는 상품은 의무납기 이후 보험료를 납입하지 않더라도 적립금에서 위험보험료 등을 차감하여 계약이 유지된다. 변액종신보험과 마찬가지로 보험기간은 종신이며 펀드의 운용실적에 따라 사망보험금과 해지환급금이 변동하지만 유니버설보험처럼 보험료를 추가 납입하거나 자금필요 시 해지환급금의 일정범위 내에서 중도인출이 가능하다. 변액유니버설보험은 장기투자를 목적으로 하는 변액유니버설보험 적립형과 사망보장을 주목적으로 하는 변액유니버설보험 보장형으로 구분할 수 있으며, 이 2가지 유형은 최저사망보증 설정 및 변동보험금 계산방식에 차이가 있다.

▼ 변액보험의 상품구조

기본보험의 계약	변동보험계약
• 최초가입시 상품내용 • 보험료산출의 기초가 되는 계약 • 최저보장액	• 특별계정의 운용실적에 따라 추가로 계산되는 계약 • 추가보험료 부담 없음

+

선택특약
• 일반계정에서 운용 • 적용이율로 부리, 적립

▌일반보험과 변액보험의 비교

구 분	일반보험	변액보험
보험금	보험가입금액 (보험금 확정 또는 공시이율 연동)	투자실적에 따라 변동 (최저사망보험금 등 보증)
예금자보호	예금자보호법 적용	예금자보호법 미적용 (단, 최저보증보험금은 적용)
투자위험 부담	회사 부담	계약자 부담
자산운용	일반 계정	특별 계정
부리이율	적용이율, 공시이율	실적배당수익률

(자료: 생명보험협회)

(8) 제3보험의 이해

제3보험의 개요

제3보험이란 생명보험의 정액보상적 특성과 손해보험의 실손보상적 특성을 동시에 충족하고 있지만 생명보험이나 손해보험 중 온전히 어느 한 분야에 속했다고 보기 어려운 보험을 말하고 다른 표현으로 그레이 존(gray zone)으로 불리기도 한다. 우리나라에서는 2003년 8월 「보험업법」 개정 시 최초로 공식적으로 편입이 되었고 제3보험에는 상해보험, 질병보험, 간병보험이 있으며 사람의 신체에 대한 보험이므로 생명보험에 해당되나, 비용손해와 의료비 등 실손보상적 급부를 보상한다는 측면에서는 손해보험으로도 볼 수 있다. 예를 들어 질병보장상품의 경우 보험대상은 사람이므로 생명보험의 영역이나, 질병으로 인한 소득상실의 보장, 각종 질병치료비의 실손보상 등은 손해보험의 영역으로 볼 수 있다.

|보험의 구분

구분	생명보험	제3보험	손해보험
보험사고	사람의 생존 또는 사망	신체의 상해, 질병, 간병	재산상의 보험
피보험이익	원칙적으로 없음	원칙적으로 없음	존재
중복보험 (보험가액 초과)	없음	실손 보상급부에는 존재	존재
보상방법	정액보상	정액/실손보상	실손 보상
피보험자	보험사고의 대상	보험사고의 대상	손해의 보상을 받을 권리가 있는 자
보험기간	장기	단기, 장기	단기

제3보험의 구분은 크게 3가지로 볼 수 있는데 첫 번째로 상해보험이 있다. 이는 사람의 신체에 입은 상해에 대하여 치료에 소요되는 비용 및 상해의 결과에 따른 사망 등의 위험에 관하여 금전 및 그 밖의 급여를 지급할 것을 약속하고 대가를 수수하는 보험이다. 다음으로 질병보험이 있는데 사람의 질병으로 인한 입원이나 수술 등의 위험(질병사망 제외)에 관하여 금전 및 그 밖의 급여를 지급할 것을 약속하고 대가를 수수하는 보험이다. 마지막으로 간병보험은 치매 또는 일상생활상해 등 타인의 간병을 필요로 하는 상태 및 이로 인한 치료 등의 위험에 관하여 금전 및 그 밖의 급여를 지급할 것을 약속하고 대가를 수수하는 보험을 의미한다.

상해보험의 이해

상해보험은 사람의 신체에 입은 상해에 대하여 치료에 소요되는 비용 및 상해의 결과에 따른 사망 등의 위험에 관하여 금전 및 그 밖의 급여를 지급할 것을 약속하고 대가를 수수하는 보험을 의미한다. 일반적으로 생명보험은 피보험자의 생사가 보험사고이므로 보험사고 발생여부에 대한 계약자와 보험회사 간 다툼이 생길 여지가 크지 않으나, 상해보험은 외부로부터의 돌발적인 사고로 인한 상해만이 보험사고가 되므로 상해 인정여부가 중요한 쟁점이 된다.

생명보험과 상해보험의 차이로 보험사고 측면에서는 상해보험은 급격하고 우연한 외래의 사고를 보험사고로 하기 때문에 그 사고의 발생여부 및 발생시기, 발생원인, 피해정도 등이 불확정적이나 생명보험의 보험사고는 사람의 생존과 사망을 의미하고 사망 그 자체는 확정되어 있으나 발생시기만이 불확정적이다. 보험 급여에서 상해보험은 사망 또는 상해의 정도에 따라 일정한 보험금액을 지급하는 정액보험의 성질과 실제로 소요된 치료비 기타의 비용을 지급하는 실손 보험의 성질이 있으므로 정액 보험인 생명보험과 달리 손해보험의 특징도 가지고 있다. 상해보험의 요건으로는 급격성과 우연성, 외래성의 3가지 요건을 모두 충족시켜야 하며 이 사고의 발생과 신체의 상해 사이에 인과관계가 존재하고 있다. 여기서   은 결과의 발생을 피할 수 없을 정도로 급박한 상태를 의미하고 상해를 발생시키는 사고가 완만하거나 연속적으로 발생한다면 이를 사전에 예측하여 피할 수 있게 되므로 보험사고가 될 수 없다. 따라서 신체의 허약이나 질병 등은 상해에서 배제된다. 우연성은 보험사고의 핵심적인 요건으로 원인 또는 결과의 발생이 예견되지 않은 상태를 의미하고 피보험자의 의사에 기인하지 않았음을 알 수 있다. 외래성은 신체 상해의 발생원인이 피보험자 자신의 신체에 내재되어 있는 것이 아니라 원인에서 결과에 이르는 과정이 외부적 요인에 기인하는 것을 의미하는데 피보험자가 의도하였거나 예상할 수 있었던 사고, 즉 자해행위나 자살 등으로 인한 상해는 상해보험의 보험사고가 아니라고 할 수 있다.

상해보험의 종류와 보장내용

상해보험에서 상해의 의미는 신체상의 상해로 몸에 상처를 입는 부상보다는 넓은 의미로 쓰이며, 반드시 외관상 분명한 상처자국을 남기는 것에 한정하지 않고 상해로 인한 사망 또는 상해로 인한 신체장해 등을 포함하는 개념이다. 상해보험의 주요 보장 내용은 아래와 같이 정리할 수 있다.

- 재해사망보험금: 피보험자가 보험기간 중 발생한 재해를 직접적인 원인으로 사망하였을 경우 보상
- 재해장해급여금: 피보험자가 보험기간 중 발생한 재해를 원인으로 장해분류표에서 정한 각 장해 지급률에 해당하는 장해상태가 되었을 경우 보상
- 재해수술급여금: 피보험자가 보험기간 중 재해분류표에서 정하는 재해를 직접적인 원인으로 수술을 받았을 경우 보상
- 재해입원급여금: 피보험자가 보험기간 중 재해로 인한 직접치료를 목적으로 입원하였을 경우 보상
- 만기환급금(만기환급형인 경우): 보험기간이 끝날 때까지 피보험자가 살아있는 경우 지급

질병보험의 이해

질병보험이란 사람의 질병 또는 질병으로 인한 입원·수술 등의 위험(질병으로 인한 사망은 제외)에 관하여 금전 및 그 밖의 급여를 지급할 것을 약속하고 대가를 수수하는 보험을 말한다. 질병보험의 종류는 암보험, 실손의료보험, 치아보험 등이 있으며 현재 생명 보험회사들은 질병관련 상품을 세분화하여 다양한 주계약 및 특약 형태로 판매하고 있다. 질병보험에서의 질병의 개념은 심신의 신체 또는 일부가 일차적 또는 계속적으로 장애를 일으켜서 정상적인 기능을 할수 없는 상태를 말한다. 질병은 원인이 신체에 내재함으로써 피보험자의 조직 장기 또는 체질이 다른 일반인과 비교해서 상대적으로 정상이 아닌 상태가 존재하는 것이며, 그중 어느 부분이 원인이 되어 결과적으로 건강이 훼손된 상태를 말한다. 질병의 경우 상해와 달리 외래성은 인정되지 않는다. 예를 들면 물건을 들다가 허리를 다친 경우와 노화로 인한 요통의 경우 요통이라는 결과는 같으나 외래성이 인정되는 전자는 상해사고에 해당되고, 외래성이 인정되지 않는 후자의 경우 질병이 된다.

앞에서 언급했듯이 질병보험의 종류에는 암보험과 실손 의료보험 등이 있는데 암보험은 대표적인 질병보험이며 암으로 인한 치료자금을 중점적으로 보장받기 위한 보험으로 암진단 시, 치료 시, 수술 시 등의 치료자금 및 암으로 인한

요양자금 등 암과 관련된 비용을 보장하는 상품이다. 종류로는 일반적으로 만기환급금의 유무에 따라 순수보장형과 만기환급형으로 구분되고 특정암(예: 간암, 위암, 폐암 등 3대 주요암)을 집중적으로 보장하는 형태의 상품도 있으며, 고액암 및 소액암 등으로 구분하는 경우도 있다. 3대 주요암, 고액암, 소액암 등은 제도적으로 정해진 기준이 아니라 보험회사에서 빈도·비용에 따라 임의로 정한 것이며, 출시시점에 따라 구성이 변할 수 있으므로 가입시 약관을 통해 세부사항에 대한 확인이 필요하다. 또한 암보험은 주계약과 특약 형태 모두 판매되고 있다. 암보험의 주요 보장내용은 암과 관련한 진단, 수술, 입원, 통원급여금 등이 지급되며 만기환급형의 경우 만기환급금이 지급된다. 실손 의료보험은 피보험자가 질병·상해로 입원(또는 통원) 치료 시 소비자가 실제 부담한 의료비의 일부를 보험회사가 보상하는 상품이다. 민영의료보험 또는 의료실비보험 등 다양한 명칭으로 불리고 있으며, 과거에는 주로 상해·질병보험의 특약으로 부가되어 판매되었으나 2018년 4월 1일부터 단독형 상품으로만 판매되고 있다.

▼ 실손 의료보험 보장영역

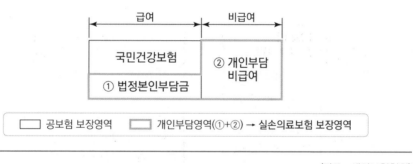

(자료: 생명보험협회)

동일인이 다수의 실손 의료보험을 가입하더라도 초과이익 금지를 위해 본인이 부담한 치료비를 상품별로 보상책임액 비율에 따라 비례 보상하므로, 2~3개의 실손 의료보험에 가입했다고 하더라도 실제 치료비의 2~3배가 지급되는 것은 아니다. 보험계약자가 제3보험에서 의료비 등 실손을 보장하는 계약을 다수 체결하는 경우에는 「상법」의 실손 보상 원칙에 따라 보험사고 발생 시 각각의 보험계약에서 지급하는 보험금은 보상책임액에 비례하게 된다. 즉, 여러 개의 실손 의료보험에 가입되어 있다고 하여 본인부담금보다 많은 보험금을 지급하는 것이 아니므로 가입 시 기존 실손 보험 계약유무를 꼼꼼히 확인하여 가입하는 것이 필요하다. 중복계약에 따른 비례보상 대상계약은 모든 제3보험 상품이 아니라 제3보험 상품 중 실손 보상 급부가 있는 계약에 한정된다. 따라서 정액보상상품은 비례보상의 대상계약이 아니다. 2021년 7월부터는 비급여에 대한 과잉의료이용을 억제하기 위해 기존 포괄적 보장구조(급여＋비급여)를 「급여」와 「비급여」로 분리하여 보장하는 새로운 실손 의료보험이 도입되었다.

舊 실손의료보험 (2017년 4월~2021년 6월)	新 실손의료보험 (2021년 7월 이후)
주계약(급여 + 비급여)	주계약(급여)

특약(특정 3대 비급여*)
 * 1) 비급여 도수치료 · 체외충격파 · 중식치료
  2) 비급여 주사료
  3) 비급여 자기공명영상진단(MRI)
	특약(비급여*)
	 * 일부 비급여 항목에 한해 별도 치료횟수 제한,
	  금액한도 등 보장 한도가 존재함

[舊 실손의료보험] (2017년 4월~2021년 6월)			[新 실손의료보험] 2021년 7월 이후	
구분		보장한도	보장한도	
			급여	비급여
질병	입원	연간 5,000만 원	입원 · 통원 합산 연간 5,000만 원 (통원 회당 20만 원)	입원 · 통원 합산 연간 5,000만 원 (통원 회당 20만 원*)
	통원	연간 5,400만 원 (30만 원×180회)		
상해	입원	연간 5,000만 원	입원 · 통원 합산 연간 5,000만 원 (통원 회당 20만 원)	입원 · 통원 합산 연간 5,000만 원 (통원 회당 20만 원*)
	통원	연간 5,400만 원 (40만 원×180회)		

* 특정 비급여 항목에 한해 별도 치료횟수 제한, 금액한도 등 보장 한도가 존재함

▌현행 新 실손의료보험 보장내용(2021년 7월 이후)

구분		개편(안)		
상품구조		급여(주계약) · 비급여(특약) 분리		
보험료 차등제	급여	미적용		
	비급여	적용(할인 · 할증 방식)		
자기 부담률	급여	20%		
	비급여	30%		
공제금액(통원)	급여	(병 · 의원급) 최소 1만 원, (상급 · 종합병원) 최소 2만 원		
	비급여	최소 3만 원		
보장한도	입원	구분	급여	비급여
		상해 입 · 통원	합산 연간 5,000만 원 (통원 회당 20만 원)	합산 연간 5,000만 원 (통원 회당 20만 원)*
	통원	질병 입 · 통원	합산 연간 5,000만 원 (통원 회당 20만 원)	합산 연간 5,000만 원 (통원 회당 20만 원)*
		* 특정 비급여 항목에 한해 별도 치료횟수 제한. 금액한도 등 존재		

(자료: 생명보험협회)

간병보험의 이해

보험회사가 판매하는 간병보험은 보험기간 중장기요양상태가 되거나 치매 등으로 일상생활이 어려운 경우 간병자금 및 생활비 등을 지급하는 보험이다. 주로 장기요양상태가 되거나 일상생활장해 및 중증치매 진단 시 보장하며, 파킨 슨병이나 루게릭병 등을 보상하는 상품도 있다. 간병보험에서 장기요양상태의 의 미는 만 65세 이상 노인 또는 노인성질병을 가진 만 65세 미만의 자로서 거동이 현저히 불편하여 장기요양이 필요하다고 판단되어 [노인장기요양보험법]에 따 라 장기요양 1등급 또는 장기요양 2등급으로 판정 받은 경우를 말하고 일상생활 장해상태는 재해 또는 질병으로 특별한 보조기구(휠체어, 목발, 의수, 의족 등)를 사 용하여도 생명유지에 필요한 기본 동작들을 스스로 할 수 없는 상태로서, 이동 하기를 스스로 할 수 없으면서 식사나 화장실 사용, 목욕, 옷 입기 중 어느 하나라도 스스로 할 수 없는 상태를 의미한다. 중증치매 상태는 재해 또는 질병으로 중증치매 상태가 되고 이로 인해 인지기능의 장애가 발생한 상태를 말한다.

간병보험의 가입조건으로 상품의 보험기간은 대부분 종신(일부 80세 만기형)이며, 가입가능연령은 일반적으로 30세 이후이다. 보통 수발필요 상태(180일 또는 90일)의 정의에 따라 보험료 차이가 발생하며, 피보험자의 사망이나 간병연금 수령 종료 시 계약은 소멸된다. 현재 우리나라에서 판매되고 있는 간병보험은 위험률 산출을 위한 경험데이터가 충분치 않아 위험률 변동제도[6]를 채택하고 있다.

---

6) 의료기술의 발달 등으로 실제 위험발생률이 보험가입 당시 예측한 위험률과 상이한 경우 보험기간 중도에 회사가 금융위원회의 인가를 얻어 위험률(보험료)을 조정하는 제도이다.

CHAPTER

10

부동산 자산운용 총론

1. 부동산 자산운용을 위한 부동산의 특징을 이해한다.
2. 부동산 자산운용에 필요한 공법상의 다양한 기초지식을 습득한다.
3. 수익형 부동산 및 부동산 자산운용 전략을 수립하고 투자가치를 판단할 수 있다.

자산관리의/ 이론과/ 실무
ASSET MANAGEMENT

부동산 자산운용 총론

(1) 부동산 자산운용의 중요성

부동산은 개인이나 가계가 재무설계나 자산관리를 계획하고 진행함에 있어서 부동산 자산을 빼고 계획을 세울 수 없을 정도로 개인이나 가계 자산의 큰 비중을 차지하고 있다. 대부분의 직장인들의 투자나 자산관리의 목표로 '내 집 마련'을 꼽고 있고 재무설계나 자산관리 상담의 80% 이상은 부동산 자산에 대한 상담이기 때문이다. 실제 통계를 살펴봐도 우리나라의 가계들이 얼마나 부동산 자산관리가 필요한지 여실히 알 수 있다.

얼마전 통계청의 통계를 살펴보면 2020년 말 기준으로 우리나라 국민 순자산은 1경 7,722조 원이고 이는 2019년 1경 6,628조 원에 비해 1,094조 원(전년동기 대비 +6.6%) 증가했다고 한다. 자산 순 취득 등 거래로 인한 증가는 298조 원(27% 비중), 자산가격 변동 등 거래 외로 인한 증가가 796조 원(73% 비중)이다. 2020년 국내총생산(명목GDP)이 0.4% 증가한 것과 비교해 보면 상대적으로 높게 나왔는데 이 결과로 국민 순자산은 GDP의 9.2배에 달한다고 한다. 2010년부터 줄곧 7%대였다가 2018~2019년 8%대로 오른 후 9%대에 도달할 것이다. 그렇다면 이렇게 자산가격의 급격한 증가의 내용은 무엇일까? 주식시장의 급상승으로 인한 결과일까? 가뜩이나 COVID-19와 델타, 오미크론 등 변이 바이러스의 연속 등장으로 국내 주식시장은 3,000포인트 선에서 묶여 버렸던 흐름이었다. 그럼 남은 건 부동산 자산의 증가밖에 없다. 실제로 2020년과 2021년 서울 수도권을 중심으로 전국의 부동산 가격은 급등했고 덩달아 가계자산의 구성에서 부동산 자산의 비중도 높아질 수밖에 없었다.

▼ 국민 순자산 구성증가 및 부동산 비중

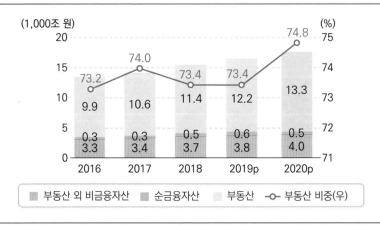

(자료: KB국민은행 LiiV부동산)

국민 순자산은 부동산, 부동산 외 비금융자산, 순금융자산으로 구성되는데 점유비중을 살펴보면 부동산 비중이 74.8%로 가장 크다는 것을 알 수 있다.

따라서 가계자산의 운용계획과 실천에 있어서 부동산 자산의 운용이 금액이나 비중으로 봐도 가장 중요한 부분을 차지하고 있고 향후에도 관심을 가지고 기본지식 습득과 흐름을 파악하고 있지 않으면 한 가계의 근간이 흔들릴 수도 있다는 점을 명심해야 하겠다.

한국주택학회의 2012년 발표 논문 '부동산을 활용한 은퇴가구 자산운용에 관한 연구' 논문을 살펴보면 부동산 자산운용의 중요성을 잘 알 수 있다. 그 내용을 살펴보면 베이비붐 세대가 본격적으로 은퇴를 시작하면서 노후준비의 필요성은 그 어느 때보다 중요하게 인식되고 있지만 노후 필요소득에 대한 다양한 연구가 부족하며, 기존의 연구들은 주식이나 채권과 같은 금융자산 운용에 중점을 두고 있다. 그러나 은퇴자산의 70% 이상을 부동산자산으로 보유하고 있는 실정을 감안할 때 이러한 연구들은 현실성이 떨어진다고 할 수 있다. 연구 결과로는 첫째, 자가 거주자가 평균적인 자산 수준에서 국민연금과 주택연금을 수령하더라도 25년의 은퇴기간 동안 적정생활비를 지속적으로 인출할 수 없었다. 특히 수도권의 주택거주자를 제외하고는 평균이 아닌 중위, 지방 거주자, 전세 거주자, 주택연금이 없는 가계의 대부분은 현금자산의 유지가 불가능하였고 조기에 고갈되는 것으로 추정되었다. 둘째, 은퇴자산 포트폴리오를 재구성하고자 거주주택 외의 기타 부동산으로 금융투자나 수익형부동산에 투자할 경우 현금 잔존, 자산보유, 지속가능성에서 크게 향상되었고 특히 수익형부동산 투자의 경우가 유리하였다. 셋째, 자가 거주자의 경우 주택연금을 활용함으로써 자산의 지속가능기간이 크게 연장되어 부동산 자산을 금융투자로 전환하여 운용하기보다는 주택연금의 재원으로 활용하는 것이 보다 안정된 은퇴자금 운영방안임을 확인하였다. 연구의 시사점으로 앞으로 은퇴자금 연구는 금융자산과 부동산자산을 포함하여 종합적으로 이루어져야 함을 보여 주었다. 또한 주택은 거주기능 못지 않게 은퇴 후 삶을 보장해 주는 자산으로 인식 전환이 필요하고 정부정책도 이러한 관점을 반영하여 은퇴세대의 안정적인 노후보장대책을 수립하고 지원하는 노력이 필요하다는 것을 알 수 있었다.

(2) 부동산의 개념과 특징

이제 본격적으로 가계 자산관리의 가장 높은 비중이자 중요한 자산인 부동산 자산에 대한 기본 지식을 알아보도록 하자. 부동산 자산관리에 있어서 부동산의 개념은 크게 3가지로 나뉘는데 물리적, 경제적, 법과 제도적 개념이라고 볼 수 있다.

우선 물리적 개념(혹은 기술적 개념)의 부동산의 개념은 자연, 공간, 위치, 환경으로 토지를 들 수 있다. 자연으로의 토지는 토지를 자연의 일부로 파악할 때 자연환경으로 정의하게 되고 공간으로의 토지는 부동산의 공간개념은 단순히 지표만 아니라 공중을 포함하는 3차원의 공간을 의미한다. 위치로의 토지는 부동산의 가치는 그 위치에 따라 다르다는 의미이다. 환경으로의 토지는 부동산활동과 부동산현상 등은 환경의 지배 및 영향을 받게 되고 부동산활동 등을 지배하는 환경은 자연적 환경만 아니라 인문적 환경도 포함하고 있다. 경제적 개념은 자산, 자본, 생산요소, 소비재, 상품으로의 토지를 들 수 있다. 자산으로의 부동산은 경제적 활동수단, 이윤추구의 수단으로의 부동산을 말한다.

자본으로의 토지는 생산자 입장에서 토지는 다른 자본재와 마찬가지로 임차하거나 매수하여야 하는 재화이므로 기업입장에서 토지는 자본재로의 성격을 가지고 있다. 생산요소로의 토지는 노동 및 자본과 더불어 생산의 3요소이다. 토지는 물적 생산요소로서 부동성으로 인해 수동적이고 소극적 생산요소이다. 소비재로의 토지는 부동산은 생산재이자 인간생활의 편의를 제공해 주는 최종 소비재의 성격을 가지고 있다. 상품으로의 토지는 시장에서 빈번하게 거래가 되는 상품이라는 의미이다. 경제적 개념에서 언급되는 '환금성'이라는 용어는 부동산을 처분하여 현금화하는 데 걸리는 시간을 의미하고 '하방경직성'이라는 말은 아래로 떨어지지 않으려는 성질을 의미한다.

부동산의 법과 제도적 개념으로는 부동산을 크게 보았을 때 이를 광의의 부동산이라고 표현한다면, 광의의 부동산에는 협의의 부동산과 준부동산으로 나눌 수 있다. 협의의 부동산은 민법상 부동산을 의미하는데 민법 제99조 제1항은 "토지 및 그 정착물은 부동산이다"라고 규정하고 있다. 이것을 일반적으로 협의의 부동산이라 한다. 협의의 부동산의 개념에는 토지와 부동산의 개념이 있는데 토지에서 토지의 소유권은 정당한 이익이 있는 범위내에서 토지의 상하에 미친다(민법 제212조). 정착물은 토지에 고정적으로 부착되어 용이하게 이동할 수 없는 물건으로서, 그러한 상태로 사용되는 것이 그 물건의 통상적인 성질로 인정되는 것을 정착물[1]이라 한다.

준부동산(의제부동산)은 사회통념상 부동산과 같이 규율할 필요가 있는 특정의 동산 또는 동산과 일체로 된 부동산의 집단을 준부동산 또는 의제부동산이라

---

1) 정착물은 다시 독립정착물과 종속정착물로 나뉘는데 독립정착물에는 건물, 소유권 보존 등기된 입목, 명인방법을 갖춘 수목의 집단, 타인토지에서 경작 재배된 성숙된 농작물과 미분리의 과실 등이 있으며 종속정착물에는 교량, 돌담, 도로의 포장, 터널, 축대, 다년생식물, 구거 등이 있다. 참고로 판자집, 가식 중인 수목, 기계, 공중전화박스, 비닐하우스, 경작 수확물(감자, 옥수수, 토마토, 벼 등)은 독립정착물도 종속정착물도 아닌 '동산'임을 주의하도록 하자.

고 한다. 준부동산의 성립요건은 토지나 건물처럼 등기하거나 등록하는 공시방법을 갖춘 것이다. 준부동산의 종류에는 공장재단, 광업재단, 입목, 선박(20톤이상), 자동차, 항공기, 건설기계, 광업권, 어업권 등이 있다. 준부동산은 일단 부피가 크고, 중량이 무거우며, 한 번 만들어지면 장기적(5년 이상)으로 쓰일 수 있고, 손 바뀜이 자주 일어나지 않는다는 특성이 있다. 또한 일반적인 동산에 비하여 재산적 가치가 크다는 점도 준부동산을 인정하는 이유가 된다. 다만, 부동산과는 달리, 준부동산에 속하는 자동차, 항공기, 건설기계, 선박, 기계 및 설비 등은 시세차익을 얻을 수 없으므로 투자의 목적으로 거래되지 않는다. 따라서 민법하에서는 준부동산은 동산이지만 부동산에 준하는 준동산으로 법적 조치를 취하여야 한다고 하고 있다. 하지만 민법에서는 공식적으로는 '준부동산'이라는 개념을 사용하지 않는다. 준부동산이라는 개념은 어디까지나 거래분야에서 또는 학문적으로 인정되는 것이고 분류의 편의성을 위한 것이지, 민법에서 명시된 정의가 있는 것은 아니다. 민법은 준부동산에 대하여 특별법에 다라 소유의 이전, 전세권, 저당권 등의 재산권 설립에 대해 등기 또는 등록을 하도록 하고 있다.[2]

| 부동산과 동산의 비교

구분	부동산	동산
공시방법	등기	점유
개념	• 협의의 부동산: 토지 + 정착물 • 광의의 부동산: 협의의 부동산 + 준부동산	점유의 개념
권리변동의 효력	물권행위 + 등기	물권행위 + 인도
구분	점유권, 소유권, 지상권, 지역권, 전세권, 유치권, 저당권, 임차권, 사용 대차	무주물[3]
환매기간	1년 이상	1년 이내
강제집행절차	강제집행, 강제관리	압류

---

2) 나무위키 백과사전 설명 일부 인용.
3) "민법 제252조(무주물의 귀속) 1. 무주의 동산을 소유의 의사로 점유한 자는 그 소유권을 취득한다. 2. 무주의 부동산은 국유로 한다. 3. 야생하는 동물은 무주물로 하고 사양하는 야생

토지의 특징

부동산 특성은 부동산이 일반재화와는 특별히 구별되는 성질을 의미한다. 사실 토지의 특성과 건물의 특성으로 분류할 수 있지만 일반적으로 부동산 특성이라고 하면 토지의 특성을 의미한다. 토지의 특성은 크게 자연적 특성과 인문적 특성으로 나뉘는데 아래와 같이 구분할 수 있다. 토지의 자연적 특성은 물리적 특성이라고도 하며, 인간의 법 경제 등의 활동과는 무관하게 선천적이고 정적이며 불변적인 성격을 갖는다. 말 그대로 토지 그 자체의 자연적인 특성인데 자연적 특성은 부동성, 부증성, 영속성, 개별성, 인접성이 있다. 첫 번째 부동성은 움직이지 못하는 특성을 말한다. 즉, 인위적으로 그 위치를 이동시킬 수 없는 특성을 말하고 이 같은 부동성으로 파생되는 현상에는 부동산과 동산을 구분하는 근거가 되고 부동산 활동 및 부동산 현상을 국지화하고 감정평가 시에 지역분석 및 경제적 감가의 근거가 된다. 부동산의 자연적 특성 두 번째는 부증성이 있다. 부증성은 일반재화와는 다르게 생산비를 투입하여도 물리적인 양을 증가시킬 수 없는 특성을 말한다. 즉, 부증성은 토지를 늘릴 수 없다는 뜻으로 만약 '바다를 매립하여 땅을 만들었다'고 부동산의 증가로 치자면 매립이나 용도전환을 통한 택지조성은 토지의 물리적 증가가 아닌 경제적(용도적) 공급의 증가로 봐야한다. 생각해 보면 바다 밑에 땅이 이미 있기 때문에 땅이 늘어나고 생산된 것은 아니기 때문이다. 즉, 물리적으로 땅이 생성된 것이 아니라, 그냥 있는 게 겉으로 드러난 것이라고 보자는 것이다. 부증성으로 인한 효과에는 토지부족 문제의 원인과 집약적 이용을 촉진하고 토지 공개념처럼 사회성, 공공성을 강조하는 근거가 되고 토지수요 증가에 따른 희소성이 증대해서 공간수요의 입지 경쟁이 발생해서 지가 상승의 문제를 발생시킨다.

동물도 다시 야생상태로 돌아가면 무주물로 한다."고 되어 있다. '무주물(無主物)'의 의미는 주인이 없는 물건이라는 뜻이다. 즉, 소유권을 갖고 있는 사람이 없다는 의미로 누군가가 잃어버린 물건은 무주물로 볼 수 없다. 소유권이 누군가에게 귀속되어 있는데, 다만 소유자의 손에서 이탈한 것뿐이다. 또한 소유권이 누구에게도 인정되지 않는다는 것은 '현재' 기준으로 하는 것이다.

다음은 영속성에 대해서 알아보자면 토지는 일반재화와는 다르게 시간의 흐름이나 사용에 의하여 소모되거나 마멸되지 않는다는 특성이다. 즉, 토지는 물리적인 측면에서 부증성에 의해 절대로 증가시킬 수 없고 영속성에 의해 감소되지도 않는다는 것이다. 영속성의 파생현상으로는 물리적 감가상각을 적용할 수 없는 근거가 되고 재생산이론을 적용할 수 없으며 토지의 가치보존수단이 우수하고 수익도 영속성이 되고 소득이득과 자본이득을 동시에 취할 수 있다는 것이다.

또 하나의 특성은 개별성인데 개별성이란 물리적으로 완전히 동일한 토지는 없다는 특성이다. 즉, 방향, 지형, 지질, 물리적 위치 등을 고려하는 경우 동일한 토지는 존재할 수 없다는 의미로 예를 들어 서울시 동작구 사당동 100번지의 토지는 그곳 한 곳밖에 없고 다른 토지와는 조금이라도 다르다는 것이다. 따라서 부동산은 물리적인 면에서 대체가 불가능한 특성이 있고 이러한 특성으로 부동산 활동이나 현상을 개별화해서 부동산 비교의 어려움이 있고 일물일가의 법칙[4] 적용이 불가하고 감정평가 시 표준지를 산정하기 곤란하게 하며, 부동산 가치 추계의 어려움을 유발하고 개별성으로 인해 부동산 상품 간 대체관계가 불성립하게 된다. 인접성이라는 특성은 물리적으로 토지는 연결되어 접해 있는 특성이 있다는 것으로 이러한 인접성으로 인하여 파생되는 현상은 인접지와의 협동적 이용을 필연적으로 요구하고 개발이익의 사회환수 논리의 근거가 되며 부동산 감정평가 시 지역분석의 근거와 적합의 원칙과 관련하여 경제적 감가의 근거가 되며 부동산 시장에 외부효과를 일으키는 원인이 되기도 한다. 건물의 경우에도 토지와 구별되는 특성으로 비영속성과 생산가능성, 동질성, 이동가능성, 종속성이 있다.

---

4) 일물일가의 법칙(law of one price)은 효율적인 시장에서 모든 개별적인 상품은 하나의 고정적인 가격을 지녀야 한다는 내용의 법칙이다. 한 상품에 부여된 가격이 자유 무역을 가능케 하고 세계적으로도 동일한 가격에 동일한 상품이 거래될 수 있기 때문이다. 따라서 이는 동일한 상품 시장일 경우 가격이 동일하게 정해진다는 것을 뜻한다.

(3) 자산관리 수단의 부동산

일반적으로 재무설계나 자산관리 상담의 기본으로 우선 정해야 하는 것이 바로 '재무목표'의 선정이다. 무엇을 할 것이냐는 뚜렷한 목표도 없이 막연하게 자산을 키우고 부자가 된다 식의 목표가 아닌 명확한 숫자로 표현할 수 있거나 특정 부동산 물건으로 표현하는 식의 구체화된 재무목표가 있어야 한다. 그다음이 현재의 상황파악으로 현재의 수입과 지출 및 보유자산과 대출 등을 파악해서 정해진 재무목표의 달성을 위해서 어떻게 포트폴리오를 조정하고 향후 수입을 배분해서 운용하느냐 순서로 진행된다. 이러한 재무설계나 일반적인 자산관리의 프로세스에서 특히 부동산 자산관리도 명확한 목표를 정해야 한다. 부동산 자산관리의 목표에는 재무적 목표와 비재무적 목표로 나뉘는데 재무적 목표에서도 시세차익(자본소득: capital gain)이냐 임대료 수익(임대소득: income gain)이냐를 구분해서 정해야 한다. 이러한 고민과 동시에 양도소득세나 종합부동산세 등의 절세에 대한 고민도 동시에 병행해야 하겠다. 비재무적 목표로는 당연히 거주에 대한 목표가 우선이고 자녀에게 합법적으로 상속이나 증여를 위해서 미리 부동산 자산을 조정하거나 명의변경 등의 과정을 진행하기도 한다.

부동산 자산관리를 위해서 보표를 세워야 한다고 강조했기 그 내용을 자세히 살펴보면 아래와 같다. 우선 크게 '거주' 목적인지 '투자' 목적인지를 명확하게 정해야 한다. 물론 가계의 전체자산 중에서 부동산 자산의 비중이 워낙 크다 보니 거주도 하면서 이왕이면 가격상승이 되는 부동산을 매수하는 것이 가장 이상적이지만 궁극적인 방향성을 잡을 때에는 거주와 투자는 구분하는 것이 좋다. 즉, 내가 현재 거주하고 있는 부동산을 당장 매도할 계획이 없는데 가격이 크게 올라서 세금이나 건강보험료 등 비용부담만 갖는 것보다는 별도의 투자를 통해서 수익을 창출하는 것이 바람직하겠고 무리하게 대출을 받아서 거주 부동산을 매수한다면 대출이자를 감안하면 그만큼의 월세를 사는것과 뭐가 다르겠는가?

따라서 일단 본인의 거주 선호 성향을 파악해서 자연환경이나 교통(출퇴근 거리 등) 및 주변 편의시설(종합병원, 대형마트, 문화시설 등), 교육(학군, 학원 등) 등의 조건을 따져 보고 거주 부동산을 정하는 것이 좋다. 물론 위의 거주요건이 좋은 지역은 가격상승도 있기 마련이지만 개인적으로는 산 조망권과 새소리가 좋지만 가격상승의 투자목적으로는 강 조망권이나 개천 인근 아파트를 매수해야 하기 때문이다. 과거 통계가 산 밑의 아파트보다는 강가나 개천가 인근 아파트가 훨씬 가격상승이 높다는 점을 감안한 것이다.

▼ 부동산 자산관리의 4가지 목표 구분

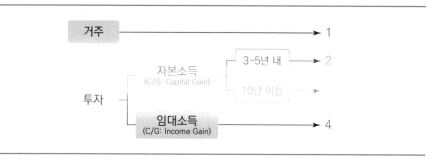

거주목적과 투자목적에서 일단 거주목적의 부동산으로 내 집 마련이나 거주용 부동산을 매수하고 투자 목적을 정함에 있어서는 2가지로 구분해서 결정하도록 하자. 앞에서 언급했지만 가격상승을 기대하는 자본소득(C/G, Capital Gain)과 임대소득(I/G, Income Gain)이 그것인데 자본소득도 3년에서 5년 사이에 수익창출을 기대하는 단기 자본소득 목적이 있고 10년 이상 묻어 둔다는 개념의 장기 자본소득 목적이 있다. 주로 단기 자본소득은 역세권의 소형아파트나 재건축이나 재개발 지역 중에서 사업시행인가 전후의 재건축 진행이 상당히 진행된 지역의 아파트나 다세대, 연립주택 등이 해당되겠고 장기 자본소득으로는 재건축의 재개발 초기단계의 아파트나 다세대, 연립주택 등이 있겠다. 물론 예외의 경우도 있지만 일단 개인들이 부동산 투자를 함에 있어서 이러한 계획없이 일단 가격이 싸게 나왔으니까 아는 사람이 권해서 덜컥 투자하는 경우를 많이 봤기 때문에 시작 단계에서 한 번은 심호흡을 크게 하고 차분하게 목표 먼저 설정했으면 하는 바람이다. 마지막으로는 순수 임대소득 목적의 임대용 부동산의 매수 전략이다. 임대소득을 받으면서 가격상승까지 되면 최고의 자산관리라고 할 수 있지만 실제 같은 평형의 서울과 수도권의 오피스텔보다는 아파트가 훨씬 가격이 비싸다. 그렇다면 매매가격에 비례해서 월 임대료도 똑같이 아파트가 비쌀까? 실제 그렇지는 않다. 결론적으로 가격상승을 기대한다면 초기 투자금액은 높지만 아파트를 매수하는 것이 좋고 월 임대수익률을 기대한다면 초기 투자금이 낮은 오피스텔을 고르는 것이 좋다. 물론 오피스텔이라고 모두 가격이 오르지 않는다는 것은 절대 아니다. 다만 초기 투자단계에서 아예 가격상승을 기대하고 투자하지는 말자는 의미이다. 아파트 보다는 아무래도 가격상승 속도나 폭이 낮기 때문이다. 오히려 가격상승은 고사하고 가격이 하락하지만 않으면 감사하다고 생각해야 한다. 어차피 매월 월세 수익을 창출하고 있다는 점을 고려한 발상이다.

자산관리 관점에서의 부동산 분류와 순환주기

자산관리 관점에서 부동산을 분류하자면 여러 가지 조건으로 분류할 수 있다. 우선 이용하는 대상에 따른 분류로 매매시장과 임대시장이 있고 이용되는 용도에 따라서는 주거용, 상업용, 공업용을 구분할 수 있다. 취득 방법에 의한 분류에는 일반적인 매매가 있고 경매나 공매 및 아파트와 오피스텔 등의 공동주택은 청약 등의 방법이 있고 일반 재건축이나 재개발 지역의 경우에는 조합원 매분을 통한 매수가 있다.

부동산 자산관리의 경기 사이클에 따른 분류로는 상승과 하강기에 따라 매수나 우위시장, 매도자 우위시장으로 구분할 수 있고 투자주체로 구분하자면 실수요자와 투자 및 부동산 간접투자를 위한 투자가 있다.

부동산은 크게 6단계에 걸친 순환주기가 있다고 한다. 순환주기에 따라 가격과 거래량의 변화가 나타나므로, 부동산 자산관리를 위해서 투자를 고민하는 부동산이 어느 시점에 매수를 했는지 또는 매도를 해야 하는지 흐름을 알고 있는 것이 중요하겠다. 지금부터 순환주기에 대해서 알아보도록 하자. 우선 회복진입기가 있는데 회복 진입기는 하향기와 회복기 사이의 단계이며 부동산 가격이 좋지 않고 매도하려고 내놓는 물건이 많은 시기이다. 이 시기에는 매수가 조금씩 생겨 나면서 가격은 크게 변하지 않고 거래량만 조금씩 늘어나기 시작하며, 정부의 부동산 규제가 조금씩 완화되면서 부동산 매매가 서서히 시작되는 단계라고 할 수 있다. 다음으로 회복기인데 부동산의 매물들이 조금씩 매도되기 시작하고 부동산 매물이 조금씩 소진되는 시기이다. 매도하려고 내놓는 물건보다 매수를 하려고 하는 수요가 많은 시기이기도 하다. 따라서 가격이 조금씩 상승하면서 거래량도 함께 증가하는 시기이다.

상승기는 매매 가격이 오르다 보니 매도자들은 집 값이 더 오를까 봐 부동산 시장에 내놨던 매도희망 물건들을 다시 거두어 들이기 시작한다. 매도자 중심의 시장(seller's market)이 형성되어 매매가 매도자에게 유리하게 형성이 된다. 부동산 가격이 오를 것으로 예상하고 매수하겠다고 하는 매수 수요가 많은 시기이다. 이 시기에는 비싼 가격에도 거래가 성사되다 보니 부동산 가격이 상승을 하게 된다. 후퇴진입기는 부동산 가격이 정점인 상태라고 보면 된다. 가격이 많이 올라 부동산 매수자는 부담스러워 쉽게 매수를 하지 못하고, 매도자는 집을 팔지 못하는 상황이 된다. 이러다 보니 부동산 시장에는 매도물건이 줄어들고 거래량이 줄어들게 되는 시기이다. 후퇴기에는 본격적으로 부동산 가격이 하락하는 시기이다. 거래가 거의 없어 부동산을 싸게 내놔도 안 팔리는 시기이고 시장에 나온 매물이 팔리지 않으니 가격이 내려가는 시기 그리고 매물이 줄어드는 시기이기도 하다. 이 시기는 매매가 매수자에게 유리한 매수자 시장(buyer's market)이기도 하다. 마지막으로 하향기는 거래량은 조금씩 생겨나기 시작하지만 가격은

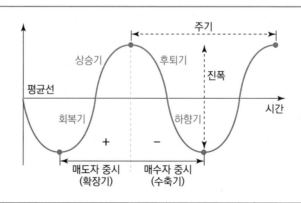

하락하는 시기이다. 공격적인 매수를 하기에 적기인 시기이다. 부동산 시장과 신규 분양시장은 얼어 있어 신규 분양은 매물이 줄어들게 된다. 정부에서는 부동산 완화 정책으로 부동산 활성화를 독려하게 된다.

이처럼 부동산을 매수하거나 매도를 희망할 경우 현재의 부동산 시장의 상황이 위의 6가지 혹은 아래의 4가지 구분에서 어디에 해당하는지 판단하고 매수나 매도 시기를 정하는 것이 바람직하겠다.

▌부동산의 시기별 특징

구분	회복기	상승기	후퇴기	하향기
일반 경제	회복기	확장기	후퇴기	수축기
부동산 가격	하락 중단, 상승 기미	본격 상승, 정점 도달	상승 중단, 하락 기미	본격 하락
부동산 투자	투자심리 생성	투자활동 전개	신중한 국지적 투자	투자심리 위축
부동산 공급	공급계획 수립	공급 증가	과잉 공급	공급 감소
부동산 수요	수요심리 생성	수요 확대	선별적 실수요	수요 위축
건축 활동	증가 기미	본격 증가	정점 도달	감소세 반전

(4) 부동산 기초 상식Ⅰ(토지의 용도와 이용)

앞에서도 언급했지만 부동산 투자의 기본은 토지를 의미하고 토지 중심으로 돌아간다고 해도 무방하다. 물론 주택 가격이라고 해서 아파트나 다세대주택, 연립주택 등 다양한 공동주택의 가격이 부동산 시장의 분위기를 대변하고 있지만 아파트와 오피스텔을 제외한 나머지 모든 부동산 자산관리의 기본은 토지의 용도와 목적(지목)에 따라서 가치가 달라지게 되어 있다. 따라서 본 장에서는 토지의 용도지역, 용도지구, 용도구역과 지목에 대한 의미 등을 알아보고 투자가치 판단에 활용할 만한 팁(tip)을 알아보도록 하자.

토지에 대해서는 용도지역과 용도지구, 용도구역으로 구분을 하는데 일반적으로 용도지역과 용도지구는 토지 이용 즉, 쓰임새에 초점을 맞추고 있고 용도구역은 토지 이용에 대한 규제에 초점을 맞추고 있다고 할 수 있다. 용도지역은 토지, 용도지구는 건물까지 그리고 용도구역은 각종 제한과 규제를 포함하고 있다고 볼 수 있다.

용도지역은 토지의 이용이나 건축물의 용도, 건폐율, 용적률, 높이 등을 제한함으로써 토지를 경제적, 효율적으로 이용하고 공공복리의 증진을 도모하기 위해 서로 중복되지 않게 도시관리계획으로 결정하는 지역을 의미한다. 크게 도시지역과 관리지역, 농림지역, 자연환경보전지역으로 구분하고 용도지역의 하위개념으로 용도지구를 두고 용도지역의 보완역할을 하게 하고 용도구역을 두어 용도지역과 용도지구를 보완하는 역할을 하게 했다. 용도지역, 지구제는 상위 도시계획에 부합하는 목적 및 방향으로 토지나 건축물의 이용을 유도하기 위한 수단으로서, 도시계획의 가장 근간이 되는 제도이다. 모든 토지에 대하여 행위 제한을 제시하는 용도지역과 용도지역제의 규정을 강화, 완화함으로써 용도지역제를 보완하는 용도지구로 구분된다.

용도지역을 계획할 때에는 합리적인 공간구조의 형성, 교통계획, 기반시설 배치계획, 주거환경보호, 경관 등과의 상호 관련성을 고려하여 도시의 규모 또는 시가지의 특성에 따라 적절히 지정해야 한다. 또한, 국가나 지방자치단체는 정해진 용도지역의 효율적인 이용 및 관리를 위하여 그 용도지역에 관한 개발, 정비, 보전에 필요한 조치를 마련하여야 한다. 용도지역 안에서 토지를 이용하거나 건축물을 건축하려는 때에는 법률에서 정하는 용도지역별 건폐율 및 용적률, 건축물의 용도, 종류, 규모 등을 따라야 한다. 용도지역은 토지의 이용실태 및 특성, 장래의 토지이용 방향, 지역 간 균형발전 등을 고려하여 다음과 같이 구분한다. 도시지역 및 관리지역은 「국토의 계획 및 이용에 관한 법률 시행령」에 따라 더욱 세분되며, 각 지방자치단체의 조례에 의해 추가적으로 세분하여 지정할 수 있다.5) 용도지역의 유형별 내용과 의미를 살펴보면 아래와 같다.

우선 도시지역이 있는데 도시지역은 인구와 산업이 밀집되어 있거나 밀집이 예상되어 체계적인 개발, 정비, 관리, 보전 등이 필요한 지역을 의미하고 거주의 안녕과 건전한 생활환경의 보호를 위하여 필요한 지역이 주거지역, 상업이나 그 밖의 업무의 편익을 증진하기 위하여 필요한 지역으로 상업지역, 공업의 편익을

5) 서울도시계획 포털사이트(urban.seoul.go.kr) 설명 인용

▌도시지역의 분류와 특징

구 분				내 용
도시 지역	주거 지역	전용 주거지역	제1종	단독주택 중심의 양호한 주거환경을 보호
			제2종	공동주택 중심의 양호한 주거환경을 보호
		일반 주거지역	제1종	저층주택을 중심으로 편리한 주거환경 조성
			제2종	중층주택을 중심으로 편리한 주거환경 조성
			제3종	중고층 주택을 중심으로 편리한 주거환경 조성
		준주거지역		주거기능을 위주로 이를 지원하는 일부 상업기능 및 업무기능을 보완
	상업 지역	중심상업지역		도심/부도심의 상업기능 및 업무기능의 확충
		일반상업지역		일반적인 상업기능 및 업무기능
		근린상업지역		근린지역에서 일용품 및 서비스의 공급
		유통상업지역		도시 내 및 지역 간 유통기능의 증진
	공업 지역	전용공업지역		주로 중화학공업, 공해성 공업 등을 수용
		일반공업지역		환경을 저해하지 아니하는 공업의 배치
		준공업지역		경공업 그 밖의 공업을 수용하되, 주거기능/상업기능 및 업무기능의 보완
	녹지 지역	보전녹지지역		도시의 자연환경/경관/산림 및 녹지공간을 보전할 필요가 있는 지역
		생산녹지지역		주로 농업적 생산을 위해 개발을 유보할 필요가 있는 지역
		자연녹지지역		도시의 녹지공간의 확보, 도시확산의 방지, 장래 도시용지의 공급 등을 위해 보전할 필요가 있는 지역, 불가피한 경우에 개발 허용

증진하기 위하여 필요한 지역인 공업지역과 자연환경, 농지 및 산림의 보호, 보건위생, 보안과 도시의 무질서한 확산을 방지하기 위하여 녹지의 보전이 필요한 지역으로 녹지지역이 있다. 주거지역은 다시 전용주거지역(1, 2종), 일반주거지역(1, 2, 3종), 준주거지역으로 나뉘는데 전용주거지역은 다세대, 다가구 등 저층주택만이 들어설 수 있는 지역이다. 일반주거지역은 편리한 주거환경을 조성하기 위해서 지정된 땅으로 아파트가 주로 건설되고 1종보다는 2종, 3종으로 갈수록 용적률이 높아져 고층 아파트의 건설이 가능하다. 준주거지역은 주거기능을 주로 하되, 상업적 기능의 보완이 필요한 경우에 지정된다.

상업지역은 중심상업, 일반상업, 근린상업, 유통상업지역으로 나뉘고 공업지역은 전용공업, 일반공업, 준공업지역으로 나뉘게 된다. 녹지지역은 보전녹지, 생산녹지, 자연녹지 등으로 분류되는데 특히 자연녹지지역은 개발이 제한적으로 허용되어 상대적으로 토지의 지가가 높은 편이다.

도시지역 외에 지역으로 관리지역이 있다. 관리지역은 도시지역의 인구와 산업을 수용하기 위해 도시지역에 준하여 체계적으로 관리하거나, 농림업의 진흥, 자연환경 또는 산림의 보전을 위하여 농림지역 또는 자연환경보전지역에 준하여 관리할 필요가 있는 지역을 의미하고 보전, 생산, 계획관리지역으로 분류된다. 보전관리지역은 자연환경 보호, 산림 보호, 수질오염 방지, 녹지공간 확보 및 생태계 보전 등을 위하여 보전이 필요하나, 주변 용도지역과의 관계 등을 고려할 때 자연환경보전지역으로 지정하여 관리하기가 곤란한 지역을 의미하고, 생산관리지역은 농업, 임업, 어업 생산 등을 위하여 관리가 필요하나, 주변 용도지역과의 관계 등을 고려할 때 농림지역으로 지정하여 관리하기가 곤란한 지역을 의미하고, 계획관리지역은 도시지역으로의 편입이 예상되는 지역이나 자연환경을 고려하여 제한적인 이용, 개발을 하려는 지역으로서 계획적, 체계적인 관리가 필요한 지역을 의미한다. 용도지역의 세 번째 구분으로 농림지역이 있는데 농림지역은 도시지역에 속하지 않는 「농지법」에 따른 농업진흥지역 또는 「산지관리법」에 따른 보전산지 등으로서 농림업을 진흥해서 산림을 보전하기 위하여 필요한 지역이고 용도지역의 네 번째 구분인 자연환경보전지역은 자연환경, 수자원, 해안, 생태계, 상수원, 문화재의 보전과 수산자원의 보호, 육성 등을 위하여 필요한 지역이다.

용도지구는 용도지역에 따른 토지의 이용 및 건축물의 용도, 건폐율, 용적률, 높이 등에 대한 제한을 강화하거나 완화함으로써, 용도지역의 기능을 증진시키고 경관이나 안전 등을 도모하기 위해 도시관리계획으로 결정하는 지역을 말한다. 용도지구 안에서의 건축물 및 시설의 용도, 종류, 규모 등은 법률에서 정하는 용도지구별 규정을 따라야 한다. 이러한 사항은 해당 지방자치단체의 조례를 통해 세부적으로 정할 수 있다. 「국토의 계획 및 이용에 관한 법률」 및 「동법 시행령」에 따라 용도지구의 유형은 다음과 같이 구분된다.

용도지구의 유형

① 경관지구: 경관의 보전, 관리 및 형성
- 자연경관지구: 산지, 구릉지 등 자연경관을 보호, 유지
- 시가지경관지구: 주거지, 중심지 등 시가지의 경관을 보호, 유지, 형성
- 특화경관지구: 주요 수계의 수변, 문화적 보존가치가 큰 건축물 주변 등 특별한 경관 보호, 유지, 형성

② 고도지구: 쾌적한 환경 조성, 토지의 효율적 이용을 위해 건축물 높이의 최고한도 규제

③ 방화지구: 화재의 위험 예방

④ 방재지구: 풍수해, 산사태, 지반의 붕괴, 그 밖의 재해 예방
- 시가지방재지구: 건축물, 인구가 밀집된 지역으로서 시설 개선 등 통해 재해 예방
- 자연방재지구: 토지이용도 낮은 해안변, 하천변, 급경사지 주변 등을 건축제한 등 통해 재해 예방

⑤ 보호지구: 문화재, 중요 시설물 및 문화, 생태적으로 보존가치가 큰 지역의 보호, 보존
- 역사문화환경보호지구: 문화재, 전통사찰 등 역사, 문화적으로 보존가치가 큰 시설 및 지역 보호, 보존
- 중요시설물보호지구: 중요 시설물의 보호와 기능의 유지, 증진 등
- 생태계보호지구: 야생동식물 서식처 등 생태적으로 보존가치가 큰 지역의 보호, 보존

⑥ 취락지구: 녹지지역, 관리지역, 농림지역, 자연환경보전지역, 개발제한구역, 도시자연공원구역의 취락을 정비
- 자연 취락 지구: 녹지지역, 관리지역, 농림지역, 자연환경보전지역 안의 취락을 정비
- 집단 취락 지구: 개발제한구역 안의 취락을 정비

⑦ 개발진흥지구: 주거, 상업, 공업, 유통물류, 관광, 휴양기능 등을 집중적으로 개발, 정비
  • 주거개발진흥지구: 주거기능을 중심으로 개발, 정비
  • 산업·유통개발진흥지구: 공업기능 및 유통, 물류기능을 중심으로 개발, 정비
  • 관광·휴양개발진흥지구: 관광, 휴양기능을 중심으로 개발, 정비
  • 복합개발진흥지구: 주거, 공업, 유통, 물류, 관광, 휴양 중 2 이상의 기능을 중심으로 개발, 정비
  • 특정개발진흥지구: 주거, 공업, 유통, 물류, 관광, 휴양기능 외의 기능을 중심으로 특정한 목적을 위하여 개발, 정비

⑧ 특정용도제한지구: 주거 및 교육 환경 보호나 청소년 보호 등의 목적으로 오염물질 배출시설, 청소년 유해시설 등 특정시설의 입지를 제한

⑨ 복합용도지구: 지역의 토지이용 상황, 개발 수요 및 주변 여건 등을 고려하여 효율적이고 복합적인 토지이용을 도모하기 위하여 특정시설의 입지를 완화

용도구역은 시가지의 무질서한 확산방지, 계획적, 단계적 토지이용 도모, 토지이용의 종합적 조정, 관리 등을 위해 토지의 이용 및 건축물의 용도, 건폐율, 용적률, 높이 등에 대한 용도지역 및 용도지구의 제한을 강화 또는 완화하는 지역을 의미한다. 용도구역의 지정 및 변경에 관한 사항과 용도구역 안에서의 행위제한 사항 등은 각 소관 법에 따라 관리된다. 개발제한구역은 「개발제한구역의 지정 및 관리에 관한 특별조치법」, 도시자연공원구역은 「도시공원 및 녹지 등에 관한 법률」, 수산자원보호구역은 「수산자원관리법」, 시가화조정구역 및 입지 규제최소구역은 「국토의 계획 및 이용에 관한 법률」을 따른다.

▌용도구역의 분류

용도구역	지정권자	정의
개발제한구역	국토교통부장관	도시의 무질서한 확산을 방지하고 도시주변의 자연환경을 보전하여 도시민의 건전한 생활환경을 확보하기 위하여 도시의 개발을 제한할 필요가 있거나 국방부장관의 요청이 있어 보안상 도시의 개발을 제한할 필요가 있다고 인정되는 지역
도시자연공원구역	시·도지사, 대도시 시장	도시의 자연환경 및 경관을 보호하고 도시민에게 건전한 여가·휴식공간을 제공하기 위하여 도시지역 안에서 식생이 양호한 산지의 개발을 제한할 필요가 있다고 인정되는 지역
시가화조정구역	시·도지사	도시지역과 그 주변지역의 무질서한 시가화를 방지하고 계획적·단계적인 개발을 도모하기 위하여 대통령령으로 정하는 기간 동안 시가화를 유보할 필요가 있다고 인정되는 지역
수산자원보호구역	해양수산부장관	수산자원을 보호·육성하기 위하여 필요한 공유수면이나 그에 인접한 토지
입지규제최소구역	도시·군관리계획의 결정권자	도시지역에서 복합적인 토지이용을 증진시켜 도시 정비를 촉진하고 지역 거점을 육성할 필요가 있다고 인정되는 지역

자료: 서울도시 계획 포털 사이트

토지 지목의 이해

토지의 지목이란 토지의 주된 용도에 따라 토지의 종류를 구분하여 지적공부에 등록한 것을 의미하고 그 종류에는 전, 답, 과수원, 목장용지, 임야, 광천지, 염전, 대(垈), 공장용지, 학교용지, 주차장, 주유소용지, 창고용지, 도로, 철도용지, 제방(堤防), 하천, 구거(溝渠), 유지(溜池), 양어장, 수도용지, 공원, 체육용지, 유원지, 종교용지, 사적지, 묘지, 잡종지로 구분하여 총 28개로 분류하고 있는데 그 내용은 아래와 같다.

지목의 구분

- 전: 물을 상시적으로 이용하지 않고 곡물, 원예작물(과수류는 제외한다), 약초, 뽕나무, 닥나무, 묘목, 관상수 등의 식물을 주로 재배하는 토지와 식용(食用)으로 죽순을 재배하는 토지.

- 답: 물을 상시적으로 직접 이용하여 벼, 연(蓮), 미나리, 왕골 등의 식물을 주로 재배하는 토지.

- 과수원: 사과, 배, 밤, 호두, 귤나무 등 과수류를 집단적으로 재배하는 토지와 이에 접속된 저장고 등 부속시설물의 부지. 다만, 주거용 건축물의 부지는 '대'로 호칭.

- 목장용지: 다음 각 목의 토지를 말한다. 다만, 주거용 건축물의 부지는 '대'로 한다.
  가. 축산업 및 낙농업을 하기 위하여 초지를 조성한 토지
  나. 「축산법」 제2조제1호에 따른 가축을 사육하는 축사 등의 부지
  다. 가목 및 나목의 토지와 접속된 부속시설물의 부지

- 임야: 산림 및 원야(原野)를 이루고 있는 수림지(樹林地), 죽림지, 암석지, 자갈땅, 모래땅, 습지, 황무지 등의 토지.

- 광천지: 지하에서 온수, 약수, 석유류 등이 용출되는 용출구(湧出口)와 그 유지(維持)에 사용되는 부지. 다만, 온수, 약수, 석유류 등을 일정한 장소로 운송하는 송수관, 송유관 및 저장시설의 부지는 제외.

- 염전: 바닷물을 끌어들여 소금을 채취하기 위하여 조성된 토지와 이에 접속된 제염장(製鹽場) 등 부속시설물의 부지. 다만, 천일제염 방식으로 하지 아니하고 동력으로 바닷물을 끌어들여 소금을 제조하는 공장시설물의 부지는 제외.

- 대:
  가. 영구적 건축물 중 주거, 사무실, 점포와 박물관, 극장, 미술관 등 문화시설과 이에 접속된 정원 및 부속시설물의 부지

나.「국토의 계획 및 이용에 관한 법률」 등 관계 법령에 따른 택지조성공사
가 준공된 토지

• 공장용지:

가. 제조업을 하고 있는 공장시설물의 부지

나.「산업집적활성화 및 공장설립에 관한 법률」 등 관계 법령에 따른 공장
부지 조성 공사가 준공된 토지

다. 가목 및 나목의 토지와 같은 구역에 있는 의료시설 등 부속시설물의 부지

• 학교용지: 학교의 교사(校舍)와 이에 접속된 체육장 등 부속시설물의 부지

• 주차장: 자동차 등의 주차에 필요한 독립적인 시설을 갖춘 부지와 주차전용
건축물 및 이에 접속된 부속시설물의 부지. 다만, 다음 각 목의 어느 하나
에 해당하는 시설의 부지는 제외.

가.「주차장법」 제2조제1호가목 및 다목에 따른 노상주차장 및 부설주차장
(「주차장법」 제19조제4항에 따라 시설물의 부지 인근에 설치된 부설주
차장은 제외한다)

나. 자동차 등의 판매 목적으로 설치된 물류장 및 야외전시장

• 주유소지: 다음 각 목의 토지. 다만, 자동차, 선박, 기차 등의 제작 또는 정
비공장 안에 설치된 급유, 송유 시설 등의 부지는 제외.

가. 석유, 석유제품 또는 액화석유가스 등의 판매를 위하여 일정한 설비를
갖춘 시설물의 부지

나. 저유소(貯油所) 및 원유저장소의 부지와 이에 접속된 부속시설물의 부지

• 창고용지: 물건 등을 보관하거나 저장하기 위하여 독립적으로 설치된 보관
시설물의 부지와 이에 접속된 부속시설물의 부지.

• 도로: 다음 각 목의 토지. 다만, 아파트, 공장 등 단일 용도의 일정한 단지
안에 설치된 통로 등은 제외.

가. 일반 공중(公衆)의 교통 운수를 위하여 보행이나 차량운행에 필요한 일
정한 설비 또는 형태를 갖추어 이용되는 토지

나.「도로법」 등 관계 법령에 따라 도로로 개설된 토지

다. 고속도로의 휴게소 부지

라. 2필지 이상에 진입하는 통로로 이용되는 토지

- 철도용지: 교통 운수를 위하여 일정한 궤도 등의 설비와 형태를 갖추어 이용되는 토지와 이에 접속된 역사(驛舍), 차고, 발전시설 및 공작창(工作廠) 등 부속시설물의 부지

- 제방: 조수, 자연유수(自然流水), 모래, 바람 등을 막기 위하여 설치된 방조제, 방수제, 방사제, 방파제 등의 부지.

- 하천: 자연의 유수(流水)가 있거나 있을 것으로 예상되는 토지.

  용수(用水) 또는 배수(排水)를 위하여 일정한 형태를 갖춘 인공적인 수로, 둑 및 그 부속시설물의 부지와 자연의 유수(流水)가 있거나 있을 것으로 예상되는 소규모 수로 부지.

- 유지(溜池): 물이 고이거나 상시적으로 물을 저장하고 있는 댐, 저수지, 소류지(沼溜地), 호수, 연못 등의 토지와 연, 왕골 등이 자생하는 배수가 잘 되지 아니하는 토지.

- 양어장: 육상에 인공으로 조성된 수산생물의 번식 또는 양식을 위한 시설을 갖춘 부지와 이에 접속된 부속시설물의 부지.

- 수도용지: 물을 정수하여 공급하기 위한 취수, 저수, 도수(導水), 정수, 송수 및 배수시설의 부지 및 이에 접속된 부속시설물의 부지.

- 공원: 일반 공중의 보건, 휴양 및 정서생활에 이용하기 위한 시설을 갖춘 토지로서「국토의 계획 및 이용에 관한 법률」에 따라 공원 또는 녹지로 결정, 고시된 토지.

- 체육용지: 국민의 건강증진 등을 위한 체육활동에 적합한 시설과 형태를 갖춘 종합 운동장, 실내체육관, 야구장, 골프장, 스키장, 승마장, 경륜장 등 체육시설의 토지와 이에 접속된 부속시설물의 부지. 다만, 체육시설로서의 영속성과 독립성이 미흡한 정구장, 골프연습장, 실내수영장 및 체육도장, 유수(流水)를 이용한 요트장 및 카누장, 산림 안의 야영장 등의 토지는 제외.

- 유원지: 일반 공중의 위락, 휴양 등에 적합한 시설물을 종합적으로 갖춘 수영장, 유선장(遊船場), 낚시터, 어린이놀이터, 동물원, 식물원, 민속촌, 경마장 등의 토지와 이에 접속된 부속시설물의 부지. 다만, 이들 시설과의 거리 등으로 보아 독립적인 것으로 인정되는 숙식시설 및 유기장(遊技場)의 부지와 하천, 구거 또는 유지[공유(公有)인 것으로 한정한다]로 분류되는 것은 제외.
- 종교용지: 일반 공중의 종교의식을 위하여 예배, 법요, 설교, 제사 등을 하기 위한 교회, 사찰, 향교 등 건축물의 부지와 이에 접속된 부속시설물의 부지.
- 사적지: 문화재로 지정된 역사적인 유적, 고적, 기념물 등을 보존하기 위하여 구획된 토지. 다만, 학교용지, 공원, 종교용지 등 다른 지목으로 된 토지에 있는 유적, 고적, 기념물 등을 보호하기 위하여 구획된 토지는 제외.
- 묘지: 사람의 시체나 유골이 매장된 토지, 「도시공원 및 녹지 등에 관한 법률」에 따른 묘지공원으로 결정, 고시된 토지 및 「장사 등에 관한 법률」 제2조제9호에 따른 봉안시설과 이에 접속된 부속시설물의 부지. 다만, 묘지의 관리를 위한 건축물의 부지는 '대'로 한다.
- 잡종지: 다음 각 목의 토지. 다만, 원상회복을 조건으로 돌을 캐내는 곳 또는 흙을 파내는 곳으로 허가된 토지는 제외.
  가. 갈대밭, 실외에 물건을 쌓아 두는 곳, 돌을 캐내는 곳, 흙을 파내는 곳, 야외시장, 비행장, 공동우물
  나. 영구적 건축물 중 변전소, 송신소, 수신소, 송유 시설, 도축장, 자동차운전학원, 쓰레기 및 오물처리장 등의 부지
  다. 다른 지목에 속하지 않는 토지

지금까지 토지의 용도지역과 용도지구, 구역에 대해서 알아봤는데 이러한 내용을 확인하기 위한 방법으로는 국토교통부가 운영하는 '토지e음' 사이트와 한국토지주택공사(LH공사)가 운영하는 '씨리얼' 사이트에서 해당 토지의 주소를 입력해서 확인할 수 있다. 특히 토지e음 사이트에서는 해당 토지의 공시지가 및

관련 법령까지 조회가 되어 토지에 대한 다양한 정보를 알 수 있고 씨리얼 사이트에서는 해당 지번의 건물에 대한 실거래가와 해당 지번 사진까지 조회가 되어 편리하게 조회할 수 있다.

▼ 토지e음 홈페이지의 실제 조회결과 화면(eum.go.kr)

▼ 토지e음 홈페이지와 씨리얼 사이트의 실제 조회결과 화면

(seereal.lh.or.kr)

(5) 부동산 기초 상식 II (주택의 면적과 용적률, 건폐율)

아파트 면적의 구분

적어도 부동산 자산관리와 투자에 관심이 있는 사람이라면 기본적인 부동산에 대한 지식과 이론을 알고 있어야 한다. 하지만 부동산에 관심이 많고 정말 책도 많이 보고 세미나도 많이 다녔다는 사람 중에 본인이 거주하고 있는 집의 대지지분이나 각종 면적의 분류에 대해서 모르고 있는 경우가 많다. 지금 살고 있는 집도 파악을 못하고 있으면서 무슨 부동산 투자를 하고 자산관리를 할 수 있겠는가? 가장 기본적인 지식으로 완전무장해서 일단 부동산 투자의 기초체력부터 만들어 보도록 하자.

우리가 아파트 모델하우스를 방문하거나 청약을 하기 위해서 분양 공고를 볼 때 한 아파트에 대해서도 다양한 면적이 존재한다는 것을 알 수 있다. 하지만 실제 모델하우스에서 보는 면적은 '주거전용면적'밖에 볼 수 없기 때문에 다른 면적에 대해서도 파악하고 투자의 판단을 해야 한다. 같은 32평형[6] 아파트라고 하더라도 실제 사용하는 면적에 대해서 차이가 날 수 있다. 일반적으로 언급되는 아파트의 면적은 보통 '공급(계약)면적'이기 때문이다. 지금부터 아파트를 기준으로 다양한 면적의 개념을 알아보도록 하자.

아파트의 면적을 표시하는 방법은 다양하다. 실제 어떤 광고나 전단지, 현수막에서 'XX평형이 4억 원대 분양!!'으로 되어 있다면 저 면적의 의미가 무슨 면적을 뜻하는지 확인해 볼 필요가 있다. 또한 아파트와 오피스텔, 상가의 광고 시에 표시하는 면적의 개념이 다르기 때문에 막연하게 어떤 면적이라고 단정짓는 것은 큰 오류를 범할 수 있다.

아파트의 면적에는 주거전용면적, 주거 공용면적, 공급(분양)면적, 서비스면적, 기타공용면적, 계약면적 등이 있다. 주거전용면적은 아파트 등 공동주택의 소유주가 단독으로 사용하는 면적을 의미한다. 주로 거실과 주방, 욕실, 화장실과 같은 세대 내부 면적을 의미하는데 여기서 발코니는 전용면적에서 제외된다. 발코니 확장에 따른 면적이 넓어질 수 있는데 같은 평형대이지만, 집의 크기가 달라 보이는 원인이기도 하다. 주거전용면적은 아파트 청약 시 주택 타입(면적)의 기준이 된다. 또 등기부등본에 기재돼 과세 표준으로 활용되기도 한다.

공용면적은 이미 세대가 한 건축물에서 공동으로 사용하는 공간을 말하는데 공용면적은 주거 공용면적과 기타 공용면적으로 나눠서 봐야 한다. 주거 공용면적은 주거공간과 인접해 있으면서 앞집이나 옆집(복도식)과 같이 사용하는 면적으로 계단, 복도, 엘리베이터 앞의 면적을 의미한다. 기타 공용면적은 주거 공용면적을 제외한 시설물로, 주차장, 지하층, 관리사무소, 노인정, 커뮤니티시설, 보육(유치원)시설 등을 말한다. 공용면적은 모든 세대가 함께 사용하는 공간이기 때문에 공용면적이 클수록 전용면적이 줄어 집이 좁아 보일 수도 있다. 주상복합건물이나 주거용 오피스텔이 공용면적이 크기 때문에 계약면적 대비 전용

---

6) 아파트의 면적으로 주로 평수와 제곱미터(m^2)를 사용하는데 현재 기본적인 면적은 제곱미터(m^2)를 주로 사용한다. 예전에는 평형으로 많이 사용했기 때문에 평형과 제곱미터(m^2)를 상호 전환해서 확인할 수 있어야 한다. 1평=3.3057m^2이고 1m^2=0.3025평이기 때문에 평수를 제곱미터로 전환하려면 '1평×3.3057', 제곱미터를 평수로 전환하려면 1m^2×0.3025로 계산해 주면 된다.

면적이 좁을 수밖에 없다. 공급면적(분양면적)은 주거전용면적과 주거공용면적을 모두 합친 것으로, 분양가를 산정할 때 사용된다. 거실과 주방, 침실, 욕실 등 생활공간과 이웃들과 함께 쓰는 계단과 복도, 현관까지 모두 포함된다. 통상적으로 아파트 평수를 말할 때 쓰이는 면적으로 실거주면적은 공급면적에서 주거공용면적을 제외한 면적이라고 볼 수 있다(서비스면적인 발코니면적은 포함).

계약면적은 아파트 거래 계약서를 작성할 때 사용하는 면적으로 계약면적은 주거전용면적, 주거공용면적, 기타공용면적(주차장 포함)을 모두 합한 면적을 말한다. 서비스면적은 주택을 분양 받을 때 건설사가 기본으로 제공하는 전용면적 이외에 제공하는 면적으로 주로 발코니면적이 해당된다.

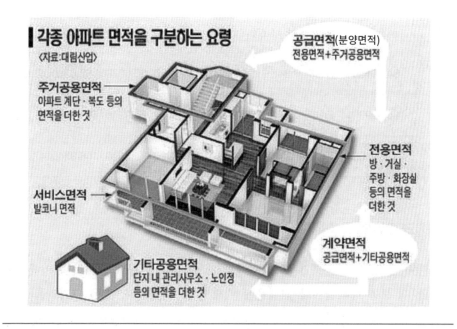

▌아파트 분양공고에 나온 면적의 구분 사례

아파트 코드 및 주택관리 번호	주택형 (주거전용 면적기준)	공급세대수 (특별공급 세대수)	세대별 계약면적					세대별 대지지분
			세대별 공급면적			기타공용 (지하주차장 포함)	계약면적	
			주거전용	주거공용	소계			
20140011 74-01	72.9730A	39(10)	72.9730	24.1620	97.1350	47.2230	144.3580	40.5850
20140011 74-02	72.8890B	17(7)	72.8890	25.7980	98.6870	47.1690	145.8560	41.2330
20140011 74-03	72.9960C	28(10)	72.9960	26.0570	99.0530	47.2380	146.2910	41.3860
20140011 74-04	72.9930D	13(4)	72.9930	26.1210	99.1140	47.2360	146.3500	41.4120
20140011 74-05	84.9720A	192(62)	84.9720	27.4840	112.4560	54.9900	167.4460	46.9860
20140011 74-06	84.9910B	47(16)	84.9910	28.8310	113.8220	55.0020	168.8240	47.5570
20140011 74-07	84.9790C	43(13)	84.9790	28.7160	113.6950	54.9940	168.6890	47.5040
20140011 74-08	84.9910E	39(13)	84.9910	28.8310	113.8220	55.0020	168.8240	47.5570

용적률과 건폐율의 이해

신문이나 뉴스에서 재건축아파트나 재개발 지역에 새로 들어서는 아파트를 언급할 때 보통 용적률이나 건폐율에 대해서 나오곤 한다. 혹은 길거리를 걸어가다가 건물 등의 공사현장의 안전펜스에 공사의 개요에 대해서 안내판이 붙여 있는데 그 내용 중에 용적률과 건폐율이 명시되어 있다.

▼ 모 아파트 공사 안내판

용적률과 건폐율은 부동산 자산관리에 있어서 기본적인 내용이지만 실제 제대로 설명을 하거나 알고 있는 경우는 많지 않다. 하지만 이 개념과 수치를 알고 있으면 거주하거나 투자할 주택의 쾌적성과 향후 투자가치를 알 수 있기 때문에 중요한 부동산 자산관리의 요소라고 볼 수 있다.

먼저 용적률은 건물을 얼마나 높게 지을 수 있는지를 알 수 있는 기준이 된다. 용적률의 의미는 대지면적 대비 건축물(아파트 등)의 전체 연면적의 비율이라고 할 수 있다. 용적률은 교통이나 일조권, 환경 등을 쾌적하게 유지하기 위해서 챙겨야 할 기본 요소이다.

지하층과 주차장으로 사용되는 면적은 용적률 계산에서 제외되기 때문에 유념해야 하겠다. 용적률의 계산방법은 건물의 연면적(전체바닥 면적의 합)/대지면적 ×100으로 산출한다.

▼ 용적률의 산식과 의미

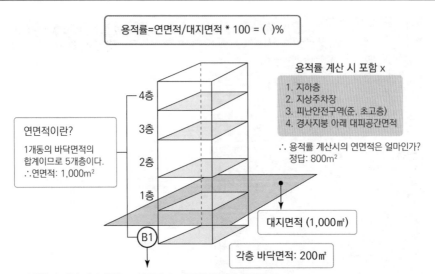

용적률=연면적/대지면적 * 100 = ( )%

용적률 계산 시 포함 x

1. 지하층
2. 지상주차장
3. 피난안전구역(준, 초고층)
4. 경사지붕 아래 대피공간면적

∴ 용적률 계산시의 연면적은 얼마인가?
정답: 800㎡

연면적이란?

1개동의 바닥면적의 합계이므로 5개층이다.
∴연면적: 1,000㎡

4층
3층
2층
1층
B1

대지면적 (1,000㎡)

각층 바닥면적: 200㎡

지하층의 계산: 층수산입 X, 연면적 O, 용적률산정 시 연면적 X

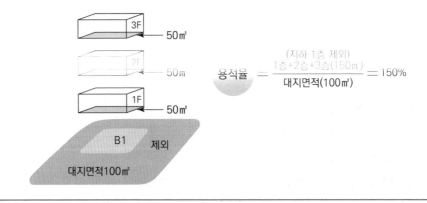

3F 50㎡

2F 50m

1F 50㎡

B1 제외

대지면적100㎡

용적율 $= \dfrac{\text{(지하 1층 제외)}}{\text{대지면적}(100㎡)} = 150\%$

자료: 토지e음 사이트(eum.go.kr)

예를 들어, 대지면적이 100㎡이고, 지하층부터 지상4층까지 각 층별 바닥면적이 50㎡일 경우, 먼저 지하층 면적은 제외한 지상 1층~4층 면적의 합, 50㎡×4 =200㎡이므로 용적률은 (연면적/대지면적)×100=(200㎡/100㎡)×100=200% 가 된다. 여기서 바닥면적은 기둥이나 외벽의 중심선으로 둘러싸인 면적을 말하는데 발코니의 경우는 그 면적에 외벽에 접한 가장 긴 길이에 1.5m를 곱한 면적을 제외한 면적은 바닥면적에 포함시킨다. 그러나 바닥면적이라 하더라도 요즘 주택 건축 시 1층을 주차장으로 사용하는 필로티, 공중의 통행로, 공동주택의 필로티, 승강기탑/계단탑/망루, 장식탑·옥탑, 굴뚝·물탱크·기름탱크 및 기타 건축법에 정한 것들은 바닥면적에 산입하지 않는다.

건폐율은 대지면적 대비 건축면적의 비율을 의미하고 건축 밀도를 나타내는 지표로 건물을 신축할 때 허가된 땅의 면적(대지면적)에 비해 건물이 차지하는 면적의 비율을 의미한다. 건폐율의 산식은 건물의 1층의 건축면적/대지면적×100이고 예를 들면, 대지가 100㎡이고 건축면적이 60㎡라면 건폐율은 60/100으로 60%가 된다. 나머지 40%는 공지인데 현실적으로 40%의 공지를 느끼지 못하는데 건축물을 인접 대지경계선에서 일정한 거리를 띄워야 하는 문제로 인하여 실제 느끼는 공지는 많지 않다.

건축면적은 건축물의 수평투영면적 중 가장 넓은 층의 면적이다. 그러나 이 또한 건축물의 형태가 복잡, 다양하여 처마나 차양, 주택의 발코니 등 외벽으로부터 튀어나온 것은 튀어나온 끝부분에서 1m를 제외한 나머지 부분만 건축면적으로 인정하고, 주택 외 건축물의 발코니는 전부 건축면적에 포함토록 하고 있는 등 기타의 경우들이 있어 일반인이 쉽게 판단하기 어렵다. 따라서 정부에서는 '국토의 계획 및 이용에 관한 법률'을 통해서 건폐율을 용도지역별로 제한하고 있고 각 건물마다 대지에 다양한 형태의 여유공간을 두어 도시의 건축물로 인한 과밀화를 억제하려고 하고 있다. 아울러 주거용 건물(공동주택 등)의 경우에는 일조권이나 채광, 통풍 등을 원활히 해서 쾌적한 생활환경을 마련하기 위한 목적도 가지고 있다.

▼ 건폐율

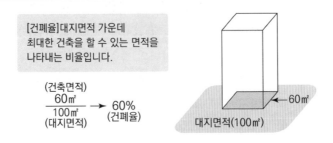

[건폐율]대지면적 가운데
최대한 건축을 할 수 있는 면적을
나타내는 비율입니다.

$$\frac{(건축면적)}{60㎡}{100㎡} \rightarrow 60\% \ (건폐율)$$
(대지면적)

60㎡

대지면적(100㎡)

자료: 토지e음 사이트(eum.go.kr)

(6) 부동산 기초 상식 III (주택의 종류)

개인이나 가계가 자산관리를 함에 있어서 부동산 자산의 현재가치 평가와 향후 전망과 계획을 세우는 것은 만만치 않은 작업이다. 금액이 작지 않고 평생에서 몇 번 매매를 하건 상속이나 증여를 통하건 직접 맞닥뜨릴 기회가 많지 않기 때문에 자칫 실수를 해서 큰 손해를 볼 수도 있기 때문이다. 물론 최근에는 대출을 통한 갭투자나 다양한 재테크가 많아져서 개인들의 부동산 투자가 조금은 보편화되었지만 아직까지는 선뜻 투자에 있어서 최대한 신중하게 접근해야 하는 자산관리 종목이라고 보여진다. 특히 정부의 부동산 정책의 포커스가 대부분 아파트를 중심으로 한 주택에 맞추어 있기 때문에 현재 우리 가정의 재무적인 상황과 가장의 은퇴 연령과 시기 및 다른 금융 등 자산의 규모에 따라서 다양한 접근이 필요하겠다. 똑같은 주택을 매수하더라도 단독주택, 다가구주택, 다세대주택, 연립주택, 아파트 등 종류가 다양하기 때문에 각 주택의 분류와 특징을 명확하게 파악하고 있다가 우리 가정의 현재의 재무상황＋향후 방향성과 계획에 따른 투자와 관리가 필요하겠다. 이러한 관점에서 본 장에서는 아직도 많은 사람들이 헷갈려 하고 있는 주택의 종류와 특징에 대해서 알아보도록 하자.

단독주택

단독주택은 주택의 구조·이용형태 등에 따른 분류로, 공동주택이 아닌 주택을 말한다. 「건축법」에서는 단독주택에 단독주택과 다중주택, 다가구주택 및 공관을 포함한다. 이러한 단독주택은 「건축법」에 의한 용도별 건축물의 종류상 단독주택에 해당한다.

다음의 요건을 모두 갖춘 주택을 말한다. 우선 다중주택에 대해서 알아보자면 다중주택은 학생 또는 직장인 등 여러 사람이 장기간 거주할 수 있는 구조로 되어 있는 것을 말하고 독립된 주거의 형태를 갖추지 아니한 것(각 실별로 욕실은 설치할 수 있으나, 취사시설은 설치하지 않은 것을 말한다)을 의미한다. 1개 동의 주택으로 쓰이는 바닥면적이 660㎡ 이하이고 주택으로 쓰는 층수(지하층은 제외한다)가 3개 층 이하여야 한다. 다만, 1층의 전부 또는 일부를 필로티 구조로 하여 주차장으로 사용하고 나머지 부분을 주택 외의 용도로 쓰는 경우에 해당 층을 주택의 층수에서 제외한다. 적정한 주거환경을 조성하기 위하여 건축조례로 정하는 실별 최소 면적, 창문의 설치 및 크기 등의 기준에 적합해야 하는데 독립된 주거의 형태를 갖추지 아니한 것이란 각 실별로 욕실은 설치할 수 있으나, 취사시설은 설치하지 아니한 것을 말한다. 단독주택의 종류에서 다가구주택은 주택으로 쓰이는 층수(지하층 제외)가 3개 층 이하이고, 1개 동의 주택으로 쓰는 바닥면적(지하주차장 면적 제외)의 합계가 660㎡ 이하이며, 19세대 이하가 거주할 수 있는 주택으로서 공동주택에 해당하지 않는 것을 말한다. 다만, 다가구주택의 층수를 산정함에 있어서 1층의 전부 또는 일부를 필로티 구조로 하여 주차장으로 사용하고 나머지 부분을 주택 외의 용도로 쓰는 경우에는 해당 층을 주택의 층수에서 제외한다. 공관은 정부의 고위관리 등이 공적으로 쓰는 저택을 말한다. 공관은 「건축법」에 의한 용도별 건축물의 종류상 단독주택에 해당한다. 공관 중 우리나라와 외교관계를 수립한 나라의 외교업무수행을 위하여 정부가 설치하여 주한외교관에게 빌려주는 공관은 「국토의 계획 및 이용에 관한 법률」에 의한 기반시설 중 공공·문화체육시설의 하나이며, 도시·군관리계획으로 결정하여 설치하거나 도시·군관리계획으로 결정하지 않고도 설치할 수 있는 시설로서 도시·군계획시설로는 공공청사에 해당한다.

공동주택

공동주택은 건축물의 벽, 복도, 계단이나 그 밖의 설비 등의 전부 또는 일부를 공동으로 사용하는 각 세대가 하나의 건축물 안에서 각각 독립된 주거생활을 할 수 있는 구조로 된 주택을 말한다. 공동주택의 정의와 범위는 「건축법」과 「주택법」에서 정하고 있다. 「건축법」에서는 공동주택의 종류와 범위를 아파트, 연립주택, 다세대주택 및 기숙사로 규정하고 있으며, 공동주택의 형태를 갖춘 가정어린이집, 공동생활가정, 지역아동센터, 공동육아 나눔터, 작은 도서관, 노인복지시설(노인복지주택 제외) 및 「주택법 시행령」에 따른 원룸형 주택도 공동주택에 포함된다. 공동주택의 종류에서 아파트는 주택으로 쓰는 층수가 5개 층 이상인 주택을 의미한다. 층수를 산정할 때 1층 전부를 필로티 구조로 하여 주차장으로 사용하는 경우에는 필로티 부분을 층수에서 제외하고, 지하층을 주택의 층수에서 제외한다.

다음으로 연립주택이 있는데 주택으로 쓰는 1개 동의 바닥면적(2개 이상의 동을 지하주차장으로 연결하는 경우에는 각각의 동으로 본다) 합계가 660㎡를 초과하고, 층수가 4개 층 이하인 주택을 의미한다. 층수를 산정할 때 1층 전부를 필로티 구조로 하여 주차장으로 사용하는 경우에는 필로티 부분을 층수에서 제외하고, 지하층을 주택의 층수에서 제외한다. 다세대주택은 주택으로 쓰는 1개 동의 바닥면적 합계가 660㎡ 이하이고, 층수가 4개 층 이하인 주택(2개 이상의 동을 지하주차장으로 연결하는 경우에는 각각의 동으로 본다)이다. 층수를 산정할 때 1층의 전부 또는 일부를 필로티 구조로 하여 주차장으로 사용하고 나머지 부분을 주택 외의 용도로 쓰는 경우에는 해당 층을 주택의 층수에서 제외하며, 지하층을 주택의 층수에서 제외한다.

기숙사는 학교 또는 공장 등의 학생 또는 종업원 등을 위하여 쓰는 것으로서 1개 동의 공동 취사시설 이용 세대 수가 전체의 50퍼센트 이상인 것(학생복지주택 포함)이다.

준주택

주택법 제2조(정의) 제1호의 2에 따르면 준주택은 주택 외의 건축물과 그 부속토지로서 주거시설로 이용 가능한 시설 등을 말하며, 그 범위는 주택법에 따른다 라고 되어 있다. 인구의 감소와 고령화로 인해 1~2인 가구의 비중이 점차 높아지고 있는 상황에서 2010년에 새로이 도입된 제도인 준주택은 고시원, 오피스텔, 노인복지주택 등이 있다. 여기서 고시원은 구획된 실 안에 학습자가 공부할 수 있는 시설을 갖추고 숙박 또는 숙식을 제공하는 형태의 건축물로 건축법상 분류로 바닥면적이 500㎡ 이하이면 다중생활시설로, 이상이면 숙박시설로 속해서 다중주택과 준주택의 분류에 적용을 달리한다. 즉, 비과세 등을 적용할 때 사실판단이 매우 중요하고 공부상의 용도 및 실질 용도를 정확히 파악해서 판단하는 것이 중요하다. 고시원의 시설 체크 사항으로는 개별 방안에는 취사기구 설치가 불가하고 공용주방만 설계가 가능하며 샤워실, 화장실, 세면기는 방안 설치가 가능하고 고시원을 지을 때 내부 기둥과 경계벽을 내화구조로 건축해야 하며 6층 이상으로 지을 때는 배연설비가 의무이다. 30개실 이상의 고시원은 또한 건축심의가 필요하다. 준주택의 개념을 만들고 제도를 시행할 때 가장 원인으로 등장했던 것이 오피스텔이다. 아직까지도 오피스텔을 다주택에 넣어야 하는지 취득세나 양도소득세, 종합부동산종합 계산할 때 주택에 포함해야 하는지 혼란스러운 경우가 많다. 오피스텔은 업무를 주로 하도록 분양되었고 임대하는 구획 중 일부의 구획에서 숙식을 할 수 있도록 한 건축물을 의미한다. 건축법상 분류로는 업무시설 중 일반 업무시설이지만 당연히 거주용으로 사용하면 주택으로 포함된다. 시설기준의 체크사항은 개별 실마다 취사시설과 욕실, 세면기와 화장실 설치가 가능하고 준주택으로 인정되는 오피스텔은 발코니 설치가 불가능하다. 전용면적 85㎡ 초과 시에는 바닥난방 설치도 불가능하고 거실과 벽, 반자 등은 불연성 재료를 사용하고 내화구조로 된 벽과 바닥으로 설계한다. 주차장은 대체로 0.5~1대가 기준이다. 노인복지주택은 노인에게 주거시설을 임대하여 일상생활에 필요한 편의를 제공함을 목적으로 하는 시설을 의미한다. 건축법상 분류로는 노유자시설 중 노인복지시설에 속한다. 시설기준 체크사항은 단독주택, 공동주택에 속하지 않는 노인복지주택은 모두 준주택에 속하고 분양하지 않고 입소자격이 있는 이들에게만 임대하는 시설이다. 세대당 0.3대의 주차장을 확보하고 세대별 전용면적이 60㎡ 이하인 경우에는 세대당 0.2대 주차장만 확보하면 된다.

이렇게 주택의 종류를 알아봤는데 자산관리의 측면에서 다양한 주택의 종류 중에 현재 나에게 혹은 우리 가정에 맞는 투자 종류와 종목은 무엇이 있을까 신중하게 고민해서 판단해야 하겠다. 예를 들어 거주 목적의 아파트 위주의 주택을 보유하고 있다면 향후에는 수익형 부동산으로 임대수익률을 겨냥한 투자를 고민할 수 있겠고 종목으로는 오피스텔, 다세대주택, 다가구주택 등의 물건에 따른 특징과 세금 측면에서의 고민을 해야 하겠다. 아울러 결혼을 한 기혼자인 경우에는 부부 중에 누구의 명의로 하는 게 나은지 공동명의로 하는 것이 나은지를 판단하는 과정도 중요하다. 앞서 강조했지만 부동산 자산관리는 정기예금이나 펀드 하나 가입하는 차원이 아니라 한 집안의 근간이 움직이는 중요한 플랜이라는 생각을 가지고 접근하도록 하자.

(7) 부동산 공부서류의 종류와 내용

부동산 자산관리의 핵심은 해당 부동산의 투자가치를 판단해야 하겠고 그러한 판단의 근거는 역시 정부에서 발행하는 다양한 서류나 인터넷 사이트의 내용으로 확인해야 한다. 부동산 투자 관련 사기나 사건의 가장 많은 케이스가 서류 위조나 변조라고 할 정도로 실제 소유주가 아닌 경우 및 매매 목적의 매물이 아닌 다른 매물을 거래하는 식의 사건과 사고가 많았다. 따라서 부동산 자산관리나 투자를 함에 있어서 관련 서류나 내용은 누가 갖다주는 서류보다는 본인이 직접 발급받아 확인하고 그 내용에 있어서 해석하고 투자가치를 판단하는 것이 중요하다. 아래에 부동산 투자에 있어서 반드시 확인하고 챙겨 봐야 할 서류의 종류와 내용을 읽고 활용하는 방법을 알아보도록 하자.

부동산 서류를 일반적으로 공부(公簿)서류라고 하는데 크게 5가지의 종류로 분류할 수 있다. 우선 등기사항전부 증명서가 있는데 예전 등기부등본으로 보면 된다. 이 서류를 통해서 진짜 소유주가 맞는지 계약 전 확인하고 건물, 토지, 집합 총 3종류의 증명서로 구성된다. 크게 건물과 토지에 관한 사항을 파악하게 되는데 건물소유자와 그 건물에 소유권 이외의 권리관계(근저당권, 전세권, 지상권 등)를 알 수 있다. 크게 표제부(지번, 건물명칭, 번호, 건물내역, 지목, 면적 등)와 갑구(소유권에 관한 사항과 가압류, 가처분, 가등기, 경매예고등기 등), 을구(소유권 이외의 권리관계로 저당권, 전세권 등)로 구성되어 있다. 발급처는 관할 등기소에서 직접 발급받거나 인터넷 사이트는 대법원인터넷 등기소(www.iros.go.kr)에서 발급받을 수 있다. 두 번째 공부 서류로   이 있는데 건물에 대한 면적, 층수, 소유자, 각종 변동상황과 불법 건축물 여부 등을 알 수 있다. 구청이나 군청, 정부민원 포털 정부24(www.gov.kr)에서 발급받을 수 있다. 토지대장은 토지의 소유자, 분할 합병의 역사, 사용용도(지목), 실제 면적 등을 알 수 있고 토지의 지목(쓰임새), 소재지, 지번 등을 알 수 있으며 발급은 건축물대장과 마찬가지로 정부민원 포털 정부24에서 발급 가능하다. 지적도는 토지의 정확한 면적을 보기 위해 꼭 필요한 서류로 인근 다른 토지와의 경계 등을 통해서 '맹지7)' 여부 등을 파악할 수 있다. 아울러 토지 모양, 지적도상의 도로 유무, 도로의 용도 등 전체적인 지역의 현황을 알 수 있다. 발급은 정부민원 포털 정부 24에서 가능하다. 마지막으로 토지이용계획 확인서가 있는데 그 토지에 건축할 수 있는 건물의 용도 및 규모를 결정해 놓은 지역, 지구, 구역 등 도시계획사항을 알 수 있고 토지에 대한 허용 및 제한사항을 알 수 있다. 비슷한 위치에 비슷한 면적의 토지라도 주거지역인지 상업지역인지에 따라 건축할 수 있는 용도와 규모가 이미 도시계획상에 결정되어 있기 때문이다. 발급은 앞서 소개한 국토교통부 토지e음(eum.go.kr)이나 토지주택공사의 씨:리얼(seereal.lh.or.kr)에서 확인 및 인쇄가 가능하다.

---

7) '맹지(盲地)'는 도로와 맞닿은 부분이 전혀 없는 땅을 의미하고 건축법상 땅에 도로가 없으면 건축을 할 수 없다. 차와 사람의 통행이 가능한 너비 4m 이상 도로가 토지와 2m 이상 접해야, 집이나 건물 등을 지을 수 있다. 따라서 맹지는 일반적으로 투자가치가 없다고 인식되고 있다.

▌부동산 공부서류 정리

공부서류	발급방법	서류 내용		사용시기
등기사항 전부증명서	관할등기소 대법원 인터넷등기소 (www.iros.go.kr)	건물등기사항 전부증명서	소유주 확인 및 소유 권과 그 외 권리 등	건물이 있는 부동산 투자 시
		토지등기사항 전부증명서	소유주 확인 및 소유 권과 그 외 권리 등	
건축물대장	구청이나 군청, 정부 민원 포털 정부24www.gov.kr)	건물의 면적, 층수별 사용현황, 구조, 용 적률과 건폐율 등		아파트, 오피스텔 등 공동주택 외 토지가 있는 부동산
토지대장		토지의 소유자, 분할 합병의 역사, 사용 용도(지목), 실제 면적 등을 알 수 있고 토지의 지목(쓰임새), 소재지, 지번		
지적도		대상 토지의 방위, 축척, 경계선, 도로 인 접 여부 등		
토지이용 계획 확인서	정부 민원 포털 정부24www.gov.kr), 국토교통부 토지e음 (eum.go.kr), 토지주택공사의 씨:리얼 (seereal.lh.or.kr)	토지에 건축할 수 있는 건물의 용도 및 규모를 결정해 놓은 지역, 지구, 구역 등 도시계획사항을 알 수 있고 토지에 대한 허용 및 제한사항		

(8) 주택(아파트) 위주의 부동산 투자가치 분석

모든 투자자들의 가장 큰 고민은 내가 매수하는 가격 대비해서 가격이 많이 오를 만한 종목을 어떻게 찾느냐는 것이다. 이러한 고민은 주식투자자도 그렇고 부동산 투자자도 마찬가지이다. 이것만 안다면 편하게 투자를 통해서 자산을 늘릴 수 있겠는데 항상 내가 투자한 종목은 오르지 않고 다른 종목들만 오르거나 내가 버티다가 매도를 하면 그때부터 급격하게 가격이 상승하는 현상이 반복된다. 도대체 왜 이러한 일이 늘 발생하는 것일까? 그것은 아마도 정확한 종목에 대한 내재가치를 제대로 분석하지 못했기 때문이 아닐까 싶다. 물론 투자의 성공은 신도 모른다고 할 정도로 인간이 근접할 수 없는 영역이라고 할 수 있지만 분명히 주식이나 부동산에 투자해서 성공한 사례들도 있는 것을 보면 충분히 우리도 가격 상승할 수 있는 종목을 찾을 수 있지 않을까? 자문해 본다.

그렇다면 부동산 투자에 있어서 투자가치를 분석하는 방법이나 요소에는 무엇이 있을까? 항상 사람들은 습관적으로 부동산 투자에 대해서 언급할 때 '강남 불패'라는 표현을 사용한다. 그렇다면 누구나 인정하는 투자의 핵심 지역은 서울의 '강남'이라는 의미인데 어떤 장점과 호재가 있는지 알아보고 제2의 강남이나 비슷한 조건의 다른 지역을 찾으면 되지 않을까 싶다. 일단 이 2가지를 분명히 가지고 있는 건 확실하다. 사람들의 끊임없는 관심 즉, 수요에 대한 지속적인 요구와 공급에 대한 희소성을 들 수 있다. 즉 공급이 한정되어 있다는 것이고 이것은 부동산이라는 투자방법에 대한 특징이기도 하다.

'투자'라는 것은 앞에서 언급했듯이 내가 어떤 종목을 매수하면 다른 투자자들이 내가 매수한 가격보다 더 높은 가격으로 내 보유 종목을 매수해 주면 되는 것이고 그 과정에서 발생하는 비용이나 세금을 공제하고 최초 매수대금 외에 잉여자금이 나의 수익이 되는 것이다. 따라서 얼마나 많은 사람들의 관심과 매수 수요가 있는지가 중요하겠고 가격이 조금 비싸더라도 그러한 종목을 선택하는 것이 중요하겠다. 우리가 명품 백을 사거나 명품 브랜드의 제품을 구매하는 것은 그 제품의 상품성도 있지만 희소성과 눈에 보이지 않는 브랜드 가치를 가지고 있기 때문이다. 그 브랜드 가치를 이미 서울, 그리고 그 안에서도 강남구나 서초구, 송파구 등 일부 지역은 보유하고 있기 때문이다. 따라서 향후에도 투자를 함에 있어서 이러한 수요가 많은 그리고 공급이 한정된 지역에 관심을 갖도록 하자.

부동산 투자의 핵심 키워드를 필자는 지역으로 3가지와 개별 물건으로 4가지 정도로 요약해 보았다. 투자유망 지역의 첫 번째로는 역시 강가나 개천가 인근 아파트이다. 서울의 경우 한강을 중심으로 비싼 아파트가 분포되어 있다는 것을 우리는 알 수 있다. 강남구나 서초구, 송파구, 용산구, 성동구, 강동구, 동작구(흑석동), 그리고 여의도까지 모두 한강변에 분포되어 있다. 물론 본인은 강 조망권보다 산 조망권을 선호한다고 한다면 거주목적으로는 산 조망권이 가능한 지역으로 매수해야 하지만 많은 사람들의 관심과 투자가치를 인정하는 부분은 강 조 망권이라는 것을 잊지 말자. 실제 포털사이트에서 검색해봐도 십여 년 전부터 일간 신문 기사에 '서울 비싼 아파트 톱 10중 9개, 한강이 보이네'라는 기사들이 눈에 띈다. 만약에 만약에 그 당시 그 기사를 보고 이 아파트들 중에 하나 투자 를 했다면 상당히 가격이 상승했을 것이다. 물론 부동산 시장의 향후 전망이나 동향을 무시하고 보편적인 평상시의 상황에서 투자가치를 언급하는 것이니 감 안해서 판단하기 바란다. 두 번째 투자유망 지역은 당연히 '공원' 인근 아파트이 다. 점점 사람들이 웰빙이나 자연환경을 선호하고 조망권도 이왕이면 공원이 보 이는 조망권을 선호한다. 아파트에서 나가면 바로 공원이 있어서 산책이 가능하 고 반려견도 동반해서 자연을 즐길 수 있는 생활을 선호하면서 점점 수요는 늘 어날 것이다. 그렇다면 내가 살고 있는 도시에 대형 중형 공원이 어디에 있는지 파악하고 이왕이면 그 공원의 조망권이 가능한 아파트를 찾아보는 것도 하나의 전략이 아닐까 싶다. 세 번째 투자유망 지역의 조건으로는 교통 호재지역이다. '수송'의 의미로 transportation으로 명명했지만 지하철 개통 예정이나 경전철, 연장선 등 다양한 교통의 호재지역이 향후 투자가치가 높아질 지역으로 꼽힌다. 따라서 향후 서울과 대도시 및 지역의 교통에 대한 개발 계획이나 개통 시점 등 을 따져 보고 투자판단을 하는 것이 중요하다. 버스 정류장 10개 들어서는 것보 다는 지하철 역 하나 들어서는 것이 훨씬 인근 부동산 투자가치로서는 호재로 작용한다는 점을 명심하자.

▼ 향후 부동산 투자의 키워드(key word)

지역	물건
River	S
Park	V - RV PV MV LV [GV, OV, NV]
Transportation	B E (3가지)

위에서 언급한 부동산 투자유망 지역 세 군데에서 실제 개별 물건을 고를 때에는 4가지의 요소가 있다. 첫 번째로 'S'로 정했는데 이는 '지하철 역세권 (Subway Station)'이다. 투자가치 높은 지역을 언급할 때 교통 호재지역을 강조했는데 구체적으로 지하철 역세권의 의미는 지하철 역까지 약 600m 이내의 지역을 의미하고 성인남자 걸음으로 5분, 성인여자 걸음으로 10분 이내의 입지를 의미한다 물론 1km 이내라 하더라도 동선이나 주변 환경이 지루하지 않아 큰 문제가 되지 않는다 하더라도 나름대로 기준을 정해서 투자판단에 적용하는 것이 좋겠다. 'V'는 '조망권(View)'을 의미한다. 주변에 공원이나 강가, 개천가를 선호하는 것과 연결해서 이왕이면 그러한 자연환경이 조망권으로 보이면 최고의 투자가치이고 할 수 있다. 대급매 때 가서이 많이 오는 아파트의 조망권으로 가장 많은 조망권은 바로 'RV(River View)'로 강 조망권이고 다음으로 'PV(Park View)'로 공원 조망권, 그다음으로 'MV(Mountain View)'로 산 조망권이고, 마지막으로 'LV(Lake View)'로 호수 조망권이다. 투자유망 지역과 맞물려서 특정한 입지의 부동산에 대해서 다양한 관점에서 적용되기 때문에 강가나 개천가 및 인근에 공원이 있는 아파트에 대한 투자가치가 높다는 것을 종합적으로 알 수 있다. 최근에 관심을 받고 선호하는 조망권으로는 'GV(Green View)'로 골프장 조망권, 'OV(Ocean View)'로 바다 조망권, 'NV(Night View)'로 밤 조망권까지 있다. 특히 바다 조망권은 영구 조망권이라고 해서 특히 최근에 각광을 받고 있고 밤 조망권은 밤의 아파트나 주거환경에 대한 분위기나 다양한 인근 편의시설 등에 대한 활용가치를 종합적으로 본 것이다.

부동산 투자가치 높은 개별 물건의 조건 세 번째는 'B'로 '브랜드(Brand)'를 의미한다. 이왕이면 누구나 아는 브랜드의 아파트를 선호하는 것이고 해당 지역에서 랜드마크 아파트를 투자하면 그만큼 수요도 많다고 보면 된다. 따라서 어느 지역이건 해당 지역에서 인터넷 검색 수나 노출 빈도 등을 따져 보고 투자를 판단하는 것도 최근에 떠오르는 투자판단 요소라고 보면 된다. 2021년 6월 22일 한겨레 신문의 기사를 보면 '올해 1분기 아파트 브랜드 평판 1위는 e편한 세상'이라는 기사가 있다. 기사이 내용을 잠깐 살펴보면 2021년 1분기 아파트 브랜드 평판 조사에서 디엘(DL)이앤씨(옛 대림산업)의 'e편한세상'이 고객 선호도 1위를 차지한 것으로 나타났다고 한다. 비즈빅데이터연구소(소장 이원호)는 1분기 빅데이터 분석을 통해 20개 아파트 브랜드 선호도를 조사한 결과, 디엘이앤씨의 'e편한세상'이 '고객이 선호하는 스마트 아파트' 지수 1만 2,739를 받아 1위에 올랐다고 22일 밝혔다. e편한세상의 분야별 지수는 퍼블리싱 3629, 상호작용 1604, 공감 4105, 거래 3399 등이다. 2위에 오른 대우건설의 '푸르지오'는 퍼블리싱 지수 2240, 상호작용 지수 934, 공감 지수 2421, 거래 지수 4122로 집계되면서 통합지수 9716을 기록했다. 3위를 차지한 현대산업개발의 '아이파크' 브랜드는 퍼블리싱 지수 1849, 상호작용 지수 1879, 공감 지수 2616, 거래 지수 2013으로 집계되면서 통합지수 8357을 기록했다. 다음으로 삼성물산 건설부문의 '래미안'이 4위(8310)에 올랐고 현대건설 '힐스테이트'는 5위(9087)를 기록했다. (중략) 이원호 비즈빅데이터연구소 소장은 "소셜미디어에 나타나는 콘텐츠는 뉴스와 달리 고객들에 의해 생산된 콘텐츠"라면서 "고객들의 인식을 반영한 이 콘텐츠를 데이터로 산출한 지수이므로 브랜드 평판을 판단하기에 적절하다"고 설명했다. 이처럼 아파트의 브랜드는 중요한 무형 자산으로서 향후 부동산 자산관리에 있어서 투자조건으로 하나의 핵심가치가 될 것으로 판단된다.

아파트 개별 물건 투자가치 조건 마지막으로 'E'가 있는데 바로 '교육'이다. 교육환경은 크게 3가지 관점에서 볼 수 있는데 첫 번째가 학군이고 두 번째가 학원, 그리고 세 번째가 요즘 가장 관심을 갖고 매수의 조건으로 보는 것이 '학품아'라고 해서 학교를 품은 아파트를 의미한다. 즉, 아파트 단지 내에 초등학교나 중학교가 있는 아파트들이 대체로 가격상승폭이 높았다고 볼 수 있다.

지금까지 부동산 자산관리와 투자에 있어서 고려해야 할 지역에 대한 조건과 개별 물건에 대한 조건을 살펴봤다. 누구나 아는 것이라고 할 수 있지만 실제 출퇴근 거리나 가격에 맞추고 본가나 친정 근처 등 다양한 이유로 덜컥 부동산을 매수하는 경우를 많이 봤기 때문에 조금은 신중한 고민과 투자판단을 권하고 싶다.

아울러 부동산 자산관리와 투자는 최소한 1년 이상 전부터 플랜을 짜야 한다. 전세나 월세 만기가 도래되어 급하게 한두 달 사이에 물건을 찾아야 한다면 너무나 급한 마음에 객관적인 시각이 어려울 수 있다. 필자의 지금까지의 경험은 부동산은 조금이라도 고개가 갸우뚱하다면 차라리 투자하지 않는 것이 낫다고 보여지고 투자를 하고 후회하는 것이 하지 않고 후회하는 것보다 훨씬 치명적이라는 점을 잊지 말자.

(9) 수익형 부동산의 이해와 종류 및 투자전략

평균수명이 늘어나고 은퇴이후의 노후생활이라는 기간도 늘어나면서 점점 임대수익을 통한 노후생활비 마련용 수익형 부동산에 관심이 늘어나고 있다. 많은 사람들이 수익형 부동산에 대해서 고민을 하고 관심도 많이 갖지만 실제 어떻게 접근하고 무엇을 확인해야 하는지 두려움이 앞서고 고민인 경우를 많이 봐왔다. 하지만 오히려 간단하게 생각하면 딱 몇 가지만 확인하면 오히려 투자하기가 쉬운 것이 수익형 부동산이다. 그러기 위해서 명확한 기본 마인드가 잡혀 있어야 한다. 우선 거주와 투자의 분리이고 수익형 부동산은 명확하게 월 임대료 수익이 목적이지 가격상승에 대한 목적이 아니라는 점이다. 따라서 10년 이후의 가치도 좋지만 당장 꾸준하게 공실없이 월 임대료가 나올 수 있는 임대수익의 고정 안정화에 더 신경을 써야 하겠다. 물론 수익형 부동산에 투자해서 가격이 크게 오르는 것도 나쁘지 않지만 자칫 주객이 전도된다고 뭐가 우선인지 우왕좌왕할 수 있기 때문이다. 같은 18평형의 아파트와 오피스텔이 있다면 무엇이 더 비쌀까? 당연히 아파트가 훨씬 비싸지만 월 임대료도 매매가격에 비례해서 비싸지는 않기 때문이다.

가끔 가격이 오르지 않는다고 10년 이상 한 번도 공실 없이 월 임대료가 또박또박 나오는 부동산을 매도할까 고민하시는 분들을 봤는데 전체 자산관리의 재조정을 위해서 충분히 고려할 만한 사항이지만 10년 이상 고정으로 나오던 월 임대료 수익을 포기해야 하는 부분을 신중하게 검토해야 한다. 시중금리가 저금리로 장기화되면서 지금 그 임대료를 은행에 정기예금에 넣어 두고 이자로 받는다면 과연 얼마나 넣어 둬야 하는지 계산해 보면 현재의 월 임대료의 소중함을 느끼게 될 것이다.

수익형 부동산은 종류도 많다. 그냥 월 임대료만 나오면 모든 부동산 물건을 수익형으로 활용할 수 있다. 그래도 굳이 구분을 하자면 주거용, 상업·업무용, 기타 등으로 나눌 수 있다. 주거용 수익 부동산은 일반 부동산의 전체적인 의미로 앞에서 다루었던 주택의 종류 전체인 아파트, 다세대주택, 오피스텔, 다가구, 다세대, 연립, 다중주택 등 주거용 공간을 임대해 수익을 얻는 부동산을 말한다. 대형 평형보다는 소형 평형의 물건이 환금성 및 세입자를 구할 수 있는 여지가 높다.

두 번째 종류로는 상업, 업무용 수익 부동산은 상가 이외에 업무용 오피스텔, 아파트형 공장, 오피스 빌딩 등이 있다. 주거용보다는 아무래도 공실 리스크가 크기 때문에 입지가 훨씬 중요하고 세입자의 범위가 좁다는 점은 단점으로 다가온다. 기타로는 숙박형으로 펜션, 여관, 모텔, 호텔, 게스트하우스 등이 있고 토지 등도 임대수익이 가능하다. 수익형 부동산의 선택의 핵심은 바로 '낮은 공실률' 이다. 아예 공실위험이 없는 수익형 부동산이 어떻게 보면 최고의 수익형 부동산이 아닐까 싶다. 월 임대료가 높더라도 1년 중에 몇 개월이라도 공실이 된다면 임대수익률은 크게 하락할 것이다. 즉, 공실기간이 길어진다면 임대수익이 아무리 높아도 의미가 없다는 것이다. 오히려 공실기간의 관리비까지 부담하게 돼 손해가 발생할 수 있다. 또한 수익형 부동산은 매수자가 생각하지 못한 다양한 비용이 발생하는데 수선비, 세금, 관리비 등이 그것이다. 어떠한 부동산도 시간이 지나면서 낡기 마련인데, 수리비용은 임대한 사람이 부담해야 하기 때문이다.

민법 제623조에 따르면 임대인은 임차인이 임대차 기간 중 그 주택을 사용·수익하는데 필요한 상태를 유지해야 할 의무가 있다고 명시되어 있다. 그러한 유지관리 비용은 주거용보다는 업무용이나 상업용 수익형 부동산이 훨씬 많이 나오기 때문에 임대수익률 하락의 주범이 되고 있다. 상업용 부동산의 경우 월세에 부가가치세가 더해진 경우도 많다. 보통 임대차 계약 시 월세는 부가세를 별도로 기입해야 하지만, 따로 언급이 없으면 임대인이 부담해야 한다. 이러한 공실에 대한 위험을 회피하기 위한 지역 3가지가 있는데 바로 '3초'지역이라고 불리는 지역이다.

　'초 대학가', '초 오피스가', '초 역세권'이 바로 3초 지역인데 전통적으로 수익형 부동산의 가장 유망 지역으로 대학가를 꼽고 있고 그만큼 유동인구도 많고 상권도 이미 형성되어 있는 곳이 대부분이기 때문에 다양한 형태의 수익형 부동산 투자가 용이하다. 두 번째가 초 오피스가인데 아무래도 사무실이 많아 기업체들이 주변이 많다면 주거용, 상업용 등 모든 수익형 부동산 유형에 상관없이 공실위험은 줄어들게 된다. 세 번째로 지하철 역세권으로 아무래도 유동인구의 핵심 거점은 지하철 역이라는 점과 출퇴근의 용이성으로 직장인 세입자를 구하기 쉽기 때문이다. 상가 등 상권의 형성도 자연스레 따라오게 되어 있다. 아래에 수익형 부동산에 대한 임대수익률을 계산하는 공식이 있는데 다양한 비용을 고려해서 비용 공제 전 임대수익률로 4.5% 이상을 목표로 삼는 것이 좋겠고 대출을 일부 활용하면 저금리의 혜택으로 임대수익률은 좀 더 올라갈 수 있다. 아울러 임대수익률 보다 더 중요한 체크포인트가 공실이 없는 지역과 가격 하락이 없는 물건으로 고르자는 점을 잊지 말도록 하자.

▼ 수익형 부동산 임대수익률 계산식 및 체크사항

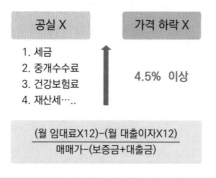

(10) 부동산 간접투자 상품의 이해

'부동산 불패'라는 말이 있듯이 부동산 투자는 전통적으로 반드시 가지고 가야 하는 자산관리의 핵심이고 오랫동안 버티기만 한다면 절대 손해보지 않는 자산이라는 인식이 팽배해 있다. 하지만 실제 그럴까? 과거부터 지금까지 우리는 여러 가지 폭락 사태를 겪었었다. 1998년 국제통화기금(IMF) 외환위기, 2008년 글로벌 금융위기 때 상당한 침체기를 겪었는데 한국감정원(현 한국부동산원)에 따르면 1998년 1년간 전국 집값은 -12.4%, 서울은 -13.2% 급락했다. 지난 1986년 관련 통계를 작성한 이후 가장 크게 하락한 수준이었고 2008년 10월 발생한 글로벌 금융위기도 국내 주택시장을 위기에 몰아넣었는데 부동산114에 따르면 지난 2008년 10월 전국 아파트 매매 값은 -1.06%, 서울은 -1.50%로 급락했고 그해 1~6월 전국 매매 값은 최저 0.16~최고 0.38%, 서울은 최저 0.15~최고 0.57%로 오르던 해였다. 당시 2005년부터 2008년 9월까지 약 4년간 오르던 주요 아파트값들도 20% 이상 급락했다. 통계가 실거래가보다 보수적으로 책정된다는 점을 고려할 때 실제 더 하락했을 것으로 예상된다.

이처럼 부동산 시장의 다양한 가격 등락의 경험을 했기 때문에 투자의 목적으로 한 집안의 큰살림이 움직이는 부동산을 투자하는 것보다는 소액으로 간접투자를 통해서 수익을 내겠다는 투자자들도 많이 나오고 있다. 크게 부동산은 직접투자와 간접투자로 구분하는데 직접투자는 투자자가 부동산을 직접 소유하는 것을 의미한다. 본인명의로 소유하다 보니 각종 세금과 다양한 유지관리 비용을

▼ 부동산 간접투자의 개념

(이미지: 이지스자산운용 홈페이지)

부담해야 하는 위험이 있고 더불어 부동산 가치하락으로 인한 매매가 하락에 대한 위험도 모두 혼자 부담해야 하는 위험이 있다.

하지만 간접투자는 펀드나 리츠의 형태로 투자가 이루어지고 있고 투자자가 투자금을 운용사에 맡기거나 신탁회사에 본인 자산을 위탁해서 상기 위험을 회피하거나 부담을 줄이는 방법이기 때문에 최근에 많은 관심을 받고 있고 수천억 원 대의 부동산을 소액으로 들어갈 수 있다는 점도 하나의 장점으로 부각되고 있다. 즉 직접투자는 투자자가 부동산을 관리와 운용하면서 임대수익과 매각수익을 모두 가져가지만 간접투자는 운용사나 신탁회사가 운용하면서 얻는 수익을 투자자에게 투자금액별로 배당이나 배분하는 방식이다. 직접투자는 다양한 직접 관리비용과 임차인 모집, 수리, 인테리어, 세금 등의 부담이 있지만 간접투자는 수수료가 발생하지만 개인보다 훨씬 전문가들이 운용하기 때문에 안정성은 더 크다고 볼 수 있다.

▼ 부동산 직·간접투자

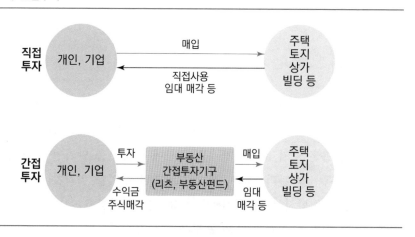

▼ 100억대 건물을 보유한 건물주의 고민

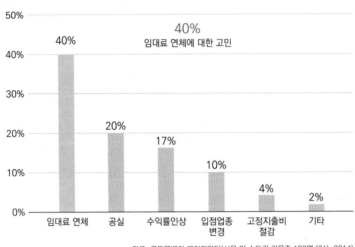

자료: 콜드웰뱅커 케이리얼티(서울 및 수도권 건물주 120명 대상, 2014)

그렇다면 부동산 간접투자의 종류에는 무엇이 있을까?

부동산 신탁

부동산 간접투자의 첫 번째는 '부동산 신탁'이 있다. 부동산 신탁은 직접 토지를 매입해 개발 후 매각하는 일반적인 부동산 개발사업의 개발 유형과 달리, 부동산 신탁업은 토지 소유자가 신탁회사에 부동산을 맡기면 신탁회사는 계약 내용대로 부동산을 관리, 처분, 개발해 창출된 수익을 위탁자(수익자)에 돌려주는 개념이다. 신탁사는 토지주에게 소유권을 이전받고 개발계획과 비용조달, 건설, 임대 혹은 분양까지 모든 프로세스를 총괄하는데 개발신탁은 토지 소유자 측면에서는 별다른 비용이 들지 않고 토지만 제공한 뒤 개발해 리스크가 거의 없고 소유권도 신탁사에 넘기기 때문에 건설과정에서 발생하는 모든 민형사적 책임에서 자유롭다는 장점이 있다. 근본적으로 고수익보다는 중수익 중위험을 추구하는 방식이 바로 부동산 신탁이다. 부동산 신탁의 종류에는 부동산을 신탁회사에 신탁한 후 신탁회사가 발행한 수익권증서를 담보로 하여 위탁자가 금융기관으로부터 자금을 차입하는 담보신탁, 부동산의 소유권관리, 건물수선 및 유지, 임대차관리 등의 제반 부동산의 관리업무를 신탁회사가 수행하는 관리신탁, 처분방법이나 절차가 까다로운 부동산에 대한 처분업무 및 처분완료시까지의 관리업무를 신탁회사가 수행하는 처분신탁, 신탁재산인 토지 등의 부동산에 신탁회사가 자금을 투입하여 개발사업을 시행한 후 이를 분양 하거나 임대 운용하여 그 수익을 수익자에게 교부하는 개발신탁(토지신탁), 상가 등의 건축물 분양의 투명성과 안정성을 확보하기 위해 신탁회사에게 사업부지 의 신탁과 분양에 따르는 자금관리업무를 대리하게 하는 신탁상품인 분양관리 신탁 등의 종류가 있다.

▼ 부동산 신탁의 구조

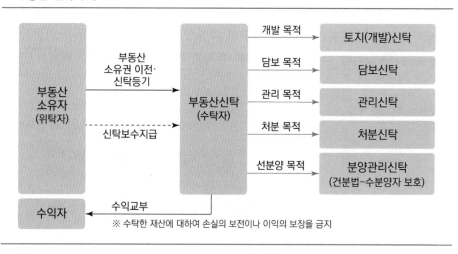

부동산 펀드

부동산 펀드는 다수 투자자들로부터 자금을 모아서 공동기금을 조성하여 전문적인 투자, 운용 기관에 위탁하여 부동산 및 부동산과 관련한 대출 및 유가증권 등에 투자하고 그 운용성과에 따라 수익을 분배하는 투자신탁, 투자회사 또는 간접투자 상품을 의미한다. 부동산 펀드는 투자형태 측면에서는 자본(equity)투자와 대출(debt)투자로, 그리고 시장형태 측면에서는 유동화된 형태인 공개시장(public market)과 유동화가 불가능하거나 제한적인 사모시장(private market)으로 분류한다.

부동산 펀드의 종류에는 법적 운용방식(공모/사모)과 투자 방식(직접/재 간접)에 따라 펀드 종류를 구분할 수 있다. 펀드는 일반 투자자 대상으로 공모펀드와 적격 투자자 대상의 사모펀드로 나뉘며, 부동산 펀드는 여러 가지 투자의 제약 사항이 존재하여 전문투자자 중심의 사모펀드 투자가 주류를 이루고 있다. 부동산 펀드는 장기간의 투자 기간과 대규모 자금을 필요로 하므로, 투자 위험을 이해하고, 이를 감수할 능력이 있는 적격 투자자 중심으로 투자가 진행되고 있다.

▼ 부동산 펀드의 구조

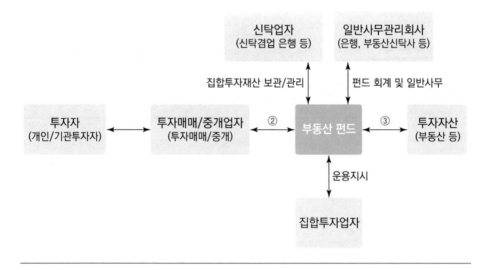

리츠(REITs, Real Estate Investment Trust)

리츠(REITs)는 부동산 투자신탁이라고도 하는데 부동산 펀드와 마찬가지로 다수의 투자자에게 자금을 모아 부동산, 부동산 관련 대출, 유가증권에 투자해 발생하는 수익을 투자자에게 배당하는 투자 상품이라고 할 수 있다 주식회사 또는 투자신탁으로 부동산 뮤추얼펀드라고도 불리기도 한다. 리츠는 투자 유형에 따라 자기관리 리츠, 위탁관리 리츠, 기업구조조정 리츠로 분류하는데 자기관리 리츠는 일반 투자자들로부터 공모 자금을 모아 부동산에 직접투자한 뒤 그 수익을 배부하는 것이고 위탁관리 리츠는 실체가 없는 서류상 회사(페이퍼 컴퍼니)로서 자산 운용을 외부 자산관리회사(AMC)에 위탁해서 운용된다. 기업구조조정 리츠는 구조조정 대상 기업의 부동산에 투자해 이익을 얻는 구조로 이 중 위탁관리 리츠가 전체의 70% 정도로 가장 많은 비중을 차지하고 있다.

리츠의 기본적인 특징은 투자 지분을 소액 단위로 표준화, 증권화한 상품이고 기업 공개(IPO)를 통하여 부동산 지분의 환금성을 확보했으며 투자 수익의 원천은 자산 운용을 통해 발생하는 현금흐름에 의존하고 있다. REITs의 투자자는 기본적으로 투자 수익을 보유 자산의 운용을 통해 발생하는 정기적인 현금흐름에 의존하는데 수익의 배당 기준은 FFO(Funds From Operation)[8]를 기준으로 하는 만큼 감가상각이 감안된 회계적 수익보다 현금흐름이 중요하다. 아울러 리츠는 전문회사를 통하여 자산운영의 효율성, 투명성을 확보했고 성장보다는 배당의 안정성을 중시하기 때문에 발생 수익을 투자자에게 모두 배당해서 내부 유보를 통한 성장에는 제약이 있다. 또한 펀드 규모의 확대는 주로 유상증자를 통해 이루어지기 때문에 지속적인 성장을 위해서는 투자자의 재투자가 필요하기도 하다.

---

8) FFO(Fund From Operation)는 당기순이익에 감가상각비를 더하고 자산 매각 수익을 차감해 리츠의 배당 가능한 이익을 나타낸다.

▼ 리츠 투자 시 확인해야 할 요소

운영 역량/투자성향/시장상황 및 섹터 특성/부가서비스 등+그 외 정성적인 요인들

REITs의 특성	임대계약 및 임차인 특성	기초자산(부동산) 특성
배당은 얼마나 나오나요?	계약기간은 어떻게 되죠?	임대료는 얼마나 나오나요?
배당 가능한 금액이 얼마죠?	임대료는 상승하나요?	유지관리비는?
주가가 높은지 낮은지 어떻게 알죠?	임대료를 꾸준히 낼 만한 임차인인가요?	투자수익률이 얼마인가요?
자산가치는 어떻게 아나요?	자산가치는 어떻게 확인하나요?	기초자산의 위치는?
레버리지를 활용한다던데		토지 가치? 건물 가치?
		CBD? YBD? GBD?

▼ 리츠 기초자산에 대해 체크해야 할 3가지 분야

1 거시적 입지	2 미시적 입지	3 건축물 및 토지 특성
• 도시의 성장세 • 인구 증가율(유입인구, 자연증가) • 공급계획, 도시계획 • 국가 내 경쟁 도시 존재 여부 • 도시 내 비슷한 등급의 자산의 캡레이트 (cap rate) • 해당 지역 핵심 산업의 성장 여부	• 도시 내 해당 입지의 특징 (업무중심지구, 상업지구 등) • 대중교통 근접성(도심) • 간선도로 및 고속도로 접근성 (물류 및 비도심) • 관광지 접근성 (호텔)	• 건축연한 • 건축물 특성 • 잔여 용적률 • 용도 제한 여부
국가/지역/도시 단위의 입지	Street, 동, 필지 단위의 입지	상부 건축물 및 개별 필지의 특성

(이상 자료: 대신증권 리서치센터)

리츠와 기존 부동산 펀드와의 차이점은 투자대상이 다른데 부동산 펀드는 부동산 외에도 부동산 PF(프로젝트 파이낸싱) 대출과 같은 금융상품에 투자할 수 있지만 리츠는 빌딩과 토지, 건물과 같은 실물 부동산에 대부분을 투자해야 한다. 부동산 펀드는 간접투자자산운용법에 근거를 둔 일종의 수익증권이고, 리츠는 부동산투자회사법의 규제를 받는 상품이기 때문이다. 환금성은 리츠가 좀 더 높다고 할 수 있다. 부동산 펀드가 수익증권을 발행한다면, 리츠는 부동산투자회사법에 따라 주식을 발행하기 때문이다. 리츠는 주식시장에 상장돼 거래될 수 있지만 부동산 펀드는 환매금지 신탁 방식을 적용해 투자 대상인 부동산이 완공 또는 분양, 매각이 끝나지 않으면 환금성에 제약을 받는다. 또 리츠는 상장이 사실상 필수적 요건으로 상장하지 않으면 세제, 제도적 지원을 받을 수 없기 때문이다. 관련 규제도 달라서 부동산 펀드는 자본시장법을 적용 받아 금융위원회가 주무 관청이지만 리츠는 부동산투자회사법을 근거 법률로 국토교통부가 통제하고 있다. 설립에 필요한 자본금 규정은 리츠가 최소 50억~70억 원, 부동산 펀드는 신탁형의 경우 특별한 제약이 없다.

▌리츠와 부동산 펀드 비교

	리츠			부동산 펀드	
	자기관리	위탁관리	기업구조조정	회사형	신탁형
근거법률	부동산투자회사법			자본시장법	
최저자본금	70억 원	50억 원		10억 원	해당 없음
자산관리	직접관리	외부위탁(자산관리회사)		외부위탁(집합투자업자)	
투자대상	총자산의 70% 이상 부동산, 총자산의 80% 이상 부동산 및 부동산 관련 유가증권 또는 현금		총자산의 70% 이상 기업구조조정 대상, 이하 좌동	부동산 (총자산의 50% 이상 70% 미만)	부동산(운용비율 제한없음)
개발사업	총자산의 30% 이하 (개발전문리치의 경우 100% 가능)			제한 없음	
상장	요건 충족 시		의무사항 아님	해당 없음	
주식공모	주식총수의 30% 이상		의무사항 아님	해당 없음	

(자료: 뉴스핌 2018년 9월호)

🖉 신문기사 탐구생활

"강남 빌딩 1,000만 원어치 살게요" 주식처럼 부동산 투자

초저금리가 이어지면서 부동산 간접투자 수요가 커지고 있다. 관련 투자상품과 투자방식도 진화하고 있다. 부동산 간접투자는 투자자가 부동산을 자산으로 삼은 펀드(REF)·리츠(REITs) 등에 투자하면, 자산운용 업체가 부동산 개발·매매·임대·대출로 거둔 수익을 나눠주는 대체상품이다. 부동산 간접투자는 초보 투자자도 커피 한 잔 값인 5,000원 정도로 부동산에 우회적으로 투자할 수 있는 방법이다.

부동산 간접투자의 지난해 연 평균 실질 수익률은 부동산 펀드 2~3%, 리츠 4% 등으로 요즘 은행 예금이자나 부동산 직접투자보다 2~3배 높은 수준이다. 최근 부동산 값도 상승세여서 부동산 간접투자의 자산 규모도 커지는 추세다.

부동산 간접투자는 유형별 특성을 전략적으로 활용해야 유리하다. 부동산 펀드는 금융 업체가 투자자 자금으로 부동산을 매입해 임대수익을, 만기 땐 부동산을 처분해 시세차익을 나눠 준다. 투자 대상은 수익형 부동산, 경·공매 물건, 부동산개발 기업 대출, 부동산 개발·분양 등 다양하다. 국내외 부동산 펀드 설정액은 지난해 100조 원을 넘었다.

리츠는 부동산 투자기업에 투자하는 신탁상품이다. 주식을 발행하는 주식형(회사형)과 수익증권을 발행하는 신탁형으로 나뉜다. 해당 기업은 관련 법에 따라 총자산의 70% 이상을 부동산 자산에 투자하며, 순수익의 7%를 부동산 임대료, 모기지론 이자, 매매 차익 등에서 확보하고, 배당가능이익의 90% 이상을 투자자에게 배당해 투자자 몫이 높은 편이다. 국내 리츠 자산 규모는 올해 8월 56조 원을 넘었다. 부동산 펀드와 리츠는 전문가가 상품을 선정·운용해, 임대·시세·개발 이익을 나눠준다. 또 공실 발생이나 시세 하락 등 부동산 경기에 따라 수익률이 달라진다. 부동산 펀드는 투자 기간이 최소 3~5년이어서 투자금이 장기간 묶이고, 중도에 환매할 수 없어 환금성이 낮다. 상장 공모형 리츠는 증권시장에서 상장·거래해 중도 환매가 자유롭다. 하지만 상장된 리츠 상품은 많지 않다.

▼ 부동산 간접투자 상품 비교

	수익	중도 환매
펀드	배당수익+매각차익	✕ (폐쇄형이어서 펀드 청산까지 3~7년 불가)

특징
- 대출형·임대형·해외투자형·프로젝트개발형 등 유형 다양
- 시장 예측 어렵고, 금리 상승과 경기에 민감

	수익	중도 환매
리츠	배당수익+시세차익+ 매각차익+개발이익	(주식형은 수시로 가능, 신탁형은 불가)

특징
- 리츠 회사는 총자산의 70% 이상을 부동산 관련 자산에 투자
- 심사 절차 복잡하고 소요기간 길며 경기에 민감

(이하 생략..)

(중앙선데이 2020년 11월 21일 자 기사 발췌)

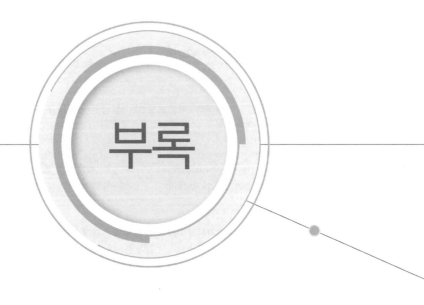

부록

유형별
생애주기 은퇴설계

자산관리의/ 이론과/ 실무
ASSET MANAGEMENT

부록

유형별
생애주기 은퇴설계

///

(1) 사회초년생

"여러분의 최고의 재테크가 뭐라고 생각하십니까?"

"주식이요?" "가상화폐요~~"

"뭐니뭐니 해도 부동산이지요. 그런데 당장 목돈이 없네요."

최근에 모 대기업의 신입사원 연수에 '신입사원의 월급관리' 강의를 하면서 필자의 질문에 몇 명의 신입사원이 답변한 내용이다.

최근에 투자 수익률의 로망으로 여겨지고 있는 가상화폐나 2~3배의 수익률 도 가능하다고 생각되는 주식투자, 그리고 언론에서 가장 기사화가 많이 되고 한 국사람 모두의 꿈이면서 한편으로는 투자의 속앓이 대상인 부동산에 대한 신입 사원들의 인식은 온통 긍정, 이것밖에는 없는 최후의 보루 같은 느낌을 받았다.

하지만 실제 과연 대부분의 사람들이 주식이나 가상화폐, 부동산을 투자해서 수익을 내고 자산을 불렸을까? 수십 년째 자산관리나 투자 상담을 해오고 있는 필자가 보기에는 절대 그렇지 않다. 오히려 잘못 투자해서 그동안 모아 놓은 재 산을 날리거나 막대한 손해를 입고 울며 겨자 먹기로 해지하고 환매하는 모습을 많이 봤기 때문이다.

최고 재테크는 '현업에 충실하기'

이런 이유로 필자는 직장인들에게 가장 강조하는 최고의 재테크는 '현업에 충실하기' 즉 현재 하고 있는 일을 더 열심히 하고 쉽게 퇴사나 이직을 하지 말고 한 회사에서 꾸준하게 성장하라고 얘기한다.

많은 신입사원 및 직장인들은 '파랑새 증후군(bluebird syndrome)'을 가지고 있기 때문이다. 여기서 파랑새는 벨기에 극작가 모리스 마테를링크(Maurice Maeterlinck)가 쓴 아동 희곡 작품의 이름으로 노벨문학상 수상(1911년)까지 한 유명한 작품에서 유래된다.

크리스마스 전날 밤, 주인공인 어린 남매는 꿈속에서 병든 아이를 행복하게 해주기 위해 파랑새를 찾아 달라는 요정의 부탁을 듣고 여러 영혼과 함께 파랑새를 찾아 떠나는 모험을 시작하는데 파랑새를 찾을 수 없었던 남매는 돌아와서 잠이 들었고, 아침에 깨어났을 때 집에서 기르고 있던 새가 바로 행복의 파랑새라는 사실을 알게 된다는 내용으로 진정한 행복은 멀리 있지 않고 내 주변에 있다는 교훈을 우리에게 주고 있다.

보통 신입사원들은 지금 입사한 직장보다 더 좋은 직장이 있다고 믿고 끊임없이 이직을 희망하는 마음을 갖고 있고 항상 새로운 직장을 탐색하다 보니 현재의 직장에 만족을 못하고 조금이라도 서운하거나 힘들면 바로 이직을 고민한다고 해서 붙여진 이름이 바로 '파랑새 증후군'이다.

따라서 이 파랑새 작품의 결론처럼 진정한 행복은 내 주변에 있다고 생각하고 현재의 직장에 최대한 만족을 찾고 보람을 느끼며 열심히 해서 회사와 함께 성장하는 마음가짐이 중요하고 정년퇴직까지 가겠다는 진중함이 필요하겠다.

두 번째 재테크는 '계획적인 월급관리'

직장인 특히, 신입사원 월급관리와 은퇴준비의 두 번째로는 계획적인 월급관리가 필요하겠다.

즉, 현재의 평균 급여 수준과 생활비 수준을 감안해서 매월 잉여자금이 얼마인지 파악하고 그 자금을 향후 결혼자금, 내 집 마련, 자녀 출생과 육아자금, 노후준비자금, 기타 예비자금 등을 별도의 통장을 만들어서 개별적으로 운용하는 것이 좋다. 하나 내지는 두 개의 통장에 저축하다 보면 목적의 구분 없이 한꺼번에 인출해서 지출하는 경우가 있기 때문이다.

그러한 목적 자금의 운용에 있어서 반드시 활용해야 할 상품군은 절세, 종자돈마련(투자), 내 집 마련, 미리 준비하는 은퇴설계자금으로 구분할 수 있다.

청년우대형 주택청약종합저축, 절세효과 커

시급리가 장기화되면서 2%도 안 되는 이자율에 15.4%의 이자소득세를 내면 정말 손에 쥐는 돈이 작아 실망하기 마련이다. 따라서 이왕이면 세금을 아끼면서 월급을 관리하는 것이 좋다. 여기서 절세의 목적으로 필자가 가장 강조하고 싶은 상품은 장기저축성보험과 주택청약종합저축(내 집 마련 기능 포함) 등이 있다.

특히 '청년우대형 주택청약 종합 저축'은 저소득, 무주택 청년의 주거복지 및 재산형성을 지원하기 위해 2018년 7월 31일부터 판매하고 있는데 총 급여 3,000만 원 이하 근로소득자 또는 종합소득금액 2,000만 원 이하 사업소득자로서 무주택세대주인 청년을 대상으로 기존 주택청약종합저축의 주택청약 기능과 소득공제 혜택을 유지하고 우대금리(10년간 1.5%p 추가)가 적용되면서 이자소득금액 500만 원(원금은 연 600만 원)까지, 2019년 1월 1일 이후 지급하는 소득분부터 소득세가 각각 비과세(2019년 1월 1일 전에 가입한 경우 소급적용)된다. 기존 가입한 주택청약종합저축의 경우에도 가입자격이 되면 청년우대형으로 전환이 가능하다. 국토교통부는 최근에 일부개정고시안을 행정 예고했는데 고시 개정안은 2021년 6월 제2차 주거정책심의위원회에서 마련된 '2021년 주거종합계획안'의 일환이다. 청년 우대형 청약 통장은 당초 2021년 말까지 운용 예정이었으나 무주택 청년의 주거비 부담 경감을 위해 가입기간을 연장해야 한다는 필요성이 대두되었고 가입대상의 소득기준도 현행 연 3,000만 원 이하에서 연 3,600만 원 이하로 완화하기로 했다. 지난 2018년 7월 제도 도입 이후 3년간 변화한 소득 수준 등을 반영해 가입기준을 현실화하기 위해서다. 이에 따라 2022년부터는 이자소득과 배당소득, 연금소득을 제외한 종합소득이 3,600만 원 이하인 무주택 청년까지 가입할 수 있게 되어 대상자가 큰 폭으로 확대될 전망이다.

종자돈 마련엔 유용한 주식시장 상품들

종자돈 마련 목적으로는 펀드(국내, 해외, 원자재)상품과 ELS(주가지수연계형 증권)나 DLS(파생결합증권)과 ETF(상장지수 펀드) 등이 있다.

이 중에서 ELS는 기초자산이 특정한 주식이나 국내외 주가지수이고 이 기초자산의 상승과 하락에 따라 결산일까지 정해진 조건대로 움직이면 일정한 수익을 받는 상품이고 DLS는 기초자산이 주식이 아닌 원자재, 환율, 통화, 금리 등인 상품인데 최근에 모 은행에서 독일금리의 움직임에 투자되는 DLF(파생결합펀드) 상품을 무리하게 판매해서 -100%라는 사상 초유의 손실률을 기록해서 이슈가 될 정도로 수익과 위험이 같이 존재하는 상품이라는 점을 명심하고 소액으로 분산투자 차원에서 충분히 상품의 내용을 숙지하고 가입하는 것이 바람직하겠다.

ETF(상장지수 펀드)는 펀드를 주식시장에 상장시켰다고 보면 되는데 주식처럼 자유롭게 사고 팔 수 있는 펀드로 기존 펀드보다 훨씬 저렴한 비용 및 소액으로 다양한 투자종목을 분산 투자할 수 있다는 장점이 있어서 신입사원들에게 권유하고 싶다. ETF를 매도할 때는 일반 주식을 매도할 때 부과되는 거래세(0.3%)가 면제되어 거래비용이 낮아지고 일반 KOSPI 200을 추종하거나 금, 원유, 콩 등의 농산물이나 달러나 해외 지수 등 다양한 투자가 가능하기 때문이다. 최초로 설정한 회사에 따라서 KODEX, KOSEF, KINDEX, TIGER 등의 이름이 바로 ETF의 이름이고 이름 다음에 어떤 종목이나 업종, 원자재의 이름이 붙어서 무엇을 담았는지 알 수 있다.

연금보험과 저축은 은퇴설계의 필수

직장인들도 이제는 미리미리 은퇴설계를 통해서 노후준비를 해야 하는 시대가 도래되었다. 점점 고용의 안정성이 떨어지면서 평생직장의 개념이 사라졌고 물가인상 등 노후생활비 마련에 대한 공적연금 등의 기능이 약하기 때문이다. 특히 은퇴 전에도 다양한 세금 혜택이 있기 때문에 경제나 금융시장의 동향과 무관하게 장기상품인 연금저축과 보험의 가입은 필수라고 할 수 있다.

개인연금은 크게 세제적격과 세제비적격 상품으로 구분하는데 세제적격은 소득공제와 세액공제 혜택이 있는 상품이다. 연말정산과 소득을 신고할 때 환급받을 수 있고, 향후 연금 수령 시 5.5% 이하의 저율과세 적용을 받는다. 대표적으로 신탁, 펀드, 보험, 퇴직연금(개인형 IRP) 등 4가지를 활용할 수 있다.

연금계좌의 경우 납입액에 대해 12%를 종합소득에서 세액공제를 해준다. 연간 한도는 400만 원인데 퇴직연금계좌(IRP)에도 납입할 경우 300만 원이 추가된다. 즉 연간 개인연금에 400만 원, IRP에 300만 원을 납입할 경우 한도를 모두 채우는 것이다. 여기서 총급여액이 5,500만 원 이하인 저소득자의 경우 공제율은 15%로 올라선다. 또 지난 2019년 세법이 개정돼 3년간 한시적으로 50세 이상은 최대 900만 원까지 세액공제를 받을 수 있다.

반면 세제비적격 상품은 말 그대로 세제 혜택이 없는 상품이다. 불입 기간에는 혜택이 없지만 향후 연금 수령 시 비과세로 받을 수 있다. 보험회사의 일반 연금보험 상품이 여기에 해당된다. 개인연금의 경우 55세가 되면 수령 방법과 기간을 정하는데 수령 방법은 일시금과 연금으로 나뉜다. 일시금으로 받을 경우 세액공제 받은 부분과 이익에 대해서 기타소득세 16.5% 부담해야 하고 연금으로 수령 시에는 연령별로 3.3~5.5%의 연금소득세를 낸다. 연금을 수령하는 나이가 80세 이상이라면 3.3%, 70대 4.4%, 그 외는 5.5%다. 일시금으로 받는 경우 세율이 높은 기타소득세를 내야 하니 아무래도 연금으로 받는 것이 유리하다.

모 회사가 직원들의 이직률이 거의 없어서 화제가 된 적이 있다. 그 원인이 무엇일까 알아보니 이 회사에 입사한 신입사원이라면 누구나 해야 하는 이 회사만의 특별한 전통이 있었는데 바로 신입사원들은 예외 없이 '10년 경력 설계

(career design)'를 회사에 제출해야 한다고 한다. 단순제출로 그치지 않고 10년 동안 지속적으로 경력개발이 이루어지는지 과거를 돌아보고 미래를 설계하는 연수를 실시한다. 또 10년 동안 회사를 다닌 직원은 다시 지난 10년을 점검하고 미래 10년을 설계하는 '10년 경력 설계'를 다시 제출해야 한다. 이 회사는 근로자의 퇴직 후 삶까지 고민해서 53세가 되면 회사와 노동조합, 건강보험조합 등 3자가 참여하는 '인생계획 세미나(life plan seminar)'에 참여해서 은퇴 후 생활에 대해 철저하게 계획하고 실천하도록 돕는다고 한다.

필자도 이러한 의미에서 신입사원에게 은퇴준비 계획서를 작성해 보자고 제안한다. 입사 후에 방황하지 않고 은퇴 후까지 일관되게 실천해 나갈 수 있는 나만의 인생설계서를 작성해서 꾸준하게 실천해 나가는 방법이 가장 좋은 미래, 은퇴준비라는 것을 잊지 말아야 하겠다.

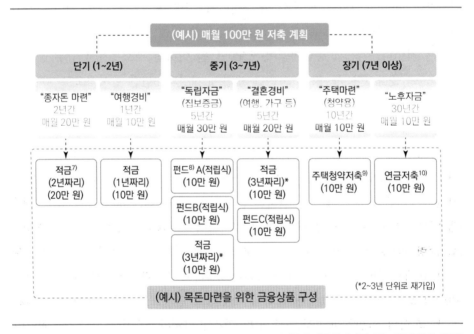

(금융감독원 '파릇파릇 월급관리' 발췌)

(2) 40대 직장인

40대 직장인들에게 직장생활의 가장 아쉬운 점이 무엇이냐고 질문했을 때 가장 많이 나오는 답변이 바로 20대부터 준비하지 못한 은퇴준비라고 한다. 여기서 은퇴준비의 의미는 당연히 다양한 금융상품 등을 활용한 목돈마련과 재산 증식도 있지만 자기계발을 통한 이직이나 새로운 일에 대한 준비에 대한 아쉬움도 포함된다.

통계청에 발표를 살펴보면 대한민국의 남자와 여자가 90세까지 살아 있을 확률이 남자는 23.1%, 여자는 42%나 된다. 중요한 것은 점점 이 숫자가 높아진다는 것이고 살만큼 살았으니 이제 그만 살자고 한 수도 없는 일이니 일단 나도 이 비율에 속한다는 마음으로 은퇴 이후를 준비하는 것이 좋겠다. 40대 직장인으로 일단은 기존에 가입하고 납입하고 있는 개인형 퇴직연금(IRP)에 매년 700만 원씩 한도까지 납입을 하고, 본인의 소득에 따라 세액공제 환급액은 차이가 있지만 연말정산 시 최대 16.5%(115만 5,000원)의 세금을 세액 공제받고, 매년 세액공제금을 해당 연도에 다시 개인형 IRP에 재입금해서 활용하는 실천을 하도록 하자. 이대로만 꾸준하게 진행했다면 직장 생활 25년 후 개인형 IRP 계좌에 3억 300만 원(연 3% 투자수익률 가정 시)의 목돈의 기쁨과 연금전환(55세)시 3억 3,500만 원의 행복이 기다릴 것이다.

결론적으로 40대의 은퇴설계는 무엇보다 직업의 연장선을 준비하는 자기계발과 함께 기존 가입한 금융상품의 재설계를 통한 보다 구체적인 은퇴설계를 실천하는 것이 무엇보다 중요하겠다.

자산관리와 은퇴설계의 3가지 핵심 요소가 있는데 특히 40대 직장인의 경우 이러한 체계적인 플랜의 실천이 필요하기 때문에 간단히 정리해 보자.

첫 번째로는 유동성 자금의 상시 구축이다. '유동성'이란 필요할 때 언제든지 현금화가 가능해야 한다는 기능을 의미하는데 MMF, CMA 등을 활용하면 되겠다. 보통 월평균 소득의 250% 내외를 유동성 자금의 규모로 정하는데 여기서 MMF(Money Market Fund)는 단기채권 등에 주로 투자하는 펀드의 일종으로 상대적으로 원금손실 위험이 매우 낮으며 수시 입출금이 자유로운 투자상품이다.

두 번째로는 안정성의 구축인데 안정성 자금은 전세금을 올려 주거나 집주인의 경우 돌려주거나 아파트 중도금이나 잔금 등을 치를 목적자금, 최소한의 안정적인 자산운용의 비율을 정해서 운용하는 자금 등을 의미하는데 중기로 은행의 특판형 정기예금이나 채권형 펀드 등이 있고 저축성보험은 10년 이상 장기자금 관리에 이용하는 것이 좋겠다. 다음으로 수익성 자금의 운용에 있어서는 목돈마련과 재산 증식 목적의 활용이라고 할 수 있고 어느 정도 위험도 감수한 자산운용을 통한 은퇴설계의 실천이라고 할 수 있다. 국내외 펀드, 주식 ELS 등이 있고 수익성 자금은 무엇보다 전체 운용 자산의 일정 비율을 지켜서 그 이상 투자하지 않는 절제도 필요한 은퇴설계라고 할 수 있다.

이처럼 40대 직장인의 은퇴설계는 기존 가입한 금융상품의 재정비와 함께 향후 은퇴까지 남은 기간 동안에 대한 자기계발과 자녀들의 교육자금 준비와 부동산 이전 목돈마련 등 다양한 플랜을 계획해야 하겠고 위에 언급한 유동성, 안정성, 수익성에 입각한 체계적인 준비와 실천은 필수라고 할 수 있다.

(3) 퇴직 전과 후

학교를 졸업하고 열심히 회사에서 일을 하고 결혼과 자녀 출산 및 양육, 학교 입학에 이은 결혼 준비까지 뒷바라지를 해주다 보면 어느 사이 은퇴를 해야 하는 나이가 들게 된다. 이때서야 비로서 세월의 빠름에 놀라지만 이때부터 은퇴설계를 고민하면 이미 늦기 때문에 이 시기에는 기존의 자산을 절세와 목적에 맞는 재배분을 통해서 정리하는 시기라고 보면 된다. 퇴직 전/후의 시기는 사람의 생애주기의 마지막 단계로 그동안 나름대로 정한 생애재무목표를 달성하기 위한 막바지 다듬기 과정이라고 보면 된다. 퇴직을 하면 아무래도 퇴직 전보다 소득이 줄어들게 되기 때문에 생활비에 대한 걱정을 줄이고 안정적이면서 정기적인 고정 수익을 창출할 수 있는 시스템을 만들어야 한다.

이러한 시스템에는 그동안 차곡차곡 쌓아 놓은 3층 연금(공적연금, 퇴직연금, 개인연금)과 주택을 활용한 주택연금, 임대사업 및 기타, 사업 소득 등 다양한 방법이 있고 부부의 성향과 향후 방향성에 따라서 적절한 자산배분을 통한 은퇴설계를 마무리하는 단계라고 할 수 있다.

아울러 최소한 10년 전부터 준비해야 하는 상속세를 절약하기 위한 사전 증여에 대한 이슈와 거주에 대한 부분과 투자에 대한 부분을 명확하게 구분해서 운용해야 하는 부동산 자산에 대한 다운사이징 내지는 정리 절차를 시작해야 한다.

퇴직 전 준비사항

퇴직을 막상 하게 되면 허탈함과 정신적, 금전적 부담이 크기 때문에 모든 준비는 퇴직 전에 끝내야 하는데 그 준비시간이 얼마 남지 않았다는 점을 잊지 말자. 우리가 직장생활을 25세부터 40년 동안 한다고 가정하면 회사별, 업종별 상황에 따라 다르겠지만 근로시간은 약 8만 시간 정도 된다. 반면 직장에서 퇴직 후 은퇴생활은 65세부터 20년간 한다고 가정하더라도, 1일 수면과 식사에 필요한 10시간 정도를 제외하고 약 10만 시간 이상의 여유시간이 생기게 된다. 만약에 퇴직 후에 남은 인생에 대한 목표나 계획이 없다면 이렇게 긴 시간의 의미가 사라지게 되는 것이다.

따라서 퇴직 전에 재무적인 목표구축과 실천을 통한 은퇴설계의 완벽한 준비와 부부가 함께 시간을 보낼 수 있는 취미나 관심사를 만들고 아프지 않고 오랫동안 활동할 수 있는 건강을 챙기는 3가지 노력을 해야 한다.

퇴직 후에 이루고 싶은 목표와 생애주기 셀프 테스트

1. 퇴직 후에 사망 시까지 이루고 싶은 일이 있는가?

   _____

2. 가족, 특히 배우자와 함께 배우거나 할 수 있는 취미나 관심사가 있는가?

   _____

3. 정기적인 운동과 건강검진으로 최상의 건강상태를 유지하고 있는가?

   _____

---

4. 본인이 희망하는 생활수준과 그것에 맞는 월평균 생활비는 얼마라고 생각하는가?

_____

5. 자녀들의 결혼자금과 병원비나 경조사비 등 긴급 예비자금을 얼마나 준비하고 있는가?

_____

위의 질문들에 대한 답변을 통하여 현재의 은퇴설계의 재무적인 부분과 비재무적인 부분에 대한 준비상황 점검 및 향후 실천해야 하는 분야에 대해서 부부가 함께 고민해야 하겠다.

재무적인 부분에서는 고위험 상품에서 안정적인 저위험 및 절세 상품 위주로 재편성이 필요하겠고 부동산 자산의 경우에도 보유에 대한 세금이나 투자가치를 면밀하게 분석해서 거주와 투자를 구분해서 보유 혹은 매도를 진행해야 하겠고 투자의 경우에도 자본소득(capital gain)과 임대소득(income gain)으로 구분해서 향후 10년 이상의 퇴직과 은퇴 이후의 플랜을 짜고 재편성하는 것이 좋다.

▎위험감수 성향에 따른 금융투자상품 선택

금융(투자)상품	투자자 성향	고위험 선호		저위험 선호
원금보장형				예·적금, 이율보증형 보험, 금리연동형 보험, 환매조건부채권, 우체국 예금 등
실적배당형	주식	주식		
	채권	투기등급회사채, 신주 인수권부사채 등	↔	초우량 회사채, 국채
	펀드	주식형 펀드, 파생상품형펀드, 변동성이 큰 펀드	↔	국공채형 펀드, 변동성이 작은 펀드, MMF
	기타	파생상품, 원금비보존형ELS(DLS), 이머징국가채권, 외화주식	↔	원금보존형 ELS 최저이율보증 변액연금

(금융감독원 '생애주기별 금융생활 가이드북' 발췌)

아울러 국민연금, 퇴직연금, 개인연금 등의 보유 현황과 각 단계별 운용 및 수령방법에 대해서 확인하고 위에 부동산 자산 및 다른 금융자산의 재편성에 참고해서 향후 고정 은퇴 생활비에 대한 전략을 수립하도록 하자.

퇴직 후 실천사항

계획에 있건 갑작스러운 퇴직이건 퇴직을 한 이후에는 대부분의 사람들이 정신적으로 심한 스트레스와 함께 불안감을 호소한다. 어떻든 아침에 눈을 뜨면 출근준비를 하고 출근을 해서 일을 하고 퇴근하는 일생생활을 수십 년간 해오다가 갑자기 아침에 출근할 직장이 없다는 것은 여간 스트레스가 아닐 수 없다. 따라서 위에서 언급한 퇴직 전 재무적인 준비와 금융자산과 부동산 자산의 재편성에 대한 진행과 함께 퇴직 후에도 다양한 실천 사항이 기다리고 있다.

우선은 은퇴 후 본인에게 다가오는 변화에 빨리 적응을 해야 한다. 위에서 언급한 출퇴근에 대한 습관부터 적응해야 하겠고 사회적인 직위나 수입과 소비수준에 대해서 배우자와 충분히 상의를 해서 적정금액이나 한도를 정해 놓고 생활하는 것이 좋다. 아울러 갑자기 건강이 나빠지는 경우가 있기 때문에 산책과 등산 및 꾸준한 운동도 게을리하면 안 되겠다.

하지만 가장 좋은 은퇴준비는 은퇴를 하지 않는 것이라고 하듯이 수입의 많고 작음을 떠나서 본인의 성향에 맞고 체력적으로 무리만 되지 않는다면 새로운 직업을 찾아보는 것도 좋은 실천사항이다.

정부나 시청 등 최근에 지자체에서 다양한 재취업에 대한 교육과 자문 프로그램을 운영하고 있기 때문에 이러한 프로그램을 적극 활용하고 지금까지 일하던 본인의 전문성을 살릴 수 있는 새로운 일이 무엇이 있을까 찾아보는 노력도 해보도록 하자.

정부에서 추진하는 '신 중년 3모작 패키지' 사업이나 나라일터(gojobs.go.kr) 등 취업정보 사이트와 정부 구직 지원 프로그램인 워크넷(www.work.go.kr)을 활용해 보도록 하자.

　아울러 미리미리 준비해야 하는 상속과 증여에 대한 부분을 배우자와 상의해서 작은 금액이라도 사전 증여를 통한 절세준비를 진행하는 것도 퇴직 후의 실천 사항이다.

　이런저런 생각도 많고 고민도 많은 시기이면서 우리 인생에서 가장 지출이 많은 시기이기도 한 은퇴 이후의 생활에 대한 사전 준비의 중요성과 은퇴 직후의 실천사항에 대해서 정리해 보았다. 무엇보다 중요한 것은 이 모든 준비와 실천을 부부가 함께 상의하고 진행해야 하겠고 주변에 전문가와 상담을 통해서 생각지도 않은 과태금이나 손실을 발생시키지 않는 것도 중요하다.

　아프지 않고 건강하게 오래오래 일을 하면서 부부가 공통의 취미를 가지고 생활하는 것이 모든 대한민국 가장들의 숙제가 아닐까 싶다.

(4) 배우자 사망 후

　몇 년 전 필자에게 50대 후반의 주부님이 상담을 요청한 적이 있다. 서울의 목동에 아파트 한 채를 가지고 계시고 1년 전에 은퇴하신 남편분과 화목하게 생한히 이더시 갑시기 남편분이 타상미비고 돌이가신 깃이나. 이답 고행는 묘두 성인으로 식당과 회사원으로 일을 하고 있지만 그렇게 살갑게 자주 연락하고 방문하는 관계는 아니라고 한다.

　상담목적은 간단하다. 현재 가지고 있는 서울 목동의 아파트를 매도하면 약 13억 안팎의 자산인데 대출이 3억 5,000만 원 정도 있으니 이걸 갚으면 손에 쥐는 돈이 9억 5,000만 원 정도라고 할 수 있고 이 돈을 가지고 앞으로 혼자 지낼 거주지와 함께 매월 최소 250만 원 정도의 고정수입을 만들어야 한다는 것이다.

　요즘 같은 저금리에 참으로 쉽지 않은 상담요청이 아닐 수 없다. 예전에는 '나의 꿈 10억 만들기'라는 책이 베스트셀러가 될 정도로 10억 원 정도만 있으면 어느 정도 노후준비가 되었다고 생각하는 시기가 있었다. 하지만 점점 100세 시대로 장수시대가 되고 저금리가 이어지면서 이제는 10억 원 가지고 서울의 경우에는 소형 아파트 2채도 못 사서 월세 수입으로 생활비를 마련하기도 쉽지 않고 그렇다고 원금손실이 있는 주식이나 관련 투자상품에 가입하는 것도 손실이 불안하기만 하고 마땅히 투자할 종목이 떠오르지 않는다. 따라서 일단 배우자의 전체 자산을 파악하고 빠른 혼자 남은 일생을 살아가기 위한 백지상황에서의 재무설계를 새로이 준비해야 하겠다.

배우자 명의의 전체 자산을 파악하기 위한 방법으로는 개별 금융기관을 찾아다니기 번거로우니 정부의 '안심상속 원스톱서비스(사망자 등 재산조회 통합처리 신청)'를 활용하면 된다. 불의의 사고로 피상속인이 갑자기 사망하였거나 평소 소유한 재산을 그 가족들에게 알려주지 아니한 피상속인이 갑자기 사망한 경우 상속인들은 피상속인의 재산에 대해서 정확히 알 수 없고 그러한 경우라도 상속인은 법정신고기한까지 부동산 및 금융재산 등 상속재산에 대하여 상속세를 신고, 납부하게 되어 있으므로 상속재산이 파악되지 않으면 부득이하게 상속세를 제때 신고, 납부하지 못하는 경우도 많이 발생하고 있다. 이런 경우에 행정안전부에서 시행 중인 이 제도를 활용하면 피상속인의 재산소유 현황 정보를 제공받을 수 있다.

안심상속 원스톱서비스는 행정안전부에서 상속인이 피상속인의 금융거래, 토지, 자동차, 세금 등의 재산 확인을 위해 개별기관을 일일이 방문하지 않고, 한 번의 통합신청으로 문자, 온라인, 우편 등으로 결과를 확인하는 서비스이다. 신청자격은 상속인과 상속인의 대리인이고 여기서 상속인은 민법상 제1순위 상속인인 사망자의 직계비속과 배우자이다. 신청방법 및 신청시기는 사망신고와 동시에 사망일(상속개시일)이 속한 달의 말일부터 6개월까지 정부24(www.gov.kr)에서 신청할 수 있고 방문은 가까운 시 구, 읍, 면, 동(주민센터)에 신청할 수 있다. 필요서류로는 재산조회 통합처리 신청서, 신청인의 신분증, 가족관계증명서가 필요하고 조회결과는 우편이나 문자, 방문수령으로 확인이 가능하다.

▌안심상속 원스톱서비스 제공 내용

구 분	제 공 정 보
금융거래	피상속인 명의의 모든 금융채권과 채무
연금	국민연금, 공무원연금, 사립학교 교직원연금, 군인연금, 건설근로자퇴직연금 가입 및 대여금 채무 유무
국세	국세 체납액 및 납부기한이 남아 있는 미납세금, 국세 환급금
지방세	지방세 체납내역 및 납부기한이 남아 있는 미납세금, 지방세 환급금
토지	개인별 토지 소유 현황
건축물	개인별 건축물 소유현황
자동차	자동차 소유내역

위의 사례의 주부처럼 갑작스러운 남편의 사망으로 남은 아파트 한 채를 가지고 남은 노후준비를 하기가 쉽지 않기 때문에 가급적 고정적으로 수입을 만들 수 있는 자산배분을 미리미리 준비하는 것이 좋다. 이런 목적으로 보통 부부가 각자 연금보험이나 저축 및 실손 보험 등을 가입해서 남은 가족들의 미래를 준비시켜야 한다.

남편이 젊었을 때 연말정산 때 세액공제도 받고, 노후생활비도 마련할 생각으로 가입한 연금저축이나 보험에 매년 400만 원씩 꼬박꼬박 납입해 왔다면 남편이 사망한 뒤 해당 연금저축 계약을 해지하는 경우에는 연금저축 가입자는 적립기간 저축 금액에 대해 세액공제 혜택을 받는 대신, 기타소득세를 내야 한다. 저축기간 세액공제를 받은 금액과 늘어난 운용수익에 대해 16.5%의 기타 소득세가 발생하게 된다. 만약 총 급여가 5,500만 원 이상인 근로자의 경우 저축 금액의 13.2%를 세액 공제받는 점을 감안할 때 중도해지에 따른 세 부담이 상대적으로 더 크다.

그럼 어떻게 해야 할까?

세법에서는 가입자 사망 등의 부득이한 사유로 해지하는 경우에 한해 연금으로 받을 때와 같은 연금소득세(3.3~5.5%)를 부과하고 있다. 부득이한 사유가 인정되면 연금소득세는 분리과세되기 때문에 종합과세를 걱정할 필요도 없다. 다만 세제 혜택을 받으려면 부득이한 사유가 발생한 날로부터 6개월 이내에 해지신청을 해야 한다. 또 다른 방법으로 아예 승계를 받는 것도 고민해 볼 필요가 있다. 연금저축은 가입자가 사망한 경우 상속인이 배우자가 해당 계약을 승계할수 있다. 승계한 이후 배우자가 연금을 받으려면 '가입기간 5년 이상', '만 55세이상'이라는 두 가지 조건을 충족하면 된다. 가입기간은 피상속인(사망자)이 최초로 연금저축에 가입한 날짜를 토대로 판단한다.

고정수익을 만드는 방법에는 주택연금도 좋은 전략이다

국민연금 등 공적연금이 미비한 우리나라 상황을 감안할 때 주택연금은 노후생활자금이 부족한 고령층의 노후생활 안정을 위한 확실한 방법이기 때문이다. 생활비가 부족한 고령층이 생활자금대출을 이용해야 하는 경우, 주택연금을 가입한다면 매월 이자를 납부해야 하는 대출 이용 없이 노후생활자금을 받을 수있고, 기존에 있는 주택담보대출도 주택연금으로 전환함으로써 가계부채 증가없이 노후생활자금으로 활용할 수 있는 큰 장점이 있어 가계부채 안정화 및 절감효과가 있다. 가입 요건으로는 주택소유자 또는 배우자가 만 55세 이상(근저당권 설정일 기준)으로 부부기준 공시가격 등이 9억 원 이하 주택소유자이다. 다주택자라도 공시가격 등의 합산가격이 9억 원 이하면 가능하고 공시가격 등이 9억원 초과 2주택자는 3년 이내 1주택을 매도하면 가능하다. 단, 주거목적 오피스텔의 경우, 주택연금에 가입하려고 하는 주거목적 오피스텔만 주택 보유수에 포함된다.

▌ 주택연금 월 지급액 예시(일반주택, 종신지급방식)

(종신지급방식, 정액형)   (단위: 천 원)

연령	주택가격								
	1억 원	2억 원	3억 원	4억 원	5억 원	6억 원	7억 원	8억 원	9억 원
50세	122	244	366	489	611	733	856	978	1,100
55세	160	320	480	640	800	960	1,120	1,280	1,440
60세	212	424	636	849	1,061	1,273	1,486	1,698	1,910
65세	253	507	760	1,014	1,268	1,521	1,775	2,028	2,282
70세	307	614	921	1,228	1,535	1,843	2,150	2,457	2,675
75세	378	756	1,135	1,513	1,892	2,270	2,649	2,893	2,893
80세	478	957	1,435	1,914	2,392	2,871	3,229	3,229	3,229

▌ 주택연금 상품 비교

구분	일반주택연금	내집연금 3종세트		
		주택담보대출 상환용 주택연금	우대형 주택연금	사전예약 보금자리론
보유주택수 및 자격(부부기준)	1주택자 또는 공시가격 등의 합산가격 9억 원 이하 다주택자		부부 중 1명이 기초연금 수급자, 1주택자	부부 중 1명이 만 40세 이상
주택가격	공시가격 등이 9억 원 이하 (단, 월지급금은 시세를 기준으로 산정)		1억 5,000만 원 미만	보금자리론을 신 청하면서 주택연 금 가입을 사전예 약하고, 주택연금 가입연령에 도달 시 주택연금으로 전환 (55세 이후 전환 희망하는 경우)
지급방식	종신지급/종신혼합/확정 혼합방식	대출상환방식	우대지급/우대혼합 방식	
지급유형	정액형/초기종액형/정기 증가형	정액형만 가능(지급유형 변경 불가)		
인출한도	연금지급한도의 50% 이내 수시인출	연금지급한도의 50% 초과 90% 이내 일시인출	연금지급한도의 45% 이내 수시인출	
인출한도용도	대부분의 노후생활비 용도 단, 확정기간혼합방식 의무설정한도는	주택담보대출 상환용으로만 사용 가능	대부분의 노후생활비 용도	주택연금으로 전환 시 우대금리 누적 액을 전환장려금 으로 일시에 지급

〈계속〉

구분	일반주택연금	내집연금 3종세트		사전예약 보금자리론
		주택담보대출 상환용 주택연금	우대형 주택연금	
보증료율	주택관리비, 의료비 용도로만 사용			
	초기보증료 1.5% 연보증료 0.75%	초기보증료 1.0% 연보증료 1.0%	초기보증료 1.5% 연보증료 0.75%	
고객 인센티브	-	대출금리 0.1%p인하	일반주택연금 대비 월지급금 최대 약 20% 증가	
중도상환 수수료	주택연금과 주택담보대출 은행이 동일한 경우, 대출상환금액에 대한 중도상환수수료 면제			
SGI 연계 신용상품	-	인출한도 전액 사용 시 가입가능	-	

* 종신지급/종신혼합방식 선택시 지급유형 간 변경은 제한적으로 가능하며, 확정기간방식의 경우 정액형만 선택가능

** 공시가격 등은 ① 공시가격 → ② 시가표준액 → ③ 시세 또는 감정평가액 순으로 적용

(한국주택금융공사 홈페이지 자료 발췌)

지금까지 배우자의 갑작스러운 사망으로 인한 남은 배우자의 준비 안 된 노후에 대한 사례와 함께 이러한 사례를 피하기 위한 방법으로 미리미리 준비하는 전략으로 연금상품과 함께 주택연금에 대해서 알아보았다. 비록 장수시대라고 하지만 사람의 수명은 인간이 조절할 수 있는 부분이 아니기 때문에 항상 갑작스러운 사고나 불행에도 미리미리 대비하는 준비가 필요하겠고 그러한 준비에 주변에 은행의 PB등의 전문가를 통한 사전 상담이나 실천이 필요하다고 생각된다.

(5) 자영업자의 은퇴설계

우리나라의 고령화 속도는 2000년 '고령화 사회(만 65세 이상 고령인구 비율 7%)'로 진입을 했고 2017년 '고령사회(고령인구 비율 14%)', 2026년에는 '초고령 사회(고령인구 비율 20%)'가 될 것으로 예상되어 주요 선진국이 70~80년 이상 소요된 고령화 속도에 비해 26년 만에 빠른 속도로 진행되고 있다. 그리고 빠른 고령화 속도와 더불어 노인 빈곤율도 경제협력개발기구(OECD) 중에서 가장 높은 수준으로 빠르게 증가하고 있다. 2019년 기준 노인 빈곤율이 우리나라가 43.4%로 OECD 평균 14.8%의 3배 수준이다(OECD, 2021).

이는 은퇴 후 거의 절반에 가까운 사람들이 노후생활을 위한 준비가 잘 되어 있지 못하다는 것으로 은퇴할 때까지 적어도 기본적인 노후생활을 위한 지출이 가능한 자산을 확보하는 경제적 은퇴준비를 하지 않아서 자녀나 정부의 지원으로 생활을 하고 있다는 것을 의미한다. 최근 들어 직장에서 빠른 퇴직과 은퇴준비 부족, 사회복지제도의 미비, 경제적 역할 상실에 따른 급격한 수입 감소 등이 은퇴에 대한 불안감을 넘어 공포로까지 여기게 되고 있다. 거기에다 우리나라의

▼ 자영업자 현황

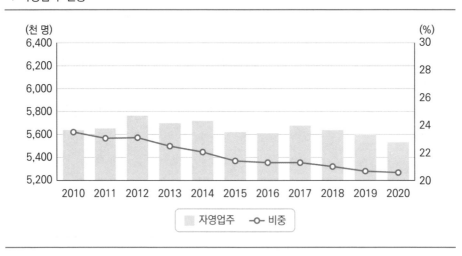

(출처: 통계청, 경제활동인구조사)

실정은 대부분의 수입을 가족생계와 자녀 양육, 부모 부양 등에 집중 지출되어 왔고 자녀가 독립한 후에도 경제적으로 활동기간이 짧기 때문에 은퇴 후 노후생활에 대한 준비가 부족한 실정이다.

이러한 사회적인 분위기에 2020년부터 세계적으로 큰 위기인 COVID – 19(코로나바이러스) 사태로 인해서 자영업자 혹은 개인사업자의 재무적인 위험성은 더 커진 상황이다.

전체 취업자 중 임금근로자와 무급가족종사자를 제외한 고용주와 자영자를 의미하는 자영업주에 대한 현황은 2018년 563만 8,000명으로 전년 대비 4만 4,000명 감소(전체취업자 중 비중 21.0%)했고 자영업자 수는 2002년 621만 2,000명으로 최고치 기록 이후, 과당경쟁 등으로 감소 추세이다. 우리나라 자영업자 비중(2017년 25.4%)은 OECD 회원국 중 5위권으로 작지 않은 비율인데 COVID – 19로 인해서 폐업율의 증가도 있지만 설사 버티더라도 대출이나 다른 직업을 병행하는 경우도 많아서 삶의 만족도나 은퇴설계에 대한 준비는커녕 현재의 상황에서의 생존조차도 위협받고 있는 실정이다.

우리나라 자영업자의 경우 기업들의 빠른 희망퇴직으로 대거 40대와 50대의 진입이 확대되어 자영업자의 전체적인 연령이 고령화되고 있는데, 이들의 경우 향후 다시 급여생활자로의 전환 가능성이 낮기 때문에 이들의 은퇴설계의 부재에 따른 노후문제는 사회 전체적으로 큰 문제가 될 것으로 보여진다.

중소기업청의 전국소상공인실태조사(2013)에서 자영업을 선택한 이유로 '다른 대안이 없어 생계유지를 위해서'가 82.6%를 차지했으며 '창업을 통해 성공할 가능성이 있어서'가 14.3%, '가업승계를 위해서'는 1.3%로 나타났다. 이 수치는 2010년 대비 생계유지를 목적으로 하는 비율은 2.6% 증가했고 창업을 통한 성공 가능성은 2.9% 낮아졌으며 가업승계 비율 또한 0.3% 낮아진 결과이다. 연령별로는 50대(39.1%)가 가장 많았고 40대(30.7%), 60대(17.3%), 30대(11.6%), 20대(1.4%)순으로 나타나 중장년층 이상이 많았으며, 이들은 현재의 생활유지에 초점이 맞춰져 있는 실정이기 때문에 미래설계인 은퇴에 대해 준비할 여력이 부족하여 자영업자의 미래 노후생활에 대한 심각한 우려를 낳게 한다(정순희 교수 예비노인 자영업자의 노후준비와 삶의 만족도 연구(2015)논문 발췌).

　　자영업자들은 고용보험, 국민연금 등에 제대로 가입되어 있지 않고, 육아휴직 등 일·가정 양립제도를 이용할 수 없어 자녀 출산 및 양육비용을 더 많이 지출하게 되고 최저 임금제도의 시행으로 인건비의 증가와 2021년 들어 원자재 가격의 상승과 물가상승으로 인한 수입감소로 은퇴설계는 더 심각한 부담이 되고 있다. 자영업자는 공적연금을 가장 중요한 노후소득보장 수단으로 인식하고 있지만, 지금 당장 경제적인 여유가 없어서 국민연금 가입 등 노후소득 준비를 하지 못하고 있는 것으로 나타났다. 통계청의 자료를 보면 전체적으로 국민연금 가입 및 수급권자가 소폭씩 증가하고는 있으나 '고용원이 없는 자영업자'의 미가입률은 상대적으로 높은 수준임을 알 수 있다. 그만큼 혼자 일을 하는 영세한 자영업자들의 노후준비와 생애설계의 지원과 교육 및 금융권의 다양한 컨설팅 프로그램이 필요한 부분이라고 할 수 있다. 산업이 발달해도 복지체계가 미흡한 경우 상대적으로 진입이 쉬운 자영업을 선택하게 되는데 임금근로자에 비해 은퇴설계 방법이 부실한 자영업자는 공적연금을 은퇴 대비를 위해 필요하다고 생각은 하지만 실제로는 가입하고 있지 못하며, 노후자금으로 쓰여야 하는 자금이 사업자금으로 사용되는 등으로 인해 은퇴준비가 매우 불안할 수밖에 없다.

❚ 자영업자의 국민연금 가입현황

자영업자별	2017.08					
	구성비(%) 계	가입 및 수급(권)자(%)	사업장 (직장) 가입자(%)	지역가입자 (%)	국민연금 등 수급(권)자 (%)	미가입자 (%)
자영업자	100.0	73.3	19.6	39.9	13.9	26.7
고용권이 있는 자영업자	100.0	84.1	44.5	34.1	5.6	15.9
고용권이 없는 자영업자	100.0	69.3	10.2	42.0	17.0	30.7

(통계청)

한국의 경제규모에서 비해 과도한 자영업 부문에 대해 구조조정의 필요성이 지속적으로 제기되고 있고 창업 5년 후 생존율이 30%를 밑도는 등 열악한 여건 속에서도 은퇴한 베이비부머의 자영업으로의 진입은 계속될 것으로 예상되고 있어, 현재 임금 현재 임금근로자 중심으로 설계된 각종 사회안전망의 보완 등 자영업자의 삶의 질에 대한 실효성 있는 대책이 절실히 요구된다.

보험연구원의 자료를 참고해서 살펴보는 자영업자의 노후소득보장체계는 사회보장의 일반체계 내에서 근로자와 동일하게 운영되고 있는데 직종에 따라 차별성을 고려하지 않고 설계되어 있다. 자영업자의 노후소득보장체계는 0층은 기초, 장애인연금과 기초생활보장제도로 구성되고 1층은 국민연금, 2층과 3층은 각각 퇴직연금, 개인연금으로 구성되어 있다.

❚ 자영업자의 노후소득보장체계

3층	개인연금, 주택연금 등		
	노란우산공제		
2층	퇴직연금	퇴직연금(2017)	
1층	국민연금		
0층	기초연금/기초생활보장		

대상	직장근로자	자영업자	비경제활동 인구

(보험연구원)

자영업자도 2017년 7월부터 퇴직연금에 자율적으로 가입이 가능하고 2층에 의한 노후소득보장이 가능하다. 또한 일반 근로자와 같이 개인연금 가입이 자율적으로 가능하고 개인연금의 성격을 가지고 있는 노란우산공제가 별도로 운영되고 있어서 다층소득보장체계로 운용되고 있다고 할 수 있다.

개인형 퇴직연금계좌인 IRP 활용하기

지금까지 언급한 자영업자의 은퇴설계와 노후준비에 대한 심각한 상황을 알아봤는데 매출의 감소와 사업경영의 어려움 속에서도 세제혜택 등이 있는 금융상품이나 정부지원정책을 최대한 활용하는 것이 향후에 미래를 준비하는 초석이 될 것이다. 그러한 방법으로 개인형 퇴직연금계좌인 IRP의 활용도 고려해 볼 만하겠다. 특히 IRP 자유납 방식은 소득이 불규칙한 자영업자에 유리하기 때문이다.

소상공인이나 프리랜서와 같은 자영업자는 퇴직금이 따로 없기 때문에 IRP계좌를 활용해 나만의 퇴직연금을 평소에 준비해 놓으면 향후 연금을 통해 규칙적인 현금흐름이 발생하므로 은퇴 이후의 소득 불안정성을 어느 정도 보완할 수 있다. 노후준비를 막연히 생각하지 말고, 가까운 금융기관에 방문해 IRP계좌를 개설하고 어려운 사업환경에서도 작은 희망을 만드는 것을 권하고 싶다.

IRP는 정해진 금액을 정해진 기한 내에 꾸준히 저축하는 것이 아니라, 원하는 때 원하는 만큼 납입하는 자유납 방식이다. 이 때문에 소득이 불규칙한 자영업자에게 더욱 유리하다. 2017년 7월부터 공무원, 군인, 사립학교 교직원, 군인과 같은 특수직역연금 가입자들과 자영업자도 IRP에 가입할 수 있게 되었다. 2017년까지 이들은 연금저축만 가입할 수 있어 최대 400만 원까지만 세액공제를 받을 수 있었지만 IRP에 가입해 저축금액을 늘리면 700만 원을 공제받을 수 있다. 또한 연금 수령 시 3.3~5.5%의 낮은 연금소득세율로 분리과세 되고 운용기간 중에 세금 납부 이연이 가능하고 금융상품 간 손익상계도 가능하기 때문에 충분히 가입을 고려할 만하겠다.

하지만 무엇보다 거의 사생활이 없는 자영업자의 일의 특성상 건강을 유지하면서 불규칙한 수입에 대한 체계적인 자산배분과 긴급 예비자금의 마련과 지출항목별 준비 등의 재무설계와 은퇴설계를 병행하는 것이 좋겠고 수입의 일정 비율을 은퇴설계를 위한 자금으로 조금이라도 적립해 놓는 노력도 게을리해서는 안 된다. 어려울수록 길이 있고 신은 극복할 수 있을 만큼의 시련을 준다는 말을 잊지 말고 다양한 자영업자를 위한 교육 등의 프로그램과 금융상품에 대한 신속하고 친절한 상담을 통한 미래준비를 실천해 보도록 하자.

   대한민국 자영업자들이 우뚝 서야 우리나라의 기초체력이 튼튼해 짐을 우리는 알고 있기 때문이다.

서기수

경영학 박사(재무관리)

前) 한미은행, 한국씨티은행 재테크 팀장(17년 근무)
    서울사이버대학교 세무회계학과 겸임교수
    현대, 신세계 백화점 문화센터 대표 강사
    한성대학교 경영학과, 광운대학교 경영대학원 출강
    국세청, 경찰청 등 정부기관 및 삼성전자, KT&G 등
    다수 기업체 강의 출강(자산관리, 투자, 경제 등)
現) 서경대학교 금융정보공학과 교수
    한국금융연수원 겸임교수
    서울 시민대학 사회경제분야 자문교수

저서:『사이버PB 서 팀장의 천만 원부터 시작하기』,『돈의 심리 부자의 심리』,『서기수의 부자특
강』,『꿈의 습관』,『이명박 정부시대의 부동산 투자전략』,『재테크 선수촌』 등 다수

강의 및 칼럼 문의: moneymst@naver.com

제2판
투자의 새내기를 위한
자산관리의 이론과 실무

초판발행	2022년 3월 10일
제2판발행	2023년 2월 20일
지은이	서기수
펴낸이	안종만·안상준
편 집	전채린
기획/마케팅	손준호
표지디자인	Ben Story
제 작	고철민·조영환
펴낸곳	(주)**박영사**
	서울특별시 금천구 가산디지털2로 53, 210호(가산동, 한라시그마밸리)
	등록 1959. 3. 11. 제300-1959-1호(倫)
전 화	02)733-6771
f a x	02)736-4818
e-mail	pys@pybook.co.kr
homepage	www.pybook.co.kr
ISBN	979-11-303-1737-3 93320

정 가   28,000원